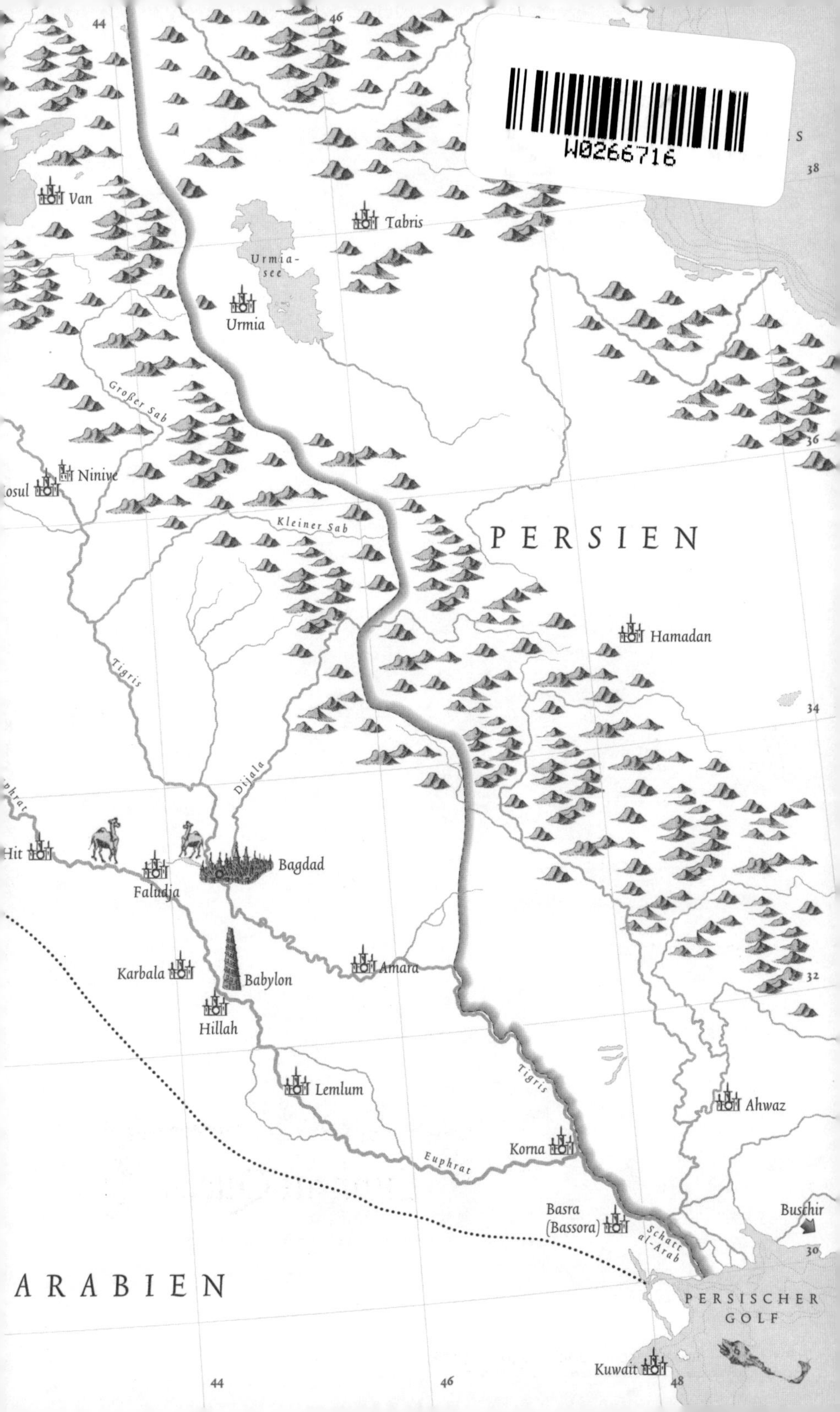

44
46
38
Van
Tabris
Urmia-see
Urmia
Großer Sab
Ninive
osul
Kleiner Sab
PERSIEN
36
Hamadan
Tigris
34
Dijala
Hit
Bagdad
Faludja
Karbala
Babylon
Amara
Hillah
32
Lemlum
Tigris
Ahwaz
Korna
Euphrat
Basra
(Bassora)
Schatt al-Arab
Buschir
30
ARABIEN
PERSISCHER GOLF
Kuwait
44
46
48

Ursula
Naumann

Euphrat Queen

Eine Expedition ins Paradies

Ursula
Naumann

Euphrat Queen

Eine Expedition ins Paradies

C.H.BECK

Für Jakob

Dieses Buch wurde durch ein Reisestipendium des Auswärtigen Amtes der Bundesrepublik Deutschland unterstützt.

Mit 32 Abbildungen

Einbandgestaltung: roland angst + stefan vogt, München + Berlin
Einbandabbildung: Das Paradies oder Der Garten von Eden mit den angrenzenden Ländern, Joseph Moxon, London 1690, British Library, Maps *700 (1)
Satz: Kösel, Krugzell
Druck und Bindung: Ebner & Spiegel, Ulm
Gedruckt auf säurefreiem, alterungsbeständigem Papier (hergestellt aus chlorfrei gebleichtem Zellstoff)
Printed in Germany
ISBN 10: 3 406 54373 1
ISBN 13: 978 3 406 54373 9

www.beck.de

Inhalt

ZUM EUPHRAT *I*

Es scheint die Kerfe [Insekten] seyen die Lieblingsgeschöpfe der Natur gewesen, in welchen sie, um ihre Macht und Kunst zu zeigen, fast Alles vereint und concentriert, was in jeder andern Classe und Ordnung ihrer Kinder schön und angenehm, interessant und reizend, merkwürdig und sonderbar ist. Eine Menge hat sie mit schimmerndem Harnisch bewaffnet, der wie polierte Metalle strahlt; andere leuchten mit dem blendenden Strahle geschliffener Edelsteine. Einige hat die Natur gleichsam mit flüssigen Tropfen oder Platten von Gold und Silber bedeckt; oder mit Schuppen oder Haaren, welche die Farbe jenes kostbaren Metalls nachahmen, und dessen Strahl aussenden. Einige zeigen ein rohes Aeußeres, wie Edelsteine in ihrem natürlichen Zustande, während andere die glatte und glänzende Oberfläche der geschliffenen zeigen; noch andere tragen, gleichsam als Zwerg-Atlas, einen Microcosmos auf ihrem Rücken, und zeigen dem Auge des Beschauers durch die unebenen und manchfaltigen Erhöhungen und Vertiefungen ihrer warzigen Crusten keine ungetroffene Nachbildung der ungleichen Erd-Oberfläche. Nun struppig von ungestalteten Felsen, steilen Gräthen und Abgründen, nun sanft in Hügel und Berge angeschwollen, und nun in Thäler, Schluchten und Vertiefungen gesenkt; während nicht wenige mit verzweigten Stacheln bedeckt sind, aus welchen sich die Phantasie leicht einen Wald von Bäumen bilden kann.

William Kirby und William Spencer, *Einleitung in die Entomologie oder Elemente der Naturgeschichte der Insekten,* 1815–1826

Der Liebhaber der Flüsse

Das 19. Jahrhundert wurde politisch geprägt vom *Great Game*, dem kalten und manchmal auch heißen Krieg zwischen England und Rußland. Es ging dabei um das Erbe, die Beute des zerfallenden Osmanischen Reiches, um die Herrschaft über den näheren und ferneren Orient, um Zentralasien und um Indien, Englands kostbarsten Besitz. Die Euphrat-Expedition war einer der ersten Züge in diesem Spiel, und ausgedacht hat sie sich ein Dichter. Thomas Love Peacock war ein melancholischer Träumer und geistreicher Spötter mit einer früh- und tiefgegründeten Liebe zu Flüssen und Schiffen. Als junger Mann hat er auf seine ausgedehnten Spaziergänge selbstgefaltete Papierschiffchen mitgenommen, um sie unterwegs in jedem Gewässer, das ihm begegnete, schwimmen zu lassen. Zu dieser Zeit schrieb er noch ehrgeizige, rhetorisch überladene Gedichte, aber er war klug und selbstkritisch genug, um zu merken, daß sie nicht viel taugten, und erfand sich eine eigene, ihm gemäße Form: satirisch-kabarettistische, nur behelfsmäßig sogenannte Romane, in denen er die Meinungen, Moden, Obsessionen seiner Zeit personifiziert auftreten und miteinander sprechen und streiten läßt. Sie sind von funkelndem Witz und in vielem immer noch ganz unverstaubt und aktuell, ob er nun Vegetarier und Fleischfresser, Fortschrittsgläubige und -skeptiker gegeneinander hetzt oder sich über die moderne (romantische) Literatur der schlechten Laune lustig macht, in seinem bekanntesten Buch, das den schönen Titel *Nightmare Abbey* trägt; ob er sich über die Meinungsherrschaft der Medien mokiert oder die Schattenseiten der Industrialisierung – Umweltverschmutzung und skrupellose Gewinnmaximierung – anprangert: Die meisten sogenannten Unfälle sind in Wahrheit Verbrechen. Auf seinem begrenzten Gebiet war er genial, vermutlich, weil er es fertigbrachte, zugleich am Puls seiner Zeit zu sein und sie aus größter Distanz zu betrachten. Als passionierter Zeitungsleser war er süchtig nach Aktualität. Aber er war auch ein großer Verehrer und Kenner der Antike, ihrer Geschichte, Literatur, Kultur, vor deren Größe ihm seine Gegenwart auf Zwergenmaß zusammenschrumpfte.

Gewöhnlich versammelt er das Personal seiner Konversationsromane in Landsitzen zu gemeinsamen Mahlzeiten und Spaziergängen; in seinem

1831 erschienenen Buch *Crotchet Castle* (zu deutsch *Marotten-Schloß*) läßt er die Gesellschaft auch einmal auf einer Barke, von Pferden gezogen, themseaufwärts schwimmen. Darunter auch einen gewissen Mr. Philpot, dessen griechischer Name seinen Charakter, seine Obsession bezeichnet: Er ist ein Liebhaber der Flüsse: Mr. Philpot pflegte stundenlang an Deck zu liegen und dem Gurgeln des Wassers am Bug zu lauschen, und gelegentlich unterhielt er die Gesellschaft mit Spekulationen über die großen Veränderungen, die auf der Welt durch die Dampfschiffahrt auf Flüssen bewirkt werden würden; er skizzierte die Fahrt eines Dampfschiffes aufwärts oder abwärts eines mächtigen Stromes, der von der Zivilisation entweder nie erreicht oder seit langer Zeit von ihr verlassen worden war: Missouri und Columbia, Orinoco und Amazonas, Nil und Niger, Euphrat und Tigris, Ganges und Huang He; durch die Urwälder der Neuen Welt oder vorbei an den seit langem schweigenden Ruinen der Alten Welt, an den formlosen Hügeln von Babylon oder den gigantischen Tempeln von Theben.

Als Mr. Philpot seinen imperialen Träumereien nachhing, war sein Schöpfer und Alter ego Mr. Peacock schon eifrig dabei, sie in die Tat umzusetzen. Von frechen Romanen für Intellektuelle konnte man nicht leben. Im Brotberuf diente Peacock der «East India Company», zunächst als «Assistant to the Examiner of Indian Correspondence», also als Mitarbeiter des Mannes, der für die Beantwortung der indischen Post zuständig war. Später stieg er in dessen Position auf. Profiliert aber hat er sich als Experte und Förderer der Dampfschiffahrt im Dienste der Kompanie. Wo immer es möglich war, ließ er (wie einst die Papierschiffchen) nun echte Schiffe schwimmen, die er zärtlich seine eisernen Hühnchen nannte.

Die «East India Company», versichern Historiker, sei die mächtigste Handelsgesellschaft, die je existiert hat. Keines der großen Firmenimperien unserer Zeit könne es mit ihrer nationalen und globalen Bedeutung auch nur entfernt aufnehmen. Begonnen hatte diese Erfolgsgeschichte mit dem legendären Privileg aus dem Jahre 1600, in dem Königin Elisabeth als Kampfmaßnahme gegen die holländische Konkurrenz neun Londoner Kaufleuten das Monopol für den Handel mit allen östlich von Britannien gelegenen Ländern gewährte – und was liegt auf einer Kugel nicht östlich? Auch Amerika, wenn man nur lang genug fährt. Die Kompanie, mit allen Rechten eines Souveräns ausgestattet, schaffte sich ein wirtschaftliches und, mit der Besetzung Indiens, territoriales Imperium. Wenn es ihr gut ging, ging es auch England gut, das ihre und damit seine Interessen militärisch schützte. Seit dem Ende des 18. Jahrhundert, als Skandale und Mißwirtschaft bekannt wurden und die Öffentlichkeit empörten, mußte sie immer mehr Macht und Privilegien an den Staat und das neugeschaffene «Board of Commissioners for the Affairs of India» (meist abgekürzt zu «India Board» oder «Board of Control») abgeben. Auch deswegen, weil sich das Direktorium der Kompanie bemerkenswert resistent gegen Reformen zeigte.

Das «East India House», das Hauptquartier der Kompanie, lag in der Londoner Leadenhall Street, nicht weit von der Börse und der Bank von England. Ein repräsentatives klassizistisches Gebäude, mit säulengetragenem Portikus und Architrav, das Dach von einer Balustrade gesäumt und von allegorischen Figuren gekrönt. Neptun, der Beherrscher der Meere, reckte seinen Dreizack in den meist grauen Londoner Himmel. Für Charles Dickens, der im gleichnamigen Roman die Firma Dombey & Son gleich um die Ecke residieren läßt, weckte es exotische Assoziationen von kostbaren Stoffen und Steinen, Tigern, Elefanten, Howdahs, Hukas, Schirmen, Palmen, Palankinen und prächtigen braunen Prinzen, die auf Teppichen hockten, mit Pantoffeln, deren Spitzen sich nach oben rollten. Doch die Einrichtung im Inneren war entschieden britisch. Nur die Bibliothek und ein kleines Museum enthielten Orientalisches, und ein allegorisches Fresko zeigte, wie Fleiß und Reichtum an der Bucht von Kalkutta von drei früchtetragenden indischen Würdenträgern begrüßt wurden.

Als Peacock 1819 seinen Dienst in den ziemlich düsteren Büroräumen antrat, die hinter der imponierenden Fassade lagen, war man mit der Beantwortung der indischen Post drei bis vier Jahre im Rückstand, was zum einen am höchst umständlichen Dienstweg und an den absurden bürokratischen Vorschriften lag, die beispielsweise die Beantwortung jedes Schreibens nach Eingangsdatum – nicht nach Wichtigkeit – und Abschnitt für Abschnitt forderten, zum andern am gemächlichen Arbeitstempo der Angestellten. Wenn Peacock kurz vor zehn Uhr morgens ins Büro kam, ließ er sich erst einmal ein Frühstück servieren – ein Privileg der höheren Angestellten – und las ausgiebig Zeitung. Gegen vier Uhr nachmittags trat er den Heimweg an. Dazwischen widmete er sich seinen Dienstpflichten.

Anfang 1829 bestellte Lord Ellenborough, der neue ehrgeizige Präsident des «India Board», bei ihm ein Gutachten über den Einsatz von Dampf-

Thomas Love Peacock, um 1805

schiffen zur externen und internen Kommunikation mit Indien. Bisher waren Segler zwischen England und Indien unterwegs, die stolzen dreimastigen *indiamen* der Kompanie. Die Reise um das Kap der Guten Hoffnung war gefährlich und dauerte vier bis sechs Monate. Das war manchen Funktionären hüben wie drüben ganz recht so, andere, wie Lord Ellenborough, fanden, daß das so nicht weitergehen konnte. Schließlich war man im Dampfzeitalter!

In seinen Ausführungen vom September 1829 diskutierte Peacock drei Routen nach Indien, um zwei davon zu verwerfen:

Der Einsatz von Ozeandampfern auf dem traditionellen Seeweg nach Indien erschien ihm beim derzeitigen Stand der Technik noch unrealistisch, die Schiffe verbrauchten einfach zuviel Kohle.

Die Route durch das Rote Meer via Ägypten, die Lord Ellenborough favorisierte, war wegen der tückischen Korallenriffe und schwierigen Windverhältnisse gefährlich und nicht zu allen Jahreszeiten nutzbar – und der Suezkanal noch nicht gebaut. (Nach Ansicht französischer Ingenieure, die sich schon früher mit diesem Projekt beschäftigt hatten, konnte er vielleicht gar nicht realisiert werden, weil nach ihren Berechnungen riesige Überschwemmungen zu befürchten waren.)

Statt dessen machte sich Peacock für einen Weg stark, an den bisher kaum jemand ernstlich gedacht hatte: von Indien durch den Persischen Golf mit dem Dampfschiff, dann mit Flußdampfern den Euphrat aufwärts, dann – über Land- und Wasserwege? – bis zur syrischen Mittelmeerküste und weiter nach England. Und zurück.

Ganz schön umständlich für einen Postweg, aber das mit der Post scheint Peacock während der Abfassung seines Gutachtens sowieso immer mehr aus den Augen verloren zu haben. Es mündet in ein flammendes Plädoyer für die Erschließung des Euphrat ein. Eine Investition in die Zukunft, ein historisches Wirtschafts-, Kolonisierungs- und Zivilisierungsprogramm – und ein wichtiger, vermutlich entscheidender Schachzug im Strategiespiel mit Rußland: Die Dampfschiffahrt auf Flüssen hat das Glück der nordwestlichen Gebiete von Amerika gemacht und der Bevölkerung und Industrie überall in diesem riesigen Land einen Aufschwung gebracht, der vermutlich über Generationen Bestand haben wird. Es bedarf nur der schützenden Hand einer zivilisierten Regierung, um ebensoviel für die Völker der dünnbesiedelten und wüsten Gegenden zu tun, die an die großen Flüsse Asiens grenzen. Die Russen haben unbegrenzte Ressourcen an Kohle, Holz, Eisen, Vieh und Getreide. Sie haben jetzt Dampfschiffe auf der Wolga und dem Kaspischen Meer. Sie werden sie demnächst auch auf dem Aralsee und dem Oxus haben und höchstwahrscheinlich auch auf Euphrat und Tigris. Sie werden in Asien alles unternehmen, was zu unternehmen sich lohnt – und was wir zu unternehmen versäumen.

Lord Ellenborough fand Peacocks Argumente gegen die Rote-Meer-Route zwar nicht schlüssig, aber das mit den Russen machte ihn doch sehr nachdenklich. Wer zu spät kommt … ? Peacock solle doch ein Dossier zum Projekt einer Erschließung des Euphrat erstellen, meinte er, das würde er dann an die britischen Botschaften und Konsulate im Osten weiterleiten. Vielleicht fanden sich ja Leute, die Lust hatten, der Sache nachzugehen?

Das Wüten der Zeit

Sie war von einer dunkeln Gesichtsfarbe (denn wenn von einer Dame die Rede ist, so werden auch diese kleinen Umstände wichtig); ihre Zähne waren weiß wie Perlen, und in ihren großen schwarzen Augen strahlte ein ungewöhnliches Feuer, das durch die einnehmendste Milde gemäßigt wurde ... Die Archäologie unserer Neigungen, Meinungen, Entscheidungen fördert oft überraschende Fundstücke zutage. Zum Beispiel eine legendäre Königin als Muse eines geostrategischen Unternehmens. Sie hieß Zenobia.

Einst war der Euphrat die Ostgrenze des römischen Weltreiches und zeitweise auch des Wüstenreiches von Palmyra, dessen gleichnamige Hauptstadt über 200 Kilometer westlich an einer Karawanenstraße lag. Sie war sehr reich und prächtig, und ihre verwöhnten Einwohner ließen es sich gutgehen, *calme, luxe, volupté*. Hier lebte im dritten nachchristlichen Jahrhundert die Frau, die so kühn war, sich mit Rom anzulegen. Nach dem Tod von Palmyras König Odaenathus übernahm seine Witwe (und wahrscheinlich auch Mörderin) Zenobia für ihren unmündigen Sohn Vaballathus die Regentschaft, weigerte sich, die Oberherrschaft der Römer anzuerkennen, und unterwarf Ägypten, das den Römern wirtschaftlich so wichtig war wie viele Jahrhunderte später Indien den Engländern und die Ölstaaten den Amerikanern. Das Imperium schlug zurück, und nach beträchtlichen Mühen gelang es Kaiser Aurelian schließlich, Palmyra einzunehmen und die von Zenobia geführten Truppen zu besiegen. Er machte reiche Beute. Zenobia wurde als Gefangene nach Rom geführt. Für den Triumphzug zu Ehren Aurelians wurde sie mit goldenen Ketten gefesselt und mit Juwelen behängt, unter deren Last sie fast zusammenbrach. Im Angesicht des Todes soll sie erstmals weibliche Schwäche gezeigt und die Schuld für den Aufstand auf ihre Ratgeber geschoben haben. Der Sieger ließ diese hinrichten und schenkte Zenobia großmütig das Leben und eine Villa in Tivoli, in der sie als Gattin eines Senators friedlich ihr Leben beschlossen haben soll. Die Weltordnung war wiederhergestellt, wie Gibbon in seinem monumentalen Geschichtsepos über den *Verfall und Untergang des Römischen Reiches* nicht ohne Befriedigung festhält: Die syrische Königin sank allmählig zu einer römischen Matrone herab – und ihre zerstörte Stadt in die Bedeutungslosigkeit und Vergessenheit zurück.

Die Geschichte des römischen Imperiums ist gespickt mit Rebellionen. Daß Zenobias Aufstand so besonders berühmt wurde, liegt wohl zum einen an ihrem Geschlecht und an dem Porträt, das die Geschichtsschreiber von ihr erdichtet haben: eine wunderschöne Frau, dabei so sittsam, daß sie mit ihrem Mann nur einmal im Monat zum Zwecke der Fortpflanzung schlief; dazu klug und tapfer, begabt mit allen Eigenschaften eines bedeutenden Mannes, eine Frau, die sich im Frieden mit Philosophen unterhielt und in Kriegszeiten ihre Truppen in Männerkleidung anführte. Zum andern an ihrer Stadt Palmyra, wo Orient und Okzident zu einer Zivilisation von höchstem Raffinement verschmolzen. Diese Vasallen Roms waren ihren Herren kulturell überlegen, was der Nachlaß von Zenobias Ehrgeiz eindrucksvoll zeigt: die Ruinen von Palmyra.

Es gab schon früher Besucher, aber ihre eigentliche Wiederentdeckung beginnt am 14. März 1751 mit der Ankunft zweier englischer Reisender, Robert Wood und James Dawkins. Nachdem sie ein melancholisches Tal mit Grabmälern durchwandert hatten, stießen sie plötzlich auf die größte Menge von Ruinen, die sie je gesehen hatten, alle aus weißem Marmor, und jenseits von ihnen, gegen den Euphrat zu, eine flache Einöde so weit das Auge reichte, ohne irgendein Zeichen von Leben oder Bewegung. Man kann sich kaum etwas Beindruckenderes als diesen Anblick denken, eine so große Anzahl von korinthischen Säulen, mit so wenig an Wänden oder Gebäuden dazwischen, bot eine äußerst romantische Vielfalt von Ansichten. Ihr Buch mit Stichen und Beschreibungen der *Ruinen von Palmyra* (1753), dem vier Jahre später ein weiterer Bildband über die *Ruinen von Baalbek* folgte, wurde für Generationen eine Quelle literarischer und architektonischer Inspiration und Palmyra zum Pilgerort, an dem Bildungsreisende wie der französische Aufklärer Constantin François de Volney in schwermütigen Vergänglichkeitsbetrachtungen schwelgten: Und was bleibt jetzt von dieser mächtigen Stadt? – Ein trauriges Skelett! Was bleibt von einem großen Gebiet? – Ein dunkles, leeres Andenken! Auf das lärmende Gewühl, das sich in diesen Hallen drängte, ist Todesstille gefolgt. Schweigen des Grabes ist an die Stelle des Gemurmels auf den öffentlichen Plätzen getreten. Der blühende Wohlstand einer Handelsstadt hat sich in schreckliche Armut verwandelt. Die Paläste der Könige sind der Wohnplatz wilder Tiere geworden; Herden weiden auf der Schwelle des Tempels,

Palmyra

und unreine Tiere bewohnen das Heiligtum der Götter! Ach, welcher Glanz ist so verdunkelt! – welche Arbeiten sind vernichtet! – Gehen so die Werke der Menschen zugrunde? Verschwinden so Reiche und Nationen?

Der junge Thomas Love Peacock, der noch den Ehrgeiz hatte, ein richtiger Dichter zu werden, war tief beeindruckt von Woods und Dawkins' Prachtwerk. Was für eine Kulisse! Er studierte Palmyras Geschichte; er las Gibbons berühmte Schilderung der fabelhaften Zenobia, die ihn zu schwärmerischen Phantasien hinriß. Aus alledem entstand ein langes, pathetisches Gedicht, das er später zu einer zweiten Fassung radikal kürzte. *Palmyra* (1805) ist die Phantasie eines *armchair traveller*, versehen mit gelehrten Anmerkungen und Quellenzitaten, in denen die Poesie steckt, die seinen Versen fehlt. Eine Geisterbeschwörung, feierliches Brimborium, Sonnentempel, Menschenopfer. Zenobia ist mit Licht auf Licht gemalt, ausgestattet mit zahllosen Reizen, blendender Glanz ihrer von leuchtender Braue überwölbten Augen, ein Engelsantlitz, das die unvergleichlichen Tugenden ihres göttergleichen Geistes spiegelt. Die römischen Legionen dagegen, die Palmyras Einwohner erbarmungslos niedermetzeln, schildert Peacock als eine von barbarischer Wut getriebene, mitleidlose finstere Kampfmaschine:

Nor beauteous youth, nor helpless age
Nor female charms, by savage breasts ador'd
Could check the Roman's barb'rous rage …

Aber diese römischen Soldaten sind nur Werkzeuge einer weit grausameren Macht: der rasenden, alles mit sich reißenden, zerstörerischen Zeit, die blühende Städte und Landschaften in einen Friedhof verwandelt, in trostlose, schweigende Einöden und verlassene Ufer, zwischen denen breit und schnell der Euphrat fließt. Sie beherrscht die Weltgeschichte – und Peacocks Gedicht –, als Strom, tosender Wildbach, wütendes Heer, fliehende Menge, klapperndes Räderwerk:

From the earliest twilight ray,
That mark'd creation's natal day,
  Till yesterday's declining fire,
Thus still have rolled, perplex'd by strife,
  The many-clashing wheels of life.

Peacock *war* am Puls seiner Zeit, deren Kinder, melancholisch und rastlos, ungeduldig in die Zukunft drängten und zugleich immer tiefer in die Vergangenheit hinabstiegen. Es ist fast, als ob in seinen Versen schon Eisenbahnen unterwegs wären – oder die Raddampfer, die er und Mr. Philpot ein Vierteljahrhundert später auf dem Euphrat schwimmen ließen, vorbei an den seit langem schweigenden Ruinen der Alten Welt.

Berufung

Firepower, das familienfreundliche Museum der «Royal Artillery» im Londoner Stadtteil Woolwich (Why not hold your children's party at Firepower?) hat nicht nur Knalleffekte zu bieten (Experience the ground-shaking Field of Fire and be bowed by the big guns), sondern auch etwas für nachdenklichere Gemüter, Reliquien. Zum Beispiel eine Locke von Sergeant John H. Byers, der im Krimkrieg fiel. Florence Nightingale, die Dame mit der Lampe, hat sie ihm abgeschnitten und mit einem Kärtchen versehen: ... starb am 7. Januar 1856, für seine Frau. Major General Sir Alexander Dickson besaß eine Porzellantasse mit der Darstellung des Angriffs auf Meaubeuge (wo ist das?) durch Prinz Augustus (wer war das?) im Jahre 1815. General Francis Rawdon Chesney hinterließ seinen Uniformrock. Da soll ein erwachsener Mann hineingepaßt haben? Der General war nur knapp 1,45 Meter groß. Die Aufnahme in die Kadettenschule von Woolwich hatte der Vierzehnjährige nur mit Hilfe von Korkeinlagen in den Strümpfen geschafft.

Dafür und deswegen hatte er Energie, Mut, Zähigkeit, vor allem aber Hartnäckigkeit im Übermaß, im Leben und in der Liebe. 1814, als er 25 Jahre alt und in Guernsey stationiert war, machte er Everilda Fraser, der Frau, die er seit längerem abgöttisch liebte, einen Heiratsantrag und wurde abgewiesen. Vier Jahre später versuchte er es ein zweites Mal bei ihr, erfolglos. 1822, wieder vier Jahre später, resignierte er und hielt um die Hand einer anderen Frau an. Sie hieß Georgette Forster. Er liebe sie zwar nicht, aber wenn ihr Respekt und Wertschätzung genügten ... Georgette gab sich damit zufrieden und ließ sich auch nicht durch sein Verlobungsgeschenk abschrecken: ein Tagebuch, in das sie zu künftiger Besserung täglich ihre Verfehlungen eintragen sollte. So hielt er es nämlich auch. Sie war ihm eine gute Frau, erfreute ihn durch ihre schöne Singstimme, schenkte ihm 1825 eine Tochter, Jane, und starb im Kindbett. Chesney begann wieder von der immer noch unverheirateten Everilda zu träumen. Diesmal machte sie ihm Hoffnungen. 1827 wagte er den dritten Heiratsantrag. Erst Zusage, dann langes Hinhalten, dann erneuter Rückzug und entschiedene Abweisung. Schmerz und Kränkung waren kaum erträglich. Chesney beschloß, sich Everilda auf dem Schlachtfeld aus dem Herzen zu reißen und den Türken als Freiwilliger im Kampf gegen die Russen beizustehen, die 1828 in die Donaufürstentümer einmarschiert waren.

In Annalong, einem kargen Fischerdorf im nordirischen County Down, hatte der 1789 geborene Francis Rawdon Chesney seine kurze Kindheit verlebt. Sein Pate war Lord Francis Rawdon, ein hochgestellter Gönner und früherer Vorgesetzter des Vaters. Alexander Chesney hatte unter ihm im amerikanischen Unabhängigkeitskrieg auf englischer Seite gekämpft. Nun jagte er als Küstenoffizier Schmuggler, mit denen das halbe Dorf verbündet war. Er war ein in der Wolle gefärbter Ulster-Loyalist und ein harter Mann. Schon als ganz kleiner Junge verlangte er nach Waffen, eine lebenslang anhaltende Passion. Als bei einem Anschlag auf ihn versehentlich ein anderer Mann erschossen wurde, zwang er den dreijährigen Francis dazu, die Leiche auf den Mund zu küssen, was diesem zeitlebens böse Träume bereitete. 1798, als die Kämpfe zwischen den Anhängern der katholischen Emanzipationsbewegung, den rebellischen «United Irishmen», und den meist protestantischen Loyalisten zum Bürgerkrieg eskalierten, organisierte und führte der Vater eine Miliz gegen die Aufrührer und machte seinen neunjährigen Sohn zum Offizier. Es war der Höhepunkt von dessen militärischer Laufbahn. Er hat nie mehr die Chance bekommen, sich auf dem Schlachtfeld auszuzeichnen, obwohl er sich während seiner fünfzigjährigen Dienstzeit bei der «Royal Artillery» für jede Kampagne der britischen Armee als Freiwilliger bewarb.

Die Devise der «Royal Artillery» heißt Ubique quo fas et gloria ducunt – Überall, wohin uns heilige Pflicht und Ruhm führen. Chesney brannte darauf, ihnen zu folgen, aber es schien, als wollten oder wüßten sie nichts von ihm. Die Schlachtfelder seines Idols Napoleon bereiste er in Gewaltmärschen als Tourist, und als er Ende 1829 in Konstantinopel eintraf, hatten Türken und Russen gerade Frieden geschlossen. Er war noch unschlüssig, ob er nach England zurückkehren oder eine Reise nach Ägypten und ins Heilige Land unternehmen sollte, als sich die ersehnten Führer unverhofft doch noch einstellten.

Der englische Botschafter, Sir Richard Gordon, bot ihm an, die Kosten für eine Erkundungsreise in die türkischen Provinzen zu übernehmen, hauptsächlich um zu erfahren, ob die Provinzen sich tatsächlich in Aufruhr – gegen den Sultan – befänden oder drohten, von ihm abzufallen. Chesney ging auf seinen Vorschlag ein. Noch vor seiner Abreise wurde er mit Peacocks Memorandum zum Euphrat-Projekt bekanntgemacht, das seine Phantasie mächtig anregte. Er sah sich schon vom Schiff aus auf Löwen an den Ufern schießen.

In Alexandria, wo er Ende Mai 1830 eintraf, studierte und diskutierte er Peacocks Ausführungen mit dem dortigen Generalkonsul John Barker, der lange Zeit in Aleppo gedient hatte und ein vorzüglicher Kenner von Land und Leuten war. Je länger er sich mit der Sache beschäftigte, desto mehr ergriffen ihre große Bedeutung und ihre Machbarkeit Besitz von ihm.

Das Euphrat-Projekt traf ihn mit der Macht einer Berufung in einer kritischen Zeit der Enttäuschungen und Verluste: Sein Ehrgeiz lief ins Leere, er konnte sich Everilda nicht aus dem Herzen reißen, gerade hatte ihn in Alexandria die Nachricht vom Tode eines geliebten Bruders erreicht. Nun fand sein Tatendrang dank Peacock endlich ein würdiges Ziel. Zweistromland! Mit dem Dampfschiff ins Paradies! In patriotischer Mission zur Wiege der Menschheit, zum welthistorischen Schauplatz großer Reiche, Männer und Schlachten. Kyros, Alexander, Trajan, Julian, Assyrer, Perser, Römer – und nun mit Gottes Hilfe die Engländer!

Durch den wilden Osten

In seinem orientalischen Roman *Alroy* (1833) schildert der Schriftsteller und Politiker Benjamin Disraeli, wie eine Pilgerkarawane auf dem Rückweg von Mekka nach Bagdad nach monatelanger strapaziöser Reise durch die Wüste atemlos und außer sich vor Freude den großen Euphrat erreicht: Breit und frisch, großartig und heiter, rollten die mächtigen Wasser durch das schöne, fruchtbare Erdreich. Aus seinem Busen erhob sich eine stärkende Brise. Jedes Wesen zeigte sich für ihren belebenden Einfluß empfänglich. Die Kranken wurden geheilt, die Verzweifelnden wurden fröhlich, die Gesunden und Leichtherzigen brachen in Gelächter aus, sprangen von ihren Kamelen und umarmten die wohlriechende Erde oder galoppierten über die Ebene, wild in ihrer neuen Kraft …

Der Euphrat(es), ein griechischer Name, dem das akkadische Wort *purattu* (breit) zugrundeliegt, heißt im Arabischen al-Furat, weil das *eu* als Artikel mißdeutet wurde. Mit ca. 2700 Kilometern ist er der längste Fluß Asiens. Gespeist von zwei Quellflüssen, nimmt er seinen Lauf im ostanatolischen Bergland der Türkei, nordwestlich von seinem kleineren Bruder, dem Tigris. Er durchbricht das Taurus-Gebirge, fließt durch die syrische Hochebene, den Irak und erreicht, mit dem Tigris zum Schatt al-Arab vereinigt, den Persischen Golf. Alte Lexika nennen ihn den vornehmsten Fluß Asiens oder auch gleich den vornehmsten aller Flüsse, und es fiele schwer, ihm diesen Rang zu bestreiten. Als einer der vier Ströme, die den Garten Eden bewässerten, verbindet er die jüdisch-christliche Schöpfungsgeschichte mit der Zivilisationsgeschichte der Menschheit, die in Mesopotamien, dem Land zwischen den Strömen, ihren Anfang nahm. Der legendäre Getreidereichtum des von Kanälen bewässerten Gebietes zwischen Euphrat und Tigris schuf seit dem 4. Jahrtausend v. Chr. die Voraussetzung für die Hochkulturen der Sumerer, Akkader, Assyrer, Babylonier.

Der Euphrat ist also wohl für jeden Reisenden ein besonderer Fluß; für Chesney, der alle seine Hoffnungen und Träume an ihn knüpfte, war er wohl so etwas wie der Fluß des lebendigen Wassers, der nach der Offenbarung des Johannes die Auserwählten des Herrn im neuen Paradies des Himmlischen Jerusalem erwartet. Chesney war ein frommer Mann, und

Erdenweg und Heilsweg fielen für ihn zusammen. Wie bedroht er sich von den verschiedensten Anfechtungen fühlte, verrät, mehr noch als sein Tagebuch, der Abwehrzauber von Ritualen und Reliquien, Fetischen und Gedenktagen, mit denen er sich umstellte.

Am 26. Dezember 1830 erblickte er den Euphrat zum ersten Mal. Von außerordentlicher Freude erfüllt, blickte ich lange auf die breite Oberfläche des ehrwürdigen Flusses, die im hellen Licht des Mondes schimmerte.

Gut ein halbes Jahr vorher war er zu einer die Expedition vorbereitenden Erkundungsreise aufgebrochen. Ein kühnes Unternehmen, besonders für einen Mann ohne arabische Sprachkenntnisse und mit explosivem Temperament! Der Osten war wild und das Reisen dort strapaziös und gefährlich. Überall drohten räuberische Beduinen; betrügerische Führer machten mit ihnen gemeinsame Sache und trieben ihnen die Reisenden zum Ausplündern zu. Nicht selten kam es zu Mord und Totschlag. Man konnte als Spion verdächtigt werden und hatte die Angriffe fanatischer Moslems zu gewärtigen. Chesneys Reise, in der all das vorkommt und vieles mehr, böte Stoff für einen Abenteuerfilm, eine Komödie, die zuweilen in die Klamotte entgleitet. Zeit seines Lebens kämpfte er heroisch gegen seine Laster wie Spielsucht, Jagdleidenschaft, Jähzorn, Unduldsamkeit, Ungeduld und dokumentierte seine Niederlagen im Tagebuch (Mein Temperament war in diesem Jahr ebenso fehlerhaft wie im letzten, indem 42 Vorfälle registriert wurden, bei denen es versagte, wenn irgendein unerwarteter kleiner Ärger eintrat). Im Orient hatte er es besonders schwer.

Zunächst reiste er zum Roten Meer, mit arabischen Bediensteten, die, anders als er, gar keine Eile hatten: Ich habe schon wieder die Geduld mit dem Diener verloren; ich muß versuchen, die Dinge gelassener anzugehen und zumindest die Dummheit und Faulheit meiner Diener mit Gleichmut zu tragen. Das Phlegma (oder vielleicht auch nur die Gelassenheit?) seines österreichischen Begleiters, eines gewissen Grafen Chorinsky, machte ihm mindestens ebenso zu schaffen: Wir kamen heute nicht weg, der Graf hatte verschlafen! notiert er zornig oder auch, in fast reuevollen Momenten: Ich wünschte, ich könnte mir die Gleichgültigkeit oder vielmehr die anscheinende Apathie des Grafen zu eigen machen. Diese Reise bestätigte ihn in seiner Überzeugung, daß die Rote-Meer-Route nach Indien beim gegenwärtigen Stand der Technik allzu gefährlich und unsicher sei, und ließ ihn zu einem der Befürworter des Suez-Kanals werden, den er, anders als die französischen Skeptiker, für realisierbar hielt.

Wieder allein, brach er auf, um das Gebiet zwischen Euphrat und Küste zu erforschen, das damals sogenannte Großsyrien, das den Libanon, Palästina und Jordanien einschloß. Klassischer Boden, Heiliges Land und Land der Heiligen. Von Beirut aus besuchte er die Stelle, wo St. Georg, Englands Schutzpatron, der Überlieferung nach mit dem Drachen gekämpft hatte: Man zeigte mir den blauen Lehm etc., da, wo der Sieger sich die Hände wusch, nachdem er das Untier niedergestochen hatte. Ob er sich über die Blaublütigkeit von Drachen Gedanken gemacht hat? Auch als Tourist unermüdlich, ließ er keine Sehenswürdigkeit des Reiseführers aus.

25. September.

Meine Begierde, einige der von Burckhardt beschriebenen Altertümer zu besichtigen, hat mich in eine gefährliche Lage gebracht. Ich stürmte zu schnell einen Berg hinauf, verlor meine Begleiter und fand mich plötzlich von bewaffneten Arabern umzingelt. Unglücklicherweise hatte ich mein Gewehr beim Gepäck zurückgelassen. Einer der Männer entriß mir sofort meine Weinflasche und nahm einen Schluck, den er in hohem Bogen ausspuckte, als er merkte, was es war. Ein rotbärtiger, grimmig blickender Schurke forderte mich auf, sie zu begleiten, wobei er drohend mit dem Säbel vor meinem Gesicht herumfuchtelte. Mir blieb nichts anderes übrig, als mich der Gewalt zu beugen. Die großartige, wildromantische Landschaft, durch die wir ritten, konnte ich unter den obwaltenden Umständen nicht recht genießen. Ich überlegte fieberhaft, wie ich mich retten konnte. Die doppelläufige Pistole, die ich unter meiner losen Jacke trug, war unentdeckt geblieben, ich konnte mich aber nicht entschließen, meine Entführer hinterrücks zu erschießen. An einem Bergvorsprung stiegen sie ab und prüften den Abzug ihrer Gewehre. Mein letztes Stündlein schien gekommen, doch ER, «der nicht schläft noch schlummert», hatte es anders beschlossen. Plötzlich nämlich erschien von oben ein syrischer Bauer, und mit einem Schlag änderte sich alles. Nicht nur die feindlichen Handlungen der beiden Männer, sondern auch ihr wilder Gesichtsausdruck wichen scheinbarem Frieden und Gutwilligkeit. Schließlich erreichten wir ein kleines Nest, wo sich am Abend auch meine Gefährten einfanden. Sie mußten sich einiges von mir anhören!

In Damaskus traf er einen Landsmann, Mr. Robinson, der gerade dort angekommen war. Der Schreck steckte Robinson noch in den Knochen, eine fanatisierte Menge hatte ihn vom Pferd gerissen, als Ungläubigen beschimpft («Giaur», hatten sie geheult), und als er mannhaft verkündet hatte, er sei kein Ungläubiger, er sei ein Christ, war er fast gesteinigt worden. Sie beschlossen, die Reise gemeinsam fortzusetzen, auf dringenden Wunsch von Mr. Robinson in Beduinenkleidung. Beide hatten viel voneinander zu leiden. Robinson war trotz seines märtyrerhaften Bekenntnisses zum Christentum ein vorsichtiger, bedächtiger und konzilianter Mann, den Chesneys Draufgängertum in Todesängste versetzte. Als sich ihre arabischen Begleiter als Schurken erwiesen und sie ausraubten, setzte er auf Fügsamkeit und Diplomatie, in Chesneys Augen verächtliche Feigheit. Immerhin ließ er dem Gefährten jedenfalls nachträglich Gerechtigkeit widerfahren:

27. November.

Trennung von Mr. Robinson, der sofort nach Damaskus weiterreisen will, während ich noch einige Besichtigungen plane. Was ihn betrifft, so hat die Reise in mir widerstreitende Gefühle erweckt. Ich war tief enttäuscht gewesen, weil er mir nicht geholfen hatte, die beiden Araber zu überwältigen. Aber als ich allein weiterritt, begann ich, diese und weitere Begebenheiten in einem anderen Licht zu sehen; und als ich überlegte, daß mich meine Fluchtversuche oder der Versuch, den Räubern die verdiente Strafe zukommen zu lassen, vermutlich das Leben gekostet hätten, setzte ich meinen Weg in dankbarer Würdigung von Mr. Robinsons höherer Einsicht fort.

Nach Damaskus zurückgekehrt, schloß sich Chesney einer Karawane nach Bagdad an. In Anah am mittleren Euphrat trennte er sich von ihr und ließ sich ein großes Floß bauen. Es ruhte auf 40 aufgeblasenen Schafshäuten und hatte eine kleine Plattform zum Kochen. Hinten war ein kleines Rechteck ausgeschnitten, das Chesney erlauben sollte, unbemerkt, mit Hilfe eines langen Stabes, Tiefenmessungen vorzunehmen, ohne Verdacht bei seinen einheimischen Dienern zu erregen.

Die Fahrt begann am 2. Januar 1831. Noch Jahrzehnte später erinnerte sich Chesney so deutlich an das erste klatschende Eintauchen der Dattelholz-Ruder, als wäre es erst gestern gewesen, daß das Floß begann, über die glatte Oberfläche des großen Flusses dahinzugleiten, vorbei an kleinen In-

Chesneys Floß, 1830

seln, an Palmen, Wasserrädern und Aquädukten, vorbei an den Ruinen des antiken Tilbus, das einst der römische Kaiser Trajan hatte erbauen lassen.

Chesney im schwarz-weiß gestreiften Beduinenmantel, mit Kopftuch, hinten am Floß kauernd. Wenn er sich unbeobachtet glaubte, senkte er den Meßstab ins Wasser und murmelte Zahlen, die er später aufschrieb ... Es ist schwer vorstellbar, daß seine Begleiter nichts davon merkten, wahrscheinlich verstanden sie nur nicht, was er da trieb, und hielten ihn für ziemlich verrückt, wie alle Europäer.

So gut es ging – es gab Pannen und Unfälle –, vermaß Chesney den Euphrat bis hinunter nach Basra und reiste dann nach Bagdad. Er hatte gerade begonnen, an einer Karte des Flusses zu arbeiten, als die Pest ausbrach und die Bewohner aus der Stadt trieb. Für die Rückreise nach England brauchte er dann neun Monate. Die Erforschung des oberen Euphrat verhinderte der gerade ausgebrochene Krieg zwischen dem Osmanischen Reich und dem aufrührerischen Ägypten, der das Gebiet für Reisende verschloß. So mußte er sich mit Informationen aus zweiter Hand begnügen, die ihm bestätigten, was er hören wollte. Von Konstantinopel aus schickte er einen Abschlußbericht an die englische Regierung, in dem er die Überzeugung aussprach, daß der größte Teil des Euphrat für Dampfschiffe geeigneter Bauart das ganze Jahr über befahrbar sein würde.

Als er im September 1832 in London eintraf, hatte er die große Freude, von seiner kleinen Tochter wiedererkannt zu werden, die bei Verwandten lebte. Wenig später notierte er: Ich denke manchmal an E. Alle feindseligen Gefühle sind gemildert, wenn nicht ganz vernichtet.

Audienz

Seine bravouröse Erkundungsreise machte Chesney in London bekannt und, wie er selbst fand, zum Exempel dafür, was ein einzelner Mann auf dem Gebiet der Aufnahme und Erforschung von Land und Wasser zu leisten imstande ist. Bis tief in die Nacht saß er über Papieren und Zeichnungen, machte seine Karten für den Druck fertig und begann, sich intensiv mit der Technik von Dampfschiffen zu beschäftigen. Vor allem aber bemühte er sich, die Politiker, insbesondere die Herren vom «India Board», für das Projekt einer Euphrat-Expedition zu erwärmen und zu gewinnen. Das war nicht leicht in einer Zeit großer innen- und außenpolitischer Probleme. Die Gesellschaft war im Umbruch, in England wie überall in Europa. Permanente Regierungskrisen, erbitterter Streit um Wahlreformen, soziale Unruhen, die Aufsässigkeit der Iren, deren Führer Daniel O'Connell in seinen rhetorisch glänzenden Parlamentsauftritten unablässig für die Aufhebung der Zwangsunion mit England agitierte. Die Außenpolitik war ein Minenfeld, Revolutionen, Aufstände, Bürgerkriege, verwirrende Interessenkonflikte, äußerst komplizierte Beziehungen zu Frankreich, Preußen, Holland, Spanien, der Türkei und natürlich Rußland. Immer wieder bemühte sich Chesney um ein Gespräch mit Lord Palmerston, dem Außenminister, aber der wich ihm aus und ließ alle Termine platzen. Er befürchtete, daß das politisch brisante Unternehmen im Ausland Unruhe stiften würde – und davon gab es nun wirklich genug.

Bei einem seiner Besuche im «India House» machte Chesney die Bekanntschaft von Peacock, in dem er einen wichtigen Verbündeten fand. Ich entdeckte, daß er in der alten Geschichte des Euphrat außerordentlich beschlagen war, und daß er nicht nur der erste gewesen war, der diese Verbindung mit Indien vorgeschlagen hatte, sondern daß er auch in einem dicken Buch alle Äußerungen über den Fluß gesammelt hatte, die er gefunden hatte, ob nun bei Gibbon, Balbi oder in anderen Werken.

Am 16. April 1833 begab sich Chesney mit seinen Karten zum St. James's Palace, zur Audienz bei König William IV., der drei Jahre zuvor im Alter von 65 Jahren nach dem Tod seines Bruders George III. unverhofft auf den

Thron gekommen war. In seiner Jugend hatte er bei der Marine gedient, an verschiedenen Seegefechten teilgenommen, war schnell bis zum Konteradmiral aufgestiegen, Jahrzehnte später dann zum Großadmiral ernannt worden. Historiker bezeichnen ihn milde als Mann von eher schlichten Geistesgaben oder auch scharfzüngig als alten Tropf, der zu seinem ohnmächtigen Ärger von seinen Ministern ständig ausgetrickst wurde, aber Chesney hätte sich wohl nie erlaubt, so etwas auch nur zu denken. Für ihn war die Begegnung mit dem König eine der Sternstunden seines Lebens.

Der alte Herr (schlichter blauer Mantel, weiße Weste, mit Hosenbandorden) ließ sich an Hand der Karten erklären, worum es ging. Chesney erläuterte erst, knapp und klar, wie man ihm geraten hatte, die alternativen Verkehrswege und die Vorteile der Euphrat-Verbindung. Ich bin Seemann, und diese Argumente sind meiner Meinung nach völlig schlüssig, sagte der König lebhaft, der auch Chesneys strategische Überlegungen in bezug auf die Russen sehr plausibel fand. Gegen Ende des Gespräches wollte er wissen, wie diese Pläne von der Regierung aufgenommen worden seien. Welches Interesse haben meine Minister an den Fragen gezeigt, die Sie vorgetragen haben? Was die technische Seite angehe, gebe es schon Aufgeschlossenheit, sagte Chesney, aber in der hochwichtigen Frage einer schnellen Verbindung mit Indien habe es bisher keine Fortschritte gegeben. Worauf Seine Majestät bemerkten, daß die Menschen manchmal zögern, bis die Gelegenheit verpaßt ist, daß er aber darauf drängen wolle, daß es mit dem Projekt vorwärtsgehe. Er half Chesney beim Zusammenfalten der Karten, öffnete ihm die Tür und gab noch einmal seiner Zufriedenheit mit den mitgebrachten Karten und Informationen Ausdruck.

Die Beschaffung von Karten und Informationen! Chesneys Gespräch mit dem König machte ganz deutlich, was auch die wichtigste Aufgabe der Euphrat-Expedition sein sollte, als Voraussetzung aller mit ihr verbundenen Ziele, von der strategisch vorteilhaften Position im Machtkampf mit Rußland bis zur Gewinn und Ruhm versprechenden Besitzergreifung, Rekultivierung, Zivilisierung eines geschichtsmächtigen Raumes. Der beste Weizen der Welt wird in Mesopotamien angebaut. Man muß nur das alte Bewässerungssystem wiederherstellen, um das Tal des Euphrat wieder so fruchtbar und ertragreich zu machen, wie es Herodot beschreibt.

Es ging tatsächlich vorwärts. In einer Reihe von Anhörungen beschäftigte sich im Juni 1834 ein Parlamentsausschuß mit dem Problem *steam navigation to India.* Auch Peacock und Chesney wurden detailliert befragt.

Wie sahen die Planungen aus, wie stellte man sich die Durchführung einer Euphrat-Expedition vor?

Sie sollte mit zwei eigens zu diesem Zweck konstruierten Dampfschiffen unternommen werden, die in England gebaut, getestet, in Teilen verschifft, an den Euphrat gebracht und dort wieder zusammengesetzt würden.

Wo sollte sie beginnen? Darüber waren die Meinungen der Projektväter geteilt. Bei Birecik, einem Ort am oberen Euphrat, wie Chesney vorschlug? Oder in Basra, wofür zum Beispiel Peacock plädierte? Verschiedene Argumente wurden ausgetauscht, aber im Grunde ging es um den Zeitfaktor. Daß Chesney sich durchsetzte, lag daran, daß er das schnellere Angebot vorlegte.

Logistisch gesehen, wäre es vernünftig gewesen, Basra als Startort zu wählen, da ein Zwischentransport in diesem Fall nicht nötig gewesen wäre: Nach dem Ausladen der Schiffsteile hätte man hier sofort mit dem Zusammenbauen der Schiffe beginnen können. Wollte man die Expedition dagegen in Birecik beginnen, mußte man die Schiffsteile und die gesamte Ladung von der syrischen Küste noch einmal über eine weite Strecke an ihren Bestimmungsort transportieren. Chesney hielt das für völlig unproblematisch. In seiner Kalkulation waren nach einer auf fünfzig Tage veranschlagten Schiffsanreise von England nach Syrien gerade noch einmal acht Tage für das Ausladen und den Transport zum Euphrat vorgesehen. Das war um einiges kürzer als die langwierige Anreise um das Kap zum Persischen Golf und nach Basra.

Über alles weitere war man sich einig. An den Ufern des Flusses wollte man Kohledepots einrichten und zwei Martello-Türme erbauen lassen. Die Dampfer würden zwischen Birecik und Basra verkehren und nach erfolgreicher Jungfernfahrt in einer einjährigen Experimentierphase indische Post befördern. Wenn sie erfolgreich verlief, konnte dann ein regelmäßiger Linienverkehr beginnen. Wenn nicht, hatte man doch, wie Chesney erklärte, mit den Martello-Türmen zwei Stützpunkte gewonnen, nützlich für normale Handelsbeziehungen und ausreichend, um den Fluß eine Zeit lang gegen den Einfall der Russen zu verteidigen.

Es war letztlich diese Beschwörung der russischen Gefahr (Sie werden in Asien alles unternehmen, was zu unternehmen sich lohnt – und was wir zu unternehmen versäumen), die Chesney und seinen Mitstreitern zum Sieg verhalf, auch wenn man das öffentlich nicht sagen durfte. Anfang August

1834 empfahl das House of Commons der Regierung, 20 000 Pfund zur Finanzierung einer Euphrat-Expedition zum Zwecke der Kommunikation mit Indien bereitzustellen, die so schnell wie möglich beginnen sollte. Das war ganz im Sinne von Chesney, der mit der Vorbereitung und Leitung des Unternehmens betraut wurde. Als Abreisetermin von England bestimmte er den 1. Dezember. Genau 131 Tage später (inklusive Ausladen, Transport, Schiffsbau) wollte er in Basra ankommen. Der erste seiner vielen aberwitzig optimistischen Terminpläne, mit denen er die Expedition unter permanenten Zeitdruck setzte, der auf ihr lastete wie ein Fluch.

Dampfer

Das Leben bestraft auch den, der zu früh kommt. Wie den französischen Physiker Denis Papin, der nicht nur (im Jahre 1680!) den Dampfkochtopf erfand (New Digester for softening Bones etc.), sondern auch das Dampfschiff – oder doch beinahe. Mit einem selbstkonstruierten Schaufelrad-Boot fuhr er im Jahre 1707 die Weser abwärts in Richtung Nordsee. Sein Ziel war London, wo er für sein Gefährt einen Dampfmaschinenantrieb bauen lassen wollte, nach Prinzipien, die er zusammen mit Gottfried Wilhelm Leibniz entwickelt hatte. Erproben wollte er diesen ersten Dampfer der Geschichte auf der Themse. Doch das Projekt scheiterte an der Mißgunst seiner Mitmenschen. In Münden waren es die Schiffer, die, eifersüchtig ihre Privilegien schützend, Papin stoppten und sein Boot zerschlugen. In London war es die «Royal Society», die die von Papin beantragten Mittel verweigerte und sein Projekt, concerning a new invented boat to be rowed by oars, moved with heat, aus technischen Gründen für unrealisierbar erklärte. Wohl nicht zuletzt, weil Newtons Erzrivale Leibniz daran beteiligt gewesen war. Die frühe Geschichte der Erfindung der Dampfmaschine zeige ohne Zweifel, daß die «Royal Society» und mit ihr Isaac Newton persönlich die Anwendung von Dampfkraft in Industrie und Schiffahrt vorsätzlich fast hundert Jahre lang verhinderte, schreibt Philip Valenti in einem 1979 erschienenen Aufsatz. Und nicht nur das, die «Royal Society» habe darüber hinaus einen Mythos kreiert, der bis heute in Geschichtsbüchern und Lexika tradiert werde: Danach waren es zwei britische Helden, die Newtonianer Thomas Savery und Thomas Newcomen, die die Dampfmaschine erfanden, um damit Wasser aus Kohlebergwerken zu pumpen.

Aber es war dann ein Amerikaner, der Erfinder, Ingenieur und Maler Robert Fulton, der Papins Projekt zum Erfolg brachte. Am 17. August 1807, gut hundert Jahre nach der unglücklichen Weser-Reise des Franzosen, startete «Fulton's Folly», wie die Skeptiker sein *steamboat* nannten, zur Probefahrt auf dem Hudson River von New York nach Albany. Am Morgen, als ich New York verließ, gab es nicht 30 Personen, welche glaubten, daß mein Boot auch nur eine Meile in der Stunde zurücklegen würde, und während wir die Landungsbrücke verließen, welche mit Zuschauern bedeckt war, mußte ich viele sarkastische Bemerkungen anhören. Dies ist die Art, mit der Ignoranten die Menschen begrüßen, die sie «Philosophen» und «Projektemacher» nennen. Doch bald hatte Fulton die Lacher auf seiner Seite. Während man bisher vier Tage für die 240 Kilometer lange Strecke gebraucht hatte, war sein Dampfer nur 32 Stunden unterwegs gewesen. Schon ab September wurde sie im Linienverkehr befahren. Die Ära der kommerziellen Dampfschiffahrt hatte begonnen. In England wurde 1812 die erste Passagierlinie in Dienst gestellt.

Am 13. Juli 1816 berichtete die *Kölner Zeitung*:

Heute gegen Mittag erblickten wir auf unserem schönen Rheinstrom ein wundervolles Schauspiel. Ein ziemlich großes Schiff ohne Mast, Segel und Ruder kam mit ungemeiner Schnelle den Rhein heraufgefahren. Die Ufer des Rheins und die vor Anker liegenden Schiffe waren in einem Augenblick von der herbeiströmenden Volksmenge bedeckt. Das die allgemeine Neugierde reizende Schiff war ein von London nach Frankfurt reisendes englisches Dampfboot. Jedermann wollte den inneren Bau dieses Wunderschiffes und die Kräfte erforschen, welche dasselbe in Bewegung setzten. Seine innere Einrichtung, flüchtig betrachtet, ist folgende: Der innere Schiffsraum zerfällt in drei Teile, wovon die äußeren je ein Wohnzimmer und der mittlere einen Feuerherd samt den Brennstoffen enthalten. Dieser ist oben mit Steinen zugedeckt, brennt beständig und verwandelt das siedende Wasser in Dämpfe, welche die Walze treiben, die an jedem ihrer Enden ein Rad mit acht Schaufeln hat, wodurch die Kraft der Ruder ersetzt und das Schiff fortgetrieben wird. Bloß hierdurch in Bewegung gesetzt, kann das Schiff bei der jetzigen starken Wasserhöhe gegen die heftigste Strömung schneller herauf, als es von Pferden gezogen werden könnte.

Auf dem Verdeck erblickt man zwei ziemlich erhabene Rauchfänge, wovon der größere dem Feuerherde, der kleinere dem Ofen des Wohnzimmers dient. Auf den ersten Blick staunt man über die Gewalt der Dämpfe, allein, wenn man weiß, daß das Wasser in Dampfgestalt 1470mal größeren Raum einnimmt, so sieht man leicht, daß unglaubliche Wirkungen hervorgebracht werden müssen, wenn die Dämpfe in einen engen Raum eingeschlossen werden, um durch ihre Ausdehnung fremden Widerstand zu besiegen. Lissabons und Kalabriens Zerstörung, die Ausbrüche der Vulkane sind Beweise, welche uns über die Allgewalt des Wassers, wenn es sich mit dem Feuer gattet, mit Grauen erfüllen. Die Kraft der Dampfmaschine beruht auf demselben Grunde. Man bedient sich derselben mit außerordentlichem Nutzen beim Bergbau, in den großen Brauhäusern zu London und in anderen Fabriken, wo große Bewegungskräfte gebraucht werden. Diese ganze Erfindung und die Vervollkommnung derselben verdankt man dem an Tiefe dem Deutschen verwandten Genius der Briten.

Birkenhead bei Liverpool war ein Dorf von 200 Einwohnern, als der Schotte William Laird dort 1824 eine kleine Werft gründete. Neun Jahre später wurde es mit mehr als 4000 Einwohnern zur Stadt erhoben, die beständig weiterwuchs, eine viktorianische *boomtown* mit großartigen Docks und großartigen Speichern, wie Zeitgenossen schwärmten. Jetzt ruht alle Poesie auf dem Kiel der Dampfschiffe oder auf den Schienen der Eisenbahnen, schrieb 1836 der französische *homme des lettres* Désiré Nisard. Es war die Poesie des Geldes.

William Laird und seine Söhne, die «Gebrüder» John und MacGregor, hatten die Zeichen der Zeit begriffen. Ihre Werft gehörte zu den ersten Unternehmen, die Dampfschiffe aus Eisen (nicht mehr aus Holz) bauten. MacGregor Laird war ein Geschäftsfreund Peacocks und wie dieser ein Liebhaber der Flüsse. 1832 hatte er als *merchant pioneer* mit einem in der Familienwerft gebauten eisernen Dampfer eine Expedition zum Niger unternommen. Die meisten Teilnehmer waren an Malaria gestorben, unter den wenigen Überlebenden war MacGregor Laird, der von nun an seine Handelsinteressen in Afrika vorsichtshalber von England aus zu fördern suchte.

Nachdem die Lairdsche Werft der «East India Company» erst unlängst zwei iron chickens für den Ganges geliefert hatte, bekam sie nun auch den Auftrag zum Bau der beiden Dampfer für die Euphrat-Expedition: die «Euphrates» (ca. 32 m × 5,80 m, zwei Maschinen mit je 25 PS) und die kleinere «Tigris» (ca. 26 m × 4,90 m, zwei Maschinen mit je 10 PS). Die Firma verpflichtete sich auch, Ingenieure zu Reparatur- und Wartungsarbeiten an den Euphrat nachzuschicken und Arbeiter zur Montage der Schiffe zu stellen. Außer Zimmerleuten brauchte man vor allem *riveteers*, also Männer, die die Teile zusammennieteten. Der oben erwähnte Désiré Nisard beschrieb ihre Arbeit in einer Industriereportage:

Ich habe gesehen, wie man die diken geschmiedeten Eisenbleche durchbohrt, und sie durch jene dikköpfigen Nägel zusammenfügt, die man längs der Nähte des Kessels sieht, und die so nahe beisammen stehen, wie die vergoldeten Nägel der alten Lehnsessel. Die Durchbohrung geschieht durch eine in der Rundung aushebende Vorrichtung, einer mit einem Arme versehenen Buchdruckerpresse ähnlich. Dabei sind zwei Arbeiter beschäftigt. Während der eine die Schraube aufwindet woran das bohrerartige Instrument befestigt ist, rükt der andere die eiserne Platte unter der Schraube an die Stelle, wo das Loch gebohrt werden soll. Hierauf hängen sich beide an einen ledernen Riemen, der um ein Rad geht, das der Schraube den Impuls gibt, und senken nun durch kräftigen Stoß den Bohrer ein, der sogleich ein rundes Stükchen Eisen, in Form einer Münze, aushebt. Sind alle Löcher gebohrt, und sollen zwei so durchbohrte dike Eisenblechplatten zusammengefügt werden, so werden die Eisenstüke, die zu Nägeln dienen sollen, im Schmiedofen roth geglüht und in diesem Zustande in die Löcher gefügt, während zugleich auf jeder Seite zwei mit Hämmern versehene Arbeiter sie durch Daraufschlagen nieten.

Anders als die weltverändernde Computertechnologie unserer Tage war die industrielle Revolution des 19. Jahrhunderts laut, heiß, schmutzig, körperlich angreifend, lebensgefährlich. Vor allem natürlich in den Produktionsstätten der Fabriken, Stahlwerken und Werften, um die herum trostlose Siedlungen entstanden, aber auch auf den Dampfschiffen. Besonders in ihrer Frühzeit gab es viele Unfälle durch Kesselexplosionen, und die Fahrt selbst wurde als strapaziös empfunden. Bei aller scheinbaren Bequemlichkeit *fatiguire* sie doch sehr durch den Lärm der Maschinen und die schütternde Bewegung, stellte der Schriftsteller Karl Immermann fest, und sein Kollege Fürst Pückler beschwerte sich über die Hitze und den ekelhaften Geruch des Dampfkessels, die ihm eine *affröse* Nacht beschert hätten.

Our little Band

Edward Philips Charlewood war zu dieser Zeit *midshipman* (Fähnrich zur See) auf einem Schiff im Heimatdienst, so ziemlich die unbefriedigendste Lage für einen ehrgeizigen Offiziersanwärter, die sich denken läßt. Als er erfuhr, daß für eine Euphrat-Expedition unter Colonel Chesney von der «Royal Artillery» noch ein Freiwilliger gesucht wurde, meldete er sich sofort.

Aber ich hörte mindestens einen Monat nichts mehr von der Angelegenheit und hatte schon alle Hoffnung aufgegeben, ausgewählt zu werden. Doch eines Vormittags, während ich Wache hatte, kamen einige Besucher an Deck und besichtigten unser prächtiges Dampfkriegsschiff, das damals etwas ganz Neues in der Flotte war. Einer dieser Besucher, ein unscheinbarer, aber intelligent aussehender Mann, hatte mir einige Fragen gestellt, auf die ich etwas überheblich geantwortet hatte. Schließlich fragte mich mein neuer Freund mit besonderem Nachdruck: «Ist Mr. Charlewood an Bord?» Ziemlich erstaunt antwortete ich, daß ich derjenige sei, nach dem er sich erkundige. Der Besucher war Colonel Chesney persönlich! Als er das Schiff verließ, fürchtete ich, daß er einen schlechten Eindruck von mir gewonnen haben mußte, doch einige Wochen später bekam ich einen Brief von ihm, mit der Anweisung, ich solle mich zum Sandhurst College begeben, wo meine Qualifikationen und Fähigkeiten geprüft werden sollten.

Der Sohn eines mittellosen Landpfarrers, hatte er im Daseinskampf eine schlechte Startposition und außerdem viel Pech gehabt. Was er über seine Kindheit und Jugend erzählt, könnte aus einem Roman von Dickens stammen. Seine ersten Schuljahre mußte er vorwiegend auf dem Schoß eines pädophilen Lehrers sitzen und lernte so gut wie nichts. Auf dem «Royal Navy College» (fast wäre er durch die Aufnahmeprüfung gefallen, weil er *rhomboid* ohne *h* geschrieben hatte) wurde er zunächst von seinen Mitschülern erbarmungslos verspottet und verfolgt, weil er bei seinem Eintritt ein altmodisches Kleidungsstück, eine Jacke mit zwei kurzen Schößen, getragen hatte. Als er bei einem Mathematikexamen die beste Arbeit schrieb, ging die Auszeichnung nicht an ihn, sondern an einen Jungen aus vornehmer Familie. Sein Lebtag konnte er das bittere Gefühl der Kränkung nicht vergessen, das ihn erfüllte, als der *Lord High Admiral*, der Herzog von Clarence (und spätere William IV.), dem glücklichen Konkurrenten den Buchpreis überreichte. Auf seinem ersten Schiff, der «Favourite», machten ihn die Quälereien eines brutalen Offiziers so unglücklich, daß er schon zur Handelsmarine davonlaufen wollte, als er von einem alten Quartiermeister erfuhr, der Kapitän sei von seinen guten Anlagen überzeugt und glaube, daß aus ihm noch etwas werden könne. Ich war ganz elektrisiert durch diese Neuigkeit und hätte ihn umarmen können. Schon am nächsten Morgen fühlte ich mich wie ein anderer Mensch; ich ging stolz und zufrieden über das Deck, verrichtete meine Pflichten mit besonderem Eifer und erhielt noch am gleichen Tag ein kleines Zeichen der Anerkennung vom Kapitän. Diese geringfügige Ermutigung war mein Leitstern, und lange vor der Abmusterung wurde ich der erste *midshipman* an Bord. Einige der schwierigsten Aufgaben wurden mir übertragen, und zu meiner größeren Bequemlichkeit gab man mir eine kleine Kabine.

Während der Fahrt der «Favourite», die an die Westküste von Afrika führte, wurde ein Sklavenschiff aufgegriffen und dem Befehl von Charlewood unterstellt, der es nach Sierra Leone bringen sollte. Auch das eine Erfahrung, die er nie vergaß. Diese Schaluppe war ein elender Kahn. Der Laderaum war gestopft voll mit Sklaven und so niedrig, daß man nicht einmal aufrecht darin sitzen konnte. Der Kapitän schlief in einer Koje an Deck und die Mannschaft überall. Während fast der gesamten Reise kamen sintflutartige Regenfälle vom Himmel, aber es war so heiß, daß unsere Kleidung, schon kurz nachdem der Regen aufgehört hatte, wieder trocken war. Die armen Sklaven litten entsetzlich, wegen der Hitze und des Mangels an frischer Luft. Als erstes ließ ich ihre Fesseln wegschlagen, und die Armen schienen dafür sehr dankbar. Doch in der zweiten Nacht war ich sehr beunruhigt, als ich entdeckte, daß die Sklaven die eisernen Stangen mit Gewalt in Stücke gebrochen hatten, die die Luke des Decks bedeckten, unter dem sie verstaut waren. Einige meiner Männer wollten sofort auf sie schießen, aber da ich zwei Nächte zuvor ihre Dankbarkeit bemerkt hatte, war ich davon überzeugt, daß sie nichts Böses im Sinn hatten, und so war es auch. Es zeigte sich, daß das Sklavendeck so unerträglich war, daß sie zur Verzweiflung getrieben wurden. Am nächsten Morgen fanden wir nicht weniger als fünf dieser armen Burschen aufrecht auf dem Sklavendeck sitzend (soweit das möglich war), anscheinend schlafend, aber es war der Schlaf des Todes. Sie waren ganz steif, und wir hatten deshalb große Schwierigkeiten, sie vom Sklavendeck weg und nach oben zu bringen. Danach erlaubte ich immer einer Hälfte am Tag und der anderen in der Nacht an Deck zu bleiben. Bald brach eine Krankheit unter ihnen aus, eine sehr gefährliche Dysenterie. Ich denke, daß etwa 28 daran starben und über Bord geworfen wurden. Auch brachen große Eiterbeulen an verschiedenen Teilen ihres Körpers aus, und ich mußte sie mit einem Rasiermesser operieren. Einige dieser Sklaven zeigten viel Gutes in ihrer Veranlagung und waren sogar anhänglich, besonders die kleinen Jungen, aber viele der Männer waren ganz brutal; nicht weniger als zwei Morde wurden unter ihnen verübt. Ich war sehr dankbar, als wir in Sierra Leone ankamen.

Als Charlewood nach viereinhalb Jahren Dienst auf der «Favourite» in seine Heimat zurückkehrte, war er erwachsen und selbstbewußt geworden. Mit 31 anderen *midshipmen* absolvierte ich die Prüfungen zum Leutnant und bestand sie zu meiner außerordentlichen Zufriedenheit als Bester von allen. Auch am Sandhurst College war man mit ihm zufrieden, und er erhielt die ersehnte Anstellung als *acting lieutenant* der Euphrat-Expedition.

Mit 22 Jahren war er, knapp vor seinem «Offiziersbruder» und Freund James Fitzjames, der jüngste in einer jungen, hochmotivierten Gruppe von Offizieren, Wissenschaftlern, Fachleuten, die Chesney später nostalgisch our little band nannte. Man kann ihm viele unheilvolle Fehleinschätzungen und -entscheidungen vorwerfen; bei der Auswahl seines Teams aber hat er insgesamt eine glückliche Hand gehabt. Alle Teilnehmer sahen in dem Unternehmen die große Chance ihres Lebens, ob sie nun wie Charlewood bescheidener Herkunft waren oder ob sie wie Chesneys ranghöchste Offiziere aus den *upper classes* stammten, ob sie – die meisten – im Militärdienst standen oder ob sie (schlecht bezahlte) Zivilisten waren.

William Francis Ainsworth wurde als Geologe, Chirurg und nebenbei auch noch als Biologe und Zoologe engagiert; der Zeichner William Taylour Thomson, der ohne Bezahlung an der Expedition teilnahm, kümmerte sich um die Chronometer und Meßinstrumente; der Zahl- und Quartiermeister Alexander Hector hatte als einer der wenigen Überlebenden von MacGregor Lairds katastrophaler Niger-Expedition schon Erfahrungen mit Dampfschiffen.

Von der Marine kamen fünf Offiziere: Chesneys Stellvertreter und Kommandant der «Tigris», Lieutenant Henry Blosse Lynch (von der «Indian Navy»); Lieutenant Richard Francis Cleaveland (Vierter in der Rangordnung) als Kapitän der «Euphrates»; und die *midshipmen* Henry Eden, Charlewood und James Fitzjames (alle von der «Royal Navy»).

Die Infanterie stellte den Rangdritten, Captain James Bucknall Bucknall-Estcourt, die Artillerie Lieutenant Robert Cockburn und den irischen Arzt Charles Frederick Staunton, der seinen Bruder als Sanitäter mitbrachte.

Eine besonders wichtige Aufgabe hatte der ebenfalls aus Irland stammende Astronom, Lieutenant Fitz-Edward Murphy von den «Royal Engineers», der unter anderem für die Triangulation, also für die trigonometrische Vermessung des Geländes zuständig war. In seinem Buch *Im Raume lesen wir die Zeit* charakterisiert Karl Schlögel sie als einen Akt geographischer Gewaltanwendung, durch welche tendenziell jeder Raum in der Welt erforscht, kartographiert und schließlich unter Kontrolle gebracht worden ist.

Eine entscheidende Rolle für das Gelingen einer solchen Expedition spielten auch die Dolmetscher, die unterwegs zur Expedition stießen. Lynchs Bruder Robert von der «Indian Army» reiste als Passagier mit, und später kam dann noch das Ehepaar Helfer dazu, fremde Vögel, die Forschungsdrang, Ehrgeiz, treue Liebe, romantische Illusionen und widrige Umstände nach Syrien verschlagen hatten.

Die Zahl und Zusammensetzung der Mannschaft wechselte, zu Beginn waren es zwei Maschinisten, 16 Seeleute und 21 Artilleristen, was den militärischen Charakter der Operation sehr deutlich macht. Namentlich kommen sie in den überlieferten Expeditionsberichten nur selten vor. Man zählte ihre Verluste.

Wer Chesneys little band anhand der Quellen auf ihrer Reise begleitet, dem geht es so wie den Teilnehmern jeder Gruppenreise: Einige von ihnen lernt er ziemlich gut kennen, Chesney selbst natürlich, Ainsworth, Estcourt, die Helfers, Charlewood, Fitzjames und die Dolmetscher, andere bleiben ihm fremd. Manche sind auf einen Gesichtsausdruck oder wenige Eigenschaften reduziert. Lieutenant Eden ist nichts als mürrisch, der Schiffsarzt Dr. Staunton hitzköpfig und umständlich. Murphy wird als liebenswürdiger, in seine Messungen und Berechnungen versponnener Mann beschrieben.

Lieutenant Henry Blosse Lynch, Chesneys Stellvertreter, bleibt unnahbar. Er entstammte einer Familie alteingesessener irischer Landbesitzer (sein Elternhaus im County Mayo ist heute noch im Familienbesitz). Es heißt von ihm, er habe sich in Indien «orientalisiert» und einen unsoldatischen Hang zu Luxus und Wohlleben gehabt. Sein Verständnis für die Mentalität der Einheimischen, seine arabischen und persischen Sprachkenntnisse und seine undurchdringliche Höflichkeit machten ihn zum Chefdiplomaten der Expedition.

Chesney schickte ihn zu ihrer Vorbereitung nach Syrien, Charlewood und Fitzjames nach Birkenhead. Sie sollten dafür sorgen, daß es mit dem Bau der Schiffe zügig voranging, und die Verladung von Vorräten und Ausrüstung organisieren. Charlewood hat diese Zeit als unbeschwert und ausgelassen in Erinnerung behalten, die Flitterwochen einer Freundschaft, die ihm im Rückblick das ganze Euphrat-Unternehmen verklärte. Fitzjames wurde der gute Geist von Chesneys Team, kompetent, engagiert, wagemutig, ausgeglichen, immer heiter und aufgelegt zu *practical jokes*, was bei den Kameraden gut ankam. Außerdem sah er auch noch sehr gut aus.

Schaukel

Die Wurzeln des Wahhabismus, der Staatsreligion Saudi-Arabiens, reichen weit ins 18. Jahrhundert zurück. Der Begründer dieser finster-puritanischen Spielart des Islams, Muhammed Ibn Abdul Wahhab, wollte die ursprüngliche Lehre des Propheten wiederherstellen, sie von westlichen Einflüssen reinigen und einen Gottesstaat etablieren. In einem räuberischen Emir namens Muhammed Ibn Saud fand er einen Verbündeten, dem er zur Befestigung dieser Allianz seine Tochter zur Frau gab. Die Kombination von religiösem Fanatismus, militärischer Brutalität, politischer Schurkerei und die Benutzung von Frauen zum Schmieden von Bündnissen war der Gründungsstein der Dynastie, die Saudi-Arabien heute regiert, schreibt Tariq Ali 2002 in seinem Buch *The Clash of Fundamentalisms.*

Bei ihren Eroberungsfeldzügen nahmen die saudi-wahhabitischen Streitkräfte große Gebiete ein. 1801 überfielen sie Karbala, die heiligste Stadt der Schiiten, und töteten 5000 Einwohner, zwei Jahre danach nahmen sie Mekka und Medina ein und ließen bilderstürmerisch die dortigen Grabdenkmäler zerstören. Der türkische Sultan war machtlos gegen die Rebellen, aber sein Vasall, der ägyptische Vizekönig Mehemed Ali, nahm es mit ihnen auf. In einem langen Krieg, von 1811 bis 1818, kämpften er und sein Adoptivsohn, General Ibrahim Pascha, mit ihren Truppen die Wahhabiten nieder und eroberten Mekka und Medina zurück.

Historiker nennen Mehemed Ali den Vater des modernen Ägypten. In den ersten Jahrzehnten des 19. Jahrhunderts war er de facto der mächtigste Mann im Osmanischen Reich. Nachdem der Emporkömmling albanisch-mazedonischer Herkunft auf blutige Weise die Macht in Ägypten an sich gerissen hatte (Ich liebe diese Zeit meines Lebens nicht, sagte er später, zum Staatsmann gereift), sorgte er mit starker Hand und mit Hilfe Ibrahim Paschas für Sicherheit und Ordnung in seinem Herrschaftsgebiet, das er beständig ausweitete, als mächtigster Untergebener und bedrohlicher Konkurrent des türkischen Sultans. Er verbesserte die Lage der ausgebeuteten, rechtlosen Bauern, führte eine Art Staatssozialimus ein, verfügte religiöse Toleranz und begann, sein Land nach europäischem Muster und mit Hilfe von westlichen, meist französischen Experten neu zu ordnen und zu reformieren, Armee, Flotte, Justiz, Schulen. In Europa wurde viel über ihn geschrieben und gestritten. Den einen, besonders den Engländern, die durch ihn die eigenen Interessen gefährdet sahen, galt er als Gewaltherrscher, als Wolf im Schafspelz, dessen sogenannte Reformen nur ein Täuschungsmanöver seien. Die anderen priesen ihn als Visionär, als Reformer vom Schlage eines Peters des Großen, der eine welthistorische Wende einleiten würde, indem er den Orient nach Europa führen und zu neuem Glanz erheben würde. So sah er sich auch selbst. Stets sei er bestrebt gewesen, den Beispielen großer Männer zu folgen, sagte er einem deutschen Gast und glühenden Verehrer, dem Fürsten Pückler. Doch erst seine Enkel würden ernten können, was er gesät habe. Wo eine so grundlose Verwirrung herrschte, als hier, wo eine so vollständige Auflösung aller gesunden Staatsverhältnisse statt fand, wo ein so ganz verwildertes, unwissendes, zu aller heilsamen Arbeit unfähiges Volk lebte – da kann die Civilisation nur langsam wieder emporwachsen. Sie wissen, daß Ägypten einst das erste Land der Erde war, das allen übrigen vorleuchtete; jetzt ist es Europa. Mit der Zeit nimmt die Aufklärung vielleicht auch hier von Neuem wieder ihren Sitz. Es schaukelt ja Alles ewig in der Welt! Das war eine Redewendung, die er gern und oft gebrauchte. Fürst Pückler schildert ihn als kleinen, freundlichen, rundlichen Greis mit langem weißem Bart, Adlerblick und sehr schön geformten Händen, der schlicht, ohne orientalischen Prunk gekleidet ging, sein einziger Schmuck eine fast kokett zu nennende Frische und Reinlichkeit. Chesney, der ihn 1830 während seines Aufenthalts in Ägypten gesprochen hatte, mißtraute ihm natürlich. Daß man unter seiner Herrschaft als Europäer weit sicherer und komfortabler reisen und leben konnte als früher, wußte allerdings auch er zu schätzen.

Als Ibrahim Pascha 1831 auf Befehl Mehemed Alis in Syrien einfiel und große Teile des Landes besetzte, ließ Sultan Mahmud seine Truppen gegen ihn marschieren. Sie wurden in mehreren Schlachten geschlagen und zurückgetrieben. Der Weg nach Konstantinopel war offen, und der Sultan hätte möglicherweise mit dem Krieg auch seine Macht an Mehemed Ali verloren, wenn nicht die europäischen Großmächte interveniert hätten. Die Russen erschienen mit mehreren Flotten-Divisionen am Bosporus, Engländer und Franzosen schickten Schiffe nach Smyrna. In den Friedensverhandlungen von Kütahya (1833) wurde Mehemed Ali mit den syrischen Provinzen belehnt, die unter der Verwaltung Ibrahim Paschas blieben, und zum Rückzug aus besetzten Gebieten am oberen Euphrat genötigt. Daß dieser oktroyierte Friede nicht von Dauer sein würde, war abzusehen; die Kontrahenten begannen sofort mit Vorbereitungen zu einem Nachfolgekrieg.

Neuen innereuropäischen Konfliktstoff bot der Vertrag einer Defensiv-Allianz, mit dem sich die Russen ihre Hilfe vom Sultan honorieren ließen. Er stellte die Türkei unter den militärischen Schutz Rußlands und verpflichtete sie zur Schließung der Dardanellen für fremde Kriegsschiffe. The startling fact, that Turkey was *almost* in the power of the Czar caused much uneasiness, so Chesney, der der englischen Regierung in einer Denkschrift vorschlug, die Dardanellen im Handstreich zu besetzen. A more passive course, however, appears to have been thought advisable.

Als er im November 1834 erfuhr, daß sich der Bau der Dampfschiffe um mindestens einen Monat verzögern würde, tobte er und drohte damit, das ganze Unternehmen platzen zu lassen. Doch die wirklichen Gefahren drohten ihm von der Politik. In England hatte die Regierung gewechselt, das Personalkarussell sich gedreht. Mit Lord Ellenborough kehrte ein Mann ins Präsidium des «India Board» zurück, der dem Euphrat-Plan von Anfang an mißtraut hatte und das Ganze für ein unverantwortliches Abenteuer hielt, zumal unter der Leitung von Chesney: He is a red-hot Irishman, likely to lead others to serious danger.

Sultan Mahmud, den man um Unterstützung für die Expedition gebeten hatte, ließ eine ausweichende Antwort geben, wofür man russische Intrigen verantwortlich machte. Mehemed Ali, der anfangs Hilfe versprochen hatte, änderte seine Haltung, als er die strategische Bedeutung des Projektes erkannte und weil er die Engländer damit ärgern konnte. Nachdem er ihre Forderungen erfüllt und seine Soldaten vom Euphrat zurückgezogen habe, könne er für die Sicherheit der Expedition nicht mehr garantieren. Zuständig sei allein der Sultan, dessen Anweisungen er, Mehemed Ali, selbstverständlich gehorchen werde.

Am 8. Januar 1835 ließ Lord Ellenborough Chesney zu sich kommen und befahl den Abbruch des Unternehmens. Doch am 12. Januar kam eine Note in London an, in der sich der Sultan nun doch bereit erklärte, die Expedition zu unterstützen. Ellenborough nahm seinen Befehl zurück. Chesney solle sofort nach Liverpool zurückkehren und so schnell wie möglich in See stechen. Die Reise mit der «George Canning» sollte nun am 1. Februar 1835 beginnen.

Aus Estcourts Briefen I

Tetbury ist ein altes malerisches Städtchen in den pastoralen Cotswold Hills im Südwesten Englands. Seine Kirche hat einen ungewöhnlich hohen spitzen Turm und seine Markthalle, in der die vielen Schafzüchter der Gegend ihre Wolle verkauften, Säulen wie ein Tempel. Ein paar Kilometer außerhalb lag Estcourt, der Landsitz von Thomas Grimstone Estcourt, dessen Familie seit Jahrhunderten in der Gegend ansässig und politisch einflußreich war. Er hatte für die Tories als Abgeordneter gedient, war verwitwet und Vater von acht Kindern, sechs Söhnen und zwei Töchtern – Eleanor (Elly) und Marianne (Minnie) –, die Anfang 1835 noch bei ihm lebten. Der zweitälteste Sohn James war für die militärische Laufbahn bestimmt worden und hatte nach der standesgemäßen *public school* (Harrow) die Militärakademie Sandhurst besucht. An die 14 Jahre stand er nun schon im Friedensdienst, als Chesney ihn in sein Team holte. Die beiden kannten und schätzten sich seit ihrer gemeinsamen Garnisonszeit in Gibraltar.

James Bucknall Bucknall-Estcourt ist zu Hause, als er endlich den Befehl erhält, sich so schnell wie möglich nach Birkenhead zu begeben. Er wird, ungeduldig darauf wartend, viel Zeit bei seinen Pferden verbracht haben, mit der 29jährigen Elly Garderobefragen geklärt, mit der 21jährigen Minnie Gesellschaftsklatsch ausgetauscht und mit dem Vater über Politik, Beförderungen und Karrierehoffnungen gesprochen haben. Über die eigenen vor allem, aber auch die seines älteren Bruders Thomas, der sich im Herbst des Jahres zum ersten Mal um einen Parlamentssitz bewerben wollte.

Für die knapp 200 Kilometer lange Wegstrecke von Cheltenham bis Liverpool braucht Estcourt 13 1/4 Stunden, die schnellste Reise, die er je mit Pferden erlebt hat, wie er dem Vater am nächsten Tag, dem 23. Januar, vom Woodside Hotel aus schreibt. Dabei hätte er ruhig auch später kommen können, denn das Beladen der «George Canning» ist noch nicht abgeschlossen. Liverpool ist ein sehr melancholischer Ort, meint er. Lord Ellenborough habe Chesney viele Schwierigkeiten gemacht, aber die seien nun alle behoben.

Am 30. Januar muß er zum Zahnarzt. Was für eine gemeine Erfindung ist dieser kleine Spiegel, der tief in den Mund gestoßen wird und Löcher findet. Dieser Spiegel entdeckt jeden kariösen Zahn ...

Am 31. Januar, als mit der Munition der letzte Teil der Ladung an Bord gebracht wird, fällt ein Zollbeamter ins Wasser. Fitzjames springt ihm ohne Zögern nach und rettet ihn vor dem Ertrinken. Estcourt kündigt die Abreise für den folgenden Tag an, falls das Wetter mitspiele. Die bevorstehende Seereise sei der schlimmste Teil der Expedition, meint er, das Elend beständiger Seekrankheit voraussehend.

Am 1. Februar um elf Uhr morgens schreibt er dem Vater einen kurzen Abschiedsbrief. Wir segeln um 12 Uhr. Gott schütze Dich und Euch alle und mache, daß ich Euch heil und gesund auf Estcourt wiederfinde, wenn ich zurückkomme. Doch dann herrscht so starker Gegenwind, daß sie wieder nicht loskommen. Vielleicht morgen, hofft er und listet in einem weiteren Brief derweil die Teilnehmer der Expedition auf, nach Schiffen geordnet und samt Dienstgrad, Rang, Funktionen, mit der Präambel: Die Expedition steht unter dem Kommando von Captain Chesney von der «Royal Artillery», der für diesen besonderen Auftrag in den Rang eines Colonel versetzt worden ist und ausgewählte Offiziere bei sich hat, die alle qualifiziert sind, bei einer genauen Vermessung des Flusses in Mesopotamien mitzuwirken und andere wichtige Aufgaben zu erfüllen, die mit der Expedition verbunden sind. Er selbst gehört zur wissenschaftlichen Abteilung der «Euphrates» und soll unter anderem Untersuchungen zum Erdmagnetismus und Pendelmessungen zur Schwerkraft durchführen.

Heute wurde Mr. Fitzjames, dessen tapferer Einsatz einem Zollbeamten das Leben rettete, zum Ehrenbürger von Liverpool gemacht, schreibt er am 4. Februar. Der reichdekorierte silberne Pokal, der Fitzjames bei dieser Gelegenheit überreicht wurde, laut Inschrift als Zeichen der Dankbarkeit für seinen kühnen Heldenmut, befindet sich heute im National Maritime Museum Greenwich.

Zwei Tage später bestellt Estcourt bei Elly ein Dutzend Hemden, ein Dutzend Socken, ein Dutzend seidene Taschentücher, blau mit weißen Punkten, die an die Adresse «Euphrates»-Expedition, Malta, geschickt werden sollen. Zum Glück hat er eine Kabine für sich allein bekommen, allerdings ist sie winzig; wenn er im Bett liegt, sind nur fünfzehn Zentimeter zwischen seiner Nase und den Balken über ihm, und er hat sich einige Male ziemlich heftig gestoßen. Sie haben kaum noch Kontakt zum Festland; was ihm der Vater über den für die Tories günstigen Ausgang der Wahlen in London geschrieben hat, findet er sehr befriedigend.

Am 10. Februar endlich stechen sie in See, machen eine Zwischenlandung in Gibraltar, was in ihm alte Erinnerungen weckt, sehen einen wunderbaren Sonnenaufgang über dem Affenfelsen und segeln nun im Mittelmeer, glücklich über das milde schöne Wetter nach den schlimmen Atlantikstürmen, die Estcourt schwer zu schaffen gemacht haben.

Am 6. März schrieb er an Bord der «George Canning» den ersten der ausführlichen Reisebriefe, die abwechselnd an den Vater, die Brüder Tom und Edward und an die Schwestern gingen. Die angeborene Rolle des Gentleman war für Estcourt das Maß aller Dinge, und eben das macht seine Erzählungen so reizvoll. Sie sind aus der Perspektive des gebildeten Dilettanten geschrieben, fernab von Spezialistentum und gelehrter Pedanterie, zur angenehmen Unterhaltung und Belehrung seiner Leser, also zunächst der nächsten Familienmitglieder, aber sie sollten in Ausschnitten gewiß auch anderen Verwandten und Bekannten mitgeteilt werden. Mit dem Entziffern werden die Empfänger freilich zuweilen Mühe gehabt haben, denn um Papier zu sparen, schrieb Estcourt seine Briefe manchmal «über Kreuz».

Meine liebe Elly,

... könntest Du unser Schiff sehen, Du wärest sehr amüsiert über die verschiedenen Beschäftigungen unserer Gruppe. Einige machen Beobachtungen und richten ihren Blick durch den Sextanten nach jedem Leuchtkörper, den sie am Himmel entdecken können; die Takelage hängt mit den Segeln und den Kleidern unserer Seeleute zum Trocknen auf Deck. Einige vergnügen sich mit Karabinern oder mit Schwertern, während andere aus Segeltuch leichte Boote für den Euphrat bauen; zu alledem dürfen unsere Schafe, weil schönes Wetter ist, auf dem Vorderschiff ihre Gliedmaßen üben, ebenso die Hühner, die armen Dinger konnten zuerst kaum laufen, nachdem sie so lange eingesperrt waren, aber indem sie ihre Flügel ausbreiteten, um die Balance zu halten, gelang ihnen eine Art von Flug-Gang. Wir sind höchst begierig, etwas über die Parlamentssitzung zu erfahren. Ich glaube und wünsche von Herzen, daß die Whigs geschlagen worden sind. Sag Minnie, daß meine Gefährten, vielleicht mit zwei oder drei Ausnahmen, ihre Billigung finden würden. Diese Ausnahmen betreffen jedoch nur die unteren Offiziere, und auch deren Benehmen ist gut, sie sind

"The George Canning" Mediterranean Sea.
Longitude 1°.50' W about for no observation have been made to day, but yesterday at noon it was 2° 22'. West. —
March 6. Friday 1835. —
My dear Elly. —

Brief von Estcourt, 6. März 1835

unaufdringlich und zuvorkommend – was kann man mehr erwarten? Die übrigen sind ausgezeichnet. Wir haben einen Geologen, der ein Faible für schwierige Wörter hat und bombastische Reden schwingt. Er fing schlimmer an, als er jetzt ist, was den Neckereien zu verdanken ist, an denen es nicht mangelt. Er bekommt alle Arten von Titeln und Namen ab, «der junge Strabo» zum Beispiel, und ähnliches. Er ist aber doch einer von der guten Sorte junger Männer, äußerst gutmütig, was seine Gewöhnlichkeit und seine gelehrten Prätentionen ausgleicht. Wir sind jetzt schon ziemlich gut miteinander bekannt, und es ist sehr befriedigend, die gute Stimmung zu bemerken, die hier herrscht, und insbesondere die Abwesenheit von lästerlichen Reden und Mißachtung der Religion. Wir haben jeden Sonntag Gebete.

Sag Minnie auch, daß Murphy nicht so ist, wie sie ihn sich vorgestellt hat, er ist außerordentlich freundlich und auf sanfte Art liebenswürdig, eingesponnen in seine Astronomie, fortwährend nach Sonne, Mond und Sternen stoßend und jedes andere unbedeutende Detail im Leben vergessend. Er weiß sehr viel über alle Dinge und soll später noch gebührend gewürdigt werden. Für heute will ich schließen.

Sie fangen und verzehren sechs Meeresschildkröten, von denen ihnen entsetzlich schlecht wird, geraten in einen heftigen Sturm und landen am 12. März auf Malta.

Estcourt ist heilfroh, für ein paar Tage an Land zu sein, nach der Enge der Schiffskajüte endlich wieder ein bequemes Bett und viel Platz in der palastartigen Residenz des britischen Gouverneurs Ponsonby, der seine Gäste mit Bällen und Essenseinladungen verwöhnt. Gestern dinierten einige von uns mit Sir Frederick und Lady Emily Ponsonby, schreibt er am 16. März dem Vater. Eine große Gesellschaft und dennoch ein runder Tisch und an den Seiten noch viel Platz für die Diener. Du kannst Dir vorstellen, daß die Räume wirklich in sehr großen Dimensionen gehalten sind. Die Leute feiern uns hier.

Am 21. März treten sie in der schützenden Begleitung der Kriegsschaluppe «Columbine» den letzten Teil der Reise an, und am Freitag, den 3. April gehen sie bei Suedia nahe der Mündung des Orontes-Flusses in der Bucht von Antiochia vor Anker: an einer schönen Küste mit hohen, blauen, steil ansteigenden, zerklüfteten Bergen, durchschnitten von reichen, fruchtbaren, schönen Tälern. Zu unserer Rechten reckt Mount Cassius seinen schneebedeckten Gipfel in den Himmel, zu unserer Linken liegt am Fuß der Berge der antike Hafen von Seleukeia.

Pauline reist. Märkischer Sand

Um diese Zeit brach ein jungverheiratetes Paar zu einer abenteuerlichen Reise auf, die für eine Weile in die Euphrat-Expedition einmünden sollte. Eigentlich begonnen aber hatte sie fünf Jahre früher, an jenem Tag, da sich ihre Schicksalsfäden ganz zufällig, gegen alle Wahrscheinlichkeit, gekreuzt hatten. *Seine* Postkutsche von Berlin nach Dresden war überfüllt, und er mußte eine andere nehmen, der Brief, der *ihre* Reise aufgeschoben hätte, war verlorengegangen – und so kam es am 24. Juni des Jahres 1830 in der Passagierstube des märkischen Städtchens Sonnewalde zur Begegnung von zwei Menschen, die einander sonst nie im Leben getroffen hätten, wie sie betont hat. Wer sich zu dem Glauben an eine die menschlichen Schicksale leitende Hand bekennt, der wird nicht umhin können, in dieser gleichsam erzwungenen Begegnung ihre deutliche Spur zu erkennen. Andere mögen darin nur ein Werk des blinden Zufalls sehen, der nichtsdestoweniger unserm Leben die unausweichliche Richtung gab.

Man wüßte gern, wie sie miteinander ins Gespräch kamen …

Es ist ein heißer Tag. Pauline hat sich ermattet auf einer Bank niedergelassen und wartet vor sich hinträumend auf die Abfahrt des Postwagens, als sie plötzlich eine zum Greifen gekrümmte Hand sieht, die sich langsam auf den Rock ihres hellen Kleides zu bewegt. Halb erschreckt, halb amüsiert ruft sie: «Was machen Sie denn da, junger Mann», worauf er rot wird, etwas stottert wie «Kamelhalsfliege, in dieser Gegend höchst ungewöhnlich» und sich dann mit einer Verbeugung vorstellt: Johann Wilhelm Helfer aus Prag. Sie sieht weiche, fast mädchenhafte Züge, eine Narbe auf der Stirn, die ihn verletzlich wirken läßt. Er sei auf der Rückreise in seine Heimatstadt, erklärt er, er studiere Medizin, träume aber davon, als Naturforscher in die Ferne zu ziehen, am liebsten nach Indien, sein besonderes Interesse gelte von früher Jugend an den Insekten, aber das fände sie vermutlich ziemlich lächerlich? «Kamelhalsfliege», sagt er noch einmal versonnen. Pauline, berührt von seiner schüchtern-arroganten Ernsthaftigkeit, macht eine Bewegung, als wolle sie ihn schützen. «Insekten also», sagt sie, «weshalb Insekten?» «Sie verwandeln sich», sagt er und hört erst einmal nicht mehr auf zu reden.

Die natürliche Wirkung eines tief im Sande langsam dahinschleichenden Postwagens ist, daß die Passagiere entweder schlafen oder sich die Zeit, so gut es gehen will, zu verkürzen suchen. Wir wählten das letztere, indem wir vorzogen, neben dem Wagen zu wandeln, als uns über die Baumwurzeln einer endlosen Kiefernheide rütteln zu lassen; und so begannen wir, im Sande watend, unter dem spärlichen Schatten verkümmerter Kiefern, die gemeinschaftliche Reise durchs Leben, die im üppigsten Grün der Tropen und unter Palmen enden sollte! So Pauline in ihren Erinnerungen an diese Reise, die sie in schicklicher weiblicher Zurückhaltung *Johann Wilhelm Helfer's Reisen* nannte.

Pauline reist. Adieu Europa!

Pauline Mathilde des Granges war die dritte Tochter und das fünfte von den acht Kindern des Königlich-Preußischen Hauptmanns Ludwig Philipp Karl des Granges, Erb-, Lehn- und Gerichtsherr auf Zinnitz in der Unterlausitz, und seiner Frau Sophie Juliane, einer geborenen Freiin von Bülow auf Falkenberg, deren Onkel sich in den Befreiungskriegen gegen Napoleon als Feldherr ausgezeichnet hatte. Die elfjährige Pauline sah vom Dach einer Scheune aus zu, wie er mit seinen Soldaten am 4. Juni des Jahres 1813 bei Luckau die Franzosen besiegte.

Was sie als alte Frau (in einem Anhang zu *Helfer's Reisen*) aus ihrer Kindheit mitteilte, hat den Zauber von Fontanes historischem Roman *Vor dem Sturm*. Die versunkene Welt des preußischen Landadels, wunderliche Verwandte, romantische Lebensläufe, aufregende Zeiten mit Truppendurchzügen und wechselnden Besatzungen, in denen die Menschen, von Patriotismus beflügelt, über sich hinauswuchsen und treue Dienstboten zu Helden des Alltags wurden: so die starke wendische Magd Christine oder der Kutscher, der nur der betrunkene Gottlieb genannt wurde, aber nichtsdestoweniger immer seinen Verstand festhielt. Kein Wunder also, meinte Pauline, daß sich in ihr Unerschrockenheit und Furchtlosigkeit als hervorragende Eigenschaften entwickelt hatten, sie waren gewissermaßen eine Mitgift des Zeitgeistes.

Freilich waren sie auch das Erbteil ihrer Familie, der Bülows wie der Familie des Vaters, die seit Generationen Temperament, Energie, Mut bewiesen hatte. Der Urgroßvater war zur Zeit der Hugenottenverfolgungen aus Frankreich in die Schweiz emigriert, der Großvater hatte im Siebenjährigen Krieg auf österreichischer Seite gegen Preußen gekämpft, war in Gefangenschaft geraten und dann in preußische Dienste übergetreten. Es heißt, daß seine stattliche Körpergröße (mehr als zwei Meter) und seine Tapferkeit die Aufmerksamkeit von Friedrich II. erregt hätten, der ihn für sein Jägerregiment anwarb. Er brachte es bis zum General, heiratete ein schlesisches Fräulein von Schlichting und kaufte das Gut Zinnitz, in dessen bescheidenem Herrenhaus Pauline und ihre Geschwister geboren wurden und aufwuchsen. 1818/19 ließ ihr Vater dann ein neues, prächtigeres

Wohnhaus in einem sehr eigenwilligen klassizistischen Stil erbauen, den Park umgestalten und im Schloßteich eine Insel aufwerfen.

Wie sein Vater war Ludwig Philipp Karl des Granges ein hochgewachsener, gutaussehender Mann, nach Temperament und Erziehung Franzose, in Charakter, Gesinnung und wissenschaftlichen Interessen Deutscher. Das doppelte, deutsch-französische Erbe seiner Eltern erschien bei ihm nicht in harmonischer Verbindung, wie Pauline schreibt. Die beiden Teile bestanden gleichsam selbständig nebeneinander, ein Zwiespalt seiner Natur, der ihn nach der Revolution in den Napoleonischen Kriegen mit sich selbst in Konflikt brachte. Er glaubte an die revolutionären Ideale von Freiheit, Gleichheit, Brüderlichkeit und war ein standesbewußter, kämpferischer preußischer Patriot. Seine Kinder sollten nach den Prinzipien der Rousseauschen Pädagogik in Willensfreiheit aufwachsen, zugleich aber forderte er unbedingten Gehorsam. Großen Wert legte er auf körperliche Abhärtung. Pauline und ihre Geschwister mußten auch bei bitterer Kälte in ungeheizten Zimmern schlafen, wo das von ihrem Atem angehauchte Deckbett während der Nacht vor dem Munde zu einem Eiswall gefror. Als passionierter Pomologe und Blumenzüchter beschäftigte sich des Granges viel im Freien und zog seine Kinder zur Mitarbeit heran. Geregelten Unterricht hielt er – zumal bei Töchtern – für unnötig, trainierte aber ihre Urteilskraft und Argumentationsfähigkeit. Er stellte einen halb oder nur scheinbar richtigen Satz auf und ließ uns das Irrige oder Falsche daran mit Gründen widerlegen. Das rief häufig lange Kämpfe hervor, die oft bis in die Nacht hinein dauerten. Als Pauline zehn Jahre alt war, öffnete er ihr seine Bibliothek, mit den Worten: Du hast nun genug gelernt, willst du weiter lernen, so lies, da sind Bücher.

Die Mutter schildert Pauline als wunderschöne, nachdenkliche Frau von graziös-vornehmer Haltung, die sich mit den ernsten und wichtigen Fragen des Lebens beschäftigte, am liebsten den Gesprächen der Männer zuhörte und um die Führung des Haushaltes sich wenig kümmerte. Ihre fünf Töchter liebten und verehrten sie eher wie eine ältere Schwester, deren eigenthümliche Versunkenheit in Gedanken, die sie oft alles um sich vergessen ließ, Anlaß für mancherlei Scherze bot.

Als Pauline des Granges Johann Wilhelm Helfer kennenlernte, war sie 28 Jahre alt und noch unverheiratet. Im gleichen Jahr, 1830, starb ihr Vater. Einer Überlieferung nach wurde er mit seinem Pferd auf der Insel im Schloßteich begraben. Das Gut fiel an seine Söhne. Und die Töchter? Für

Frauen bedeutete in dieser Zeit der Tod eines Familienoberhauptes nicht selten finanzielle Bedrängnis und demütigende Abhängigkeit. Eine Tagebuchnotiz Varnhagens läßt vermuten, daß Pauline eine Stelle als Erzieherin annahm. Sie selbst schweigt darüber. Doch daß sie sich später in zwei Veröffentlichungen vehement gegen das preußische Erbrecht und für das Recht der Frauen auf wissenschaftliche Ausbildung und höhere Berufstätigkeit ausgesprochen hat, war gewiß durch eigene bittere Erfahrungen begründet. Nichts macht das ganze Elend deutlicher als die Annoncen in der zeitgenössischen Presse, in denen unversorgte, in Not geratene Frauen um eine Stellung geradezu bettelten, in kriecherischer Unterwürfigkeit und mit erschütternden Lebensgeschichten, verzweifelte Attacken auf gepanzerte Herzen: Eine Dame aus einer sehr wohlhabenden und angesehenen Familie, die das Unglück hatte, in früher Jugend einen vortrefflichen Vater zu verlieren – von einer Mutter noch mehr als streng erzogen und deshalb gleichgültig gegen die Freuden dieses Lebens, gegen die äußeren, nicht aber gegen die höheren inneren – ist aufs Neue von dem unerbittlichen Schicksale aufs Tiefste gebeugt worden …

Helfer lebte unterdessen in Italien, wurde in Padua promoviert, zog als Reisearzt mit einer englischen Familie im Lande herum und führte mit der acht Jahre älteren Pauline einen regelmäßigen Briefwechsel, was nicht ohne wohlthätigen Einfluß auf den jungen, lebhaft empfindenden Mann geblieben sei, wie sie gemessen schreibt. Meine Theilnahme an seinen Zukunftsplänen ward für ihn ein mächtiger Sporn, sie zu verwirklichen, und ein Schutz gegen die verführerischen Zerstreuungen, die ihn umgaben. Einmal waren sie während dieser Zeit vierzehn Tage zusammen, und als Helfer im August 1833 nach dreijähriger Abwesenheit in die Heimat zurückreiste, machte er einen Umweg, um Pauline zu treffen. Er war noch bei ihr, als er die Nachricht vom Tod seines Vaters erhielt. Damit schienen seine Reiseträume zerstört. Als ältester Sohn mußte er die Vormundschaft über seine jüngeren Geschwister und damit Pflichten übernehmen, die ihn dauernd an Prag zu binden und seine Seßhaftigkeit zu erzwingen schienen. Oder redete er sich das ein, weil er nur so auf die Vereinigung mit Pauline hoffen konnte?

Er ließ sich als praktischer Arzt in Prag nieder und hielt um ihre Hand an. Erst wies sie ihn ab, angeblich, weil sie voraussah, daß früher oder später die Reiselust in Helfer mächtig wieder auflodern würde, und sie ihm dann kein Hemmnis sein wollte. Über andere, in den Augen der Welt sehr ernsthafte Ehehindernisse – Altersunterschied, Unterschied des Standes, Unterschied der Konfession (Helfer war katholisch) – verliert sie kein Wort. Jedenfalls hat er sich von ihren Gegengründen nicht entmutigen lassen: Meiner Neigung gewiß, wußte er mich zu überzeugen, daß mein Besitz zu seinem Glücke nothwendig sei. Im Juni 1834 heirateten sie. Nicht in Dresden, wie Pauline in ihren Erinnerungen behauptet, sondern in der katholischen Dreifaltigkeitskirche in Prag, einem prächtigen barocken Bau in der Spálená (Brenntegasse).

Helfer war des ungeliebten Berufes und des Lebens in seiner eleganten und bequemen Häuslichkeit in der Prager Altstadt (Martinská ulice) noch viel schneller überdrüssig als von Pauline erwartet. Er wurde von Tag zu Tag unzufriedener und schweigsamer – und sie immer unruhiger. Ist man doch gerade in der ersten Zeit der Ehe nur allzu geneigt, jede Verstimmung des Gatten auf sich zu beziehen und ein Zeichen abnehmender Zuneigung darin zu finden. Lange strengte ich mich vergebens an, die Ursache dieses Kummers zu ergründen; Helfer gab auf mein Befragen ausweichende Antworten und stellte in Abrede, daß er mir etwas verberge. Endlich, da er sah, wie ernstlich ich durch sein Schweigen verletzt war, und daß auch meine Heiterkeit zu schwinden begann, machte er seinem gepreßten Herzen Luft, indem er in die Worte ausbrach: «Ich kann den tödtenden Zwang des hiesigen Lebens nicht ertragen; es zieht mich gewaltsam hinaus in die Welt, in die freie Natur!»

Wie Lot's Weib, von zürnenden Engeln aus ihrer Vaterstadt vertrieben, zu Stein gewandelt wurde, als sie, sich umwendend, mit Einem Blicke die Verwüstung ihrer bisherigen Herrlichkeit überschaute, so stand ich zuerst unbeweglich und sprachlos. Die stille traute Häuslichkeit, in die ich mich schon ganz hineingelebt hatte, stürzte in Trümmer; vor meinen Augen öffnete sich die Zukunft eines unsteten Wanderlebens. Denn daß Helfer nur in einem solchen Befriedigung finden könne, wurde mir zur unabweislichen Gewißheit. In demselben Augenblick aber war auch mein Entschluß gefaßt: sein Sehnen soll in Erfüllung gehen; ich will ihn auf seinen Reisen begleiten.

Ein Glück, daß die mir von Natur verliehene Elasticität den plötzlichen Übergang erleichterte und das Behagen an unserer netten Häuslichkeit meine eigene Lust, die Welt zu schauen, noch nicht erstickt hatte. Ohne Besinnen konnte ich mit lachendem Munde erwidern: «Nun wohlan, so laß uns reisen!»

Jetzt war das Erstaunen auf seiner Seite. «Wie», rief er aus, «du wolltest die Heimat verlassen und mir auf beschwerlichen Reisen folgen?» «Warum nicht?» antwortete ich, «du weißt, ich liebe das Reisen so sehr als du; ich finde es viel schöner, die Welt zu sehen, als hier im täglichen Einerlei begraben zu sein.»

Euphorisch schmiedeten sie Pläne für ihr Aussteigerleben. Helfers Traumziel war das alte und noch so wenig erforschte Asien; zunächst aber wollte er eine Weile in Smyrna leben, um in der halb europäischen, halb asiatischen Stadt sich zu acclimatisiren und selbst zu einem halben Asiaten umzugestalten. Von da aus wollte er dann, bei günstigem Glück und wohlausgerüstet, weiter gen Osten vordringen. Zur Schonung seines ererbten Vermögens würde er sich das Reisegeld unterwegs als Arzt verdienen – europäische Ärzte waren im Orient sehr begehrt –, und zwar, ein praktischer Rat Paulines, mit den damals noch ziemlich neuen Methoden und Mitteln der Homöopathie, deren Vorteile für ferne Länder auf der Hand lagen. Eine homöopathische Reiseapotheke ist nicht größer als ein Zigarrenkistchen.

In die Mysterien dieser Heilkunde ließ Helfer sich auf Zinnitz vom Hausarzt der Familie des Granges einweisen, der Mensch und Vieh mit den kleinen Globuli heilte. Er studierte die Medikamente, ein Gedicht aus Namen wie Ambra und Angustora, Augentrost, Bittersüß und Röstschwamm, Lebensbaum und Löwenzahn, Krähenaugensamen, Meerzwiebel, Pulsatille, Sassaparaille, Schierling, Schöllkraut, Schwefel, Sonnentau, Wismut, Wüterich. Und er lernte das kunstgerechte Verdünnen, nach Vorschrift schüttelnd, den Arm von unten nach oben schlagend, damit sich der Geist des Mittels zu höchster Wirksamkeit immer mehr entfalte und entwickele – in Potenzen mit so vielen Nullen, daß Zweifel an ihrer Wirksamkeit verständlich schienen. Beim Vieh hilft es am besten, pflegte Pauline Skeptikern kühl entgegenzuhalten.

Dann fuhren sie, versehen mit mütterlichen Segenswünschen, nach Berlin, wo Pauline Abschiedsbesuche bei zwei Frauen machte, denen sie viel verdankte und auf deren Freundschaft sie stolz war: Die eine war die über siebzigjährige Madame Sarah Levy, eine hochmusikalische, kluge Frau, die Großtante von Felix und Fanny Mendelssohn-Bartholdy, in deren Haus Persönlichkeiten aus Wissenschaft, Kunst und Politik ein- und ausgingen. Die andere war die fromme, wohltätige Prinzessin Marianne («Prinzessin Wilhelm») von Preußen, die sich von ihr ausführliche Reisebriefe erbat, vor allem aber Mitteilungen über die Lage und Lebensweise der Christen im Orient und die Fortschritte bei der Heidenmissionierung.

Das aufwendige Packen – nach Smyrna wurde ein ganzer Haushalt mitgenommen – besorgte ein junges Mädchen namens Charlotte, genannt Lotty, die für Pauline nicht nur eine unermüdliche Dienerin, sondern eine wirkliche Freundin geworden war und darauf gedrängt hatte, mit Helfers zu reisen. Ihren Nachnamen erfahren wir nicht. Daß Pauline sie überhaupt in ihrer Erzählung vorkommen läßt und ihrem so seltenen Wesen ein Denkmal setzt, ist schon etwas Besonderes und eine Demonstration aufgeklärter Vorurteilslosigkeit. Lotty war eine Kriegswaise, im Hause eines Landpfarrers mit dessen Kindern gemeinsam erzogen und deshalb weit über den Stand gebildet, zu dem sie ihr Schicksal bestimmt hatte. Sie unterzog sich, als unser einziger Dienstbote, allen Verrichtungen, deren eine wenn auch kleine Haushaltung so vielerlei verlangt; und nachdem sie den Morgen mit Reinigen, Kochen und Waschen verbracht, die Nachmittagsstunden zum Nähen verwendet hatte, benutzte sie den Abend, um Briefe an ihre fernen Freunde oder Notizen in ihr Tagebuch zu schreiben. Eine Köchin, die Briefe schreibt und ein Tagbuch führt! höre ich spottend ausrufen. Allein warum soll nicht auch eine Dienerin Gedanken und Empfindungen haben, die sie in Ermangelung gegenwärtiger Vertrauter dem Papier übergibt? Jedenfalls, meine ich, ist dieser Zeitvertreib den sonst gebräuchlichen Vergnügungen unserer dienenden Klasse in jedem Betracht vorzuziehen.

Am 17. April des Jahres 1835, einem ominösen Freitag, reisten sie frühmorgens um vier Uhr aus Prag ab.

Die Tagesdämmerung hatte erst begonnen und warf ein unsicheres Licht auf Prags alterthümlich großartige Baudenkmäler, deren Formen uns in diesem Moment noch ehrwürdiger und imposanter als bei vollem Tageslichte erschienen. Langsam bewegte sich der Wagen dem Wiener Thore zu. Dort machten wir halt und sagten den uns begleitenden Freunden das letzte Lebewohl; und nun ging es, indem der Postillon sein Morgenlied anstimmte, im raschen Trabe der unbekannten Welt entgegen.

Unterwegs in Znaim, einem böhmischen Landstädtchen, wo Marktgedränge herrschte, mußte der Kutscher ausweichend eine Kurve zu knapp nehmen, der schwere Wagen kippte um und zerschmetterte eine Obsthändlerin, eine Mutter von vier unmündigen Kindern. Ein böser Anfang und ein Schock, vor allem für die leichterregbare Lotty, die das Unglück auf den unheilbringenden Reisetag schob, sofort praktische Hilfe leistete und bei den Marktbesuchern Geld für die Waisen sammelte. Dann ein paar angenehme Tage in Wien, wo sie durch ein Empfehlungsschreiben von Madame Levy im Haus von deren Schwester, der Baronin Eskeles, gastfreundlich aufgenommen wurden. Im Leopoldstädter Theater sahen sie eine tragikomische Posse von und mit Ferdinand Raimund, die Pauline in ein und demselben Moment zum Lachen und zum Weinen brachte.

In Triest schifften sie sich, versehen mit Proviant – Kaffee, Reis, Zucker, zwei großen, mit lebendem Geflügel angefüllten Hühnersteigen – auf einer kleinen primitiven Brigg, der «Elisabeth», nach Smyrna ein. Am 9. Mai stach sie in See.

Die Brücke, die ans Land hinüberführt, wurde zurückgezogen und so der letzte Verband mit unserer theuern Heimat im weiten Sinne des Wortes gelöst. Denn wir schieden nicht nur von dem Boden, wo unsere Wiege gestanden und wir unsere Jugend verlebt hatten, wir schieden in diesem Augenblick von dem Welttheile, von der Sprache, Sitte, Cultur und Lebensweise, die mit unserer Denk- und Empfindungsart aufs engste verwachsen waren. Unser Fuß hatte die sichere Muttererde verlassen und sich auf zerbrechlichem Fahrzeuge dem trügerischen Element übergeben; so unergründlich und dunkel die Tiefe des Wassers unter uns, ebenso unerforschlich lag die Zukunft vor uns.

Die Segel wurden gespannt, der Anker gelichtet; stärker hob und senkte sich das Schiff, bis es in immer schnellerm Laufe die Fluten durchstrich und das Land immer weiter unsern Augen entschwand: zuletzt blieben nur noch einzelne Punkte meinen feuchten Blicken sichtbar.

«Adieu Europa!» sagte Helfer und ergriff tief bewegt meine Hand. «Du opferst mir viel, Pauline, fortan sind wir uns alles in allem – ganz auf uns allein beschränkt! Weißt du, daß mich gerade das so glücklich macht?»

Am Orontes

Ein paar Tage nach der Landung an der syrischen Küste brach Francis William Ainsworth mit einigen Kameraden zu Erkundungsausflügen in die Umgebung auf. Er durchwanderte das Orontes-Tal, dessen unübertreffliche Schönheit ihn entzückte. Wildromantische Berglandschaften wie in der Schweiz, über dem linken Flußufer bewaldete Hügel, die in einem zivilisierten Land mit Villen übersät wären. Vor dem von Mauern umgürteteten Kamm des Hügels von Antiochia, im lieblichsten, fruchtbarsten Teil des Tales, residierte der syrische Statthalter Ibrahim Pascha, nicht weit davon betrieb der langjährige englische Konsul John Barker eine große Obstplantage. Über eine alte steinerne Brücke gelangte Ainsworth in die Stadt, ein vernachlässigtes Provinznest, dem nichts vom Glanz der antiken Metropole geblieben war, deren Namen sie trug.

Mit besonderen Empfindungen durchstreifte er die Ruinen von Seleukeia Pieria, der Hafenstadt des alten Antiochia. Von hier aus war der Apostel Paulus zur ersten seiner strapaziösen Missionsreisen aufgebrochen. Ich bin oft in Todesnöten gewesen ... ; ich bin dreimal gestäupt, einmal gesteinigt worden; dreimal habe ich Schiffbruch erlitten, Tag und Nacht habe ich zugebracht in der Tiefe des Meeres. Ich bin oft gereist, ich bin in Gefahr gewesen durch die Flüsse, in Gefahr durch die Mörder, in Gefahr unter den Juden, in Gefahr unter den Heiden, in Gefahr in den Städten, in Gefahr in der Wüste, in Gefahr auf dem Meer, in Gefahr unter den falschen Brüdern; in Mühe und Arbeit, in viel Wachen, in Hunger und Durst, in viel Fasten, in Frost und Blöße, schreibt er im 2. Brief an die Korinther, nicht etwa um sich zu beklagen, sondern um seine Leiden als Kraftquelle zu preisen: Darum bin ich guten Mutes in Schwachheiten, in Mißhandlungen, in Nöten, in Verfolgungen, in Ängsten, um Christi willen; denn, wenn ich schwach bin, so bin ich stark.

Was Widerstandskraft angeht, war Chesney aus dem gleichen Holz geschnitzt. Noch von Malta aus hatte er dem Gouverneur von Bombay gemeldet, die Expedition werde voraussichtlich Ende Juni in Basra eintreffen. Doch am 4. April, also einen Tag nachdem die «George Canning» vor Anker gegangen war, traf eine Depesche von Lieutenant Lynch bei ihm ein. Mehemed Ali verweigere der Expedition jede Unterstützung, solange es keine anderslautende Weisung des Sultans gebe, und Ibraham Pascha werde für die Durchsetzung dieses Boykotts sorgen. Eine Hiobsbotschaft! Also keine einheimischen Arbeiter, keine Zug- und Lasttiere, nicht die geringste Hilfe beim Transport von Ladung und Schiffen zum über 200 Kilometer entfernten Zielort Birecik am Euphrat.

Chesney, der einen so offenen Ungehorsam gegen die Wünsche der englischen Regierung für undenkbar gehalten hatte, vermutete natürlich sofort wieder russische Intrigen und ging mit sich zu Rate: Was sollte er tun? Es gab drei Möglichkeiten. Man konnte nach Malta zurückkehren, um dort die weitere Entwicklung abzuwarten. Man konnte in See stechen, Afrika umsegeln und die Expedition doch von Basra aus flußaufwärts unternehmen. Und man konnte bleiben, wo man war, unbeirrt nach Plan vorgehen, über alle Widrigkeiten siegen und damit demonstrieren, daß Engländer nicht willens waren, sich einschüchtern und behindern zu lassen. Es ist leicht zu raten, wie Chesney sich entschied. Da ich glaubte, daß letztere Vorgehensweise am ehesten im Einklang mit den Instruktionen der Regierung gestanden hätte, wenn man solche Instruktionen hätte einholen können, beschloß ich, den einer großen Nation geziemenden Weg zu wählen. Um offenem Widerstand zuvorzukommen, wurden sofort Vorkehrungen getroffen, unsere Vorräte möglichst schnell zu entladen. Er verlor eben keine Zeit, nicht eine Minute, wenn sie zu haben war.

Dort, wo die Expedition ihr erstes Lager, «Amelia-Depot», aufschlug, soll sich der Sage nach einst der Flußgott Orontes mit der schönen Nymphe Meliboea vereint haben, wie wir von Ainsworth erfahren. Charlewood berichtet nüchterner von Sumpfland, in dem es von Schlangen wimmelte. Wegen der ungünstigen Wind- und Strömungsverhältnisse an der Orontes-Mündung war das Ausladen der Schiffe viel schwieriger und gefährlicher als angenommen. Fitzjames wurde ein weiteres Mal zum Lebensretter, und Charlewood bewahrte zwei türkische Matrosen vor dem Ertrinken, die sich dafür nicht einmal bedankten. Nachts betranken sich die erschöpften Arbeiter mit Arrak. Um die Zelte heulten Schakale ihr Schlaflied. Nach vierzehntägiger unausgesetzter Plackerei waren dann endlich alle Kisten, Säcke, Fässer, sperrigen Gegenstände an Land (nur eine Kiste mit wichtigen Schrauben und Nieten war im Wasser versunken).

Die Schiffsteile. Die Kessel. Eine Taucherglocke. Die ganze Ausstattung und Einrichtung von «Euphrates» und «Tigris», zu der auch eine um-

Francis Rawdon Chesney, wohl 1863

fangreiche, von Peacock ausgewählte Bibliothek gehörte. 137 Tonnen Kohle, Werkzeuge, Eisen, Bretter, Segeltuch, Tauwerk, Bojen, Anlegeketten, Pontons. Meßinstrumente. Ein ganzes Arsenal von Waffen, Kanonen, schwenkbare Gewehre, Musketen, Bajonette, Karabiner, Pistolen, Schwerter, Entermesser, Raketen, Pulver. Ein Sortiment von Geschenken – Bestecke, Textilien, Uhren, Ringe, Schnupftabaksbehälter, die zugleich Spieldosen waren. Und eine Laterna Magica, mit der man wohl arabische Würdenträger beeindrucken wollte.

Es war erschreckend viel, was aus dem Schiffsbauch ans Licht gekommen war. Ein polnischer Offizier Ibrahim Paschas rief beim Anblick der ganzen Bescherung in ungläubiger Erschütterung aus: *Quand vous avez tout cela à Bir* – und brach ab, weil es ihm an Worten fehlte, mit denen er ausdrücken konnte, wie völlig unmöglich es sei, unser Vorhaben durchzuführen. Damit hatte er es nicht schlecht getroffen, denn obwohl die Aufgabe nicht unmöglich war, wie er annahm, so erwies sie sich doch als fast herkulisch.

Das fast hätte Chesney getrost streichen können, der befahl, unverzüglich mit der Montage der «Tigris» zu beginnen. Sie sollte die Ladung in einer ersten Etappe auf dem Orontes bis nach Antiochia schaffen. Das hatte er zwar sowieso versuchen wollen, doch nun, da der Transport über Land von Mehemed Ali sabotiert wurde, sah er dazu keine Alternative.

Colonel Chesney war ein äußerst entschlossener Mann und wollte niemals zugeben, daß etwas unmöglich sei; darin ging er außergewöhnlich weit. So Charlewood, der den Auftrag bekam, zusammen mit Cleaveland die Schiffbarkeit des Orontes zwischen Mittelmeer und Antiochia zu erkunden.

Wir begannen unsere Arbeit und setzten sie erfolgreich etwa vier Meilen weit fort bis zu der Stelle, wo der Orontes sich durch eine tiefe Felsspalte zwängt und in Stromschnellen abwärts stürzt. Schon beim ersten Katarakt mußten sie ihre Bootsfahrt abbrechen; es gelang ihnen nicht einmal, von einem Felsvorsprung aus seine Tiefe zu messen. Das stand dann auch in ihrem Bericht, der zu dem Ergebnis kam, daß der Orontes für einen Dampfer nicht geeignet sei. Colonel Chesney gefiel das ganz und gar nicht, und er kam immer wieder darauf zurück, daß wir die Tiefe des Wassers an der Stromschnelle nicht hatten feststellen können. Wir verließen ihn sehr unzufrieden, denn wir hatten wie Sklaven geschuftet und nach unserer Meinung ganz ausgezeichnete Arbeit geleistet. Doch wir konnten mit seiner Mißbilligung nicht zufrieden sein, gingen zu ihm und baten um Erlaubnis, noch einmal einen Versuch machen zu dürfen, die Stromschnelle zu vermessen. Er stimmte zu, und wir brachen mit einem langen, dünnen Seil auf; unser Plan war, selbst zu springen.

Charlewood wäre dabei fast umgekommen.

Ich zog mich aus, das Seil war um meine Taille befestigt. Ich hob meine Arme über den Kopf und sprang. Ich ging sofort unter, und vermutlich blieb ich ziemlich lange unter Wasser. Ich fühlte mich sehr wohl dabei, wenngleich meine Gedanken etwas verwirrt waren. Zwar fragte ich mich, wann ich wieder hochkommen würde; vor allem aber bewunderte ich das funkelnde Wasser, das wie glitzernde Diamanten um mich blitzte. Meine ersten zusammenhängenden Gedanken kamen, als ich mich auf einer Sandbank liegend wiederfand und Cleaveland bei mir war und rief: «O Charlewood, Gott sei Dank, daß du nicht ertrunken bist!»

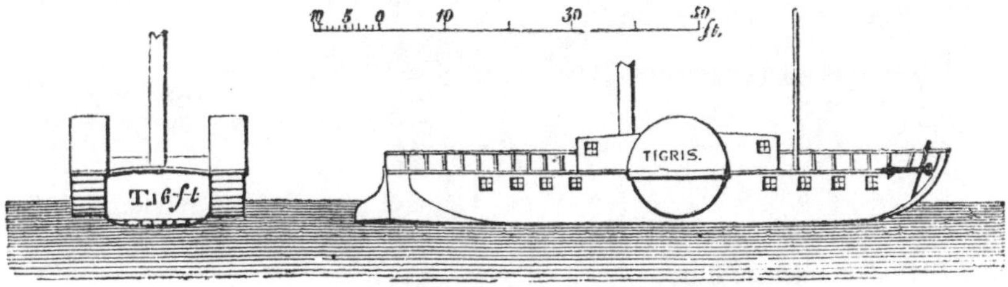

Die «Tigris»

Chesney gab immer noch nicht auf. Am 22. Mai wurde die «Tigris» stilvoll mit einer Flasche libanesischen Weines getauft und am Orontes vom Stapel gelassen. Je weniger Worte über diesen Versuch verloren werden, desto besser, denn er war alles andere als befriedigend.

Wie viele andere europäische Zeitungen hatten auch die *Berlinischen Nachrichten von Staats- und gelehrten Sachen* damit begonnen, ihre Leser regelmäßig über den Fortgang der Euphrat-Expedition zu informieren. Am Freitag, den 26. Juni, als es in Berlin so heiß war, daß die Redaktion den Besuch von Webers Oper *Oberon* im Königlichen Theater als ein der Kunst gebrachtes Opfer würdigte, erschien folgende Meldung: Der englische Oberst Chesney befand sich am 9. Mai an der Mündung des Orontes. Er hatte die einzelnen Bestandtheile seines eisernen Dampfbootes und seine Instrumente unter dem Schutz einer englischen Brigg ausgeschifft, die aber wieder abgefahren war. Der Oberst war beschäftigt, das Dampfboot zusammenzusetzen und seine Instrumente, die Kanonen, die Taucherglocke und die anderen Dampfboote den Fluß hinauf zu schaffen. In Antiochia sollte dann das Dampfschiff wieder auseinandergenommen und alles auf Camelen weitergeschafft werden. Ob es dem Obersten gelingen werde, war sehr zweifelhaft, da die Behörden ihm bereits Schwierigkeiten gemacht hatten. Die Gelehrten der Expedition beschäftigen sich einstweilen damit, die umliegenden Berge zu messen, die Küste aufzunehmen und Naturmerkwürdigkeiten zu sammeln.

Aus Estcourts Briefen 2

Damaskus, 19. April. Ostersonntag 1835.

Meine liebste Elly,

Vermutlich wird ein Brief von hier Dir zuerst unsere Ankunft in Syrien melden …

Seit meiner Ankunft bin ich mit verschiedenen Aufträgen unterwegs, zuerst zum Gouverneur von Antiochia und jetzt hierher zu Scherif Pascha, dem Pascha von Damaskus. Denn es hat sich herausgestellt, daß der treulose Mehemed Ali die versprochenen Befehle zur Unterstützung, die wir brauchen, nicht gegeben hat. Er entschuldigt sich, indem er sagt, daß er nichts tun könne – obwohl er unseren Erfolg wünsche –, bis der Sultan seinen Ferman gibt. Den haben wir und hoffen deshalb, unseren verräterischen Verbündeten damit in die Enge treiben zu können, aber in der Zwischenzeit kommt das meinen eigenen Interessen sehr zugute, wie Du siehst, und mit Dr. Staunton zusammen habe ich Gelegenheit gehabt, einen Teil dieses Landes zu sehen, den nicht viele zu sehen bekommen. Unser Weg führte uns von Antiochia nach Djeger Schoger [Jisr ash-Shughur], einer malerischen Ruinenstadt am Orontes, dann, nachdem wir diesen reißenden Fluß überquert hatten, über fruchtbare Ebenen mit reichem Weideland, wo wir auf der Weide auf eine Kavallerie in der Stärke von etwa 2000 stießen. Die Pferde standen in Reihen in ziemlicher Entfernung voneinander, an den Hinterläufen und einige zusätzlich an den Vorderläufen gebunden, dazwischen zerstreut waren die Zelte der Soldaten aufgeschlagen, die für sie sorgten, und das erstreckte sich so weit oder vielmehr weiter, als das Auge reichte. Es war ein schöner Anblick. Die Pferde selbst waren in ausgezeichneter Verfassung und von guter Rasse, und weil ihre Köpfe nicht gebunden waren, standen sie in freier und natürlicher Haltung, warfen die Köpfe hin und her, wieherten, schnaubten, sahen wild aus und präsentierten sich höchst vorteilhaft. Als wir bei einem hohen Hügel vorbeikamen, stellte sich uns ein Soldat in den Weg und lud uns im Namen des Generals, dessen Zelt auf diesem hohen Hügel aufgeschlagen war, zum Frühstück ein. Überaus dankbar folgten wir dem Boten: Wir waren geritten, bis wir müde waren, immer in der Hoffnung, auf arabische Türken zu stoßen, von denen wir Milch, Eier etc. bekommen würden. Man hatte uns gesagt, wir würden sie in zwei Stunden treffen, und nun waren schon über fünf vergangen. Wir trafen den General in seinem Zelt an. Er hockte auf dem Boden, umgeben von drei oder vier Männern. Alle rauchten. Der Platz, an dem das Zelt aufgeschlagen war, beherrschte die Umgebung, und es blies ein erfrischender Wind. Wir wurden mit *Salams* begrüßt und hockten uns wie die anderen auf den Teppich, schlürften unseren Kaffee, rauchten unsere Pfeifen und tauschten die üblichen Höflichkeiten aus, bis das Frühstück kam. Dieses wurde *à la turque* serviert: Ein niedriger runder Tisch aus Messing wurde hereingebracht und vor den General gestellt, man gab jedem von uns Servietten, die mit Gold und Silber bestickt waren – sehr unangenehm! –; wir versammelten uns um den Tisch, immer noch in der Hocke, und jeder hatte einen Teller, eine Gabel, einen Löffel. Es wurde jeweils ein Gericht serviert, wir tauchten in jedes unsere Löffel und bedienten uns Bissen für Bissen vom allgemeinen Teller. Das war einfach und einleuchtend bei den Gerichten, die entweder Suppe waren oder mit Löffel oder Gabel gegessen werden konnten, aber als Fleisch kam, war ich ziemlich ratlos. Doch der General, ein wohlerzogener Mann, half mir schnell aus der Verlegenheit, riß das Fleisch in Stücke, lachte über unsere Schwierigkeiten, leckte seine Finger und zeigte uns, wie leicht, wie natürlich dieses Verfahren war. Dann fuhren unsere Finger auch hinein; ein Honigkuchen kam – ausgezeichnet –, wieder die Finger, klebrig, krümelig, kremig, aber exzellent, die Finger machten alles, dann wieder ablecken. Nach alledem Wasser, um uns zu waschen, dann Kaffee und Pfeifen, dann unser Aufbruch, wobei das Trinkgeld für die Diener nicht vergessen wurde. Dennoch war dieses Mahl gentlemanlike, ausgezeichnet, was die Zubereitung angeht, und die beste Bedienung, die ich bisher erlebt habe. Unser Gastgeber hatte die Manieren eines Gentleman und war höflich und freundlich.

Bart wird jetzt nicht mehr viel getragen, in der Armee gar nicht, aber *il faut absolument les moustaches*. Wir tragen alles, was dazugehört, Offiziere und Mannschaft. Stell Dir also Deinen Bruder James mit einem von Haaren bedeckten Gesicht vor, und zwar in europäischen Kleidern, aber mit türkischen Pantoffeln. Die Räume sind mit Teppichen ausgelegt und von Diwanen, niedrigen Sofas, gesäumt. Man betritt die mit Teppichen ausgelegten Räume, schlüpft aus einem Paar gewöhnlich roter Laufpantoffeln und hüpft mit einem Paar ganz dünner gelber Pantoffeln, die unter den dicken roten getragen werden, über den Teppich. Du begibst dich zu dem Platz, den du einnehmen möchtest, alle stehen, während du dich hinhockst, die anderen hocken sich auch hin. Wenn sie Platz genommen haben, grüßen sie dich, indem sie die Hand in einer Art wellenförmiger Bewegung zum Mund heben, sie von dort elegant bis zum Kopf gleiten lassen und manchmal dann wieder zurück bis zur Brust. Ich werde Dir all diese Dinge zu seiner Zeit schon zeigen. Wahrscheinlich wird der Hausherr dir seine Pfeife geben, um dich zu ehren, du grüßt, rauchst ein wenig, dann gibst du sie zurück, grüßt; Kaffee kommt, eine gewaltig kleine Tasse – kein Henkel –, du grüßt, trinkst, gibst die Tasse zurück, grüßt wieder. Du grüßt jedes Mal, wenn du trinkst, gibst die Tasse zurück, grüßt wieder. Vor dem Kaffee allerdings kommt noch köstliche Limonade. Alles das ist, wenn es gut gemacht wird, sehr luxuriös. Der Diwan ist zehnmal besser als ein Stuhl, Scherbet, Kaffee und Pfeifen sind höchst angenehm. Ich mache alles mit, ich schrecke vor nichts zurück.

Gestern kamen wir gegen 8 Uhr morgens hier an, am «Tor von Mekka». Die Stadt ist sehr groß, die Straßen sind enger als üblich, und beim Herumlaufen findet man nichts, was einem als prächtig, großartig oder schön auffällt.

Ich darf nicht vergessen, daß ich unterwegs in Hamah, einer großen Stadt, wo wir im Haus eines reichen Gentleman wohnten, ein Bad *à la turque* genommen habe.

Es war sehr erfrischend, aber das komischste Ziehen, Stoßen, Kneten, Reiben und Begießen, das Du Dir vorstellen kannst, und alles auch noch öffentlich! Der Umkleideraum hat Diwane, auf denen du und deine Freunde sitzen, die mit dir gehen, oft nur um sich zu entspannen, wobei man raucht und Scherbet und Kaffee trinkt. Du bekommst auch eine Pfeife im Schwitzraum, wo du triefend und in der Hocke die Pfeife rauchst, die *Nargileh* genannt wird.

Hier logieren wir in einem Kloster spanischer Franziskaner, die bis gestern streng gefastet hatten, aber Ostersonntag ist ein Freudentag für alle Christen, nur zeigen sie ihre Freude auf verschiedene Weise. Diese guten Leute, alles Katholiken, wie ich glaube, gehen erst in die Messe und feiern sie so prächtig sie können. Aber wenn das Essen kommt und damit Fleisch, das erste seit vierzig Tagen, essen sie mehr, als klug ist, und trinken noch etwas Wein darüber hinaus. – Aus diesem Feiern ist die Sitte entstanden, Höflichkeitsbesuche zu machen und zu gratulieren, und die Türken, die zwar wissen, daß es für die Christen ein Freudentag ist, aber nicht, warum, kommen auch in dein Haus, um Besuche zu machen und Glückwünsche auszusprechen. Ein merkwürdiges Beispiel für die Aufhebung vieler Vorurteile gegen die Christen, die in Damaskus sehr viel stärker waren als überall sonst, so daß noch vor sechs oder sieben Jahren kein Europäer die Stadt betreten konnte. Übrigens ist jeder außerordentlich höflich und aufmerksam zu uns.

Wie immer schloß Estcourt seinen Brief mit einer Grußformel, in der er dem Vater seinen Respekt, den Geschwistern seine Liebe bekundete:

My duty to my father and love to all.

Believe me dear Elly your very affectionate brother

JBBucknallEstcourt

Aus Estcourts Briefen 3

Damaskus, 23. April 1835.

Mein lieber Tom,

In diesem Augenblick bin ich bereit, von Damaskus aufzubrechen, um zu unserer Gruppe nach Suedia zurückzukehren, aber unsere Pferde sind noch nicht da, und mein Reisegefährte – Dr. Staunton – ist noch längst nicht fertig. Leider ist er eine der langsamsten Kutschen, die mir je begegnet sind; Ordnung und Arrangement seiner Siebensachen nehmen ihn völlig in Anspruch; seine Kämme, Medikamente und Bürsten legt er ein halbes Dutzend Mal hin und ordnet sie immer wieder anders an, bis er sich endlich entschließen kann, sie zu benutzen. Zusammen mit der aufreizenden Umständlichkeit der Syrer ist das fast unerträglich, wenn Handeln so nötig ist wie jetzt für uns. Glücklicherweise bin ich mit Geduld gesegnet.

Ich habe Elly durch einen Boten geschrieben, der Beirut gestern erreichen sollte; dadurch wirst Du wahrscheinlich die erste Nachricht von unserer Landung in Syrien erhalten haben. Wir sind umgeben von Schwierigkeiten, weit über das Maß hinaus, das wir erwarten mußten. Der Orontes ist wegen seines unebenen Bettes und seines reißenden Laufs nicht schiffbar, und Mehemed Ali hat uns aufs gröbste betrogen; wir bekamen von ihm keinerlei Hilfe, es fehlt uns an Arbeitern für die Straßen, an Pferden, Maultieren und Kamelen. Doch wir müssen nur beharrlich sein – und ohne Zweifel *tout s'arrangera*. – Aber das Benehmen von Mehemed Ali gegen unsere Regierung ist wirklich abscheulich. Versprechen zu geben, auf Grund deren man eine Expedition unternimmt und vorbereitet; absegelt und in den hiesigen Gewässern ankommt; wo sich herausstellt, daß er es sich mittlerweile anders überlegt hat, daß er erklärt, er könne nichts tun, weil ein Ferman vom Sultan fehle, er sei uns aber wohlgesonnen; man bekommt einen Ferman, und er nimmt keine Notiz davon. Dieses Benehmen ist für die Nation eine Beleidigung. Colonel Chesney hat mich zum Pascha von Damaskus geschickt, mit dem Auftrag, Hilfe von ihm zu erbitten, aber ich bin erfolglos gewesen. Ich hatte nur die Möglichkeit offiziell vorzutragen, wie schändlich Mehemed Alis Verhalten ist, und die Verantwortlichen dazu zu bringen, uns wenigstens zu dulden und uns keine Hindernisse in den Weg zu legen. Was für ein merkwürdiges Volk, was für eine merkwürdige Regierung das sein muß, die auf diese Weise vorgehen können! Sie sind so leise, so wenig aktiv, so völlig passiv, daß es schwierig ist zu wissen, wie man mit ihnen umgehen soll. Das ewige System von «wir werden sehen» wird auf jedes Vorhaben angewandt.

Soviel zur Diplomatie, jetzt zum angenehmeren Teil meiner Reise. Damaskus würde einem Künstler einen ganzen Sommer lang viel zu tun geben, aber es ist so schwer, sich da zurechtzufinden, daß man jemanden haben muß, der einem den Weg zeigt, wenn man nicht Arabisch spricht. So einen hatte ich zwar, aber ich konnte ihn nichts fragen, weil Arabisch seine einzige Sprache ist. Deshalb habe ich erst kürzlich einige Stellen gefunden, die des Stiftes jedes Künstlers würdig sind. – Damaskus ist flach, sodaß man nur selten etwas von dem erblicken kann, was jenseits der Mauern liegt, die sich rechts und links von einem befinden, aber wenn man von höher gelegenen Orten auf die Stadt blicken kann, dann zeigt sie sich sehr vorteilhaft, überall erheben sich Minarette und Pappeln. Walnuß- und Maulbeerbäume zwischen den Häusern machen alles grün, üppig und frisch; die Farbe der Häuser ist ein angenehmes Gelbbraun, das dem Auge wohltut. Die meisten Häuser sind aus Lehm. In der Nähe sind hohe Berge, und etwas weiter weg ist der schneebedeckte Mount Hermon.

Baalbek, 24. April.

Bald nachdem ich den letzten Absatz beendet hatte, brachen wir auf. Seitdem haben wir eine zweitägige Reise durch den Süden Libanons gemacht. Schnee zu unserer Rechten und Linken, der das Libanongebirge und den anmutigen Hermon bedeckt. Heute übernachten wir im alten Heliopolis. Wie traurig ist jetzt sein Anblick, und doch, wie grandios in seiner Zerstörung! Nie in meinem Leben habe ich so prächtige Gebäude gesehen. Am eindrucksvollsten ist der Sonnentempel, gewaltig. Vieles davon steht noch, und die erlesene Qualität der Ornamente, ihre Fülle (ohne daß das Ganze überladen wirkt), all das erfüllte mich mit staunender Bewunderung und Entzücken. Immer noch sind einige Kapitelle und Steinmetzarbeiten so frisch, als wären sie neu. – Jetzt muß ich schlafen. Mein Bett besteht aus einer Matte auf dem Boden, zwei Laken, die wie ein Sack gemacht sind, darüber ein Beduinenmantel und Kleider. Es ist sehr hart, aber ich habe durch die vorausgehenden Nächte schon einige Übung und habe entdeckt, daß der Schlaf mir seine erfrischende Wirkung nicht versagt. Gute Nacht, Tom, ich wollte, ich wüßte, daß es Euch allen gut geht. Was für ein Traum das ist, wie beneidenswert ist mein gegenwärtiges Leben!

Ainette, 25. April, Samstag.

Ich bin jetzt in einer so fremdartigen Lage, daß ich es mir nicht versagen kann, meinen Brief fortzusetzen, um noch etwas davon zu erzählen, solange sie dauert. Ainette ist ein zerfallenes Dorf am Fuße der verschneiten Bergkette des Libanon; nicht eine Seele lebt hier, nicht ein Haus ist unzerstört geblieben, es ist ein Haufen von Steinen. Wir sitzen auf meinem Teppich nahe bei einem Fluß, der von den Schneehöhen herabfällt. Der sehr steile Berg ist direkt über uns, wir befinden uns unmittelbar am Beginn der Erhebung und nicht weit von der Schneegrenze entfernt. Aus einem Dorf, das etwa zwei Stunden entfernt liegt, haben wir etwas Mehl mitgebracht, wir haben nichts anderes zu essen als Brot, das wir in der Asche backen werden, und fürs Trinken werden wir uns an den Fluß halten. Ist das nicht romantisch? Kein Haus, in das wir heute nacht gehen könnten, ein großer Felsen mit einer Höhlung ist unsere *cuisine*. Sie wird von unsern Dienern bewohnt, zwei Maultiertreibern und einem Führer, einem Bergbewohner. Eine eindrucksvolle Erscheinung, sehr ähnlich gekleidet wie Robinson Crusoe, aber mit einem angenehmen Gesichtsausdruck und uns offensichtlich außerordentlich wohl gesonnen. «Wir werden sehen», was die Nacht uns bringen wird! Dieses Land wird von einem schlimmen Volk bewohnt. Er hat gerade auf ein Rebhuhn zum Kochen geschossen, aber nicht getroffen, also sind wir immer noch bei Brot und Wasser.

Jetzt davon, wie wir hierherkamen. Wir verließen die grandiosen Ruinen von Heliopolis morgens um halb sieben mit einem Führer, der uns unbedingt zu den berühmten Zedern führen wollte. Wir durchquerten eine Ebene, kamen in die Berge und schlängelten uns durch einen Wald von Zwergeichen, bis wir zu einem Ort kamen, der, wie unser Führer sagte, der Ort war, den wir suchten. Dort war eine unterirdische Kapelle, die der Jungfrau Maria geweiht war. Unser Führer küßte den Eingang, zog seine Schuhe aus und ging hinein. Ich folgte ihm und sah eine elende, zerstörte, feuchte Kapelle, die einen Besuch nicht lohnte. Natürlich machten wir Krach wegen des Betrugs – soeben habe ich mich umgedreht und gesehen, wie mein Freund, der Bergbewohner, Mehl auf einem Stein knetet –, aber Schimpfen hatte keinen Sinn, die Umstände machten uns notgedrungen zu Philosophen. Als nächstes mußten wir den Weg nach Tripolis suchen, wo ich Ibrahim Pascha zu sehen hoffe; wir hofften, der Weg werde an den Zedern vorbeiführen. Es gibt kaum Menschen in diesen Bergen, und noch seltener sind anständige Menschen. Dann tauchte doch ein Mann auf, und im Gespräch erfuhren wir, daß er wirklich die Zedern und die Straße nach Tripolis kannte. Wir engagierten ihn als Führer. Schließlich erreichten wir den Ort, wo ich jetzt bin. Ich genieße von Herzen die Neuheit der Lage, die Schönheit des Abends und die Segnungen guter Gesundheit, guter Stimmung, Zufriedenheit und der Fähigkeit, sich all dessen zu erfreuen, was ich beschrieben habe, und ich bin Gott dankbar, der es schenkt. – Meine Gedanken sind an alle zu Hause und in der Nachbarschaft gerichtet, mögen sie ebenso glücklich sein!

Für jetzt auf Wiedersehen. Morgen um drei Uhr früh beginnen wir unseren Anstieg zum Schnee, um den Großen Libanon zu überqueren. Wegen des Schnees ist das Gelingen zweifelhaft. Ein wild aussehender Kerl kam gerade, um uns selbst von dem kleinen Weideplatz zu vertreiben, wo unsere Tiere grasen, aber zwei Piaster haben ihm das Maul gestopft. Ich hoffe, meine Stute hat ein vielversprechendes Fohlen.

Tripolis, 28. April 1835. Dienstag.

Endlich haben wir die Schwierigkeiten beim Überqueren des Libanon überwunden, sie waren weit größer, als man voraussehen konnte. Ich hätte nicht versuchen sollen, die Maultiere hinüberzubringen, sondern zu den Zedern wandern sollen. Wir verließen unser Biwak zu Fuß und begannen langsam den Anstieg auf die Berge. Es war sehr steil. Bald erreichten wir die Schneegrenze. Man sah keine Spuren. Unser Führer behauptete, daß wir unmöglich hinüberkommen könnten, und unsere Maultiertreiber waren verzweifelt. Wir blieben hartnäckig, obwohl ich zugeben muß, daß ich unserem Führer insgeheim recht gab. Ganz allmählich kamen wir vorwärts, manchmal blieben unsere Maultiere stecken, dann brüllte einer unserer Treiber, und wieder ging es weiter, und auf diese Weise fanden wir uns nach größten Anstrengungen schließlich am Gipfel. Wir beglückwünschten uns, weil wir annahmen, daß wir von nun an ohne Mühe weiterkommen würden, aber wir erkannten bald, daß das Gegenteil der Fall war. Der Schnee auf dieser Seite war tiefer und weicher als auf der anderen;

unsere Tiere sanken tief ein und steckten fest. Wir entluden sie und ließen unser Gepäck auf dem Boden nach unten gleiten. Immer noch waren unsere Maultiere verschreckt und konnten oder wollten sich nicht vorwärts bewegen. Schließlich brachten wir sie durch Tragen und Treten doch alle, bis auf eines, nach unten, aber nur einzeln und nacheinander. Ich hatte keine Ahnung, was mit dem einen passieren sollte, das wir zurückgelassen hatten. Unsere Maultiertreiber waren völlig hilflos, der eine brüllte wieder. Völlig erschöpft und verzweifelt rief er Gott um Hilfe an. Schließlich kam mir der Gedanke, daß es das beste Mittel sein würde, das Maultier zu erschrecken. Deshalb nutzte ich eine günstige Gelegenheit, gab ihm einen Stoß – und ab ging es. Der eine Maultiertreiber war völlig entgeistert, der andere hielt den Halfter fest und hätte das Tier erhängt, wenn ich den Halfter nicht genommen und abgedreht hätte. So kam es nach unten, zum Erstaunen der Maultiertreiber und des Tieres selbst, denn es stand nicht mehr auf. – Dann schickten wir unsere Diener und Pferde vor, um das Lager aufzuschlagen, während wir zu den Zedern gingen, die wir zu unserer Rechten, anscheinend in der Nähe, sahen. Wie wir sie erreichten, lasse ich aus. Da standen sie einsam und dicht zusammengedrängt und grün im Schnee. Unser Führer – ein Christ – kniete nieder und betete am steinernen Altar, der an einer von ihnen errichtet worden ist. Jedes Jahr am Himmelfahrtstag wird hier Messe gehalten. Nach all unseren Mühen waren wir überaus froh ausruhen zu können. Wir setzten uns nieder; ich rauchte, während Staunton alle Psalmen über den Libanon und die Zedern vorlas, die er finden konnte.

Das war Sonntag. Gestern brachte uns ein langer Ritt nach Tripolis. Wir haben eine elende Unterkunft. Ibrahim Pascha ist noch hier, wir sehen ihn diesen Morgen.

Pauline reist. Reiseleiden

«The rolling of the vessel makes me sick.»
«Stewart, will you assist the lady to go on deck, she is very unwell.»
«Smell some Eau de Cologne, it will do you good.»
«I am very much inclined to vomit.»

The Traveller's Manual of Conversation, 1856

Gescheit, neugierig, widerstandsfähig, praktisch und romantisch, hatte Pauline nicht nur alle Eigenschaften einer guten Reisenden, sondern auch literarische Ambitionen. Ausdrücklich hat sie ihr Buch als Reisenovelle bezeichnet, was man als «geformte Erfahrungen» übersetzen könnte. Jedem aufmerksamen Leser wird schnell deutlich, welche Formkräfte *Helfer's Reisen* in besonderem Maße prägen.

Da ist zum einen die künstlerische Tradition. Es ist unverkennbar, daß die Verfasserin sich bei ihren Porträts, Szenen, Genrebildern etc. an Mustern aus Literatur und Malerei ausrichtet. Und da ist zum anderen das Geschlecht. Nie scheint Pauline vergessen zu haben, daß sie als Frau schrieb, genauer, als Dame, als gebildete Frau von Stand. Sie hat ihren Respekt vor den Normen und Konventionen der Gesellschaft geradezu demonstriert, nicht zuletzt, weil sie als Schriftstellerin und Reisende gleich doppelt dagegen verstieß – oder zu verstoßen schien. Denn für beide Regelverletzungen hatte sie eine unangreifbare Entschuldigung: treue Gattenliebe, die sich über alle Normen hinwegsetzen darf, wie Leonore in Beethovens *Fidelio* zeigt. Pauline betont immer wieder, daß sie nicht aus eigenem Antrieb und Willen reiste und schrieb, sondern für ihren Mann. Allzu «berufstätig» allerdings durfte sie dabei auch wieder nicht erscheinen. Ihre Tätigkeit als Assistentin ihres Mannes, die ihn unterwegs selbstverständlich beim Sammeln und Präparieren von Pflanzen, Insekten und anderen Tieren unterstützte, tritt in ihrer Erzählung ganz in den Hintergrund. Als Dame hatte sie keinen Unterleib (allerdings zeigte sie einen ziemlich undamenhaften gesunden Appetit), verschwieg, was verletzend und unschicklich wirken konnte, und gab sich Mühe, dem Leser alles Unangenehme, Widerwärtige, Schlimme, Grausame, Katastrophale soweit wie möglich zu ersparen oder durch Abmildern und Weichzeichnen erträglich zu machen. Ihr ästhetisches Credo hat sie so formuliert: Wir Menschen sollten uns das Herz nicht schwer machen mit dem gegenseitigen Austausch unserer Leiden. Es hat jeder genug an seinem eigenen Wehe zu tragen. Nur Glück und Freude athmende Empfindungen sollten wir uns mittheilen, den Schmerz aber verschweigen und mit allen uns zu Gebote stehenden Mitteln zu überwinden suchen; denn er ist ein fressender Wurm, der uns die Seelenruhe zernagt.

Die Überfahrt nach Smyrna muß grauenhaft gewesen sein, was sich auf Paulinisch so anhört:

Es lag im Rathschlusse der Götter, uns auf dieser ersten Seereise das ganze Ungemach einer solchen durchkosten zu lassen und unsern Muth gleich anfänglich auf harte Proben zu stellen.

Bei schwachem Winde hatten wir den Hafen von Triest verlassen, mit schwachem Winde schleppte sich das kleine Fahrzeug, hin- und herkreuzend, täglich einige Meilen weiter, bis eine complete Windstille jede Bewegung desselben, außer der des Hin- und Herschaukelns, verhinderte. Unser dalmatischer Kapitän suchte nach echter Seemannsart die Gunst der Winde zu erpfeifen, anfänglich in sanften angenehmen Tönen, die jedoch sich immer steigerten, lauter und schriller wurden, bis sich endlich der mühsam verhaltene Ingrimm durch eine Flut von Verwünschungen Luft machte. Ein Glück, daß ich, der dalmatischen Sprache unkundig, nur ihre Laute in diesen Wuthausbrüchen wahrnehmen konnte.

Unsere Mundvorräthe nahmen bereits in bedenklichem Maße ab. Von den Hühnern und Enten, die noch nicht verzehrt waren, starben viele. Wie uns der Küchenjunge versicherte, erlagen die armen Geschöpfe der Seekrankheit; man gewahrte kein Zeichen eines gewaltsamen Todes. Selbst im hohen Grade seekrank, in diesem schrecklichsten aller Zustände meiner Sinne und Gedanken beraubt, ja, mich dem Tode nahe glaubend, zweifelte ich nicht, daß die kleinen Wesen an diesem Uebel zu Grunde gegangen seien, und beneidete sie fast um das schnelle Ende ihrer Qual. Allein meine Lotty, die weniger heftig an dem Uebel litt und bald ihren frischen, muntern Sinn wiedergewonnen hatte, schüttelte ungläubig den Kopf zu den seekranken Hühnern. «Das muß eine andere Bewandtniß haben», sagte sie, «die ich schon entdecken werde!»

Des andern Morgens war sie bereits vor Tagesanbruch ihrem Lager entschlüpft und mir aus den Augen entschwunden; bald darauf hörte ich zwei laute streitende Stimmen, deren eine, meiner Lotty angehörend, im reinsten dresdener Dialekt jemanden aufs heftigste auszankte, der, diese süße Sprache nicht verstehend, ihr auf dalmatisch antwortete. Beide überboten sich in den ihnen gegenseitig unverständlichen Expectorationen, bis endlich durch die Dazwischenkunft des Kapitäns dem Streite ein Ende gemacht und ermittelt wurde, daß Lotty einen Matrosen beobachtet hatte, wie er ein lebendes Huhn aus der Steige genommen, ihm mit den Fingern die Hirnschale eingedrückt und es, als an der Seekrankheit verendet, eben in die Steige zurücklegen wollte, als sie aus ihrem Versteck hervortrat und den Uebelthäter auf frischer That ertappte, der nun dem erzürnten Kapitän überliefert wurde. Nur mit Mühe gelang es Helfer, diesen zu beschwichtigen und dem Hühnerdieb Pardon zu erwirken; der gestrenge Kapitän konnte nicht begreifen, wie mir die Genugthuung, ihn derb gezüchtigt zu sehen, nicht angenehm sein sollte.

Diese unter unserm Geflügel wüthende Seuche war leider zu spät entdeckt worden; nur wenige magere Hühner waren am Leben geblieben, und noch war keine Aussicht, bald das Land zu erreichen!

Wir hatten, im Vertrauen auf die Fülle unserer Vorräthe, einen jungen Attaché des französischen Konsulats in Syra, dem des Kapitäns gedörrte Fische, eingesalzenes hartes Fleisch und Matrosenzwieback nicht munden wollten, eingeladen, unser Gast zu sein. Nun aber waren wir selbst genöthigt, unsere Zuflucht zu jenen Delicatessen zu nehmen, obwol sie meinem durch fortgesetzte Seekrankheit stark angegriffenen Magen vollkommen widerstanden.

Helfer dagegen bewährte gleich anfänglich seine Befähigung zum Weltumsegler; nicht einen Augenblick wandelte ihn Unwohlsein an, noch war ihm die Schiffskost ungenießbar. Heitern Blickes stand er am vordersten Rande des Schiffes, mit Sehnsucht nach dem Lande seiner künftigen Forschungen ausschauend, oder er saß studirend in seiner Cabine. Nie raubten die Beschwerlichkeiten der Reise ihm die heitere Stimmung, nie erzeugten sie ihm Unwohlsein, er schien wie von Stahl, unempfindlich gegen äußeres Ungemach; nur im Verkehr mit Menschen war er reizbar und verlor hier leicht den ihm sonst eigenen Gleichmuth.

Zwei volle Wochen waren so verstrichen unter Unwetter, Windstille und Entbehrungen, und noch waren wir fern vom Lande. Da wurden wir eines Morgens aus dem tiefen Schlaf, wie man ihn nur auf offener See zu haben pflegt, durch ein fürchterliches Geschrei geweckt, das mehrere Kehlen ohne Unterbrechung ausstießen. Wir kleideten uns schnell an und eilten auf das Verdeck.

Welch ein Anblick! Drei Matrosen und ein kleiner schwarzer Schiffsjunge waren auf die vier an Bord befindlichen Kanonen gebunden, und ihr entblößter Rücken wurde mit starken Stricken unbarmherzig zerfleischt. Der Kapitän stand dabei und schrie: «Immer mehr! Immer stärker!» – so die Executoren zu größerer Energie anfeuernd.

Einige Minuten standen wir sprachlos vor Ueberraschung und Entsetzen. Endlich brach ich in die Worte aus: «Um Gottes willen, Kapitän, was ist geschehen? Halten Sie ein – Sie schlagen die Menschen todt!» «Nicht eher, als bis die Hunde gebeichtet haben», gab er mir kalt und fest zur Antwort. Wir sahen, daß hier nichts zu ändern, keine Milderung herbeizuführen sei. Helfer, wegen der Rohheit des Mannes um mich besorgt, führte mich in unser Cabinet herunter, wo wir so gut als möglich alle Oeffnungen verstopften, durch welche der Schall der Schläge und das Schmerzensgebrüll eindrangen. Doch nur mildern konnte man die Töne, sie ganz abwehren konnte man auf einem so engen Raume nicht. Endlich hörten die Streiche auf, und ein Wimmern, herzzerreißender als das frühere Gebrüll, trat an dessen Stelle, bis sich auch dies verlor.

Helfer ging nun aufs Verdeck und hörte vom Kapitän, daß er an seiner Schiffsladung, die in Kaffee bestand, bestohlen worden. Nicht der Werth des Entwendeten versetzte ihn in solche Wuth, sondern die Gefahr, Ehre und guten Credit in der Kaufmannswelt einzubüßen. Die Diebe hatten nicht sackweise gestohlen, sondern aus jedem Sacke etwas genommen, in der Hoffnung, dadurch der Entdeckung zu entgehen. Da nun aber der Kapitän den Kaffee nach dem Gewicht abliefern mußte, so wäre seine Ehrlichkeit sehr in Frage gestellt worden, wenn jeder Sack weniger enthalten hätte, als der Frachtbrief besagte. Er selbst würde für einen Betrüger gehalten worden sein und das Vertrauen der Rheder für die Zukunft verloren haben. Eine so große Gefahr, der er nur durch die zufällige Entdeckung des Diebstahls entgangen, versetzte ihn in die höchste Erregtheit, und mit vor Zorn bebendem Munde schwur er, die sämmtliche Mannschaft so lange züchtigen zu lassen, bis die Täter entdeckt wären; und – er hielt sein Wort.

Vergebens waren meine Vorstellungen, meine Bitten. Am andern Morgen fing die Execution von neuem an und endete wieder ohne ein Geständniß zur Folge zu haben. Man hatte zwar in dem Bett des kleinen schwarzen Buben ein Säckchen von dem entwendeten Kaffee gefunden; doch war dies offenbar von dem eigentlichen Thäter dahin gethan, um den Verdacht von sich ab und auf diesen Unschuldigen zu wälzen.

Solche Hartnäckigkeit brachte den Kapitän zur Wuth. Als am dritten Morgen diese Scenen sich wieder erneuerten, konnte ich es nicht länger ertragen; mein ganzes Wesen empörte sich, Zeuge solcher Mishandlungen zu sein; auch fürchtete ich den Ausbruch eines Streites zwischen Helfer und dem Kapitän. Dieser hatte im Bewußtsein seiner Machtvollkommenheit, als Herr des Schiffes, Helfers Vorstellungen schnöde und herausfordernd beantwortet. Ich kannte Helfer zu gut, um nicht zu fürchten, daß die große Selbstüberwindung, die er dem Kapitän gegenüber sich auferlegte, nicht von langer Dauer sein würde, und mir wurde vor den Folgen eines Ausbruches bange.

Wir befanden uns in der Nähe der kleinen zerstreut liegenden griechischen Inseln, die unbewohnt, ganz ohne Vegetation, sich aus dem Meere steil erheben. In einem Augenblick, wo Helfer unten im Cabinet in seine Lektüre vertieft war, eilte ich zum Kapitän. Ich fürchtete ihn nicht; denn jeder, selbst der roheste Mann, kann sich einer gebildeten Frau gegenüber einer gewissen Befangenheit und Rücksicht nicht erwehren. Entschlossen sagte ich zu ihm: «Ich kann Sie nicht zwingen, Ihre Mishandlungen einzustellen, aber Sie können mich ebenso wenig zwingen, denselben beizuwohnen; ich verlange ein Boot, um uns und unsere Sachen dort auf jene Insel auszuschiffen.» Anfänglich lächelte er; er hielt meine Forderung nur für eine leere Drohung und erwiderte: «Dorthin können Sie nicht, da würden Sie aus Mangel an den nöthigen Lebensbedürfnissen umkommen.» Aber mein Vorsatz war gefaßt. Fest entschlossen, das Schiff zu verlassen, sobald sich diese empörenden Scenen erneuern würden, erwiderte ich: «Ich will lieber jedes andere Ungemach ertragen, als Zeuge solcher Auftritte sein; diese Gegend wird so häufig von Schiffen durchkreuzt, daß ich hoffen kann, bald von der Insel erlöst zu werden. Sie haben kein Recht, uns gegen unsern Willen auf Ihrem Schiffe zu halten, und wenn Sie es dennoch thun wollen, werden wir Sie gehörigen Orts deshalb zu belangen wissen.»

Der Kapitän wurde betroffen und konnte nicht länger an meinem Ernste zweifeln. Der Gedanke, seine Passagiere könnten das Schiff verlassen und sich auf eine öde Felseninsel flüchten, um nicht Zeuge der durch ihn verübten Mishandlungen zu sein, fiel ihm aufs Herz. Sein Herz, das bei dem Wehgeschrei der Mishandelten ungerührt wie ein Fels blieb, fing an vor der drohenden Gefahr zu beben, sich und sein Schiff in Verruf zu bringen. Es war interessant, auf seinem in Verstellung ungeübten Gesicht den Kampf zwischen Zorn und Ueberlegung zu beobachten. Endlich siegte letztere. Er gab Befehl, die festgebundenen Matrosen freizumachen, bis er in den Hafen von Syra einlaufen würde, wo er die Schuldigen dem österreichischen Consulatsgericht übergeben könne.

Wer war froher als ich, für mich selbst sowol wie für die Armen, unter denen viele sicherlich unschuldig an dem Diebstahl waren! Ein dankbarer Blick aus aller Augen lohnte mir.

Aus Estcourts Briefen 4

Die ersten Monate nach der Landung, in denen Estcourt in diplomatischer Mission und mit Erkundungsaufträgen durchs Land ritt, erlebte er als eine Art von Abenteuerurlaub – jedenfalls erzählte er so von ihnen –, ein Männertraum von Ungebundenheit und Verwöhnung. Ganze Tage im Sattel, Nächte unter freiem Himmel, frugale gesunde Kost und dann wieder der Luxus orientalischer Gastlichkeit. Unterwegs machte er viele Skizzen und Aquarelle, gefällige, stimmungsvolle Studien von Ruinen, hellen Städten, von Beduinen, Reitern, Kamelen in weiten leeren Landschaften, deren melancholische Öde oder wilde Großartigkeit man mehr ahnt als sieht. Neben Fitzjames war er der beste Zeichner unter den Expeditionsteilnehmern, die ihre Zeichenblöcke so selbstverständlich dabeihatten wie wir heute unsere Kameras.

Von Tripolis war Estcourt zunächst zurück ins Lager bei Suedia am Orontes geritten, dann mit einem neuen Auftrag nach Urfa. Seine Reise dorthin hatte ihn zunächst nach Birecik und an den Euphrat geführt.

Wir hatten nun den ganzen Weg zurückgelegt, den in Zukunft jeder Passagier aus Indien zurücklegen muß, nachdem er unsere Dampfer verlassen hat, schrieb er dem Vater am 23. Mai. Vielleicht kann man Dich und Elly und Minnie dazu überreden, Euren Vorsatz, Bagdad, Babylon, Palmyra, Damaskus und Jerusalem zu besuchen, möglichst bald in die Tat umzusetzen, wenn Ihr hört, daß die ganze Strecke von Suedia nach Birecik so sicher ist wie England; daß die Straße zum Teil durch malerische Landschaften führt, alle fruchtbar, kultiviert und bewohnt. Antiochia ist eine schön gelegene Stadt; wenn man sie hinter sich gelassen hat, kommen die überaus fruchtbaren Ebenen vor Aleppo und Killis. Hier ist das Weideland exzellent, hier trifft man auch die Turkomanen, die gastfreundlichen Zeltbewohner, die mit ihren Herden herumziehen, einem ein ausgezeichnetes Frühstück geben können, und wenn sie sich bereit finden, ein Lamm zu schlachten, dann wird der Reisende ihr Abendessen ebensowenig wie ihr Frühstück verschmähen. Aleppo wird auch von Interesse für Euch sein, obgleich ich Euch rate, dort so kurz wie möglich zu bleiben, da Ihr riskiert,

Urfa

Eure Nase durch ein Geschwulst zu verlieren, das ein Jahr bleibt und Aleppobeule genannt wird. Die Vulgarität des Namens und die Art der Wunde werden wohl genügen, Euch von diesem Risiko abzuschrecken. Ich würde Euch nicht raten, weiter als Birecik zu reisen, denn bis Urfa ist alles Wüste und Berge, Brunnen sind selten, ein paar arabische und turkomanische Zelte, keine Häuser. Es ist eine uninteressante Gegend, die wir halb bei Tag und halb bei Nacht durchreisten und in anderthalb Tagen hinter uns brachten. Aber Ihr werdet reichlich durch Urfa entschädigt werden. Man nähert sich der Stadt über felsige Berge, wo die Straße in Stufen eingeschnitten ist; dort steigt Ihr hinab in ein angenehmes, weites, fruchtbares Tal, über dem Ihr, unmittelbar unter dem Berg, die Stadt Urfa findet. Sie bietet einen prächtigen Anblick, durch die Minarette, die Lage, die hohen Mauern des Befestigungsgürtels und durch eine alte Burg von beträchtlicher Größe, die auf einem Felsen über der Stadt hängt. Die Olivenhaine, die Gärten, die Weinberge wirken reich und üppig, ein Kontrast zur Wüste jenseits der Berge bis Birecik. – Aber Birecik hat mich sehr überrascht: Statt des elenden, unscheinbaren Dorfes am Ufer des Euphrat, das ich erwartet hatte, fand ich eine Stadt mit einer Mauer, die senkrecht vom Fluß hochsteigt, eine schöne Ansicht bietet und von einiger Bedeutung ist.

Sie hat eine Burg, die durch Erdbeben zerstört wurde, der gewöhnliche Zerstörer glanzvoller Baukunst in diesem Land. Ich darf den Euphrat nicht vergessen oder das Entzücken, das ich empfand, als ich mich an seinen Ufern fand; auch nicht, wie schwer es mir fiel zu begreifen, daß ich nun wirklich hier war, an dem Ort, nach dem ich mich so lange gesehnt hatte, nach dem ich so oft geschmachtet hatte, wenn ich in diesem abscheulichen Kasten, der «George Canning», gegen die Wände meiner engen Koje gestoßen wurde. Der Euphrat fließt als schneller Strom an Birecik vorbei, ungefähr so breit wie die Themse bei der Westminster Bridge, aber bei weitem nicht so eindrucksvoll, denn obwohl seine Strömung äußerst reißend ist, ist er flach und hat eine Sandbank. Doch das Flußbett ist für unsere Dampfer tief genug, so daß wir schnell in Basra sein werden, wenn wir erst einmal auf dem Wasser sind.

Aus Estcourts Briefen 5

Urfa, Juni. Ich habe vergessen wann.

Meine liebste Minnie,

Die Fliegen sind überaus lästig, und ich bin deshalb schlecht gelaunt, trotzdem will ich versuchen, Dir so zu schreiben, als ob ich gute Laune hätte. Es gibt noch ein anderes Übel, das beim Weiterschreiben immer größer werden wird: Meine Tinte stammt aus Urfa – eine Art indischer Tinte, die in der Feder dick wird und die liebenswürdigste Feder grob und gewöhnlich werden läßt. Auch ist die Sonnenhitze ziemlich stark, die Reflexion von den Wänden grell, der Staub dreist und durchdringend, was den Wind, sonst eine Erleichterung, jetzt lästig macht. – Vor mir auf einem Tisch steht geeister Scherbet, ein Absud von Rosinen. Nicht weit davon entfernt schläft mein Gefährte, ein hitzköpfiger Ire, ein junger Arzt mit Dubliner Akzent, auf seiner Decke; mein Dragoman schläft auch, in einer anderen Ecke, und mein Diener, ein Armenier, der keine europäische Sprache spricht, schläft draußen auf den Grabsteinen, sie sind wirklich alle eingenickt. Ich bewohne einen Raum innerhalb der Mauern eines armenischen Klosters in Urfa; mein Gefährte, mein Dragoman und ich haben unsere Decken in diesem Raum ausgebreitet, während mein Diener draußen bei der Tür schläft. Dieser Raum ist eigentlich das Schulzimmer, aus dem wir den Lehrer ebenso wie seine Schüler vertrieben haben. Genau gesagt ist das Kloster eine Einfriedung der Kirche; der Bischof und einige wenige Brüder leben innerhalb seiner Mauern. Die Kirche steht in der Mitte, und darum herum ist ein Friedhof voller Grabsteine. Hier leben wir zur Zeit. Ich warte auf die Rückkehr des Gouverneurs, außerdem erwarte ich die Ankunft eines Boten, der mir Geld aus Aleppo bringen soll.

Davor führte uns der Weg durch ein Land, das nie zuvor von Europäern bereist worden ist, jedenfalls hatte keiner der dortigen Bewohner zu seinen Lebzeiten einen getroffen oder von einem gehört, der bei ihnen durchgereist wäre. Es war das Land der Kurden, die während der letzten 150 Jahre ihre Unabhängigkeit bewahrt und dem Sultan keine Abgaben gezahlt haben. Reschid Pascha, dessen Name in Europa durch den russischen

Krieg bekannt geworden ist und der vor ein paar Monaten hierhergeschickt wurde, unternahm es, diese Herren zum Gehorsam zu bringen. Am Tag, als er den Tigris etwa sechs Stunden von Diarbakir entfernt überquerte, gab es eine Art Schlacht, in der er erfolgreich war. Danach marschierte er vorwärts in die Berge und nahm die Unterwerfung aller kurdischen Anführer entgegen. Der letzte, der noch Widerstand geleistet hatte, unterwarf sich am Tag bevor wir das Lager des Paschas erreichten. Er war ein alter Mann mit langem weißem Bart und ohne Zähne. – Zwei stramme Tagesritte brachten uns zu dem Dorf, in dessen Nähe sich das Lager des Paschas befand. Wir kampierten in der Nähe des Dorfes auf einem Stück schönen Weidelands mit einem Baum. Die Lage war ziemlich schön, und wenn das Schicksal ihr günstig ist, soll die Skizze, die ich davon gemacht habe, eine Beschreibung ersetzen.

Soeben ist ein Bote angekommen. Er bringt mir Nachrichten von einem Wechsel in der Regierung und daß Lord Melbourne Premierminister ist. Ich habe auch die Nachricht bekommen, daß von seiten Mehemed Alis nun alle Schwierigkeiten beseitigt sind. Er verspricht jetzt jede mögliche Unterstützung, und zweifellos werden wir nun schnell vorankommen. – Ich sehne mich danach, wieder unterwegs zu sein. Ich bin jetzt so an ein Bett mit dem freien Himmel als Baldachin gewöhnt, daß ich nicht halb so gut in einem Raum schlafe. Übrigens, spricht das nicht für das Klima dieser Länder? Es scheint keine Ausdünstung, keinen Tau zu geben, die ein Biwak gefährlich machen könnten; ich bin nie unpäßlich gewesen, es geht mir außerordentlich gut, besser als in England: eine Art Reis- und Milchdiät, viel Reiten und frische Luft. Gestern wurde mein Kopf zum zweiten Mal rasiert, während mein Gesicht ein üppiges, schattenspendendes Laubwerk zur Schau stellt, weit ausgedehnt und lang, das sich über Kinn und Lippen ausbreitet und bis zu einer Kopfbedeckung reicht, die aus einer Kappe aus weißem Leinen besteht, über die man eine rote dicke Kappe mit einer Quaste aus blauer Seide obendrauf trägt. Man achtet darauf, daß darunter ein schmaler weißer Streifen sichtbar bleibt. Das ist ägyptische Mode. Sonst trage ich in der Regel europäische Kleidung, außer beim Reisen, wo der landesübliche leichte, lose und luftige Umhang bequem und angenehm ist. Darüber kommt ein dicker Mantel aus wollenem Tuch mit breiten blau-weißen Streifen von eigenartiger Form. So ist Dein Bruder James ausgerüstet, um durch diese interessanten, aber unzivilisierten Länder zu reisen, als höchst bedeutender Bey Effendi. Bischöfe stehen an, um ihm Respekt zu zollen, und lassen sich nur am Rand seines Teppichs nieder, während sie seinen Kaffee schlürfen und sich bei jeder Gelegenheit tief verbeugen. Kurden staunen, bringen ihr bestes Essen und rechnen es sich zur Ehre an, daß sie einem hungrigen Bey zu Diensten sein können. – Priester sprechen vor und verneigen sich, Autoritäten zollen allen Respekt. Die beste Tracht, die ein Mann tragen kann, ist die eines Europäers, insbesondere die eines Seemanns oder Soldaten. Man erweist ihm jede nur erdenkliche Aufmerksamkeit, und das in Ländern, wo ein Christ, ein Europäer, sich noch vor drei Jahren kaum zeigen konnte.

Obwohl wir all diese Völker unzivilisiert nennen, gibt es bei ihnen doch viel Höflichkeit und angenehme Manieren, an Manieren fehlt es selten. Heute erst kam eine arme Frau mit ihrem kranken Kind, um medizinischen Rat zu suchen. Sie kam etwas nach vorne gebeugt, um die Hand des Beys zu küssen und ihm einen kleinen Strauß Blumen und Kirschen zu überreichen. Diese Art des Eintretens ist sehr üblich: Plötzlich – denn die Tür ist immer offen – tritt jemand schnell vor, küßt Deine Hand und kauert sich in einiger Entfernung hin. Nun werden die Wünsche vorgetragen, aber erst einmal bist Du völlig überrascht. Alle Klagen über das Befinden rühren von einem in Unordnung geratenen Magen her, was vom Rauchen kommt und dem ungesunden Zeug, das sie essen. Männer und Frauen rauchen stark. Ich habe mich davon anstecken lassen, aber Du wirst Dich freuen, wenn ich Dir versichere, daß Pfeifen und *Nargilehs* mir nicht mehr gefallen und zuwider sind; ich habe deshalb mehr Zeit zur Verfügung und völlige Gesundheit, mich ihrer zu erfreuen.

Ich wollte, ich könnte hören, wie Deine Londoner Saison war, wie es Euch allen geht und wie meinen Pferden.

Suedia, 24. Juni.

Ich bin wieder in Suedia. Auf dem Rückweg kam ich durch Aleppo, wo ich meinen Dragoman wegschickte und versuchte, meinen Diener loszuwerden, aber vergeblich: Er ist immer noch da und hat vor, mir bis zum Ende der Welt zu folgen. – In Aleppo lud ich mich selbst in das Haus eines Armeniers ein, der Dolmetscher und Chefmanager von Mr. Kilby ist, ein englischer Kaufmann und unser Agent hier. Nun, dieser Armenier hat eine der saubersten, adrettesten und angenehmsten Familien, die ich je erlebt habe. Ein so großer Kontrast zu den anderen in diesem Land war reizvoll. Er hat nur eine Dienerin, seine Frau und Töchter besorgen das Haus und verwalten alle häuslichen Angelegenheiten; nach der Sitte dieses Landes ist das weder ungewöhnlich noch unladylike. Du könntest weder aus dem Benehmen, der Kleidung oder der Erscheinung erraten, daß dein *vis à vis* am Tisch das Essen selbst angerichtet hat, und es ist dir auch nicht peinlich, wenn eine hübsche, reizende, malerische Tochter dir eine Nargileh zum Rauchen bringt. Ein Europäer nimmt sie auf zuvorkommendere Weise entgegen als ein Einheimischer, denn vermutlich wird er sich halb aufrichten und sie aus ihren Händen nehmen und ihr auf betontere Weise danken, während der Einheimische sie fast achtlos in Empfang nimmt, doch ohne auch nur einen Hauch von Unhöflichkeit, denn überall gibt es gute Manieren im Überfluß. Die Frau meines Gastgebers, eine angenehme, faltenlose, aber schon ältere Dame von sehr schlanker Gestalt und viel Anstand und Anmut, bot mir zunächst eine *Nargileh* mit parfümiertem Tabak an, das war exzellent. Dann kam Limonade, dann ein süßer Kuchen, dann Kaffee, der übrigens in einer kleinen Tasse ohne Henkel serviert wird, aber um zu verhindern, daß man sich die Finger verbrennt, wird sie in eine kleine Tasse aus silbernem oder goldenem Metall gesetzt. Eine kleine Tochter, hübsch und reinlich, stellte sich vor den Bey hin, um die ausgetrunkene Tasse entgegenzunehmen. Eine andere Tochter, hübsch und reinlich und reizend angezogen und schon etwas älter, brachte bald eine andere *Nargileh*, denn man soll von jeder *Nargileh* oder Pfeife nur ein paar Züge rauchen. Also werden sie ausgetauscht. So saßen wir, bis das Frühstück fertig war, das heißt, mein Frühstück und ihr Mittagessen, sie essen noch einmal am Abend. Man ehrte mich, indem man mich dazu zwang, genug für ein Jahr zu essen, außerdem bekam ich noch Leckerbissen von den Tellern der halben Tischgesellschaft. Ich war froh, als das vorbei war und Pfeifen und Kaffee, die unsere Mägen nicht so stark in Verlegenheit bringen oder belasten konnten, uns wiederum von den schönen Händen der reizenden Frauen serviert wurden, die weder lesen noch schreiben konnten. – Von Aleppo kam ich nach Suedia, und ich bin nun unter einem englischen Zelt, bequem und ruhig. – Übrigens, das einzig Lästige am Reisen ist, daß man nie allein sein darf, es gehört sich nicht, einen Gast allein zu lassen. In einem Haus ist der Gastgeber, Pfeife rauchend, immer gegenwärtig, in einem Zelt läßt sich der Scheich gewöhnlich in einer Art von kniend-sitzender Haltung am Rand eines Teppichs nieder, bis man ihn auffordert, sich bequem hinzusetzen. Dann wendet er sich – immer noch kauernd – zur Seite.

Man hat mir einen Brief von Dir gegeben, liebste Minnie, mit einem Zettel von Elly. Das Datum war der 30. Januar, und er hätte mich deshalb schon längst erreichen müssen; trotzdem hat er mich sehr erfrischt. Er erzählte mir von Deinem Jagdfrühstück und den bevorstehenden Bällen. Geht es Euch allen jetzt in diesem Augenblick gut? Seid Ihr wieder auf dem Land? Laß mich sehen, 24. Juni? Ich denke, Ihr werdet noch in London sein.

Pauline reist. Gefährliche Berührung

Mit gespannter Erwartung blickten wir schon aus der Ferne nach der ersten griechischen Stadt, die wir sehen, dem ersten griechischen Boden, den wir betreten sollten, hinüber. Unsere Erwartung wurde beim Einlaufen in den Hafen nicht getäuscht. Für jemand, der aus dem Innern Deutschlands kommt und den Orient nur aus Büchern und Bildern kennt, scheint Syra schon einen ganz außereuropäischen Charakter zu tragen. Die Insel, durchaus gebirgig, aus schwarzem Felsgestein bestehend und mit nur sehr spärlicher Vegetation bedeckt, gleicht in einiger Entfernung einem Lavagebirge.

Das Schönste an den langen Schiffsreisen der Vergangenheit war das Ankommen, der Zeitraum zwischen dem ersten Anblick des Zielortes und der Landung, in dem Wunsch und Erfüllung, Vorstellung und Wirklichkeit so nahe beieinanderliegen. Pauline hat solche Ankünfte mehrmals beschrieben: so ihre erste Ankunft auf der Insel Síros (damals Syra), wo die «Elisabeth» zwischenlandete – unendlich froh waren wir, den engen dumpfigen Schiffsraum verlassen zu können – und Helfer mit ihr und Lotty gleich nach dem Aussteigen in glühender Mittagshitze auf Insektenfang ging. Und dann, ein paar Tage später, die Ankunft in Smyrna, ihrem vorläufigen Reiseziel.

An einem schönen Junimorgen, unter tiefblauem Himmel, steuerten wir um das Cap Kara und liefen in den Meerbusen von Smyrna ein, dessen Schönheit mit Recht gepriesen und der des Golfes von Neapel gleichgestellt wird. Vor uns erweiterte sich der Busen, von sanften Hügelreihen begrenzt, die abwechselnd mit schlanken Cypressen, mit Oelbäumen und Getreidefeldern von mannichfaltigstem Grün bewachsen waren. Von der aufgehenden Sonne beleuchtet zeigte sich uns am äußersten Ende der Bucht Smyrna selbst mit seinen flachen Dächern, seinen hellen buntbemalten Häusern, den schlanken Minarets in pittoresker Unregelmäßigkeit. Höher hinauf blicken aus den von dunkeln Cypressen dicht und düster umschatteten Begräbnißstätten der Muselmänner die weißen Grabmonumente hervor. Darüberhin zieht sich der alte römische Aquäduct, dessen dreifache Bogenreihen, einer Ewigkeit trotzend, sich majestätisch in weiter

Ausdehnung hoch über die mit Schnitzwerk und bunter Malerei verzierten Häuser der türkischen Stadt erheben und den auffallendsten Contrast zu ihr bilden. Wie kann es anders sein, wo Römerherrschaft auf Türkenthum herabsieht!

Aber nicht lange sollten wir die reiche Scenerie genießen und ungehindert uns den Betrachtungen hingeben dürfen, wie sie die Erinnerung geschwundener Jahrtausende im Gegensatz zur Jetztzeit in uns wach gerufen. Als wir uns dem Hafen näherten, ward auf den Masten aller Schiffe die aufgezogene gelbe Flagge bemerkbar – das Zeichen der Pest!

Still und regungslos lagen die Schiffe da; kein Ruderschlag kreuzender Barken; kein Geschrei feilschender Handelsleute ertönte; wie ausgestorben war der Hafen trotz seiner unzähligen Fahrzeuge. Unsere ganze Mannschaft brach in den Schrei aus: «Die Pest!» ein fürchterliches Wort, das alle Schrecknisse, welche die verheerende Seuche mit sich bringt, vergegenwärtigt und sie dem, der sie nur aus Schilderungen kennt, vielleicht doppelt grauenhaft erscheinen läßt, wie jede Gefahr, der man noch nicht muthig ins Angesicht geschaut hat. Ein allgemeiner Tumult entstand auf dem Schiffe. Alles stürzte aufs Verdeck, das Unheilszeichen selbst zu sehen; und wer es geschaut, senkte niedergebeugt und wie vernichtet den Blick zur Erde.

Alle Hoffnungen der Schiffsleute, von der harten Arbeit, den vielen Entbehrungen und der rohen Behandlung, die sie zu erdulden hatten, erlöst zu werden, die Schiffssklaverei, wenn auch nur auf wenig Tage, abzuschütteln und auf der grünen Muttererde eine kurze Frist, aber in desto tiefern Zügen den Becher lange entbehrter Genüsse zu leeren, waren zertrümmert.

Der Kapitän fuhr mit der allen jähzornigen Gemüthern eigenthümlichen Heftigkeit gleich einer sprühenden Rakete lärmend im Schiffe umher. Die ganze Mannschaft wurde zusammenberufen und auch uns die Aufforderung zugestellt, die strengen Maßregeln, die nun angeordnet wurden, zu vernehmen. Niemand, so lautete der Befehl, wer es auch sei, darf das Schiff verlassen, um wieder dahin zurückzukehren. Jeder Verkehr mit dem Festlande oder andern Schiffen ist auf das strengste untersagt, und heimliche Uebertreter des Verbots sind den Strafen der Schiffsdisciplin verfallen. Kein Handel, keine Einnahme von Lebensmitteln, kurz keinerlei Verkehr mit Smyrnioten ist erlaubt. Die Sicherung des Schiffes vor Ansteckung machte eine solche gänzliche Abscheidung nothwendig, und wir konnten nichts dagegen einwenden.

Unsere Lage war nichts weniger als beneidenswert. Gänzlich unbekannt mit den zu beachtenden Vorsichtsmaßregeln, mit einer ganzen Hauseinrichtung beladen, welche wir doch unmöglich sogleich mit ans Land nehmen konnten, wußten wir uns nicht zu rathen.

Ein mitgebrachtes Empfehlungsschreiben an den holländischen Konsul, dem Helfer einen Begleitbrief beifügte, verhalf ihnen schnell zur Rettung aus ihrer unangenehmen Lage. Der erste Sekretär des Konsulats, ein Herr von Trauliette, erschien und überreichte vom Boot aus ein Schreiben seines Chefs, das vom Kapitän vorsichtig mit einer Zange ergriffen und fast bis zur Unleserlichkeit in Essig getränkt wurde.

Der Herr Baron bot uns alle Dienste, deren wir bedürfen würden, freundlichst an. Doch was wir in dem Augenblick bedurften, wußten wir selbst nicht: «Erlösung vom Schiffe», seufzte ich; «und einen sichern Ort!» ergänzte Helfer.

«Geben Sie sich in meine Obhut», rief uns unser freundlicher Sendbote zu; «ich weiß, was Ihnen noththut; vertrauen Sie sich mir an.» «Mit Freuden», antworteten wir ihm. In gewissen Lagen gibt es keine größere Wohlthat, als des Denkens und der Selbstbestimmung überhoben zu sein und willenlos der Leitung anderer folgen zu können.

Wir wurden sogleich in das Boot hinuntergelassen, wobei jedoch der sonst sehr höfliche junge Mann persönlich mir keine Hülfe leistete, sondern in steter Entfernung von uns in der Mitte des Bootes blieb, während wir den Stern desselben einnahmen.

Lotty sandte einen ängstlichen Blick nach dem Schiffe hinauf, das all unsere bisher so sorgfältig von ihr bewachte Habe barg. Ihrem fragenden Blick entgegnete Herr von Trauliette tröstend: «Für das Gepäck wird gesorgt werden.»

Bald hatten wir das Ufer erreicht und standen auf asiatischer Erde. Wie hatte ich mich auf diesen Anblick gefreut, wie ehrfurchtsvoll wollte ich den alten classischen Boden begrüßen, wo Homer einst seine unsterblichen Gesänge gedichtet! Jetzt aber – ein unendlich schmuziges Gesindel treibt sich hier herum, das mit Geschrei und unter Raufhändeln über den Fremden herfällt und sich seiner und seines Gepäckes bemächtigt. Berge ausgeladener oder erst zu verschiffender Frachtgüter aller Gattungen und Formen lagen zerstreut umher; Lastträger schleppten keuchend ihre Bürde; Kamele, aus weiter Ferne gekommen, hatten sich, abgemagert und ermüdet, niedergelassen; der Rücken anderer wurde soeben befrachtet; Esel, ihres täglichen Schicksals harrend, senkten traurig ihre Köpfe; Körbe mit Früchten und Fischen verbreiteten je nach ihrem Inhalt gute oder üble Gerüche. Beturbante Kaufherren schritten gravitätisch in dem Gewirre einher und musterten bald diese, bald jene Waare mit prüfendem Blick; alle waren mit Stöcken bewaffnet und sorgfältig bemüht, jede Berührung mit einem Menschen oder einer Sache zu vermeiden, indem sie die Nahetretenden unsanft mit dem Stock beiseiteschoben. Dazwischen bewegten sich tobende Kawasse, die ihren Polizeidienst mit knallenden Peitschenhieben von links und rechts ausübten, unbekümmert, ob der Schuldige oder Unschuldige getroffen wurde.

Zaudernd stand ich da, verwirrt durch dieses mir fremdartige Gewühl, ich scheute mich, durch dasselbe vorwärts zu schreiten. «Fürchten Sie nichts!» sagte Herr von Trauliette ermunternd. «Sie sind unter sicherm Schutz.» Zwei Consulatskawasse traten mit ihren Abzeichen voran, zwei andere schlossen hinter uns den Zug. Ehrerbietig machte die Menge Platz; denn der gemeinste Türke kennt das Ansehen eines Consuls, und der fanatischste Muselmann wird in Smyrna nicht wagen, gegen den einem Consul gebührenden Respect zu verstoßen. So gelangten wir unbehelligt zu der am Strande gelegenen Locanda de Nave.

Wenn eine Locanda in Italien uns Deutschen schon wegen des Mangels an Reinlichkeit und Comfort zuwider ist, wieviel mehr wird es bei einem Albergo in der Türkei der Fall sein!

Ueber eine finstere schmuzige Stiege wurden wir in den ersten Stock und in ein großes Zimmer geführt. Die Holzwände waren dunkelbraun gestrichen, ebenso der Fußboden; ein Tisch von gleichem Material und Ansehen und einige Stühle bildeten das ganze Mobiliar. Zwei daranstoßende kleine Cabinete enthielten leere Bettstellen.

«Hier», sagte Herr von Trauliette, «sind Sie in Sicherheit; dies ist ein reines Haus.» Das Wort «rein» in diesem Sinne will heißen: das Haus ist in Quarantäne gelegt und daher vor Ansteckung geschützt.

«Aber Sie dürfen nichts berühren, was man Ihnen reicht, ausgenommen Holz» (Holz ist kein ansteckendes Medium), «kein Handtuch, keine Serviette, kein Bett, alles Dinge, die besonders gefährlich sind. Auch müssen Sie von den Dienern des Hauses sich fernhalten; dieser Klasse von Leuten ist nicht zu trauen. Die Speisen werden Ihnen auf den unmittelbar an der Tür stehenden Tisch gelegt, von welchem die leeren Gefäße wieder abgeholt werden, sodaß der Garçon nicht nötig hat, Ihr Zimmer zu betreten. Auch wird es gut sein, wenn Sie Ihrer Dienerin nicht erlauben, das Zimmer zu verlassen, man kann nicht wissen, ob dabei immer die gehörige Vorsicht gebraucht wird.» Bei diesen Worten schloß er mehrere Seitenthüren ab, händigte mir die Schlüssel ein und fügte hinzu: «Wenn Sie ausgehen, so schließen Sie auch die Hauptthür ab, damit Ihre Dienerin nicht von Neugierde verleitet werden kann.» Dabei warf er einen bedeutsamen Blick auf Lotty, die mit ungläubiger Miene dastand.

Mit offenem Mund und erstaunten Blicken sahen und hörten wir ihm zu. Die Scene war so tragisch, und doch konnte ich mich der spöttischen Aeußerung nicht enthalten: «Das also nennen Sie ein reines Haus und in Sicherheit sein?» «Allerdings», sagte er, mit den Achseln zuckend, «es ist das beste Haus, das wir haben, denn es wurde gleich beim Ausbruch der Pest unter Quarantäne gelegt; allein auf die Diener ist niemals mit Sicherheit zu bauen. Sie können indeß hier nicht lange bleiben; ich werde sogleich eine geeignete Privatwohnung suchen.» Er händigte mir und Helfer noch zwei lange starke Stöcke ein mit dem Bedeuten, nie ohne dieselben die Straße zu betreten und rücksichtslos jeden, der sich uns nähere, damit fern zu halten, namentlich zu verhüten, daß unsere Kleider mit anderen in Berührung kämen. «Besser ist's aber, Sie gehen gar nicht aus; Fremde sind gewöhnlich zu discret beim Gebrauche des Stockes und gerathen leichter in Gefahr.» Damit verließ er uns.

Am nächsten Tag erschien der Konsul, Herr van Lenep, persönlich, um sich nach ihrem Befinden zu erkundigen und ihnen den Umzug in ein anderes Quartier in Aussicht zu stellen.

Aufs höchste von dieser Zuvorkommenheit überrascht und erfreut eilten wir ihm entgegen, um unsern Dank für seine Fürsorge auszusprechen, den ich durch einen Händedruck bekräftigen wollte. Wie erschrak ich aber, als der bisher wohlwollende Ausdruck seines Gesichts sich plötzlich verwandelte, und er, entsetzt mehrere Schritte zurückweichend, seine Hände auf den Rücken barg. Wir starrten uns beide eine Weile sprachlos an, bis er mit sichtlicher Verlegenheit endlich sagte: «Verzeihen Sie, in Zeiten wie die jetzige ist jede Berührung gefahrbringend und muß gemieden werden.» «Wie meinen Sie das?» fragte ich ihn, «liegt Gefahr für mich oder für Sie in einem Händedruck?» «Für uns beide», antwortete er. «Sie können nicht wissen, ob nicht ich schon die Ansteckung in mir trage, und Sie, obgleich Sie erst vor kurzem ein gesundes Schiff verlassen haben, können bei Ihren ersten Schritten am Lande in gefährliche Berührung gekommen sein. Ich bedaure, daß die Seuche mir nicht erlaubt, Ihnen mein Haus anzubieten; allein es ist in strenger Quarantäne, und die nothwendige Vorsicht verbietet uns, es für irgendjemand zu öffnen.»

Selbst den angebotenen Stuhl lehnte er ab, und sichtbar beunruhigt, sich an einem nicht ganz unverdächtigen Orte zu befinden, an welchen ihn nur die althergebrachte Zuvorkommenheit gegen empfohlene Fremde geführt hatte, empfahl er sich wieder, mit der erneueten Bitte, uns zu Hause zu verhalten, bis wir noch im Laufe des Tages von ihm hören würden.

Die Pest ist eine Krankheit, die zunächst bei Nagetieren auftritt, durch den Bazillus *Yersinia pestis* verursacht und von Rattenflöhen auf Menschen übertragen wird. Das war zu Paulines Zeiten noch unbekannt. Erst 1894 wurde der Erreger entdeckt. Als wirksamster Schutz gegen die Seuche galten in Europa von alters her Absperrungsmaßnamen wie Pestkordon und eben Quarantäne: Die Republik Ragusa (das heutige Dubrovnik) führte 1377 eine dreißigtägige Isolationszeit für Einreisende aus Pestgebieten ein, die etwas später auf 40 Tage, italienisch *quaranta giorni*, verlängert wurde. Im übrigen hatte jeder seine eigenen hilflosen Rezepte (das Einreiben des Körpers mit Baumöl verdient als Schutzmittel versucht zu werden). Den Bewohnern von Pestgebieten riet man, jeden Kontakt mit anderen Menschen, besonders aber den Umgang mit «unreinlichen Volksklassen» zu vermeiden. Der Tod kam damals wie heute zuerst zu den Armen.

Die Vorsichtsmaßregeln gegen Ansteckung während der Pestzeit sind bei der europäischen Bevölkerung sehr umfassend und werden streng beobachtet. Die Wohnungen der wohlhabendern Familien, gewöhnlich durch eine hohe Mauer von der Straße abgeschieden, deren Thor den einzigen Ein- und Ausgang zu den oft bedeutenden Räumlichkeiten bildet, werden während der Zeit streng abgesperrt. Jeder Verkehr der Bewohner mit der Stadt ist untersagt; das Thor, fest geschlossen, wird niemandem geöffnet und der Schlüssel vom Hausherrn selbst in stete Obhut genommen. Für Herbeischaffung der Lebensmittel sorgen eigene Händler, die des Morgens mit Victualien beladen durch die Straßen ziehen und an die geschlossenen Thore klopfen, worauf ein kleiner, in denselben angebrachter Schieber geöffnet wird, durch welchen der Hausherr zu größerer Sicherheit die Lebensmittel selbst in Empfang nimmt. Diese werden von außen durch die Oeffnung in ein innenstehendes mit Wasser gefülltes Faß geworfen, ehe sie der Empfänger berührt. Da fliegen Brote, Eier, Gemüse, selbst lebende Hühner in das Faß; alles muß erst die Weihe des reinigenden Wassers erhalten, ehe es berührt und zubereitet wird.

Allein trotz dieser gänzlichen Absperrung dringt die Seuche doch zuweilen in die besten Familien ein und bereitet dort unsagliches Wehe. Die Angst vor Ansteckung ist so groß, daß sie die Gefühle der Menschlichkeit, ja die engsten Familienbande zerreißt. Alles flieht den von der Pest Ergriffenen; das inficirte Haus wird verlassen. Gatten und Geschwister trennen sich, selbst die Mutter überläßt ihr erkranktes Kind der Pflege griechischer Krankenwärter.

Am Nachmittag erschien Herr von Trauliette, mit dem Auftrage seines Chefs, uns in ein wirklich reines, und, was noch mehr sagen wollte, ein deutsches Haus zu führen. Die Uebersiedlung wurde sogleich bewerkstelligt, und wir betraten in kurzer Zeit die freundliche, sehr saubere Wohnung eines Uhrmachers aus Nürnberg.

Wie freundlich leuchteten uns die hellen Vorhänge der weißen Betten, der rein gescheuerte Fußboden und die sorglich abgestäubten Möbel entgegen! Die große Kommode war mit geschliffenen Gläsern und bunten Schalen besetzt, etliche Ostereier lagen darin. Mit Einem Blick hatte ich das Zimmer überschaut, es heimelte mich unendlich an. Hätte ich doch nicht geglaubt, daß so kurze Zeit nach der Trennung von meinem lieben Deutschland eine echt deutsche, kleinbürgerliche Wohnung mich ein Eldorado dünken würde. So lernt man das Gute daheim erst in der Ferne schätzen!

Helfer begann schon am nächsten Tage seine entomologischen Excursionen in der Umgegend.

Der Hügel der Schwierigkeiten

Ende Mai 1835 glaubte Mehemed Ali, die Engländer genug geärgert zu haben, und gab jedenfalls offiziell seinen Widerstand gegen die Euphrat-Expedition auf: Sie werde nun alle nötige Hilfe bekommen. Der Transport konnte endlich beginnen. Er führte etwa 200 Kilometer durch zum Teil sehr schwieriges Gelände, über Hügel, durch Flüsse, Sümpfe und Seen zu einem Lager am rechten Ufer des Euphrat, unterhalb von Birecik, wo die Dampfer zusammengebaut werden sollten. Chesney taufte diesen Ort zu Ehren des Königs Port William, teilte die Transportstrecke in drei durch Zwischenlager markierte Abschnitte ein, für die jeweils ein anderer Offizier verantwortlich war, und hielt unerschütterlich an völlig illusorischen Zeitplänen fest. Zuerst am 21. Juli und dann noch einmal am 11. September meldete er nach England, daß die Schiffe am 30. September zum Empfang der indischen Post in Basra sein würden.

Es wurde eine entsetzliche, aufreibende, Kräfte zehrende Schufterei. Wege mußten angelegt, Wagen für die Schiffsteile gebaut werden. Die meist zwangsverpflichteten einheimischen Arbeiter waren oft alte schwache Männer (die jungen hatte Ibrahim Pascha als Soldaten eingezogen), lustlos oder widerspenstig, mit den ihnen zugewiesenen Aufgaben nicht vertraut und unfähig, so schnell zu arbeiten, wie die Engländer wollten. The natives working very unwillingly, requiring constant beating and yelling, meldete Lieutenant Cleaveland. Kein Wunder, daß viele davonliefen. Die lokalen Machthaber kooperierten zwar, aber lange nicht so eifrig wie erwünscht. Sabotage oder nur die übliche orientalische Langsamkeit? Sie versprachen Zugvieh, Pferde oder Ochsen, die dann oft doch nicht eintrafen – no oxen, lautet der Refrain in einem Tagebuch-Bericht Estcourts. Oder es kamen viel weniger, als man brauchte. Die waren dann das Ziehen meist nicht gewöhnt, man mußte sie wieder wegschicken oder erst mühsam zu dieser Aufgabe anleiten, was oft mißlang. Es gab beständig Streit mit den Kameltreibern, die sich vehement gegen allzu schwere Lasten für ihre Tiere wehrten. Alles ging quälend langsam vorwärts. Die Wagen brachen auf den schlechten Wegen und unter dem Gewicht der eisernen Schiffsteile dauernd zusammen, die Handwerker waren zu jeder

Aufbruch vom «Amalia-Depot»

Tages- und Nachtzeit unterwegs, um Reparaturen vorzunehmen. Die Hitze war extrem. In den Sumpf- und Seegebieten wimmelte es von Insekten. Tagsüber wurde man von Schwärmen von Moskitos gequält, Heerscharen großer hungriger Legionärsameisen drangen überall ein und fraßen Ainsworth's ganze Naturaliensammlung auf. Nach Sonnenuntergang wimmelte das Innere des Zeltes, das den Offizieren in einem der Zwischenlager als Messe diente, von rennenden, kriechenden, springenden Kreaturen. Schwarze unsympathische Grillen, Heere von Fröschen, die die Zeltpfosten hochkletterten, unzählige *Scutigerae* (eine Tausendfüßlerart), die auf den Tischen herumrannten und Motten jagten. Nach Einbruch der Dunkelheit kamen dann die wegen ihrer schmerzhaften Bisse gefürchteten gewöhnlichen Tausendfüßler und kletterten auf der Suche nach Beute auf Stühle und Tische. Nachts strichen die unvermeidlichen Schakale heulend ums Lager. Die Männer schossen auf sie, trafen aber nur selten.

Die härteste Prüfung war gleich am Anfang der Strecke zu bestehen: ein Hügel, gut sechs Kilometer vom «Amelia-Depot» am Orontes entfernt, nicht sehr hoch, aber ziemlich steil und felsig, über den die ganze Ladung hinübergebracht werden mußte. Nur die langen sperrigen Kielschweine konnten nicht um die Haarnadelkurven des frisch gebahnten Weges transportiert werden und mußten mühselig auf dem Orontes vorwärts gezogen werden. Die Männer nannten den Hügel Hill of Difficulty, ein religiös aufgeladener Name, denn so heißt eines der Hindernisse, die der Jedermann-Held Christian in John Bunyans allegorischer Erzählung *The Pilgrim's Progress* überwinden muß:

> The Hill, though high, I covet to ascend,
> The difficulty will not me offend;
> For I perceive the Way to Life lies here.
> Come, pluck up heart, let's neither faint nor fear!
> Better, though difficult, the right way to go,
> Than wrong, though easy, where the end is woe.

Für die Expeditionsteilnehmer wurde ihr Hill of Difficulty zum Inbegriff aller Widerstände, mit denen sie auf dem Weg zum Euphrat zu kämpfen hatten, die ultimative Bewährungs- und Tugendprobe. Chesney wird sich mit Bunyans vielgeplagtem Helden identifiziert haben. Der heutige Leser und Kinogänger könnte sich eher an Werner Herzog und seinen Fitzcarraldo erinnert fühlen, jenen exzentrischen Glücksritter, der im gleichnamigen Film des kaum minder exzentrischen Regisseurs von Indios ein ganzes Schiff über einen Berg ziehen läßt, um seinen Traum von einem Opernhaus im Urwald zu verwirklichen. Die Teilnehmer der Euphrat-Expedition hatten es nur mit Schiffsteilen zu tun.

Vor allem der Transport der drei tonnenschweren Dampfkessel bot später Stoff für epische Erzählungen. Jeder Kessel ein neues Drama. Würden sie ihn nach oben bekommen und, noch viel schwieriger, auch wieder

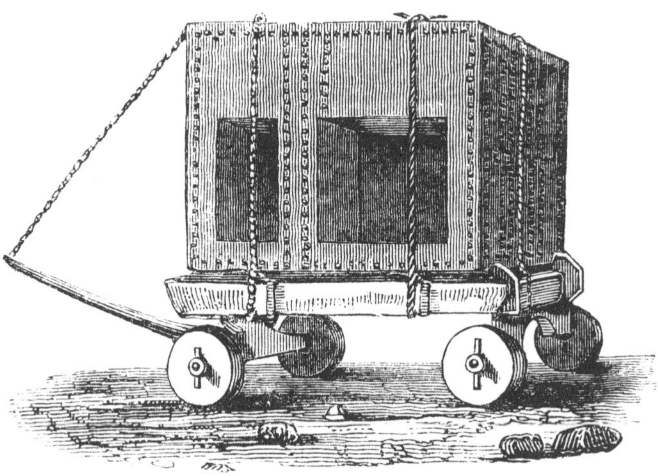

Der Kessel auf seinem Wagen

Der Kessel erklimmt den Hügel der Schwierigkeiten

nach unten? Würde er diesmal in den Abgrund stürzen? Das Schicksal der ganzen Expedition hing wieder und wieder an ein paar Zentimetern:

Und jetzt zum größten Kessel. Ein paar Männer und Ochsen hatten sich während der Nacht davongestohlen, aber wir verzweifelten nicht! Etwa 90 Ochsen wurden angeschirrt und zusätzlich Taue an jeder Seite des Wagens angebracht und mit schweren Ankern verbunden, die bei der er-

Der beinahe umgestürzte Kessel

sten Kurve eingegraben worden waren. Dann ein gemeinsames Vorwärtsdrängen – und der Kessel bewegte sich ohne anzuhalten bis zur Kurve. Die Männer gerieten über diesen Erfolg ganz außer sich und kreischten und schrieen vor Aufregung. Es war unmöglich, sie bei der Kurve zu einer Pause zu bewegen, sie stürmten vorwärts, und Deichsel und Achse drehten sich herum, aber der Zug war zu stark, die Deichsel zerbrach und der Kessel kippte um und fiel mit dem Wagen auf die Seite und hing teilweise über der abschüssigen Seite der Straße ... So Charlewood.

Hitze, Erschöpfung, Malaria forderten die ersten Opfer. Selber schuld, behauptete Chesney in einem Brief an seinen Vater, eine schon ziemlich verzweifelte Methode, das Unglück kleinzureden: Wir haben zwei Männer verloren, den einen, weil er sich erst mit Rum betrunken und danach der Sonne ausgesetzt hat, den anderen durch eine unheilbare Kopfkrankheit. Aber dann warf das Fieber ihn selbst aufs Lager, wenig später Eden, Cockburn, Murphy und viele andere. Charlewood fand seinen Freund Fitzjames eines Tages mit hohem Fieber, besinnungslos, mit schwarzer geschwollener Zunge im Zelt liegen. Der herbeigerufene Arzt erklärte seinen Zustand für hoffnungslos und forderte seine Überführung in ein Lazarett, worauf Fitzjames zur größten Überraschung der Anwesenden die Augen öffnete, den Kopf schüttelte und murmelte: «Ich will hier sterben». Charlewood machte es ihm so bequem wie möglich und tröpfelte ihm in jeder freien Minute Wasser auf seine arme Zunge. Auf Medizin sprach er kaum an, aber das Wasser hatte offenbar eine überraschende Wirkung. Wie sich sein Zustand allmählich besserte, wie er schließlich auf meinem Pferd sitzen konnte, während ich nebenherlief und ihn stützte; wie er dabei einmal seine liebe gute Hand auf meinen Kopf legte und mit Tränen in den Augen ausrief: «Wenn du mir nicht geholfen und dem Arzt verboten hättest, mich in dieses Lazarett zu bringen, dann wäre ich jetzt tot, ich werde nie vergessen, wie gut du zu mir warst» – ich bin ganz sicher, daß er es bis zu seinem Tod nie vergessen hat, der ihn ereilte, als er Kapitän von «H.M.S. Erebus« bei der unglücklichen Polar-Expedition von Sir John Franklin war. Aber wie er bei unserem Unternehmen gerettet wurde und weiterlebte, um der heitere, freundliche, gute Geist der Euphrat-Expedition zu sein, der uns aufrichtete, wenn uns Krankheit und Müdigkeit niederdrückten, das sind Erinnerungen, denen ich nur zu gern nachhänge.

Das Schlachtfeld von Imma

Bald nach der Landung an der syrischen Küste war William Francis Ainsworth mit Mr. Murphy, dessen Assistenten Thompson, dem langgedienten Sergeant Syms und dem Matrosen Laurie (ein feines Exemplar des britischen Seebären) mit einem Segler zu einer Erkundungs- und Vermessungsexpedition zur Bucht von Iskenderun aufgebrochen. Sie sollte an die Recherchen eines berühmten Landsmanns, des Hydrographen Sir Francis Beaufort, anknüpfen, nach dessen (modifizierter) Skala wir noch heute die Windstärken messen.

Nicht weit von Alexandretta (Iskenderun), das Alexander der Große einer Überlieferung nach für sein Pferd Bucephalus gegründet haben soll, liefen zwei uralte Mauern von den Bergen über die Ebene bis zum Meer, die eine doppelte Verteidigungslinie bildeten und eine mittelalterliche Burgruine einschlossen. Unglücklicherweise (so Ainsworth) wählte Mur-

Iskenderun

phy den Raum zwischen den Befestigungen als Stützpunkt seiner trigonometrischen Vermessungen aus. Er und seine Begleiter mußten die schweren Geräte durch sumpfiges Gelände schleppen und erkrankten fast alle an Malaria.

Ainsworth verbrachte die langen Wochen seiner Krankheit in einem Haus bei Antiochia, das der Expedition als Lazarett diente. Es war noch nicht ganz fertig, deshalb kahl, ohne jeden Komfort, ein melancholischer Aufenthaltsort. Vom Fenster seines Zimmers aus sah er auf den Orontes und einen alten Friedhof, auf dessen zerfallenden Grabsteinen tagaus, tagein regungslos eine kleine Eule saß. Die Einheimischen schienen für sie eine Art ehrfürchtiger Scheu zu empfinden, und Ainsworth glaubte in ihr das Urbild für die mythische Eule der Minerva zu erkennen. Aus Langeweile versuchte er, einen der aschfarbenen Geier (*Vultur perenopterus*) zu domestizieren, die im Hof herumspazierten, gab aber schnell auf, als er merkte, daß das Tier voller Ungeziefer war. Sehr langsam besserte sich sein Zustand. Er machte Ausflüge, hatte aber immer wieder Fieberanfälle, die ihn zwangen, unterwegs abzusitzen und zu warten, bis er sich wieder besser fühlte, während das Pferd neben ihm graste. In seiner Schwäche und Einsamkeit rührte ihn diese geduldige Treue zu Tränen.

Im Internet erfährt man ziemlich viel über einen gewissen William Harrison Ainsworth, der sehr erfolgreiche Historienschinken schrieb (the king of the historical potboiler), mit düsteren Adelssitzen, Erbstreitigkeiten, edlen Räubern und kräuterkundigen Zigeunerinnen, die vergiftete Locken als raffinierte Mordwaffe einsetzen. Ein Kuß, und schon windet sich der Widersacher sterbend am Boden. Die Informationen über seinen Cousin William Francis Ainsworth dagegen sind eher dünn. Meist bibliographische Angaben, die Titel seiner höchst ernsthaften, gelehrten, mit Informationen vollgestopften Reisebücher, deren Lektüre selbst eine ziemlich mühsame Reise ist. Doch auf dem Weg durch die staubtrockene Wüste seiner Prosa kommt man von Zeit zu Zeit zu Oasen, wahrhaft empfundenen poetischen Beschreibungen, die zeigen, daß dieser auch im Gespräch mit seinem Wissen großtuende junge Mann eine romantische Seele hatte. Seine Kameraden fanden ihn wunderlich. Chesney, der als Autodidakt Fach- und Sachwissen jeder Art hoch schätzte, ließ sich gern von ihm belehren. Das hat ihm Ainsworth mit Verehrung und Liebe gedankt. Er folgte dem Oberst wie ein Schatten, was ihm den Spitznamen «die Terz» eintrug.

Seinen anderen Spitznamen, «der jüngere Strabo», nach dem berühmten griechischen Geographen, verdankte Ainsworth seiner Passion für historische Geographie. Syrien und Mesopotamien boten diesem Interesse ein überreiches Feld, vom Garten Eden bis zu den Kreuzzügen, bei denen es, wie Ainsworth meinte, um unendlich viel mehr als um die Eroberung eines Grabes gegangen war, nämlich um die Frage, ob die christliche oder die moslemische Religion die Welt beherrschen würde. Er versuchte also herauszufinden, wo sich die Ereignisse abgespielt hatten, von denen die Geschichtsschreiber berichteten, und welche Namen zu den Trümmern und Ruinen gehörten, von denen das Land übersät war.

Es war ein schwieriges, oft unmögliches Unterfangen, die Quellen waren ungenau, unzuverlässig oder widersprüchlich, die Namen wechselten und veränderten sich bis zur Unkenntlichkeit, was nicht nur ihn zu den abenteuerlichsten Etymologien verführte. Die Gegenwart der realen Orte und Menschen erschien ihm wesenloser als die historischen Landkarten und Schauplätze, die er zu rekonstruieren suchte. Überall im Osten haben wir es eher mit der Vergangenheit als mit der Gegenwart zu tun, klagte er. Bei jedem Schritt, den der Reisende tut, wird sein Interesse für die lebende Menschheit und den Umgang mit Mitgeschöpfen gedämpft durch deren abergläubische Dummheit und den unerträglichen Dünkel, einer vorgeblich überlegenen Religion anzugehören. Mit einem Gefühl der Niedergeschlagenheit wandte ich mich dann der Betrachtung der Ruinen des Altertums zu, die an glücklichere Zeiten und ein kultivierteres Menschengeschlecht erinnern.

Mitte Juni, als er sich wieder ziemlich gesund fühlte, unternahm er mit Murphy eine kleine Expedition an den Ort, wo eine andere, für die Weltgeschichte entscheidende Schlacht stattgefunden hatte. Jedenfalls war er fest überzeugt, hier, bei der weiten Ebene am See von Antiochia, das Imma gefunden zu haben, wo der Überlieferung nach die Truppen der Königin Zenobia von den Römern vernichtend geschlagen worden waren, auch wenn es längst ganz anders hieß. Man kann leicht erklären, wie der Name von Im zu Em verderbt wurde und dann zu Um oder Unk, schrieb er. An einem Bach ließen sie sich zu einem Biwak nieder. Ainsworth legte einen kleinen Teppich auf den Boden, packte Brot und Käse aus und bereitete über einem Feuerchen aus getrockneten Disteln nach Landessitte den Kaffee in einem kleinen Kupfergefäß, ein alltägliches Ritual, an dem er hing.

Als wir im prächtigen Sonnenuntergang saßen, vor uns die weite Ebene, die sich in Marsch und Sumpfland verlor und im Hintergrund durch die große blaue Fläche des Sees begrenzt wurde, überkam uns ein Gefühl der Melancholie bei dem Gedanken, daß eben dies die Ebene war, wo die kurzlebige Macht der Bewohner von Palmyra von den römischen Legionen vernichtet wurde.

Jede arabische Dynastie war immer nur dazu bestimmt, ein Eintagswunder zu sein, und Zenobia selbst, deren Name jetzt vor allem in der Dichtung und Malerei weiterlebt und die, obwohl eine asiatische Königin, feine griechische Bildung und römische Stärke besaß, auch sie war dazu bestimmt, dem kriegerischen Geschick und Glück des pannonischen Soldaten zu unterliegen und fortan Bürgerin von Rom zu sein.

Es ist wahr, daß ihr Feldherr, der unbezähmbare Zabdas, die Legionen durch seine Kavallerie in Bedrängnis und eine Zeit lang Unordnung in die Reihen Aurelians brachte, aber er konnte eine Niederlage nicht verhindern. Die schwerbewaffneten Pferde der Palmyrenser wurden in das sumpfige Gelände geführt, Tausende steckten im tiefen Morast fest, die leichtbewaffneten Römer umzingelten sie und richteten unter den versprengten Streitkräften ein entsetzliches Gemetzel an.

Fand diese Schlacht tatsächlich dort statt, wo Ainsworth sie lokalisierte? Vermutlich nicht, wie Historiker heute meinen. Allerdings widersprechen sich die Quellen, und Ainsworth hatte einige von ihnen auf seiner Seite, wenn er meinte, daß die Gegend bei Antiochia das einzige Gelände sei, das in allem den überlieferten Details entsprach. Doch vielleicht war das wichtigste Argument für ihn doch die magische Schönheit des Ortes. Die Verfasser historischer Romane, die ihre Beschreibungen des Kampfplatzes aus ihrer Phantasie geschöpft hatten, waren weit hinter der Wirklichkeit zurückgeblieben. Nature in this case, as in many others, surpasses imagination, schrieb er. Aber diese Natur – war sie nicht ein Produkt seines eigenen, verklärenden Blickes?

Die weite Ebene vor uns war eben durch ihre unendliche Ausdehnung so fesselnd. Nichts störte die Stille dieser Landschaft. Die einzigen Lebenszeichen waren weit entfernt fliegende Vögel, meist Pelikane, während scharlachfarbene Flamingos und lilienweiße Haubenreiher in der Ferne stolzierten. Ab und zu gab es Schafherden und einige Geißen wie kleine Punkte auf den Hängen der fernen Hügel, und hier und dort Gruppen von Kamelen oder Ochsen, die wie ein Heer über die ockerfarbene Ebene zogen.

Aus Estcourts Briefen 6

Als Estcourt dem Vater am 4. August aus Aleppo schrieb, hatte er gerade Post aus England bekommen.

Ich kann Dir gar nicht sagen, wie sehr ich mich heute morgen über den ersten Brief gefreut habe, der nach meiner Abreise von England geschrieben wurde, er ist auf den März datiert, von Elly, Minnie und von Dir selbst. Seitdem ich abgesegelt bin, hatte ich überhaupt nichts von Euch gehört, bis auf einen Brief vom Januar, der nach Cork geschickt wurde und mich erst kürzlich erreicht hat. Schon ist ein beträchtlicher Teil des Jahres vergangen, und es mag sich manches Freudige oder Betrübliche ereignet haben. Gott weiß, ob es Euch allen jetzt gut geht, ob ich froh oder traurig sein sollte; doch ich vertraue dem Himmel, daß das Vergnügen und das leichte Herz, das meistens mit diesem sorglosen, vollkommen sorglosen, ja sogar romantischen Leben verbunden ist, mit Euer aller Glück im Einklang steht. Ich bin völlig sorgenfrei. Nie zuvor bin ich mit meinem Leben so völlig zufrieden gewesen. Vor allem, weil meiner Führung und meinem Urteil sehr viel überlassen ist; immer im Sattel und mit Aufträgen unterwegs; ich lebe auf dem Lande, speise manchmal mit Dorfscheichs, manchmal mit Agas oder Beys; schlafe überall da, wo es Flüsse und Gras für die Pferde gibt. Ich fühle mich so gesund wie seit vielen Jahren nicht mehr. Die Sonne geht unter, bald folgt Dunkelheit. Ich laufe zu einem nahen Fluß, wasche mich von Kopf bis Fuß, und dann lege ich mich zum Schlafen nieder; meine Pferde sind neben mir angebunden, und mein Diener, der nur Türkisch und Arabisch spricht, ist nicht weit entfernt. Über mir die Sterne und ein heller Himmel. Ich denke an alles, was mir im Leben widerfahren ist, ich stelle mir vor, was ihr alle wohl gerade tut, und ich danke Gott für die Wohltaten, deren ich mich erfreue. Eine leichte Brise fächelt mir während des Schlafes Kühlung zu, und ein oder zwei Stunden vor Sonnenaufgang stehe ich ausgeruht und zufrieden auf, bereit, wieder den ganzen Tag und auch über Mittag zu arbeiten, was übrigens wenige aushalten und ich auch nur, weil ich mich so viel bewege und weil das Essen, das man bekommt, ganz einfach ist. – Die Sonne hat mein Gesicht und meine Hände zu einem schönen Nußbraun gebrannt, und mein Bart ist zu Patriarchenlänge gewachsen, während mein Kopf sich eines Haarwuchses von knapp einem halben Inch brüsten kann.

Der Colonel ist in Port William, unserem Lager am großen Fluß, und unsere Arbeiter nieten das große Schiff zusammen. Wir haben große Probleme gehabt: den Mangel an effizienten Hilfsmitteln in diesem Land, die Lässigkeit der Bewohner, ihre Arglist und vor allem das abscheuliche, schändliche Verhalten erst von Mehemed Ali und dann von Ibrahim Pascha. Es wird angenommen, daß die Russen Mehemed Ali zu seinem Verhalten angestachelt haben, für Ibrahims Böswilligkeit haben wir noch keine Erklärung. Aber es sieht so aus, als ob Glück und Beharrlichkeit alle Widerstände überwinden würden, und ich bin zuversichtlich, daß wir unsere Schiffe fertigstellen werden, bevor der Wasserstand zu niedrig ist. – Es gibt hier Berichte, daß es zu einem Krieg zwischen Rußland und Persien kommen wird und daß ersteres von England und Frankreich unterstützt wird. Möge er stattfinden und mir Beförderung bringen!

Elf Tage später war Estcourt mit neuen Aufträgen wieder einmal in Antiochia. Um ein Uhr mittags, bei 91 Grad Fahrenheit im Schatten, begann er einen Brief an seinen Bruder Tom, den er drei Tage später fortsetzte und am 24. August einem Kurier nach Konstantinopel mitgab.

Die Hitze ist mittlerweile unerträglich geworden. Zum Schutz vor der glühenden Sonne hat er sich ein arabisches Zelt kaufen müssen. Wieder schwärmt er von seinem freien Leben im Sattel, schimpft über Mehemed Ali und Ibrahim Pascha und schildert die Mühen des Transports, die schon zwei Männern das Leben gekostet haben. Nun liegt der völlig erschöpfte Chesney selbst schwer krank in Port William, und der Beginn der Schiffsreise droht sich weiter zu verzögern. Ihm selbst geht es immer noch gut, und er lädt englische Hypochonder zur Kur nach Syrien ein – frische Luft, viel Bewegung, gesunde Kost … Er ist schon wieder im Aufbruch begriffen, er will einen befreundeten Scheich besuchen, mit einem Geschenk für dessen Schwägerin. Einen Spiegel wünschte sie sich, nichts würde ihr so viel Freude machen. Du siehst, Frauen sind doch überall auf der Welt gleich.

Wie läuft die Saison in London? Und wen hast Du gesehen? Es gibt viele, nach denen ich gerne fragen würde. Ich werde hier immer gefragt, wann mein Harem ankommt und ob ich mich dann in Birecik niederlasse. Der Türke reist selten ohne seinen Harem. Er kann sich nicht vorstellen, wie wir es ohne unsere Frauen aushalten. Man rät mir, eine zu kaufen. Eine gute wäre für etwa 10 000 Piaster (100 £) zu haben. Vielleicht mache ich das, wenn ich von Basra zurückkomme. Neulich wurden in Antiochia einige erstklassige Tscherkessinnen verkauft, zwei gingen zu einer hohen Ziffer weg, wie Sportsmänner in England sagen würden. Ich wußte davon zu der Zeit nichts, ich hätte sonst vielleicht entweder für mich selbst oder für Kameraden geboten. Tscherkessinnen werden hoch geschätzt. Ich habe keine gesehen, aber ich vertraue darauf, daß sie besser aussehen als die meisten Frauen hier. Die Frauen verrichten alle Arbeit im Haus. Die Männer sind faul und vergnügungssüchtig.

Pauline reist. Infidel Smyrna

Bei den Griechen und im Ausland hieß die Stadt Smyrna, bei den Türken damals wie heute Izmir, und in beiden Formen erscheint sie im 19. Jahrhundert fast unvermeidlich mit einem Attribut: als *infidel* Smyrna oder *Giaur* Izmir, weil «Ungläubige» anderer Nationalitäten hier in Wirtschaft und Gesellschaft den Ton angaben und die Türken den ärmsten Teil der Bevölkerung bildeten. Der Handel wurde beherrscht von christlichen Griechen und von Armeniern, es gab eine große jüdische Gemeinde, und es gab die Franken (Levantiner), die im schönsten Teil der Stadt residierten. Franken, das waren die Nachkommen französischer oder italienischer, aber auch englischer Einwanderer, die sich als Europäer fühlten, auch wenn sie schon seit Generationen in Smyrna ansässig waren und die Heimat ihrer Vorfahren nie gesehen hatten. Als Zeichen ihrer Herkunft trugen sie, wie Pauline schreibt, mit Stolz den abendländischen Frack, gleichsam der Kammerherrenschlüssel zur Eingangspforte in die gute Gesellschaft. Diese traf sich in den Häusern der europäischen Konsuln, die der Pascha bei allen wichtigen Entscheidungen konsultierte. Dem Anschein nach regiert er, doch unter ihrer stillen Mitwirkung.

Auch wenn sich die verschiedenen Bevölkerungsgruppen in eigenen Stadtteilen voneinander abgrenzten – das bunte Neben- und Miteinander vieler verschiedener Nationalitäten, Religionen, Bräuche, Trachten gab der Stadt doch eine ganz eigene Atmosphäre als Brückenort, an dem sich Orient und Okzident begegneten, Europäer (mit Helfer zu sprechen) sich in Asiaten umgestalteten, Asiaten westliche Sitten annahmen, Frauen von besonderer Lieblichkeit gediehen – und Esel das Straßenbild beherrschten.

Der ganze Verkehr Smyrnas ruht auf dem Rücken des geduldigsten aller Thiere, des mit so großem Unrecht geschmähten und verachteten Esels. Was wäre Smyrna ohne seine Esel! Nicht nur daß sie alle Bedürfnisse des täglichen Lebens den Einwohnern zuführen, sie sind auch deren einziges Vehikel. Die Männer trägt der Esel zu ihren Geschäften, die Damen zu den Besuchen. Ja selbst nach dem Ballsaal sieht man die hübschen Smyrniotinnen im schönsten Putz zu Esel reiten. Das Hinterhaupt mit dem kleidsamen rothen Fes bedeckt, von dem eine dunkelblaue schwere Quaste herabhängt, und unter dem dicke Zöpfe von schönen blonden oder kastanienbraunen Haaren hervorquellen, die blendendweiße Stirn mit frischen Blumen umrankt, das wallende Ballkleid durch einen Ueberwurf geschützt: so sieht man sie an den Abenden solcher Feste durch die Straßen von Smyrna reiten. Und wie sanft und sorgsam trägt das wohlerzogene Thier seine Schöne; wie viel Raum bietet sein Rücken dem weiten Faltenkleide. Nicht mit gedrücktem und zerknittertem Gewande, wie bei uns aus dem engen Wagen, steigt sie von ihrem Zelter; den dunkeln Ueberwurf fallen lassend, tritt sie frisch wie eine aufbrechende Rose in die hellerleuchteten Räume. Es lohnt wohl der Mühe, einer Versammlung junger geputzter Smyrniotinnen beizuwohnen. Etwas Anmuthsvolleres kann man sich nicht denken. Die Mischung der verschiedenen europäischen Typen, wie sie hier sich unverkennbar zeigt, gibt den asiatischen, regelrechten, aber etwas starren Zügen der Griechinnen einen eigenthümlichen Reiz der Lieblichkeit und Anmuth, welcher den rein classischen Formen mit ihrem geradlinigen Profil abgeht. Hierzu gesellt sich die unbefangene Fröhlichkeit dieser nichts Arges kennenden und fürchtenden Kinder. Ich sah nie zuvor so unbefangen, so fröhlich und mit so natürlicher Grazie scherzen und lachen als hier.

Helfer war als Arzt bald so gesucht, der Andrang von Patienten so groß, daß er kaum noch Zeit für entomologische Exkursionen hatte. Er und Pauline beschlossen deshalb, Smyrna zu verlassen und in das etwa eine Stunde entfernt liegende Budja zu ziehen, den Sommeraufenthalt der meisten englischen Familien. Es war ein reizender Ort: Im dunklen Schatten von Oliven und Cypressen, die mit roten Oleanderbüschen und weißen Myrtenblüten lieblich vermischt sind, liegen die hübsch gebauten Landhäuser in malerischer Unregelmäßigkeit. Fußpfade führten in freiem sich schlängelnden Laufe von einem zum andern …

Die kleine Wohnung beim Nürnberger Uhrmacher hatten sie als Absteigequartier und Praxis beibehalten, in der Helfer dreimal wöchentlich Patienten behandelte.

Der Zudrang zu seinen ärztlichen Audienzen wuchs von Tag zu Tag, zugleich aber auch der Neid und die gekränkte Eigenliebe der einheimischen, meist griechischen Aerzte. Sie hatten trotz ihrer Unwissenheit ihr ärztliches Ansehen bisher glücklich aufrecht erhalten und sahen nun ihren Ruf und ihr Interesse empfindlich von einem jungen Fremden bedroht, der weder Praxis noch ihre Gemeinschaft suchte. Kein Wunder, daß sie Groll im Herzen trugen und darauf sannen, sich des lästigen Concurrenten zu entledigen.

Allmählich verbreitete sich das Gerücht, Helfer's Sicherheit sei gefährdet, ohne daß man den Urheber desselben erforschen konnte. Bald erhielt Helfer directe Drohbriefe, die ihn warnten, seine Praxis nicht wie bisher fortzusetzen. Er ließ sie jedoch, ebenso wie die Vorstellungen unserer ernstlich besorgten Freunde, unbeachtet und fuhr mit seinen Krankenbesuchen an den bestimmten Tagen fort. Auch mich hatte seine Sorglosigkeit in Sicherheit eingewiegt, bis er mir eines Tages ein Blatt Papier zeigte, welches er auf einem seiner Geschäftsgänge an dem Zweige eines Erdbeerstrauches angeheftet gefunden hatte und auf dem geschrieben stand: «Hüte dich! Du wirst nicht lange auf diesem Wege Kranke heilen, deine Stunden sind gezählt.»

Dieser Vorfall weckte uns aus unserer Sorglosigkeit, um so mehr, als uns vielfache Beispiele von der tückischen Rachgier der Griechen erzählt wurden, die oft sehr lange verborgen schlummert, um dann nach Jahren ihr Opfer sicher zu treffen.

Helfer ging nun nie mehr ohne Waffen aus und hatte stets einen gleichfalls bewaffneten Diener auf seinen Gängen nach der Stadt zur Seite. Doch auch diese Vorsicht würde ihn vielleicht nicht geschützt haben; denn wer kann jeden Augenblick gegen den Angriff eines im Verborgenen lauernden Uebelthäters gewappnet sein? Da aber trat wieder ein Zufall oder eine Fügung, jedenfalls ein Ereigniß unerwarteter Art an uns heran, das zunächst unserm Aufenthalt in dem lieblichen Budja ein plötzliches Ziel setzte und auf unsere Zukunft einen mächtig bestimmenden Einfluß ausübte.

Pauline reist. Die afghanischen Prinzen

Die Geschichte, die nun beginnt, steckt als eigener kleiner Roman in Paulines Reiseerzählung.

Bei einem unserer Besuche in der Stadt erzählte uns unser gesprächiger Wirth mit strahlender Miene, daß er seit einigen Tagen zwei neue, ganz außergewöhnliche, vornehme Gäste beherberge, die, wenn es uns recht sei, mit uns speisen würden. Wir hatten nichts dagegen einzuwenden, beachteten die pomphafte Anmeldung jedoch wenig, da uns die im Orient nicht eben vervollkommnete Wahrheitsliebe unsers Nürnbergers wohl bekannt war. Daher wurden wir um so mehr überrascht, als die Thür sich öffnete und zwei junge Männer in reicher türkischer Tracht, beide von ausnehmender Schönheit, hereintraten! Mit den edeln Zügen und jenem den Asiaten eigenen tiefsinnigen Ausdruck der dunkeln, von langen Wimpern beschatteten Augen, dem schön gekräuselten Barte, den schwellenden Lippen, die eine Reihe der schönsten Zähne verdeckten, verband sich in ihren Mienen der Ausdruck einer geistigen Regsamkeit, die dem Orientalen gewöhnlich fehlt und ein Kennzeichen europäischer Bildung zu sein pflegt. So vereinigten sie in sich morgen- und abendländische Vorzüge. Sie überraschten uns noch mehr durch den würdevollen und zugleich ungezwungenen Anstand, mit dem sie uns begrüßten und abwechselnd in englischer und französischer Sprache eine anziehende interessante Unterhaltung führten. Eine solche Erscheinung war uns, wie gewiß jedem, dem sie entgegengetreten, etwas ganz Außergewöhnliches. Wir waren begierig zu erfahren, welches Land diese Wunder hervorgebracht und welches sie großgezogen habe. Auf unser Befragen nannten sie sich Neffen des berühmten Dost Mahomet Khan, des Herrschers von Kabul! Sie erzählten uns umständlich ihre Jugendgeschichte. Ihre Mutter, eine durch Geistesgaben ausgezeichnete Prinzessin, sei in Ispahan erzogen worden und habe dort intimen Umgang mit den Damen der englischen Gesandtschaft gepflogen, wodurch ihnen von früher Kindheit Liebe zur englischen Sprache und europäischen Cultur eingeflößt worden sei. Große Sehnsucht habe sich ihrer bemeistert, Europa, das Land der Intelligenz und Künste, zu schauen. Sie hätten nach des Vaters Tode ihre Unabhängigkeit benutzt, ihren sehnlichsten Wunsch in Erfüllung zu bringen, und seien, um ungestörter sehen und beobachten zu können, ganz incognito, jedes Aufsehen vermeidend, unter den Namen Hunter und Braun als britische Unterthanen zuerst nach England und dann nach Frankreich gegangen. Jetzt waren sie auf dem Heimwege begriffen, voll der edelsten enthusiastischsten Absichten, europäische Bildung und Sitte in ihr Vaterland einzuführen.

Ihre Bemerkungen und Urtheile über unsere geselligen Zustände waren höchst treffend und pikant; sie hatten sich durch das Vorzügliche, was sie in Europa gesehen, nicht blenden lassen, sondern sich ein offenes Auge für die mancherlei Verkehrtheiten und Widersinnigkeiten unsers geselligen Lebens und der tyrannischen Mode bewahrt.

Nach einigen Tagen fanden wir unsere neuen Bekannten bei einem Feste im Großen Paradies, einem Belustigungsorte der Smyrnioten, wieder. Sie waren dazu vom englischen Consul eingeladen worden und wurden von ihm wie von der übrigen Elite der Gesellschaft mit großer Achtung und Zuvorkommenheit behandelt. Hätte in uns noch ein Zweifel an ihrer Identität obgewaltet, so wäre er durch die ehrende Begegnung des englischen Consuls, der im Besitz ihrer Papiere war und nähere Kunde von ihnen haben mußte, sicher geschwunden. Allein wir bedurften dessen nicht; unser eigener Eindruck war uns Bürgschaft genug.

Die gesammte junge und reizende Damenwelt umflatterte die beiden Phönixe wie bunte Schmetterlinge; Gesang und Tanz und muntere Unterhaltung wechselten in größter Ungezwungenheit ab.

Uhli Khan, der ältere der beiden Afghanen, benahm sich mit der Gravität und Würde eines echten asiatischen Fürsten; er schien die Frauengestalten kaum eines Blickes zu würdigen, nur die Unterhaltung mit Männern und die Musik schien ihn zu erfreuen. Selim Khan, der jüngere, war dagegen sichtlich im Kampfe mit sich selbst; unwillkürlich bewegte ihn die Tanzmusik im Takte, und mit Wohlgefallen streiften seine Augen in dem Kreise der Frauen umher, die ihn neckend zum Tanze aufforderten. Dennoch ließen seine muselmännischen Begriffe von Manneswürde es nicht zu, sich unter die Tanzenden zu mischen; denn nach diesen ist nur Sklaven und Weibern erlaubt zu tanzen.

Wir lernten unsere interessanten Freunde immer mehr schätzen. Für ihre geistige Bildung und ihren guten literarischen Geschmack zeugten die Bücher, die sie bei sich führten: Classiker der englischen Litteratur, wie Addison, Johnson, Steele, bildeten ihre Lieblingslektüre; ihre Unterhaltung erging sich meist in Schilderung ihres Vaterlandes, ihrer Hoffnungen und Projecte, für dessen Bildung zu wirken. Diese Beschreibungen konnten nicht verfehlen, einen großen Reiz auf Helfer auszuüben und ihn, wenn auch nur scherzweise, den Wunsch äußern zu lassen, jene Länder einst zu bereisen. Mir entging jedoch der Ernst, der hinter diesem Scherze verborgen lag, nicht, noch auch, wie sehr die dringenden Einladungen der beiden Afghanen, sie in ihr Vaterland zu begleiten, sein Verlangen steigerten. Sie schienen große Zuneigung zu Helfer gefaßt zu haben und bedauerten nichts so sehr, als ihn bald verlassen zu müssen und seine Kenntnisse nicht für ihre Zwecke ausbeuten zu können. Ihren Onkel, Dost Mahomet, schilderten sie als einen Mann, der Europäer hochschätze und ihnen volle Sicherheit gewähre. Auch stellten sie eine unter ihrem einflußreichen Schutze auszuführende Reise zu ihm als völlig gefahrlos dar.

Sie beabsichtigten, den Karavanenweg über Bagdad nach Bassora zu nehmen, sich nach dem Indus einzuschiffen und diesen bis Kabul hinaufzugehen. Zur Bestreitung der Reisekosten trugen sie nach morgenländischer Art werthvolle Edelsteine und Perlen bei sich.

Ich bemerkte, wie Helfer sein Verlangen, die beiden Prinzen zu begleiten, mir zu verbergen bemüht war, und gewann die Ueberzeugung, daß der Aufenthalt in Smyrna, so angenehm und vielversprechend bisher, ihm fernerhin reizlos und ungenügend erscheinen würde. Dennoch äußerte er keinen Wunsch, eine weitere Reise mit ihnen zu unternehmen, und sie wäre auch sicherlich unterblieben, wenn nicht abermals ein Zufall, wie man zu sagen pflegt, es anders gefügt hätte.

Ich begleitete Helfer bei seinen täglichen Ritten zur Stadt der großen Hitze wegen fast niemals, hatte daher auch nicht Gelegenheit gehabt, den Eindruck zu bemerken, den die fortgesetzte Unterhaltung mit den jungen Afghanen auf ihn machte. Eines Morgens jedoch, als Helfer mir Adieu sagen wollte, kam unsere Wirthin und lud mich dringend ein, sie zur Feier eines griechischen Festes nach der Stadt zu begleiten. Ich hatte durchaus keine Neigung und entschuldigte mich auf alle Art, endlich auch die Lahmheit meines Esels als Grund anführend; doch die freundliche Frau hatte schon für diesen Fall gesorgt und ihren besten Esel für mich satteln lassen. So blieb mir nichts übrig als mitzureiten.

Dieser Ritt wurde ein Wendepunkt in unserm Leben.

Wir begegneten in der Stadt den beiden Afghanen, die Helfer seit mehreren Tagen nicht gesehen hatte. Sie erzählten uns, daß sie ein Schiff für Beirut gefunden, das am nächsten Morgen unter Segel gehen sollte, und sie nun mit den Vorkehrungen zur Abreise beschäftigt seien. Ohne diese zufällige Begegnung hätten wir sie nie wiedergesehen, da die Kürze der Zeit ihnen nicht erlaubt haben würde, heraus nach Budja zu kommen, um Abschied von uns zu nehmen. Meine Augen waren gerade auf Helfer gerichtet, als er das Wort Abschied hörte, und so entging mir der starke Eindruck nicht, den es auf ihn hervorbrachte. Er entfärbte sich, und Geschäfte vorschützend verließ er uns eiligst. Ich hatte genug gesehen, um zu wissen, was es ihm koste, die Reise nach dem Innern Asiens aufzugeben, und da dieses von jeher unser eigentliches Ziel gewesen war, schien es mir nicht zweckmäßig, eine so günstige Gelegenheit zu dessen Erreichung unbenutzt vorübergehen zu lassen. Schnell war daher mein Entschluß mitzureisen gefaßt, und ohne Zeitverlust schritt ich zur Ausführung. Ich bat unsere Freunde, ihre Abreise wenigstens um einige Tage zu verschieben, wozu sie, über meinen Entschluß im höchsten Grade erfreut, gern bereit waren. Selim Khan eilte zu dem Schiffskapitän, ihn zum Warten zu bewegen, was keine Schwierigkeiten hatte. Bald kehrte auch Helfer zurück. Er schien wieder ruhig und heiter geworden zu sein. Nie aber werde ich den Ausdruck seines Gesichts vergessen, als ich ihm lächelnd mit den Worten entgegen trat: «Weißt du schon? wir reisen mit!» Er betrachtete mich fast unwillig, daß ich mit einem Gegenstande, der ihn so tief erregte, meinen Scherz treiben könne.

Nachdem ich ihm aber meine ernstlichen Ansichten und Absichten in Betreff der Reise nach Kabul auseinandergesetzt, und er gehört hatte, daß schon mit dem Kapitän unterhandelt worden sei und die Verwirklichung nur noch von seinem Willen abhänge, konnte er seine ungemessene Freude nicht länger verbergen und stimmte in den Reisebeschluß ohne Zögern ein.

So war das Los abermals gefallen und wir im Begriff, den ruhigen Aufenthalt in Smyrna Helfer's Forscherdrange zu opfern, um einer ungewissen Zukunft entgegenzugehen.

Wer sich einmal einer Idee hingegeben hat, wird von ihr mit mächtigem Triebe unbewußt und unaufhaltsam fortgerissen. Immer weiter und weiter treibt sie ihn, ob zu einem erreichbaren Ziele oder zu verlockenden Luftgebilden, sieht sein geblendetes Auge nicht. Eine Idee hatte auch uns aus der

Pauline Helfer

friedlichen Heimat, dem Kreise lieber Freunde entrissen, und sie entführte uns jetzt zum zweiten mal einem sorglosen Leben voll anmuthiger Geselligkeit und dem Genusse des herrlichsten Klimas. Die Menschen nennen oft die Ereignisse in ihrem Leben das Schicksal; ich möchte sie die Ergebnisse der den Menschen beherrschenden Ideen nennen. Denn wie ganz anders hätten andere das Leben im Vaterlande, den Aufenthalt in Smyrna sich gestaltet! Uns riß die Helfer beherrschende Idee von beiden los.

Nur zwei Tage waren uns zu den Vorbereitungen der Abreise vergönnt, die uns nun ganz in Anspruch nahmen. Es war gut so, denn ich schied nicht ohne Trauer und Bangigkeit von den vielen hier erworbenen Freunden, die zuerst eifrig bemüht waren, unser Vorhaben rückgängig zu machen, als sie uns aber fest entschlossen fanden, sich bei der Ausführung desselben hülfreich und dienstfertig erwiesen. Herr Dutil, der österreichische Consul, veranstaltete in seinem Hofraume die Verauctionierung unserer fahrenden Habe. Mir war es ein halb komischer, halb wehmüthiger Anblick, Stück für Stück der mir liebgewordenen Gegenstände in fremde Hände übergehen zu sehen. Schon getragene Hauben, Hüte, Kleider, Bänder zu kaufen nahmen die Damen keinen Anstand, wenn sie nur modern und kleidsam befunden wurden. Schnell war der ganze Kram vergriffen und zu unserm Erstaunen theuerer bezahlt, als der Einkaufspreis gewesen war.

Noch eine zweite, nicht minder tragikomische Scene stand mir bevor: die Anlegung türkischer Männertracht. Sicherheit und Schicklichkeit geboten, meine Frauenkleider abzulegen. Frauen können im Orient nur in geschlossenen Sänften oder ganz verhüllt zu Pferde sitzend reisen, wobei natürlich freie Aussicht und Verkehr mit Menschen unmöglich sind.

Ich wollte jedoch nicht wie ein Ballen Waare im verschlossenen Kasten oder wie eine Mumie eingewickelt die schöne Welt, die meiner wartete, durchziehen; ich wollte sehen, hören und lernen, und das konnte ich nur in Männertracht.

Meine Freundinnen waren mir bei der Umwandlung in einen Mamluken behülflich. Jede half mir ein anderes Stück der ungewohnten Kleidung anlegen. Als aber das Fes und der Turban an die Reihe kamen, in welche mein starkes Haar sich unmöglich hineinzwängen ließ, das auch unter dem schweren persischen Shawlstoff mir unerträglich die Hitze gemacht hätte, wollte sich keine entschließen, auf meine Bitten die Schere anzulegen. Als ich endlich selbst die Schere ergriff und mit einem herzhaften Schnitt den Zopf vom Kopfe trennte, erscholl von allen Seiten ein Schluchzen und Wehklagen, als gäbe es einen lieben Todten zu beweinen. Auf mich machte der Vorgang einen lächerlichen Eindruck, während ich unter andern Umständen vielleicht auch mitgeweint haben würde.

Als endlich nach Einstecken eines Dolches und zweier Pistolen in den breiten Gürtel meine Toilette vollendet und ich nun einem jungen Türken nicht unähnlich war, führte man mich zu dem größeren Kreise der versammelten Bekannten, wo ich Helfer ebenfalls schon in muselmännischer Tracht fand.

Wir erschienen uns beide so sehr verändert, daß wir uns kaum wiedererkannten und hoffen durften, auch von Fremden nicht erkannt, sondern für ein Brüderpaar gehalten zu werden.

Derwisch Ali

Der Fluß mit einer Sandbank und ein paar grünen Inselchen, Birecik, das sich amphitheatralisch den Hang hochzog und von der auf dem Kamm liegenden Burg gekrönt wurde, kahle Hügel, die bei sinkender Sonne immer neue Farb- und Lichtspiele boten: Diese An- und Aussichten waren für lange Monate so ziemlich die einzige Unterhaltung, die Port William bot. Das von Graben und Wall eingefaßte Lager am Steilufer des Euphrat bestand aus dem sogenannten Fort, drei im Rechteck angeordneten steinernen Häuschen, aus Schuppen, Hütten und Zelten. Lieutenant Lynch, Chesneys Stellvertreter, der mit der Errichtung betraut worden war, hatte die Gebäude durch feste Dächer vor Regen schützen wollen, was ihm Chesney aus Sparsamkeit und Ungeduld verbot. Überhaupt fand er die ganze Anlage, karg wie sie war, zu aufwendig, und weil er seinen Offizieren jeden Hang zum Luxus abgewöhnen wollte, weigerte er sich zunächst, den für ihn vorbereiteten Raum zu beziehen, und richtete sich stattdessen in einem Zelt ein. Er verbot Lynch auch, dringend benötigte Pferde und Ochsen zu kaufen, der einzige Fehler, zu dem er sich später reuevoll bekannte. Sein allzu haushälterischer Umgang mit öffentlichen Geldern hatte eine mehrmonatige Verzögerung des Transports zur Folge. Wahrscheinlich hätte der Vorschlag nicht von Lynch kommen dürfen. Sie

Blick auf Port William und Birecik

waren allzu verschieden in Temperament, Lebensstil und Herkunft, zwei feindliche irische Brüder: der hitzige, starrsinnige Emporkömmling aus Ulster mit seinen asketisch-puritanischen Idealen und der kultivierte, orientalisierte Aristokrat, dessen undurchdringliche Liebenswürdigkeit Chesney zutiefst verunsichert und irritiert haben wird. Doch sein diplomatisches Geschick wußte er schon zu schätzen. Anfang September schickte er ihn zu einigen «wilden» Beduinenstämmen, die Lynch für die Unterstützung oder wenigstens friedliche Duldung der Expedition gewinnen sollte. Als Begleiter stellte er ihm den jüngeren Staunton und den Dolmetscher Mr. Elliot alias Derwisch Ali an die Seite, der erst kürzlich zu ihnen gestoßen war. Chesney kannte ihn von seiner vorbereitenden Erkundungsreise her und hatte ihn bei ihrer neuerlichen, zufälligen Begegnung sofort engagiert, obgleich die Expedition in John Bell und Christian Rassam schon zwei tüchtige *linguisters* hatte. Niemand wußte so viel von Land und Leuten wie William Elliot.

Der Roman seines Lebens ist noch zu schreiben. Er war ein Wanderer zwischen den Welten. Als unehelicher Sohn eines Angestellten der «East India Company» und einer mohammedanischen Inderin in Indien geboren; in England sorgfältig erzogen; nach Medizinstudien Arzt in der türkischen Marine. Im türkisch-russischen Krieg von 1828/29 geriet er in russische Gefangenschaft und wurde nach Sibirien transportiert. Nach seiner Freilassung ging er zurück ins Osmanische Reich und änderte sein Leben. Fortan zog er unter dem Namen Derwisch Ali durch die Lande, als Prediger, Kundschafter, Spion. Für Robert Taylor, den britischen Konsul in Bagdad, erforschte er den Weg, den die legendären zehntausend griechischen Söldner mit ihrem Anführer Xenophon einst auf ihrem Rückzug von Persien ans Schwarze Meer genommen hatten. Während seiner Spurensuche soll Derwisch Ali eine Frau gegen einen Esel eingetauscht haben, the latter being more useful in following the footsteps of the Greek. Ainsworth beschreibt ihn als äußerst flatterhaften, impulsiven, unzuverlässigen Menschen, der gleichwohl für die Expedition überaus wertvoll gewesen sei. Die Rolle des Wanderheiligen, die er angenommen hatte, war so etwas wie ein Fluchtort, wohl der einzige, den es für Aussteiger in der traditionalistischen Welt des Islam gab.

Keine Figur der moslemischen Welt ist als Verkleidung so passend wie die des Derwisch, schreibt der berühmte Reisende Richard Burton, der in ihrem Schutz in die verbotenen Städte Mekka und Medina gelangte. Sie

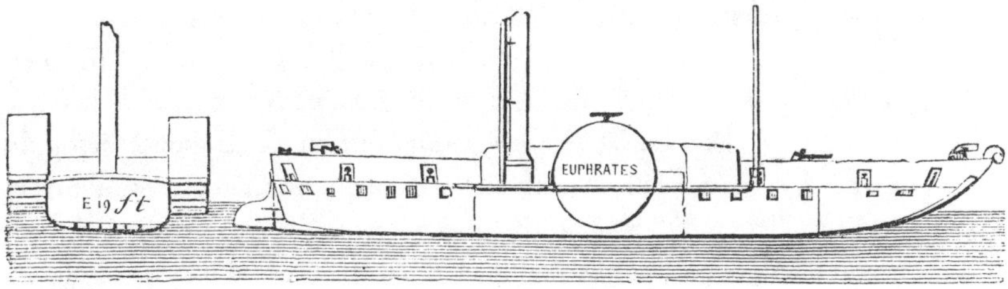

Die «Euphrates»

paßt für jeden Rang, jeden Glauben, jedes Alter. Für den Adligen, der bei Hof in Ungnade gefallen ist, und für den Bauern, der zu faul ist, den Boden zu bearbeiten; für den Reichen, der des Lebens müde ist, und für den armen Lazarus, der sein Brot von Tür zu Tür erbettelt. Als einem, der aufgehört hat, auf der Bühne des Lebens zu erscheinen, ist es dem Derwisch erlaubt, auf Förmlichkeiten und Höflichkeiten zu verzichten. Er kann beten oder auch nicht, heiraten oder Junggeselle bleiben, wie es ihm gefällt, wird in Wollzeug ebenso respektiert wie in Goldstoff, und niemand fragt ihn – den Vagabunden mit Konzession –, woher er kommt oder warum er dorthin geht. Er kann seinen Weg zu Fuß und allein nehmen oder seine arabische Stute in Begleitung von einem Dutzend Dienern reiten; man fürchtet ihn ebenso, wenn er ohne Waffen ist, wie wenn er bis zu den Zähnen bewaffnet durch die Straßen schwankt. Je arroganter und verletzender er sich benimmt, desto mehr wird er von den Leuten respektiert; ein entschiedener Vorteil für Reisende von cholerischem Temperament. In der Stunde äußerster Gefahr muß er nur wahnsinnig werden und ist sicher; wie im Westen ein Exzentriker, so darf ein Verrückter im Osten alles sagen, was ihm der Geist eingibt. Füge diesem Charakter noch einige medizinische Kenntnisse hinzu, etwas Geschick für Magie und den Ruf, dich nur für Gelehrsamkeit und Bücher zu interessieren, außerdem genug Geld, um dich vor dem Verhungern zu bewahren, und du wirst im Osten in eigentümlich vorteilhafter Weise erscheinen.

Der große Dampfer, «Euphrates», sei nun fast bereit zum Stapellauf, schrieb Chesney am 11. September seinem Vater. Überhaupt gehe alles ziemlich gut, obwohl Mehemed Ali immer noch auf Betreiben der Russen gegen sie beim Sultan intrigiere. Selbst die Verzögerungen hätten sich als nützlich erwiesen, da sie zum häufigeren und engeren Kontakt mit den

Arabern Gelegenheit gäben. Ich habe gerade eine Art von Mission zu den Anwohnern geschickt, um zu erklären, daß wir kommen und friedliche Absichten haben. – Ich bin dabei, mich von einem schweren Fieberanfall zu erholen. Vier Tage lang gab es kaum Hoffnung und größte Besorgnis, aber es hat Gott gefallen, mich zu verschonen, und ich esse stündlich etwas, um Fleisch und Kraft zurückzugewinnen. Niemals wurden mir mehr Freundlichkeit und Aufmerksamkeit zuteil als während meiner Krankheit.

Selbst als er bewußtlos und dem Tode nahe war, blieb Chesney besessen von seinem Ziel, wie er selbst nicht ohne Stolz erzählt hat: Mit Rücksicht auf meinen Zustand war das Zusammennieten der eisernen Dampferplatten gestoppt worden, doch man merkte schnell, daß die Stille mein Fieber beträchtlich verschlimmerte, während der Lärm von acht Hämmern mir sofort Besserung brachte.

Aus Estcourts Briefen 7

Aleppo, 1. Sept. 1835. Arme Rebhühner in England!
Besser hier als dort!

Meine liebste Elly,

Zwar bin ich den ganzen Tag über eine Bergstraße und auf einem müden Pferd geritten, aber weil der Bote morgen früh nach Konstantinopel abgeht, muß ich Dir doch vor dem Schlafengehen noch für einen überaus willkommenen freundlichen Brief danken, der «London, den 30. Juni» datiert ist. Es ist eine glückliche Fügung, daß ich heute hierhergekommen bin, einmal, weil ich Geld brauchte, und dann, weil einige andere Offiziere krank sind und ich für sie einspringen und die Leitung verschiedener Transporte übernehmen muß. Hab keine Angst wegen all dieser Krankheiten, obwohl ich die Liste noch länger machen und hinzufügen muß, daß unser Kommandant zehn Tage lang an der Pforte des Todes war, sich aber nun auf dem Weg der Besserung befindet. Diese Fieber kommen nicht vom ungesunden Klima, sondern von harter Arbeit, der Sonne, der wir ausgesetzt sind, und Veranlagung, alle wurden durch Brech- und Abführmittel kuriert. Ich bin völlig gesund; jeder ist bisher mit Fieber oder Wechselfieber an die Reihe gekommen, bis auf einen oder zwei und mich. Was mich angeht, so erhalten mich meine Lebensweise, Ernährung und Fröhlichkeit, gottlob, in der vollkommensten Gesundheit, die ich je gekannt habe. – Ich preise Gott dafür und bete für ihre Fortdauer. An dieser Zufriedenheit haben Deine Briefe und die, die ich von zu Hause empfange, beträchtlichen Anteil. Dieser letzte ist besonders angenehm, wegen der Nachrichten über Menschen, von denen ich sehr gern höre, aber er enthält auch die unwillkommene Nachricht von Tante Harriets zweitem Schlaganfall. Ich bete darum, daß niemand von uns genommen wird, wenigstens nicht bis zu meiner Rückkehr. Ich darf keinen leeren Platz vorfinden, und ich werde es nicht, darauf vertraue ich. Doch das alles ist den weisen Beschlüssen Gottes anheimgestellt, dessen Wille geschehen muß, was immer er sei.

Möchtest Du gern etwas über meine Erscheinung wissen? Ein geschorener Schädel, der von einer weißen, enganschließenden Kappe aus Leinen bedeckt ist; ein Bart von ziemlicher Länge, was nützlich gegen die Sonne ist, ägyptische Kleidung aus schwarzem Tuch, bestehend aus einer Jacke, einer Weste, einer sehr breiten Schärpe und weiten Hosen, die von den Knien ab eng und mit roten Bändern befestigt sind, und an meinen Füßen wollene Strümpfe mit gelben spitzen Schuhen. – Wir kommen mit dem Transport unserer Ausrüstung voran, wenn auch langsam. Das immense Gewicht von Eisen, der Mangel an Transportmitteln wie Pferden, Ochsen, Wägen und Männern macht ihn zu einer sehr schwierigen und mühsamen Aufgabe, aber wir werden trotz allem nach Birecik kommen. In der Zwischenzeit lebe ich unter den Turkomanen. Ich habe mein arabisches Zelt aus schwarzem Filz aufgeschlagen, um mich vor der Sonne zu schützen; der Scheich, mein 90 Yard entfernt lebender Nachbar, leistet mir Gesellschaft, weil es sehr unhöflich ist, einen Gast allein zu lassen. Seine Frau, eine angenehme, hübsche, reinliche, ziemlich junge Person, bringt mir Essen, saure Milch, Brot, Sahne, Butter oder manchmal ein Pilaw. Übrigens, der Mann, der behauptete, daß er in der Wüste immer warme Brötchen zum Frühstück hatte, hat nicht sehr übertrieben. Das Brot wird jeden Morgen gemacht: Mehl und Wasser werden wie Pastetenteig ausgerollt, aber ziemlich trocken und so dünn wie eine Waffel, dann auf eine eiserne Platte über dem Feuer gelegt, auf der es sachte erhitzt wird, während man es von einer Seite auf die andere wendet. Gar nicht schlecht, probier es aus! Dies dient als Löffel: Man bricht ein kleines Stück Teig etwa von der Größe eines Penny ab und faltet es zu einer Art Schöpfer; so ißt man *leben* – saure Milch, *birmack* – Sahne, *zibdi* – Butter und alle Flüssigkeiten, wobei man natürlich den Schöpfer und alles auf einmal in den Mund steckt. – Um *leben* zu machen, bringt man Milch, sagen wir ein Quart, zum Kochen, dann gibt man einen oder vielleicht zwei Löffel halb gebutterte Sahne hinein und läßt es ruhen; es wird dicklich und ziemlich sauer werden. Das ist das häufigste Nahrungsmittel. *Birmack* ist nicht mehr und nicht weniger als Devonshire cream. Das sind ländliche Delikatessen, die Städte liefern sie nicht. Wir essen nie Fleisch und sehr wenig sonst, abgesehen von den Dingen, die ich genannt habe. Was für ein gesundes Leben! Leichter Schlaf, angenehme Träume, frühes Aufstehen, erfrischte Glieder!

Sag meinem Vater, daß ich ihm für seinen Bericht über mein Gestüt dankbar bin. Du erwähnst die Möglichkeit, daß Willy nach Syrien kommt; unsere Verzögerung bringt uns vielleicht zusammen. Er wäre ein großer Gewinn für diese Expedition.

Wege zum Himmel

Im Gebiet der «toten Städte», in den weiten karstigen Hochebenen, die sich westlich von Aleppo nach Süden ziehen, stieß Ainsworth fortwährend auf uralte, verlassene Häuser, Klöster, Kirchen der frühen Christengemeinden, deren Architektur in seinen Augen eine weit höhere Zivilisationsstufe bezeugte, als sie je von muslimischen Bauern erreicht worden war. Er wunderte sich darüber, daß diese immer noch bemerkenswert festen, soliden Bauten leer standen, während die arme, ausgebeutete Landbevölkerung in elenden Lehmhütten oder Zelten ihr Dasein fristete. Die Lösung des Rätsels scheint in der Tatsache zu liegen, daß die fanatischen Muselmänner es verschmähen, in Häusern zu leben, die einst von Ungläubigen bewohnt wurden.

Wie Estcourt genoß auch Ainsworth die völlige Unabhängigkeit und Freiheit bei seinen Streifzügen, die ihn freilich nicht in die Zelte einheimischer Würdenträger führten, sondern in die Vergangenheit, die in Syrien, Kurdistan, im nördlichen Mesopotamien manchmal bis in die Gegenwart reichte.

Die Gegend war eine Arche Noah christlicher und schiitischer Sekten und Völkerschaften, die ihre Glaubensvorstellungen, Bräuche, Sprachen über viele Jahrhunderte hinweg bewahrt hatten. Im Jahre 431 war der Patriarch Nestorius wegen seiner Lehren über die göttliche und menschliche Natur Christi als Ketzer verfemt worden, aber trotz jahrhundertelanger Verfolgung gab es immer noch Gemeinden, die sich zu ihm bekannten. Christian Rassam, der Dolmetscherkollege von Derwisch Ali, war der Sohn eines nestorianischen Priesters aus Mosul. In der Abgeschiedenheit wilder Bergdörfer gediehen fantastische synkretistische Glaubensblüten, die vor fremden Augen eifersüchtig gehütet wurden. Der dänische Forschungsreisende Carsten Niebuhr hat sich seinerzeit, im späten 18. Jahrhundert, redlich damit abgeplagt.

Ein Nussarier etwa müsse glauben, so schreibt er, daß Mohammed, Fatima, Hassan, Hoessein oder Moechsen eine Einheit sey und Ali bedeute. Ferner, daß allezeit 5 Itam (Waisen), 12 Nukkaba (Häupter von der Familie Mohammeds), 26 Nudsjaba (auserlesene), Muchtassin (besondere), Muchlassin (andächtige), Muntachabin (auserwählte) gewesen sind … Die Seele eines frommen Nussariers kann schon ins Paradies kommen, nachdem sie nur in wenigen Hembden (Körpern) gewesen ist. Aber die Seele eines andern muß 80 Hembde annehmen. Letzteres nennen sie die Hölle. Die Seelen der Ungläubigen sollen durch 5 heßliche Stufen passiren; und nachher sollen sie in der Welt als Schafe bleiben, bis Fatima kommen wird. An dieser Stelle fügt Niebuhr in Klammern an: Wer wollte es glauben, daß Stifter von solchen Religionen Anhänger finden?

Natürlich waren Abgeschiedenheit und Geheimnis ein idealer Nährboden für wilde Gerüchte von obszönen Bräuchen, Lastern und Verbrechen, die unter dem Deckmantel der Religion gediehen, und manchmal hatten diese Geschichten einen wahren Kern.

So etwa bei den Ismaeliten, denen ihre sinistre Vergangenheit als «Assassinen» noch immer nachhing. Angeführt von dem sagenhaften «Alten vom Berge» und beflügelt von Fanatismus, waren die Mitglieder dieser Bruderschaft im 11. und 12. Jahrhundert zu Mord- und Selbstmordkommandos ausgezogen. Zunächst hatte sich der Terror gegen innenpolitische Gegner gerichtet, später vor allem gegen die Kreuzritter. Die Unerschrockenheit, mit der sie dem Tod ins Auge sahen, schrieb man dem Einfluß von Drogen zu, auf die auch ihr Name zurückgeführt wird: Denn die Genießer von Haschisch heißen arabisch *Al Haschaschinen* – und das französische *assassin* (Mörder) stammt von den Assassinen ab, nicht umgekehrt. Die Bezeichnung «assassin», die die Kreuzritter diesem Volk gaben, kommt nach allgemeiner Übereinkunft daher, daß sie Haschisch oder Hanf mit ihrem Tabak rauchten. Das ist im Osten sehr gebräuchlich. In Persien und in Indien wird dieses starke Rauschmittel von den Zügellosen und Lasterhaften in großen Mengen konsumiert.

Gesund war Ainsworth nicht; die Malaria ist ein hartnäckiger Begleiter. Die Anfälle begannen mit Krämpfen, dann folgte ein höchst unangenehmer bleierner, totenähnlicher Zustand, dann befreiende Schweißausbrüche. Manchmal stellte er sich vor, er sei zwei Personen, von denen die eine, der es gut ging, äußerst ärgerlich darüber war, daß die andere so beharrlich krank blieb. Die Lager waren zu Lazaretten geworden. Sergeant Syms starb an dem Fieber, das er sich in Alexandretta geholt hatte, und fand seine letzte Ruhestätte in einer Felsenkapelle, die vielleicht noch aus der Zeit der Apostel stammte. Hier hatte man ein Grab ausgehoben, und nachdem wir die Gebete unserer Kirche dort gelesen hatten, wo der Verfasser der großartigen Epistel an die Korinther einst gewohnt hatte, und am Eingang einer Kapelle, die seinem Gedächtnis geweiht war, setzten wir die sterblichen Überreste eines alten Soldaten bei, der seinem Land gut und treu gedient hatte. Es war eine überaus passende Ruhestätte, und niemals sahen wir mit so feierlichen Empfindungen auf Antiochia, die heilige Stadt, als damals, als unsere Herzen mit ihrer gegenwärtigen Trostlosigkeit so sehr in Einklang standen.

Am Ende des Kapitels, das Ainsworth Antiochia und seinen Relikten widmete, führten ihn seine schwermütigen Betrachtungen über die unzähligen Wechselfälle des Glücks, denen diese Stadt und ihre Bewohner ausgesetzt waren, zu einer Klage über die nicht enden wollende Katastrophengeschichte menschlicher Unvernunft.

Die Geschichte der menschlichen Siedlungen zeigt sich uns fast überall mit ähnlichen Nachrichten von verhängnisvollen Ereignissen, die menschlicher Willkür entsprangen. Dem Aufstieg neuer Meinungen, Rassenhaß, religiösem Fanatismus, der Rivalität von Parteien und Interessengruppen, sogar der Unruhe des Zeitalters sind Kriege, Revolutionen und Anarchie gefolgt, und diesen Gewaltherrschaften.

Es waren das Aufeinanderprallen von Glaubensgrundsätzen und sogar Formen des Gebets, der ewige Ehrgeiz eines jeden, dem anderen den Weg zum Himmel zu zeigen, und Abscheu vor allen anderen Arten des Gottesdienstes als des eigenen, die schon in diesen frühen Zeiten die Menschheit unter den Fluch verhängnisvoller Feindschaften stellten.

Bei ihrer Betrachtung stellt sich ein fast unauslöschliches Gefühl der Verwunderung ein. Man fragt sich, wie lange die Erfahrungen der Vergangenheit noch ohne Folgen für die Entscheidungen der Menschheit bleiben werden und wie lange die Politik (wie man sie nennt) die Maximen der Mäßigung mißachten wird, die die Geschichte lehrt.

Pauline reist. Westöstlicher Diwan

Die Welt durchaus ist lieblich anzuschauen,
Vorzüglich aber schön die Welt der Dichter;
Auf bunten, hellen, oder silbergrauen
Gefilden, Tag und Nacht, erglänzen Lichter.
Heut ist mir alles herrlich; wenn's doch bliebe!
Ich sehe heut durchs Augenglas der Liebe.
Goethe, *West-östlicher Divan*

Was als Umzug begonnen hatte, war nun wirklich zur Reise geworden. Pauline und Helfer hatten die Last eines Haushaltes abgeworfen, waren mit leichtem Gepäck unterwegs, trugen bequeme orientalische Kleidung, die sie nicht nur äußerlich veränderte, und sie mußten ihre eigene Bedienung sein. Lotty hatte sich in Smyrna mit einem deutschen Sattlermeister verlobt und war zurückgeblieben. Am 29. August 1835 stachen sie und ihre neuen afghanischen Freunde mit einem arabischen Segler in See, am 12. September erreichten sie die phönizische Küste bei anbrechendem Morgenlichte, wieder eine zauberhafte Ankunft. Pauline borgte sich ihre Beschreibung von einem Bekannten, dem Geographen

Beirut

Karl Ritter, der sie in seiner *Erdkunde* öffentlich zur Publikation ihrer Reiseerlebnisse aufgefordert hatte:

Hier erhebt sich ein einförmig aufsteigendes Bergland im düstern Blau über der Wasserfläche, wenn die Purpurwolken der Morgenröthe das bewegte Meer schon mit den feurigsten Farben beleuchten.

Näher und näher rückend, heben sich die Bergzüge mannichfaltig empor und lassen schöne Thäler und Schluchten unterscheiden, die, mit Wäldern geschmückt, welche aus Eichen, Fichten, Cedern in verschiedenem Grün bestehen, erst mäßig sichtbar werden. Dörfer zeigen sich zerstreut in großer Zahl als helle Punkte auf dem Gehänge zwischen und über dem gelblichen Grün der Weinberge oder zwischen dem aschfahlen Grün der Olivenwälder.

So nähert man sich allmählich Beirut, dessen vorherrschend rother Sandboden schon aus der Ferne herüberscheint, auch wenn das Schiff noch um Stunden vom Ufer entfernt ist.

Ueber der Stadt entfaltet sich das schönste Terrassenland mit seinen reichsten Productionen, von der Palmenvegetation in der heißen Küstenebene bis zur dauernden Schneeregion der Hochgipfel.

Die Pest war ihnen vorausgereist. Diesmal half der französische Konsul, an den Helfer Empfehlungsschreiben geschickt hatte. Sofort nach der Landung führten Wachposten sie zum Quarantänegebäude, einem Lazarett, an dem noch gebaut wurde. Es lag wie ein Luxushotel, auf einem hohen Felsvorsprung, gegen den die See in dunkelblauer Färbung mit Macht anstürmte und schäumend wieder zurückprallte: ein prächtiger Anblick! Die zwei Räume, die ihnen zugewiesen wurden, kann man sich kühl und dämmrig vorstellen, mit hohen schmalen Fenstern, in die Meer, Himmel, die blendende Helligkeit des Tages wie aus der Ferne einfielen. Es gab keine Möbel, nicht einmal Betten. Eine ausgehobene Tür über Ziegelsteinen war der Tisch, Fensterläden, die sie mit Matratzen, Decken und Kissen bedeckten, dienten als Sofas und Schlafstätten – ihr westöstlicher Diwan.

Die kurze Zeit, die sie in der Quarantänestation verbrachten, war vielleicht die schwereloseste, die leuchtendste der ganzen Reise. Helfer war von den afghanischen Prinzen ganz betört, wie Pauline deutlich macht, aber auch sie selbst hatte sich in die ausnehmend schönen Männer verguckt. Im Weingarten, der an das Lazarett angrenzte, wuchsen die herrlichsten Trauben, so köstlich und gehaltreich, daß wir uns schon in das Gelobte Land, dem wir so nahe waren, versetzt fühlten. Sie setzten ihre Sprachstudien fort; auf dem Schiff schon hatten die Prinzen begonnen, sie in Persisch und Urdu zu unterrichten, und sich überhaupt als höchst kurzweilige, angenehme Reisegefährten erwiesen. Ihre Unterhaltung war höchst anziehend; es gab kein Thema, über welches sie nicht mit gesundem Menschenverstande und richtiger Urtheilskraft ihre Meinung zu sagen wußten.

Es gab so vieles, was man diskutieren, planen, auf das man sich freuen konnte. Die Hochebene von Kabul mit ihren Gärten, einer verschwenderischen Fülle von Blüten und Bäumen war im Frühling ein irdisches Paradies, Kabul selbst eine lebendige, geschäftige, von Wasserläufen durchflossene, schattige Stadt mit einem der prächtigsten, reichsten Bazare des Orients und einer Burg, die der große Herrscher und Dichter Babur Khan einst in einem Trinklied verherrlicht hatte: Trink Wein auf der Burg zu Kabul, und laß den Becher kreisen für und für; die Luft ist entzückend, Berg, See, Stadt und Wüste zeigt sich dir zu gleicher Zeit.

Sie werden die Vergangenheit und die Zukunft des Landes diskutiert haben, die nötigen Reformen – Helfer als Universitätsgründer? –, die Rolle der Engländer, russische Begehrlichkeiten, persische Intrigen, den Nationalcharakter des Volkes. Der Afghane will nicht dulden, daß die öffentliche Macht erstarke und mit der Kraft die Angelegenheiten der Nation zum allgemeinen Besten lenke. Lokalautorität, Aristokratie der Geschlechter und individuelle Freiheit gelten ihm als erstes Gesez, heißt es in einem zeitgenössischen Reisebericht.

Aus Beirut selbst waren Helfers zu ihrem Leidwesen ausgeschlossen. Sie hätten die Stadt wegen ihres historischen Interesses gern besucht, auch wenn Pauline zu wissen glaubte, daß sie dem zauberischen Anblick ihrer Umgebung nicht entspreche. Die Straßen sind krumm und finster, die Häuser mit den niedrigen Fenstern ärmlich und von rohester Structur. Man sieht es denselben nicht an, daß mitunter Millionäre in ihnen wohnen.

Nur die große Moschee, ein Bau der Christen, die ehemalige Sanct-Johanniskirche, welche den Kreuzfahrern zu kirchlichen Festen gedient hat, ragt über die Häusermasse und das dichte Gebüsch hinaus; ihr Anblick ließ die ganze Vergangenheit dieser einst mächtigen Stadt mit allen ihren Schicksalen vor unserm Geiste vorüberziehen. Unter heidnischen Göttern entstanden, von römischen Kaisern erweitert und von Herodes Agrippa, dem letzten Könige in Jerusalem, zum Sitz seiner prunksüchtigen und schwelgerischen Hofhaltung erkoren, wurde Beirut der Schauplatz blutiger Festspiele, an deren einem 700 Verbrecher zur Belustigung der Zuschauer sich gegenseitig im Wettkampfe ermorden mußten, und selbst der edle Titus feierte hier das Geburtsfest seines Vaters durch die Hinrichtung mehrerer Tausend aufrührerischer Juden!

Wie sonderbar, daß auf diesem mit Blut getränkten Boden die strenge römische Wissenschaft ihren Sitz aufschlug. Bis in das 6. Jahrhundert blühte zu Beirut die berühmteste Rechtsschule des römischen Reiches, die durch ihre Sittenstrenge und Disciplin bekannt war, die ersten Juristen und Staatsmänner bildete und sich den Namen einer Mutter der Weisheit erwarb. Doch auch diese Blüte sollte nicht dauern; was Menschenhände nicht zerstörten, verwüstete das furchtbare Erdbeben des Jahres 529, das fast durch ganz Syrien verheerend auftrat, und bei dem ein großer Theil der Bewohner und Studirenden von Beirut das Leben verlor.

Von dieser Zeit an hat sich die Stadt nie wieder erhoben; sie fiel nacheinander unter die Herrschaft der Araber, Kreuzfahrer, Türken und Drusen und wurde wechselsweise aufgebaut und wieder zerstört.

Trotz aller Zerstörungen hat aber Beirut gegründete Anwartschaft, bei einer Wiedergeburt des Orients einer der wichtigsten Punkte des altclassischen Gestades zu werden; seine glückliche Lage im Mittelpunkte der phönizischen Küste, die Schönheit der Natur, die Fruchtbarkeit des Bodens sowie der Fleiß und die Bildsamkeit seiner Bevölkerung berechtigen es zu einer solchen Hoffnung.

Vielleicht ist der Zeitpunkt nicht mehr fern, wo diese von der Natur begabten, aber durch den Islam und zelotisches Mönchswesen fanatisirten und irregeleiteten Völkerschaften zu einer neuen Blüte wahrer Civilisation auferstehen werden. Doch dazu ist von nöthen, daß sie nicht von den europäischen Mächten als Gegenstand kleinlicher Eifersüchteleien misbraucht werden, und daß die christlichen Missionen weniger danach streben, Proselyten zu machen, als vielmehr Menschen zu bilden!

Exkurs: Die neue Zenobia

In der europäischen Gesellschaft von Beirut soll Lady Hester Stanhope zu dieser Zeit ein bevorzugter Gesprächsgegenstand gewesen sein. Nur einen Tagesritt von der Stadt entfernt residierte sie in einem großen festungsähnlichen alten Kloster in den Hügeln des Libanon, unter dem Bergvolk der Drusen. Reisende versuchten manchmal, bei ihr zur Audienz vorgelassen zu werden, aber sie nahm nur auserwählte Besucher an, die mit den sonderbarsten Geschichten zurückkamen. Es ist schwierig, wahrscheinlich unmöglich, das Gewebe von Wahrheit und Lüge zu entwirren, zu dem sie ihre Lebensgeschichte formte, und kaum jemand scheint noch Lust dazu zu haben. In der *Encyclopaedia Britannica* findet man sie nur noch unter dem Namen ihres Vaters, des radikalen Politikers und experimentellen Wissenschaftlers Charles Stanhope (a brilliant eccentric in both capacities) und auch nur mit einem einzigen, vorsichtigen Satz: Seine älteste Tochter war eine Reisende und Exzentrikerin, die de facto Herrscherin über eine Bergsiedlung im westlichen Syrien (dem heutigen Libanon) wurde. Kein Wort über die spektakuläre Inszenierung, mit der Lady Hester ihren Eintritt in die Weltgeschichte zu arrangieren suchte.

1776 geboren, verlor sie im Alter von vier Jahren ihre Mutter und verbrachte ihre Kindheit und Jugend bei verschiedenen Verwandten. (Der Lord Stanhope, der in der Geschichte des armen Kaspar Hauser eine so sinistre Rolle spielte, war übrigens ihr Halbbruder.) 1803 zog sie zu ihrem Lieblingsonkel, dem Politiker William Pitt dem Jüngeren, glänzte als Gastgeberin und wußte sich Einfluß in den höchsten Kreisen zu verschaffen. Roll up the map of Europe, soll Pitt, verbittert über Napoleons Erfolge, ihr als Lebensaufgabe hinterlassen haben, als er drei Jahre später starb. Ob sie deshalb den Plan faßte, sich, versehen mit falschem französischem Paß, dem Kaiser der Franzosen zu nähern, ihn zu verführen und ihm auf diese Weise Staatsgeheimnisse zu entlocken? Wie auch immer, aus der Sache wurde nichts, und Lady Hester wandte ihr Interesse dem Nahen und Mittleren Osten zu, bereiste die Türkei, Ägypten und Palästina. 1812 verlor sie bei einem Schiffbruch vor Rhodos fast ihr gesamtes Vermögen, verfügte aber weiterhin über eine großzügige Pension und Kredit. Damit begann ein neuer Abschnitt ihres Lebens: Sie legte türkische Männerkleidung an, in der sie fortan reiste, in Begleitung einer treuen Gefolgschaft von Dienern, Verehrern und dem Arzt Charles Lewis Meryon, ihrem Eckermann, der später umständliche, langatmige, ehrerbietige Reisebücher über ihr abenteuerliches Leben geschrieben hat.

Ihr Ziel war Palmyra, die Stadt der sagenhaften Königin Zenobia. Der Weg dorthin war wegen umherziehender räuberischer Beduinen sehr gefährlich, aber Lady Hester verstand es, durch reiche Geschenke, gebieterisches Auftreten, ungenierte Prahlerei und geschickte Imagepflege (sie sorgte dafür, daß man sie Königin nannte) den Schutz und die Achtung wilder Stammesfürsten zu gewinnen. Am 19. März 1813 brach die Karawane auf. 22 Kamele trugen Zelte, Gepäck, Feuerholz, Reis, Mehl, Tabak, Zucker, Seife, Töpfe, Ersatzhufeisen und vieles mehr, acht Kamele waren mit Wasser beladen und neun mit Futter für die Pferde. Lady Hesters Gefolge bestand aus 25 Reitern, 70 Beduinen eskortierten den Zug. Niemals hatte eine Exkursion ein edleres Ziel, schwärmt Meryon. Wir waren unterwegs, um die erlesensten Werke der Kunst zu betrachten. Aber man kann vermuten, daß Lady Hester, außer dem Wunsch, zerbrochene Säulen und verfallene Tempel zu besuchen, auch noch ihre persönlichen Gründe hatte, die für den gewöhnlichen Reisenden kein Anreiz waren. Diese Säulen und Tempel verdankten den größten Teil ihrer Pracht einer Person ihres eigenen Geschlechtes, deren Talente und Schicksale ihre Neigung ziemlich sicher zum Besuch des Ortes lenkten, den eine berühmte Frau regiert hatte. Sie suchte die Überreste von Zenobias Größe ebenso wie die Überreste von Palmyra.

Sie suchte noch mehr. Zeitweise scheint Lady Hester zur Begründung einer neuen Dynastie allen Ernstes über eine eheliche Verbindung mit dem Anführer der Wahhabiten nachgedacht zu haben, deren Macht damals noch nicht gebrochen war: Dieser Herr sei zwar nicht sonderlich liebenswürdig, aber wenn sie den Entschluß fassen würde, die Liebe dem Ehrgeiz unterzuordnen, könnten sie gemeinsam große religiöse und politische Revolutionen bewirken und den Thron des Sultans von Grund auf erschüttern.

Am 27. März 1813 zog Lady Hester in Palmyra ein. Die Bewohner hatten sich entschlossen, ihr die bestmögliche Begrüßung zu bereiten, und eine Abordnung war gekommen, um sie zu empfangen. Es mögen etwa fünfzig unberittene Männer gewesen sein, die nackt bis zur Taille, ohne Schuhe und Strümpfe und mit einer Art von antikem Petticoat bekleidet, neben ungefähr der gleichen Anzahl von Reitern herrannten, die mit fliegenden Fahnen und zum Lärm von Kesseltrommeln in alle Richtungen galoppierten. Im Tal der Gräber erwartete Lady Hester ein anderer Anblick, den die Menschen von Palmyra für sie vorbereitet hatten. Um die Wirkung zu vergrößern, die Ruinen auf diejenigen ausüben, die sie zum ersten Mal betreten, führten uns die Führer durch einen langen Säulengang. Dieser Säulengang wird von einem Triumphbogen abgeschlossen. Der Schaft jeder Säule rechts und links hat etwa sechs Fuß vom Boden entfernt einen vorspringenden Sockel. Auf jedem davon stand einst eine Statue, von denen keine Spuren geblieben sind, außer den Markierungen, die die eisernen Klammern für die Füße hinterlassen haben. Als wir die Straße entlang ritten und der Triumphbogen in Sicht kam, sahen wir zu unserer großen Überraschung, daß mehrere schöne Mädchen (zwischen 12 und 16 Jahren, wie wir später hörten) auf diese Sockel gestellt worden waren, in den anmutigsten Haltungen und mit Girlanden in den Händen; ihre eleganten Gestalten kaum verhüllt von einem einfachen losen Gewand, das in der Taille mit einem Gürtel zusammengenommen war, und einem weißen Crèpe-Schleier als Kopfbedeckung. An beiden Seiten des Bogens standen in Dreiergruppen andere Mädchen, die nicht weniger schön waren, während sechs Mädchen mit Thyrsusstäben in der Hand aufgereiht vor dem Torbogen standen. Während sich Lady Hester vorwärts bewegte, blieben diese lebenden Statuen unbeweglich auf ihren Sockeln, aber als sie an ihnen vorbei war, sprangen sie auf den Boden und vereinigten sich zu einem Tanz neben ihr. Beim Erreichen des Triumphbogens tanzten alle Gruppen, Männer und Frauen, um sie herum. Hier sangen einige bärtige Alte Gedichte zu ihrem Preis, und alle Zuschauer stimmten im Chor ein.

So Lady Stanhopes Arzt. Sie selbst nannte in einem Brief die Sänger Dichter vom Ufer des Euphrat und fügte hinzu, daß eines der Jubelmädchen einen Kranz über ihren Kopf gehalten habe, als sie durch den Triumphbogen schritt. Das war ihre Krönung zur Königin von Palmyra, zur neuen Zenobia.

Zu der Zeit, als Pauline Helfer in türkischen Männerkleidern den Orient bereiste, hatte Lady Hester längst die Altersrolle einer Prophetin und Seherin angenommen. Leichenblaß, eingehüllt in weiße Tücher und Pfeifendunst, orakelte sie, daß der Messias noch nicht erschienen sei, ließ sich über die Irrlehren aller europäischen Religionen aus, las aus den Sternen, verkehrte mit Geistern und träumte immer noch von den großen Schätzen, die sie ihr halbes Leben lang gesucht und nie gefunden hatte. Ihr Lieblingsfeind war Ibrahim Pascha, der ihrer festen Überzeugung nach im Bunde mit dem Bösen stand und gegen Kugeln und Stahl gefeit war, die er nach einer Schlacht abschüttele wie Staub. Alexander Kinglake, der die herrische alte Dame besuchte und in seinem Reisebuch *Eothen* davon berichtete, diagnostizierte maßlosen Stolz als Wurzel ihrer Verrücktheiten. Und doch war es ihr nicht gelungen, die Vernunft ganz auszuschalten und zu besiegen. Sicher scheint, daß sie Freund und Feind abergläubische Angst und Respekt einflößte. Dieses halbverfallene Kloster, das nur vom stolzen Herzen einer englischen Adligen bewacht wurde, war der einzige Ort in ganz Syrien und Palästina, in dem der Wille von Mehemed Ali und seinem brutalen Leutnant nicht Gesetz war. Mehemed Ali soll gesagt haben, daß die Engländerin ihm mehr Ärger gemacht habe, als alle Aufständischen von Syrien und Palästina zusammengenommen.

Pauline reist. Flucht

Aus unserm ruhigen Asyl und dem Studium der persischen und hindostanischen Sprache, welches wir mit ungeschwächtem Eifer betrieben, wurden wir durch die Nachricht aufgeschreckt, daß ein Regiment ägyptischer Soldaten eintreffen solle, um hier Quarantäne zu halten. Auf unsere Anfrage beim französischen Consul, dessen Fürsorge wir die bislang innegehabten Räume verdankten, empfingen wir die Bestätigung dieses Gerüchts und unter vielen Versicherungen seines Beileids die Mittheilung, daß wir unsere Wohnung nicht länger würden behalten können, indem die höhern Offiziere sie für sich requiriren würden. Es sei ferner unmöglich, uns den Eintritt in die Stadt vor Ablauf der Quarantänezeit zu gestatten; sie müsse, wie das ganze Land, streng gegen den auswärtigen Verkehr abgesperrt bleiben. Da aber ein längerer Aufenthalt unter diesen Umständen im Lazareth unthunlich sei, werde er, falls wir eine heimliche Entfernung wagen wollten, im Hafen ein nach Lattakia bestimmtes Schiff zu unserer Aufnahme bereit halten. Zugleich wurde uns ein Fischer zugewiesen, der uns auf einem verborgenen Schmugglerwege an das Meergestade hinunterführen, und mit seinem Fischerboote an Bord des Schiffes bringen solle.

So gefährlich eine heimliche Flucht aus der Quarantäne überall ist, so war sie es bei dem rücksichtslosen despotischen Regimente Ibrahim Pascha's in Syrien im doppelten Maße; ihm galt ein Menschenleben nichts; nur die Sucht, sich in Europa einen Namen zu machen und sich mit dem Nimbus europäischer Civilisation zu umgeben, bewog ihn, deren Institutionen nachzuahmen.

Wir hatten keine Wahl. Zu bleiben war unmöglich, die Flucht mußte gewagt werden. Wir rechneten dabei am meisten auf die Trägheit unserer Wächter und ihre Liebe zum Golde. Auch unser Nachbar, der Gärtner, wurde für unser Vorhaben gewonnen, mehr aus Haß gegen den neuen und harten Beherrscher, der jeden Zweig des Handels und der Industrie für sich selbst monopolisirte und die betriebsame Bevölkerung schwer bedrückte, als durch die ihm gebotene Geldsumme, die er für seine Person entschieden zurückwies; nur für seinen Diener, der uns zum Träger unsers Gepäcks dienen sollte, schlug er einen Bakschisch nicht aus.

Am 19. September, nach fünftägigem Aufenthalte im Lazareth, rüsteten wir uns zur Flucht. Unsere Afghanen ließen sich schwer dazu bereden; sie wollten nach echt orientalischer Weise lieber jedes Ungemach passiv ertragen, als es muthig beseitigen. Die Vorstellung, daß sie hier allein zurückbleiben müßten und wahrscheinlich, weil von Smyrna kommend, als türkische Spione behandelt würden, brachte sie endlich zum Entschluß, auf das Wagniß einzugehen.

Die uns zunächststehenden Wächter waren gewonnen; unsere geringe Habe wurde hinter die benachbarten Nebengelände verborgen, und frühzeitig begaben wir uns anscheinend zur Ruhe, schlossen Thüren und Läden, löschten die Lichter aus und saßen in tiefer Dunkelheit und Stille. Kein Zustand ist so geeignet, die Energie zu lähmen, dem Gemüth Besorgniß einzuflößen und die Phantasie mit allerlei beängstigenden Bildern zu erfüllen, als unthätig und lautlos in völliger Dunkelheit den Zeitpunkt eines gewagten heimlichen Unternehmens abwarten zu müssen. Die Minuten wurden uns zu Stunden, das Herz klopfte hörbar, und das Ohr lauschte gespannt auf jeden Laut. Helfer ließ seine Repetiruhr wohl hundertmal schlagen, bis sie die zum Aufbruch bestimmte Stunde der Mitternacht anzeigte. Jetzt erhoben wir uns einer nach dem andern; Helfer schritt, leise die Thür öffnend und sich an die Wand des Hauses schmiegend, voran; ich folgte ihm in einiger Entfernung, dann Selim Khan und zuletzt sein älterer Bruder. Die Helle der Nacht, welche in Syrien auch bei mangelndem Mondschein herrscht, und die mich bisher so entzückt hatte, machte mich jetzt verzagt; wir konnten uns deutlich auf 50–60 Schritte erkennen; doch erreichten wir, ohne von den schlaftrunkenen Wächtern bemerkt zu werden, den uns vor Späherblicken bergenden Weingarten, wo wir unsern Führer fanden, dem wir nun schnell zu dem für die Flucht bestimmten Pfade am Rande des Felsenvorsprungs folgten. Hier erwartete uns der Fischer, der sein Boot unten befestigt hatte, mit noch einem rüstigen Manne; und das that noth, denn hatten wir früher nur passiven Muth zu bewähren gehabt, so galt es jetzt, thätige Beherztheit zu entwickeln.

Von einem 60 Fuß hohen, senkrecht aus dem Meere emporsteigenden Felsen, an dessen Fuß tief unten sich die schäumenden Wellen mit lautem Getöse brachen, führte in schräger Richtung von Vorsprung zu Vorsprung ein treppenartiger Steg abwärts, dessen Stufen, verwittert und schlüpfrig und mehrere Fuß voneinander entfernt, kaum gangbar zu sein schienen. Hier sollten wir hinuntersteigen! Unmöglich! Welch rasende Tollkühnheit!

Und doch, es mußte gewagt werden. Zum Lazareth konnten wir nicht mehr zurück; unsere Begleiter hätten es ihrer eigenen Sicherheit wegen nicht zugegeben. Zum Glück blieb keine Zeit zu langem Erwägen. Der Fischer erfaßte mich mit seinen nervigen Armen, und leicht, als trüge er eine Feder, betrat er den gefahrvollen Weg, den er wahrscheinlich schon oft mit größern Lasten geschmuggelter Waaren bestiegen haben mochte. Helfer folgte mir, seiner eigenen Gewandtheit vertrauend, und die Afghanen schlossen den Zug, willenlos sich ihren Führern überlassend. So ging es hinunter in lautloser Stille; kein Wort wurde gewechselt; jeder war sich bewußt, daß ein einziger Fehltritt, ein Ausgleiten des Fußes den unvermeidlichen Tod nach sich ziehen mußte. Endlich erreichten wir einen breitern Vorsprung, auf dem wir festen Fuß fassen konnten und tief aufathmend einige Secunden verweilten. Nun ging es schneller vorwärts, bis wir glücklich zu einer kleinen Bucht gelangten, in der das Boot, gegen die Wellen geborgen, versteckt lag. Wer wollte unsere Empfindung schildern, als wir unten den sichern Boden betraten und, zur schwindelnden Höhe hinaufschauend, erst die ganze Größe des überstandenen Wagnisses ermessen konnten!

Unserm Gärtner, der auch jetzt noch jede weitere Belohnung ablehnte, mit einem Händedruck unsern Dank bezeugend, bestiegen wir das Boot, das, von kräftigen Ruderschlägen vorwärts getrieben, uns bald zu dem für die Weiterreise bestimmten Schiffe brachte. Doch noch ehe wir es erreicht hatten, zeigten Flintenschüsse aus der Quarantäne, daß man unsere Flucht entdeckt habe und uns verfolge. Ob es ernstlich gemeint war, oder ob die gewonnenen Wächter nach vollbrachter That ihre Wachsamkeit durch diese Alarmzeichen beweisen und die Verantwortlichkeit von sich abwälzen wollten, blieb unentschieden; wir waren jetzt sicher an Bord des Küstenfahrers.

Ein günstiger Fahrwind brachte uns am Nachmittage des zweiten Tages glücklich in den Hafen von Lattakia.

Pauline reist. Klostergäste

In Syrien waren die Vorbereitungen für einen neuen Krieg Mehemed Alis und Ibrahim Paschas gegen den Sultan in vollem Gange. Als Helfers und ihre Begleiter in Latakia ankamen, wurden dort gerade große Scharen ägyptischer Soldaten ausgeschifft, die frisch eingezogen oder vielmehr eingefangen worden waren. Fasziniert betrachtete Pauline die fremdartigen Gesichter und Haartrachten der Unglücklichen, die, notdürftig in Lumpen gehüllt, zusammengekoppelt den langen Weg vom Hafen in die Stadt getrieben wurden.

Wegen der Anwesenheit des Militärs war in ganz Latakia keine Unterkunft für Fremde zu finden, Ibrahim Pascha hatte alles in Beschlag genommen.

Helfer erinnerte sich der vielgepriesenen gastlichen Aufnahme Reisender in den syrischen Klöstern und beschloß, als rechtgläubiger katholischer Christ in dem unfern gelegenen Franciscanerkloster Unterkunft zu suchen, mich als seinen Bruder einzuführen und auch für unsere moslemitischen Begleiter Quartier zu erbitten, die sich natürlich erst verpflichten mußten, während des Aufenthalts im Kloster ihres Propheten nicht zu gedenken.

Mit Hülfe einiger Piaster fanden wir einen Führer, der uns zu dem großen, aber ganz verödet aussehenden Klostergebäude führte. Es war nach der Straße zu durch eine lange hohe Mauer abgesperrt, ohne weitere Oeffnung als eine einzige unscheinbare Pforte. An dieser Pforte hing ein Hammer, mit dem Helfer drei herzhafte Schläge auf die darunter befindliche Metallplatte führte, sodaß der Schall weit hinein ins Innere ertönte.

Wir hatten nicht lange gewartet, als sich oberhalb der Pforte ein kleiner Schieber öffnete und ein alter Mönch vorsichtig sein rundes Gesicht und den kahlen Kopf herausstreckte, den er aber beim Anblick von vier Muselmännern mit Schrecken zurückzog. Auch den Schieber wollte er schleunigst wieder schließen, da traf sein Ohr der christliche Gruß *«Laudetur Jesus Christus»,* und wie durch ein Zauberwort verwandelte sich der Ausdruck seines Gesichts aus Furcht in höchstes Erstaunen. Er starrte uns an, ungewiß, ob er diesem Gruß aus einem beturbanten Kopfe vertrauen sollte, bis Helfer ihm auf italienisch erklärte, wir seien keine Feinde, sondern fränkische Reisende, die nur ihrer Sicherheit wegen türkische Tracht angelegt hätten und hier um Aufnahme bäten, weil die Stadt mit ägyptischen Soldaten überfüllt sei. Jetzt öffnete er die Pforte ebenso bereitwillig, als er früher ängstlich gezögert hatte, und hieß uns freundlich willkommen. Auf unsere Bitte, uns Herberge im Kloster zu gewähren, gab er freundliche Zusage, gestand jedoch achselzuckend, daß Obdach und ein hartes Lager alles sei, was er uns bieten könne, denn er lebe nur von den milden Gaben, die ihm durch christliche Familien in der Stadt gespendet würden. «Ob dem jungen Herrn da», setzte er mit einem bedeutsamen Blick auf mich hinzu, «eine solche Herberge behagen wird, weiß ich nicht.» Der alte Herr bekundete durch die Schnelligkeit, mit der er meine Verkleidung erkannt hatte, nicht wenig Scharfblick; bisher war ich noch immer, wie ich glaubte, für einen jungen Türken gehalten worden. Doch meine Befürchtung gewahr werdend, er könnte mir als Frau die Aufnahme im Kloster verweigern, redete er mich an: «Kommen Sie nur, ich werde suchen es Ihnen so bequem als möglich zu machen.» Er hielt Wort – so gut er konnte.

Seit fünfzehn Jahren bewohnte er das Kloster allein, seit fünfzehn Jahren hatte kein Feuer in der großen leeren Küche gelodert, war das Refectorium nicht gelüftet, waren die Zellen und Corridore nicht gesäubert worden, hatten Spinnen und Vögel ungehindert ihr Wesen darin getrieben und die Fenster fast undurchsichtig gemacht. Wir betraten einen langen Gang, von dessen getäfeltem Fußboden das Geräusch unserer Schritte weithin widerhallte und die rings herrschende Grabesstille vielleicht seit langer Zeit zum ersten male wieder unterbrach.

Am Ende des Ganges führte er uns in zwei aneinanderstoßende Zellen, die in keinem bessern Zustande als die übrigen Räume waren; aber als er die Fenster öffnete, bot sich uns eine wunderliebliche Aussicht auf herrliche Fruchtgärten und darüber hinaus auf das offene Meer.

Der gute Alte weidete sich an unserm Wohlgefallen; es machte ihn offenbar stolz, daß sein Kloster doch auch etwas Schönes aufzuweisen habe.

Nun eilte er in die Stadt zu einigen Getreuen seiner kleinen Heerde, um das zu unserm Unterhalt Nothwendige herbeizuschaffen. Er kehrte nach kurzer Zeit mit gutem Brot, Wein und köstlichen Früchten beladen zurück, gefolgt von einem Diener, der weiche Polster aus dem Hause eines benachbarten christlichen Kaufherrn brachte und uns Ruhelager damit bereitete.

Auch einen Diener für die Reise wußte der gute Padre Antonio auf unser Ersuchen am andern Morgen uns aus seiner treu anhänglichen kleinen Gemeinde zu verschaffen. Pietro Giacomo, aus Malta gebürtig, war ein von Natur pfiffiger und wohlgeschulter Gesell. Er sollte uns bis Aleppo als Reisemarschall dienen, zunächst aber die Klosterküche übernehmen, und unterzog sich diesem Geschäft willig und mit großer Geschicklichkeit. Bald war alles Nöthige zu einem reichlichen Mittagsmahl herbeigeschafft, ein helles Feuer auf dem so lange verödeten Herde angezündet, das Refectorium gesäubert und gelüftet, der Speisetisch gedeckt, und um die zwölfte Stunde konnte servirt werden. Nie werde ich das freudestrahlende Gesicht unsers Padre vergessen, mit dem er an seiner eigenen wohlbesetzten Tafel als unser Gast Platz nahm, und selten habe ich mit so innigem Vergnügen die Pflichten der Wirthin erfüllt und mich so an dem Appetit meiner Gäste erfreut als bei diesem Mahl, wo ich als Klosterhausfrau fungirte.

Das Herz unsers Alten erweiterte sich, seine Augen strahlten und seine Lippen wurden beredt; selbst gegen unsere Afghanen, von denen er sich bis dahin scheu zurückgezogen hatte, weil er sie offenbar nicht für verkleidete, sondern wirkliche Muselmänner hielt, wurde er zutraulicher.

Von Jugend auf dem geistlichen Stande gewidmet, in Rom im Seminar erzogen und später für die Mission bestimmt, ward er ein Zögling derselben und trat dann, dem Befehl der Obern gehorsam, als jüngster Klosterbruder in das hiesige Kloster ein. Damals war es noch von zahlreichen Geistlichen bewohnt und hatte einen ausgedehnten Wirkungskreis; nach und nach wurde dieser immer beschränkter: die Zahl der Mönche und ihr Einfluß schwand; viele wurden nach andern Orten versetzt, bis Antonio endlich seinem letzten Mitbruder die Augen zudrückte. Seit funfzehn Jahren schon hauste er ganz allein in diesen weiten düstern Mauern, in denen er alles in allem war, Pförtner und Sakristan, sogar sein eigner Ministrant bei der Messe. Und dennoch, wie zufrieden leuchtete sein Auge, mit welcher Demuth trug er das ihm auferlegte Geschick! «Es kann nicht anders sein», sagte er; und damit war jeder sehnende Gedanke, jeder weltliche Wunsch beseitigt.

Ich kann nicht sagen, welchen tiefen Eindruck die freudige Selbstverleugnung dieses Mönches auf mich machte, mit welcher Beschämung ich mein eigenes, von stürmischen Wünschen erregtes Herz damit verglich.

Trotz dieser Abgeschiedenheit war unser Padre keineswegs theilnahmslos; mit großem Interesse hörte er Helfer's Erzählungen zu, und bei Nennung von Städten und Ländern holte er ein altes Buch herbei. «Jetzt», sagte er, «jetzt erzählen Sie, ich folge Ihnen überall hin.» Es war ein ganz zerlesenes geographisches Lexikon in italienischer Sprache, neben dem Brevier und Missale das einzige Buch im Kloster. In ihm studirte er während seiner vielen Mußestunden und lebte so in und mit der Welt, die er nie gesehen hatte.

Pauline reist. Anziehpuppen

Als der Geograph Ferdinand von Hochstetter in einem eher kühlen Vorwort die Reisebeschreibung Paulines auch einer männlichen Leserschaft schmackhaft zu machen suchte, hob er zwei Momente hervor, die *Helfer's Reisen* seiner Meinung nach ein erhöhtes Interesse gaben. Zum einen die spannende Erzählung der wechselvollen Ereignisse bei Chesneys Euphrat-Expedition; zum andern die anschaulichen und lebendigen Schilderungen orientalischen Frauenlebens, in dessen Geheimnisse die reisende Frau Blicke thun konnte, die jedem Mann verwehrt gewesen wären.

Wer danach Spionageberichte aus dem Harem erhofft haben sollte, muß von dem Buch bitter enttäuscht gewesen sein; was er stattdessen fand (und findet), ist eine Art Wechselbad. Einerseits eine ganze Galerie weiblicher Schönheiten, deren exotische Artenvielfalt Pauline sammelte wie Helfer Insekten, also Stoff für Männerträume. Andererseits und zugleich aber auch kritische Reportagen über die Lage der Frauen im Orient, deren emanzipatorische Tendenz schon beunruhigend wirken konnte.

Von heute aus gesehen, waren die europäischen Frauen im 19. Jahrhundert noch Lichtjahre von bürgerlicher Emanzipation entfernt: vor dem Gesetz unmündig, unter männlicher Vormundschaft stehend, aus Berufsleben und Politik ausgeschlossen, auf vielerlei Weise benachteiligt, in Konventionen und Rollenerwartungen gefangen. Sie mußten schon wie Pauline in den Orient reisen, um frei zu werden, sich frei zu fühlen. Ihre eigene Lage erschien Pauline beneidenswert, verglichen mit den Frauen, die sie unterwegs traf: in ihre Gemächer eingesperrt; einzig dazu bestimmt, ihren Männern begehrenswertes Eigentum zu sein und ihnen Söhne zu schenken; ohne geistige Interessen; passiv und träge, wenn sie wohlhabend, erschöpfte Arbeitstiere, wenn sie arm waren. Was konnte Schönheit da helfen?

[In Latakia] statteten wir dem Kaufmann, dessen Polster uns weich gebettet hatten, einen Besuch ab. Er war offenbar vorher benachrichtigt worden, denn er hatte sein enges, dunkles Comptoir, in welchem er den ganzen Tag in Geschäften vertieft zuzubringen pflegte, verlassen und hatte sich mit seiner Familie in den mit Marmor getäfelten innern Hofraum begeben, unter schattigen Kastanien, hohen Cypressen, blühenden Granaten und Rosenbüschen, in deren Mitte ein klarer Springbrunnen seinen hellen Wasserstrahl in ein kunstvoll gearbeitetes Marmorbecken herabplätschern ließ.

Eine ältere Frau und drei jugendliche Gestalten saßen unweit des Springbrunnens; zwei waren beschäftigt, Seidenfäden aufzuwickeln. Die dritte aber, augenscheinlich die jüngste, flocht ihren Schwestern Granatblüten in das dunkle Haar; sie war ein wunderliebliches Geschöpf, schlank und graziös wie eine Hebe, die Form ihres Gesichts das schönste Oval, ihr Teint fein und durchsichtig, wie Pfirsichblüthe geröthet; ihre rehfarbenen Augen waren von langen dunkeln Wimpern beschattet, die weiße Stirn umgrenzte hellblondes Haar, das wellenförmig in langen Zöpfen herabfiel; an den äußersten Spitzen derselben hingen türkische Goldmünzen, die bei jeder Bewegung ein leises Klingen ertönen ließen. Von unserm Eintritt wurden alle, obgleich vorbereitet, sichtlich überrascht; die Frauen waren verlegen, sich vier türkischen Männergestalten gegenüberzubefinden, und die liebliche Hebe verbarg ihr Gesicht hinter ihrer Mutter, nur von Zeit zu Zeit, durch Neugierde getrieben, das Köpfchen emporhebend, um uns scheu zu betrachten. Die Begrüßung mit dem Hausherrn war äußerst ceremoniell und reservirt. Mochte er bei seinen Erfahrungen von türkischer Willkür und Habsucht sich uns gegenüber doch nicht sicher fühlen, und auch Helfer's kurze Mittheilung über den Zweck unserer Reise ihm kein volles Vertrauen einflößen, genug, er beobachtete uns scharf und wechselte manchen argwöhnischen Blick mit Padre Antonio.

Helfer stellte mich mit den üblichen Verbeugungen und die Hände über der Brust gekreuzt den Damen als seine Frau vor; sie staunten mich eine Weile ungläubig und forschend an, und erst als er ihnen in überzeugenden Worten erzählte, daß ich aus freiem Willen und aus Neigung zu ihm die Reise unternommen und nur der Nothwendigkeit weichend Männertracht angenommen habe, wurden sie zutraulicher, beschauten mich aber immer noch kopfschüttelnd. Ihrem Ideenkreise lag die Vorstellung von einer Frau, die in Männerkleidern durch die Welt reist, freilich allzu fern.

Ich sah, daß die Kleine ein Anliegen habe; denn sie flüsterte ihrem Vater mehreremal einige arabische Worte ins Ohr, wobei sie mich immer lächelnd fixirte; sie hätte ebenso gut laut sprechen können, ohne uns ihr Geheimniß zu verrathen, da wir von der arabischen Sprache noch keinen

Laut verstanden. Auf Helfer's Fragen, was die Tochter wünsche, wandte sich der Hausherr an mich: «Das närrische Mädchen wünscht, Sie in Frauenkleidern zu sehen, und möchte selber Sie ankleiden; Sie müssen ihrem kindischen Sinne das zugute halten.» «Mit Vergnügen», erwiderte ich, «will ich mich von ihr schmücken lassen.» Diese Worte brachten Leben in die Gruppe. Die Mädchen sprangen von ihren Sitzen und eilten geschäftig nach den innern Gemächern, wobei sie auf stelzenartigen, eine Spanne hohen, mit vier dünnen Beinen versehenen, an die Füße geschnallten Schemeln mit außerordentlicher Sicherheit und Zierlichkeit sich fortbewegten und durch ein graziöses Hin- und Herschwanken gleich vom Winde bewegten Ranken sich im Gleichgewicht erhielten.

Diese stelzenartige Fußbekleidung ist wahrscheinlich dadurch veranlaßt, daß die Marmorplatten des Hofes mehrmals am Tage begossen werden und nicht selten ganz von dem Wasser bedeckt sind. Ob sie allgemein gebräuchlich ist, weiß ich nicht: ich habe sie nur in diesem Hause gesehen.

Die Mädchen führten mich in ihr Schlafgemach, das statt der Betten auch nur mit Polstern bedeckte Bänke enthielt. Die älteste, so ziemlich von meiner Gestalt, holte ihren schönsten Putz herbei, während die beiden jüngern beschäftigt waren, mich von dem in ihren Augen so unschönen Mamlukenanzuge zu befreien. Nachdem dies geschehen, wurde mir ein Hemd von crêpe-de-chineartigem Stoff mit sehr langen und weiten Aermeln angethan; dann folgten weite Pantalons von blaßrosafarbenem Atlas, eine Tunica von schwerem buntgeblümtem und mit Goldfäden durchwirktem Seidenstoff, darüber ein kurzes, reich mit Gold gesticktes Jäckchen von himmelblauer Seide. Ein kostbarer persischer Shawl, dreieckig gefaltet, wurde mir statt um die Schultern, wie es europäische Sitte ist, um die Hüften gelegt und vorn in einen Knoten geschlungen, sodaß die Enden tief hinunterhingen, während die beiden breiten Ecken bis zum Knie reichten und eine dem Schurzfell eines Bergmanns nicht unähnliche Fläche bildeten. Zuletzt mußte ich eine Menge schwerer, reich mit Goldmünzen verzierter Ketten umhängen, die vom Halse bis zur Taille reichten. Nun war alles gelungen, nur der Kopfputz fehlte noch; schmerzlich vermißten meine geschäftigen Kammerzöfchen die langen Haarzöpfe, und als ich ihnen die Umstände, unter welchen ich sie mir selbst abgeschnitten, durch Wort und Miene begreiflich machte, betrachteten sie mich erstaunt, fast unwillig, und suchten endlich durch ein kleines rothes Fes und einen hellblauen mit Goldsternen durchwirkten Gazeshawl, der turbanartig um die Schläfe gewickelt wurde, den Mangel zu verdecken. Als ich dergestalt ausgerüstet vor ihnen stand, drückten sie eine unendliche Freude aus; sie bewunderten und liebkosten mich, tanzten vor Vergnügen umher und wußten der kindischen Späße kein Ende. Endlich sollte ich hinausgeführt und meinem Manne gezeigt werden, damit er sehe, wie viel schöner ich in diesem Anzuge sei. Auch die Stelzen hatten sie mir noch über die gelben Saffianschuhe geschnallt; und da ich mich auf ihnen ohne Hülfe nicht fortbewegen konnte, griffen sie mir mit Jubel unter die Arme, und auf ihre Schultern gestützt, führten sie mich im Triumph zu Helfer hinaus, der natürlich nicht verfehlte, der Toilette großen Beifall zu schenken. Nun herrschte Vertraulichkeit zwischen uns; ich wurde wie eine liebe alte Freundin behandelt; der Kaffee und der Tschibuk, dessen aromatischen Duft auch die Frau vom Hause einsog, erhöhten das Behagen, und erst spät trennten wir uns, nachdem ich meine schönen Kleider wieder abgelegt. Dem Umkleiden schauten die Mädchen mit trübseligen Mienen zu, und beim Abschiede konnten sie sich nicht entschließen, mich zu umarmen, nachdem sie doch vorher mit ihren Liebkosungen so freigebig gewesen waren.

Wie lieblich und voller Anmuth waren diese Mädchen, wie reizend erschien mir ihr unbefangenes kindliches Wesen verglichen mit den gefeierten Schönen europäischer Salons. Aber welches Los wartete ihrer? Alle drei waren, obwol kaum erwachsen, schon verlobt, und zwar mit Männern, die sie nie gesehen, die vielleicht eher Abneigung als Sympathie einzuflößen geeignet sind, jedenfalls aber mehr um das Gelingen ihrer Handelsunternehmungen als um die Zufriedenheit ihrer jungen Frau sich bekümmern werden. Das ist noch heute das Los der christlichen Frauen im Orient!

Pauline reist. Begegnung in Aleppo

Pauline und Helfer wurden allseitig ermahnt, auf dem Weg nach Aleppo vor den Ismaeliten und Nussariern auf der Hut zu sein. Obgleich jetzt Ibrahim Pascha's eiserne Faust auf diesen Volksstämmen laste, die jede Unthat mit nachsichtsloser Strenge bestrafe, so sei doch der Weg durch die von ihnen bewohnten Gegenden immer noch gefährlich.

Ihr Aufbruch war wieder eine Flucht. Obwohl alle Reit- und Lasttiere für Ibrahim Paschas Soldaten beschlagnahmt worden waren, war es ihrem neuen Diener Giacomo gelungen, fünf Pferde und ein Lasttier für sie zu beschaffen. Wenn sie diese Tiere nicht wieder verlieren wollten, mußten sie Latakia heimlich und in aller Frühe verlassen. In der Morgendämmerung des 25. September nahmen sie Abschied von Padre Antonio, der ihnen gerührt seinen Segen gab. Selbst über unsere muselmännischen Freunde sprach er sein Benedetto.

Vor ihnen lag eine höchst strapaziöse Reise. Vier Tage saßen sie vom frühen Morgen bis in die Nacht im Sattel. Auf steinigen, steilen Wegen überquerten sie Berge, überquerten den von steilen Bergen eng zusammengeschnürten Orontes auf einer schönen, von dreizehn Bogen getragenen Brücke; ritten durch das von Ruinen übersäte baumlose Kalksteinmassiv der «toten Städte», das Pauline mit seiner felsigen Oberfläche und spärlichen Schafsweide an den Triestiner Karst erinnerte. Die Hitze wurde hier unerträglich, und der heiße trockene Wind kühlte nicht, sondern ritzte Wangen und Lippen blutig. Pauline tat es den Einheimischen nach und saß in dichte Gewänder gehüllt gleich einer Mumie auf dem Pferde. Einen Teil der Strecke legten sie im Schutze einer Karawane zurück. Zum ersten Mal in ihrem Leben übernachtete Pauline in Gottes freier Natur.

Obgleich zum Tode ermüdet, erhielt das Neue und Seltsame unserer Lage mich doch lange wach. Das Auge schweifte in die unbegrenzte, von keinem Gegenstande behinderte Ferne, über die das tiefblaue Himmelsgewölbe mit den unzähligen hellglänzenden Sternen sich ausspannte. Ringsum flackerten die Feuer, an denen die Wächter, in ihre weiten, weiß- und schwarzgestreiften Mäntel gehüllt, die dunkeln Gesichter von der Helle des Feuers geröthet, gemächlich ihre Pfeife rauchten. Die Kaufherren, in mannichfaltigen Gruppen umherliegend, behielten mit ihren Dienern die sorglich verpackten werthvollen Güter scharf im Auge. Dazwischen hatten sich Kamele gelagert, von ihrer drückenden Bürde befreit, den langen dünnen Hals selbst noch im Schlafe erhoben und mit ihren Glöckchen bei jeder leisen Bewegung ein monotones Geklingel verursachend. Mit ihren sanften Augen und den klugen Gesichtern schauten sie drein, als wären sie sich mit Resignation ihres Berufes bewußt, dem Menschen ein treu ergebener Träger durch die erhitzten Steppen des großen Sandmeeres zu sein und ihm, wenn er dem Verschmachten nahe, durch ihren Tod den rettenden Labetrunk zu bieten!

All die gewaltigen Umwälzungen, in denen hier seit Jahrtausenden Völker auf Völker entstanden waren, um wieder unterzugehen, nachdem sie ihre Mission erfüllt, die großen Schicksalstragödien, die hier ihren Schauplatz gehabt hatten, und an deren nimmer zu verwischenden Spuren ich eben erst vorübergegangen war, beschäftigten mich lebhaft. Noch nie hatte ich mich der Heimat so entrückt, so ganz in eine andere Welt versetzt gefühlt als in diesem Augenblick. Vergangenheit und Zukunft schwebten vor meiner wachen Seele, bis endlich die Müdigkeit die aufgeregte Phantasie besiegte und ich mit wirr durcheinanderverwobenen Bildern arabischer Märchen und deutscher Wirklichkeit entschlummerte.

Der Schlaf war jedoch nur von kurzer Dauer; die erste Morgenröthe brachte Leben in die schlafenden Gruppen und hieß auch uns das Lager verlassen; und das war gut, denn als wir uns erheben wollten, fühlten wir uns ganz gelähmt und unsere Kleider durchnäßt. So stark ist in diesen Gegenden der Thau und die Wärmeabnahme in der Nacht. Wir konnten nur mit Mühe den Gebrauch unserer Gliedmaßen wiedergewinnen und fürchteten die schlimmsten Folgen für unsere Gesundheit; allein ein warmer Kaffee, die steigende Sonne und ein Morgenritt von einigen Stunden brachte alles wieder ins Gleichgewicht.

Wie erleichtert waren sie, als sich ihnen Aleppo am nächsten Tag mit seiner weithin sichtbaren Zitadelle ankündigte! Aber es dauerte noch einmal Stunden, bis sie die Stadt in der Wüste unter sich liegen sahen, ein riesiges Steinmeer, aus dem die schlanken Minarets gleich Nymphen aus dem Bade hervorsteigen und so die Einförmigkeit anmuthig unterbrechen.

Mythen, Gespenstergeschichten, Schicksalstragödie, Hauffs Märchen, *Entführung aus dem Serail* – in Paulines Reisenovelle klingen viele literarische Vorbilder an, die ihre Wahrnehmung modellierten. Bei ihren Erzäh-

Aleppo

lungen aus Aleppo fühlt man sich immer wieder an die ins Phantastische, Groteske, Irreale verrutschte Welt von E.T.A. Hoffmann erinnert.

Gleich nachdem sie bei Sonnenuntergang erschöpft und völlig ausgehungert in die Stadt gekommen waren, hatten sie einen gravitätisch einherstolzierenden europäischen Frack mit langen Schößen getroffen, der sich ihren Bitten um Hilfe bei der Quartiersuche stumm entzog. Unterkunft fanden sie schließlich in einem Stadtpalais, das dem englischen Konsulat als Gästehaus diente. Von seinem vormaligen Bewohner verlassen und seitdem vernachlässigt, hatte es etwas von einem Geisterhaus, mit großen leeren Gemächern, die noch Spuren von ehemaligem Luxus erkennen ließen, zerbrochenen Tellern, verrosteten Gabeln und Messern, zerrissener Tischwäsche und der ganzen zusammengesuchten Tafeleinrichtung. Der Hüter des Hauses war ein kleiner magerer Herr mit rothen Pantoffeln an den bloßen Füßen, einem langen dunkelblauen Kaftan, einem ungeheuer großen, schwarzen Turban und einem jesuitischen Gesichte. Er hieß Dimitri und stellte sich ihnen als armenischer Doktor von großem Rufe und eminenter Sprachkenner vor, war aber nur ein aufschneiderischer Bartscherer, wie sie von der dicht verschleierten, prachtvoll gekleideten Dame erfuhren, die unversehens eingetreten war und sie in ihre Wohnung einlud. Dort trafen sie den europäischen Frack wieder, der sie bei ihrer Ankunft so schnöde im Stich gelassen hatte. Er entpuppte sich als böhmischer Landsmann Helfers und war noch dabei, beschämt Entschuldigungen zu stammeln, als zwei weitere Böhmen auftauchten. Einer von ihnen war der Musikdirektor von Ibrahim Paschas Militärkapelle, und die ganze turbulente Begrüßungsszene am Ende dieses «tollen Tages» mündete stilvoll in ein Konzert ein. Wo vier Böhmen beieinander sind, löst das Gespräch sich bald in Musik auf; so auch hier. Die Instrumente waren rasch herbeigeschafft, und unter Herrn Klinger's Leitung wurden mehrere Quartette aufgeführt, denen Helfer Arien aus den neuesten hier noch unbekannten Opern folgen ließ. Bis tief in die Nacht dauerte unser improvisirtes Concert.

Am nächsten Morgen sahen sie die Stadt, die aus der Ferne einen so großartigen Anblick geboten hatte und in Paulines Vorstellung der Inbegriff orientalischer Pracht und Herrlichkeit gewesen war. Ihren Blicken bot sich ein Bild furchtbarster Zerstörung.

Das Erdbeben im Jahre 1822 hatte zwei Drittel der Stadt in Trümmer gestürzt, doch nicht, wie durch einen Brand zu geschehen pflegt, in formlose Aschenhaufen verwandelt, die keine Vorstellung von der einstigen Pracht zurücklassen, sondern große und glänzende Gebäudereste waren mitten unter den Trümmern stehen geblieben und ließen die Zerstörung im grellsten Lichte erscheinen. Da lag ein Prachtbau zur Hälfte danieder; der Luxus seiner innern Räumlichkeiten, in welche das Auge des Beschauers ungehindert eindringen konnte, gab Zeugniß von dem Reichthum und dem behaglichen Leben seiner ehemaligen Bewohner. Dort ragte unversehrt die halbe Kuppel einer prächtigen Moschee mit ihrem azurblauen und reich mit Goldsternen verzierten Gewölbe hoch empor, wie durch einen Schwertstreich von ihrer in Schutt verwandelten Hälfte getrennt. Die zerbröckelten Lehmwände elender Hütten lagen zwischen mehr oder minder zerstörten massiven Gebäuden, deren dunkle Granitblöcke wol einer Ewigkeit hatten Trotz bieten sollen und an deren Mauern Geschlecht auf Geschlecht, Völker auf Völker vorübergewandelt waren. Durcheinander gewürfelt war das Alte wie das Neue, das Große und Kleine, Palast und Hütte. Alle Unterschiede zwischen den Wohnungen der Menschen waren ausgeglichen. Doch der Mensch richtet die Schranken von neuem auf zum Herrschen und zum Dienen!

So hatten auch die Aleppiner trotz des Anblicks dieser furchtbaren und schon öfter, wenn auch selten in so hohem Grade wiedergekehrten Zerstörung sich von dem Schrecken erholt und fingen an, ihre Häuslichkeit wieder einzurichten. Neue Hütten und neue Paläste waren zwischen den Trümmern schon erstanden, und mit Geschmack hatte man zu dem ältern sarazenischen Stil manch Modernes hinzugefügt. Die endlosen Bazars waren wie ehedem reich mit Kaufgütern angefüllt. Indische Shawls, schwere mit Gold und Silber durchwirkte Seidenstoffe, persische Teppiche, indische Spezereien, europäische Baumwoll- und andere Manufacturwaaren, Edelsteine, echte Perlen, böhmische Glaswaaren, Tücher und Pelzwerk – alles fand hier wohl geordnet seinen Platz und eine stets hin- und herwogende Anzahl feilschender Käufer.

Doch der Eindruck eines florierenden Handelslebens verdeckte die großen wirtschaftlichen Probleme Aleppos, das nach einer Blütezeit als Knotenpunkt des Ost-West-Handels seine Bedeutung längst an Smyrna verloren hatte. Schon bald nach 1800 beklagte der Schweizer Reisende Johann Ludwig Burckhardt seinen Niedergang, für den er den Despotismus und die Gier der Paschas verantwortlich machte. Erst seien die umliegenden Dörfer verarmt, dann auch die Kaufleute von Aleppo durch mannigfaltige Ungerechtigkeit so bedrückt worden, daß man jetzt nichts als das Geschrey der Armuth höre. Es war hier wie vielerorts im Osmanischen Reich. Lokale Machthaber beuteten die Untertanen aus, und der ferne Sultan war zu schwach, dem Einhalt zu gebieten.

Neuen Aufschwung erhofften sich die Kaufleute von Aleppo zum einen von den segensreichen Folgen der Euphrat-Expedition, die in diesen Tagen in der Stadt viel besprochen und in ihrem Fortgang aufmerksam verfolgt wurde; zum andern gerade vom autoritären Regiment Ibrahim Paschas, der Sicherheit und Ordnung gewährleistete, Raub und Diebstahl bestrafte und die Beduinenhorden von den Thoren Aleppos in die Wüste zurückscheuchte, sodaß die Waren sicher in die Stadt gelangen konnten.

Pauline erlebte den Gefürchteten bei einem Ball, zu dem er als Ehrengast geladen war. Eine merkwürdige Veranstaltung, die ihr deutlich machte, wie weit weg Europa war, dessen Formen zwar noch buchstabiert, aber nicht mehr verstanden wurden.

Das Festlocal, obgleich ziemlich geräumig und glänzend beleuchtet, blieb doch weit hinter unserer Vorstellung zurück. Statt des glatten getäfelten Fußbodens eines europäischen Ballsaals lagen hier Teppiche ausgebreitet, von ausgesuchter Schönheit zwar, aber auch so weich, daß sie ein rasches Dahingleiten der Füße unmöglich machen. Das genirte indeß die

Ibrahim Pascha

aleppiner Tänzerinnen nicht; sie hatten auch zum Tanz ihre gelben Pantoffeln und den langsamen, schlürfenden Gang beibehalten, überhaupt keine leichte Balltoilette angelegt, vielmehr ihren gewöhnlichen Anzug durch Anhäufung von Schmuck noch mehr überladen. Herrn Klinger's Stab dirigirte eine Française, und auf und ab, vorwärts und rückwärts schlürften die Frauengestalten, unbekümmert um das Tempo der Musik, gravitätisch langsam über den Teppich. Vergebens bemühten sich einige jüngere Herren des französischen Consulats, Leben und Bewegung in den Tanz zu bringen; sie blieben vereinzelt mit ihren Pirouetten und Entrechats, und scheu machten ihnen die dichtgescharten Tänzerinnen zwischen ihren Reihen hindurch Platz.

Nach jeder Française war eine Pause, während welcher Scherbet und eingelegte Früchte umhergereicht wurden.

Serenissimus, von ziemlich corpulenter Gestalt mit strengen Gesichtszügen, grauem Barte, den Kopf mit dem rothen Fes bedeckt, saß auf einem erhöhten Sitze. Das Schauspiel schien ihn zu belustigen; da fielen seine Augen auf Helfer und mich, die wir uns etwas abgesondert hielten. Der Anblick von Europäern in dem Mamlukenanzuge, der Tracht seiner Garde, frappirte ihn. Er fragte nach unserm Herkommen, und als man ihm darüber Auskunft gegeben hatte, äußerte er den Wunsch, uns näher zu sehen. Natürlich beeilte man sich, uns ihm vorzustellen. «*Inch allah!*» rief er aus, «die Frau hat Muth!» «Wie gefällt es Ihnen hier?» ließ er durch seinen Dolmetsch fragen, da er selbst sich der türkischen Sprache nicht bedienen wollte. «Ganz gut», ließ ich ihm erwidern. Als aber Helfer im weitern Gespräche bemerkte, ob es Sr. Hoheit nicht Vergnügen machen würde, Europa zu sehen, zogen sich seine Augenbrauen zusammen, und mit strengem Tone antwortete er: «Ich bin so wie ich bin für meine Länder gut genug!» Wahrscheinlich hatte er die Frage gedeutet, als solle er in Europa noch lernen.

Ich bat darauf um Erlaubniß, den Damen seines Harems einen Besuch abstatten zu dürfen. «Was wollen Sie bei den *Frauen*?» sagte er. «Sehen Sie sich lieber meine Soldaten an; morgen ist Parade.» Und wirklich habe ich diese Parade gesehen, die bunteste, die es geben kann an Verschiedenheit der Physiognomien und durcheinandergewürfelten Trachten! Aber die Soldaten waren unter Anleitung französischer Offiziere tüchtig einexercirt. Noch bewundernswerther war jedoch die Leistung unsers Landsmanns Klinger, der aus Mohrenknaben und jungen Abyssiniern in kurzer Zeit eine vortreffliche Musikbande eingeschult hatte und uns zu Ehren heute nur deutsche Märsche von ihr spielen ließ.

Als wir den heimischen Klängen noch lauschten, kam Se. Hoheit an uns herangesprengt und rief uns selbstgefällig zu: «Nun, wie gefällt es Ihnen?» Dann war er verschwunden.

Wenig später lernte sie, beim Frühstück im oasenhaften, üppig bepflanzten Innenhof ihres Stadtpalais, auch Offiziere von der Euphrat-Expedition kennen, die auf dem Rückweg von ihrer gefährlichen Mission ebenfalls im Gästehaus des Konsulats abgestiegen waren.

Die kleine Truppe bestand aus Lieutenant Linch, dem Zweiten im Commando der Expedition, einem gewandten Diplomaten und vollkommenen Kenner orientalischer Sprachen; seinem Bruder, Kapitän in der ostindischen Armee, Dr. Staunton und Mr. Elliot. Letzterer war ein Mittelding zwischen Asiaten und Europäer. Dieser Pseudoderwisch trug einen groben grauen Kittel, einen breiten Gürtel um den Leib, zwei große Pistolen darin, ein Tuch von Kamelhaaren um den Kopf und ein paar Stiefel von rothem Leder, das Zeichen eines verfeinerten Heiligen, denn ein echter Derwisch schreitet barfuß über den glühenden Fußboden. Eine Gazellenhaut, über die Schulter geschlagen, diente ihm als Mantel und zum Lager. Edle feine Gesichtszüge und ein belebtes dunkles Auge deuteten auf höhere Bildung, als der grobe Anzug erwarten ließ. Seine Schicksale, mit denen er uns bald bekannt machte, gewannen ihm unser Interesse. Er gehörte zu denjenigen Menschen, die, von der Natur reich begabt, aber von der menschlichen Gesellschaft zurückgesetzt, im steten Kampf mit derselben leben und in ihm siegen oder untergehen.

Die Herren bezeigten auch für uns lebhafte Theilnahme, nachdem wir ihnen unsere Plane und Erlebnisse mitgetheilt hatten. Besonders ritterlich begegnete uns Lieutenant Linch. Er hatte Asien vielfach durchreist, und zu der guten englischen Erziehung gesellten sich bei ihm Geschmack für asiatische Gastlichkeit und orientalischen Luxus, der überdies dort zu einem gewissen Ansehen nothwendig ist. Vollkommen vertraut mit dem Charakter, den Schlichen und Ränken türkischer Beamten, war er ganz geeignet, mit ihnen durch Anwendung gleicher Mittel fertig zu werden, weshalb er auch häufig zu Unterhandlungen mit denselben verwandt wurde. Wie wir, hatte auch er die nationale Mamlukentracht angelegt, doch mit dem Unterschiede, daß die seine reich mit Stickerei versehen war. Unsere afghanischen Begleiter fielen ihm auf; er betrachtete sie anfänglich mit Mistrauen. Zu meiner Freude und Beruhigung aber erwiderte er mir auf mein Befragen nach dem Grunde seines Argwohns: «Die Erscheinung der beiden Männer hat mich bei meiner Kenntniß der Asiaten sehr überrascht, und ich war in der That geneigt, sie für Schwindler zu halten, deren es hier so gut wie in Europa gibt; ich bin aber jetzt überzeugt, daß sie der Klasse ehrenhafter Asiaten angehören, die ihr gegebenes Wort heilig halten und die Vorschriften des Korans gewissenhaft befolgen; mit diesen können Sie ruhig reisen!»

Wenn auch unser Vertrauen bereits festgewurzelt war, so that dieser Ausspruch von einem so gewiegten Kenner doch sehr wohl und verscheuchte jeglichen Anflug von Besorgniß.

Helfers und ihre Freunde hatten vor, sich in Aleppo einer Karawane anzuschließen, die sie ihrem Reiseziel näher bringen würde, aber wie Pauline nicht sehr glaubwürdig behauptet, seien Wochen vergangen, ohne daß sich die Aussicht auf eine Mitreisegelegenheit geboten hätte. Umso willkommener war uns die Einladung des Lieutenants Linch, die unangenehme Zeit des müßigen Harrens mit einer Excursion nach Port William zu verkürzen, wohin er zurückzukehren im Begriffe stand. Wir nahmen seine freundlich gebotene Einladung mit großem Vergnügen an; waren wir doch ebenso begierig, den mächtigen Fluß zu sehen, der Vorderasien von Norden bis zur Südspitze durchströmt, als Augenzeugen von der Eröffnung der Dampfschiffahrt auf dessen Gewässern zu sein.

Damenkabine

Der Expedition drohte das Geld auszugehen. Chesney hatte schon auf eigenes Risiko von Banken und reichen Freunden 2000 Pfund ausgeliehen, als Anfang September aus London die Nachricht eintraf, daß die Regierung dem Unternehmen weitere 5000 Pfund bewilligte. Der Transport auf dem letzten Streckenabschnitt zwischen Murad Pascha und Port William war noch längst nicht abgeschlossen. Die ersten schweren Regenfälle des Herbstes verwandelten den Boden in grundlosen Morast, über den die schweren Lasten kaum fortzubringen waren. Währenddessen hämmerten die Arbeiter in Port William die «Euphrates» zusammen, und obwohl noch wichtige Teile fehlten, wurde sie am 26. September vom Stapel gelassen. Weil die Ufer des Euphrat etwa acht Meter über dem Wasser lagen, mußten drei Rutschen gebaut werden. Das Schiff raste mit alarmierender Geschwindigkeit nach unten und sprang geradezu in den Fluß, so daß das Wasser hoch aufspritzte, wie Chesney berichtet. Doch alles war völlig sicher, und die erstaunten Ausrufe von Tausenden von Zuschauern begleiteten den für sie unglaublichen Anblick von schwimmendem Eisen. Ihnen zu Ehren und um das gemeinsame Interesse an dem Projekt zu demonstrieren, hatte Chesney neben dem *Union Jack* auch die türkische Flagge mit dem Halbmond aufziehen lassen. Im Anschluß gab es eine kleine Feier, with moderate conviviality on the part of ourselves and men.

Ein paar Tage später brach Lieutenant Lynch mit seinen Gästen nach Port William auf.

An einem heitern Octobertage verließen wir Aleppo. Wir bildeten einen ansehnlichen, Respect einflößenden Trupp. Voran ritten zwei türkische Kawasse in reicher Tracht, wohl ausgerüstet mit Flinten und Pistolen und mit dem silbernen Stabe, dem Zeichen ihrer Würde, versehen. In gemessener Entfernung folgte Lieutenant Linch, mir den Ehrenplatz zu seiner Linken gebend, dann die übrigen Herren. Mir machte der Ritt in der stattlichen Begleitung, so verschieden von unserer bisherigen Reiseart, viel Vergnügen, um so mehr, als die Gegend nördlich von Aleppo reicher cultiviert ist.

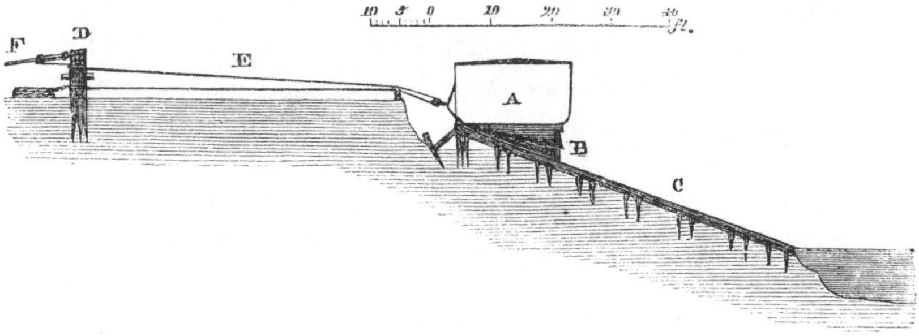

Die «Euphrates» wird vom Stapel gelassen

Als sie am Abend einen Kurdenstamm erreichten, waren Nachtquartier und ein reichliches Mahl schon vorbereitet, mit Pilaw, saurer Milch, Aprikosenmarmelade und frischer Butter, welches Gericht Pauline ganz ausgezeichnet fand. Das Fladenbrot, das es dazu gab, buken ihre Gastgeber nicht nach Estcourts Rezept auf einer eisernen Platte über dem Feuer, sondern wegen der Armuth an Brennmaterial auf einem strohreichen, hartgetrockneten Fladen von Kuhdünger; der Teig wird nämlich, der Form des Kuhfladens angepaßt, darauf gelegt, und dieser sodann angezündet; sobald er verbrannt, ist das Brot fertig; ziemlich grau und zäh, wird es zugleich als Teller und Gabel benutzt, indem man vom Rande ein Stück abbricht, es zwischen die drei Finger der rechten Hand nimmt, damit aus der Schüssel schöpft und es mit dem Ausgeschöpften zugleich verzehrt. Obgleich man uns zu Ehren, und um die vorgeschrittene Cultur zu zeigen, alte verrostete und lange nicht gereinigte Gabeln hervorgesucht hatte, schienen mir diese doch weit weniger appetitlich als die vor jeder Mahlzeit sorgsam gewaschenen Hände der Menschen, die überdies so geschickt und anständig die Speisen mit den Brotstücken herauszuholen verstehen, daß keiner den Platz des andern berührt. Unser Wirth, von Lieutenant Linch dazu aufgefordert, hatte nebst einigen der Vornehmsten seines Stammes uns gegenüber Platz genommen; und so saßen wir im Kurdenzelte, das gemeinsame Mahl mit den Fingern aus der Schüssel langend, und ließen es uns wohlschmecken.

Diese Lebensgewohnheiten mögen Europäern recht unappetitlich erscheinen, in Wirklichkeit sind sie es nicht. Die asiatischen Völker bewahren in allem ihrem Thun und Hantieren so viel Anstand und Würde, daß nichts bei ihnen roh und gemein erscheint. Unsere Kurden bewiesen ihr

Taktgefühl auch darin, daß keine Miene ihr Widerstreben verrieth, mit einer Frau gemeinsam das Mahl zu nehmen, während sie doch ihre Weiber streng davon ausschließen. Obgleich diese bei ihnen wie überall bei dem Landvolke, wo die Frauen fast alle gröbern Arbeiten verrichten, auch frei und unverschleiert umhergehen und daher keine so strenge Abgeschiedenheit der Geschlechter stattfindet als in den Städten, dürfen doch die Weiber nicht mit dem Manne die Mahlzeit theilen, sondern müssen ihn dabei bedienen.

Am zweiten Tag ritten sie viele Stunden durch eine karge, sandige, steinige Landschaft, wo kein Baum, keine Pflanze dem dürren Boden entspringt, kein Gebirge, kein Hügel den Horizont begrenzt, selbst ein Dorf erst in nächster Nähe an den schwarzen Thüröffnungen in den von Lehmerde zusammengebackenen Häusern bemerkbar wird und der blaue wolkenlose Himmelsbogen in ununterbrochener Linie auf der graubraunen Erdkugel zu ruhen scheint. Diesmal übernachteten sie bei einem Stamm von Turkomanen, die ein großes, schwarz-weiß gestreiftes Zelt für sie vorbereitet hatten und sie mit höflichem Zeremoniell empfingen. Lieutenant Lynch, der die Rolle des Chefs mit vieler Würde spielte, nahm den Ehrenplatz ein. Pauline wurde neugierig beäugt; daß Lynch ihr als besondere Aufmerksamkeit die erste Tasse Kaffee reichte, zog alle Männerblicke auf sie. Er stellte mich, dies wahrnehmend, als seinen jüngeren Bruder vor und schnitt damit jede weitere lästige Forschung ab. Der Besuch des Frauengemachs blieb ihr deshalb verwehrt.

Doch sah ich genug von den unverschleierten Schönen, die, ebenso neugierig wie ich, oft zwischen den Falten des Vorhanges hindurchguckten und später, bei Bereitung der Abendmahlzeit, außerhalb des Zeltes umhergingen, um keinen zu hohen Begriff von ihren Reizen zu erhalten. Auf ihnen ruht die gröbere und niedere Arbeit. Der Ausdruck ihres Gesichts ist trotz der stechend schwarzen Augen stumpf und ohne geistige Regsamkeit; und sie sind weniger gut und sauber gekleidet als die Männer. Der Schmuck, auf den sie den meisten Werth legen, sind Ringe in den Ohren und ein mit Glasperlen besetzter Ring von besonderer Größe im rechten Nasenflügel. Goldmünzen lassen sie von ihren hohen, nach oben breiten Mützen herabhängen. In dem sonst unbedeckten Gesichte verhüllen sie nur den Mund mit einer breiten Binde.

Wie anders zeigten sich die Männer, stattliche, kräftige und würdevolle Erscheinungen, die ein freies, ungebundenes Leben im Sattel führten. Der

Scheich, der ihnen am nächsten Morgen mit einigen Getreuen das Geleit gab, bot den Fremden eine beeindruckende Vorstellung kriegerischer Kühnheit und brillanter Reitkunst. Mit langen Flinten bewaffnet, Pistolen im Gürtel und in den Händen Speere mit großen bunten Büschen an der Spitze, die lustig im Morgenwinde flatterten, auf schnellfüßigen Pferden von edler Abkunft reitend, die weiten weiß- und schwarzgestreiften Mäntel in reichen Falten über die Schultern geschlagen, glichen sie einem Trupp Ordensritter voriger Jahrhunderte. Einige trugen Falken auf dem Arme, deren große kluge Augen mit dem Hut zur Vogeljagd bedeckt waren. Wer hätte sich nicht ins Mittelalter versetzt glauben sollen!

In der Entfernung zeigten sich Antilopen, in Heerden beisammen weidend, die bei unserer Annäherung mit Windesschnelle auseinanderflohen. Die armen waffenlosen Thiere mit dem schön geformten Köpfchen und den sanften bittenden Augen finden ja nur Rettung in ihrer Schnelligkeit. Große Schwärme verschiedenartiger Vögel zogen lautlos dem Süden zu; so lärmend sie im Frühjahr ihre Rückkehr ankündigen, so still verlassen sie im Herbst die Gefilde ihrer Brütezeit. Nur der Hufschlag der Rosse auf dem harten Gestein unterbrach die lautlose Stille. Um die Gewandtheit der Reiter und die Schnelligkeit der Pferde recht anschaulich zu zeigen, gab der Scheikh seinen Leuten den Befehl, eine Jagd auf das vor uns fliehende Wild anzustellen. Kaum war das Wort gesprochen, als zehn Reiter wie auf Flügeln des Windes davoneilten, immer weiter voneinander sich trennend, dann einen Halbcirkel bildend, bis sie uns ganz aus dem Auge entschwanden. Nach einer kleinen halben Stunde, während welcher wir unsern Weg im Schritt fortgesetzt hatten, kehrten einige der Jäger in mäßigem Galop zurück; quer über dem Kreuz eines ihrer Pferde hing, leblos aber unverwundet, eine Antilope: sie war durch keine Waffe erlegt, sondern niedergeritten worden! Bald sollten wir diese Art, das Wild zu erlegen, in der Nähe sehen. Auch die übrigen Jäger kamen aus weiter Ferne, hin- und herkreuzend, wieder heran. Es schien als suchten sie etwas; plötzlich tauchten unweit von uns zwei Thiere auf, es waren zwei junge Wildschweine; im raschesten Laufe sprengten die Jäger darauf los, trieben sie vor sich her und ritten sie dicht vor unsern Augen nieder, sodaß sie von den Hufen der Pferde getödtet wurden. Nie hätte ich geglaubt, ein Pferd könne dahin abgerichtet werden, ein lebendes Wesen todtzutreten; diesen Pferden schien das aber eine gewohnte Procedur zu sein, die sie willig, ich möchte sagen mit Mordlust, verrichteten.

Mit stiller Feier begrüßte Pauline den Euphrat, dessen klares, schnellströmendes Wasser die Landschaft wie ein Bandstreifen durchschlängelt, als den Zeugen und Genossen der ältesten und merkwürdigsten Begebenheiten der Menschengeschichte. Unverändert nimmt er seit Jahrtausenden seinen Lauf, Segen spendend, gleichviel ob und von wem derselbe genossen wird. Jetzt haust an seinen Ufern ein buntes Gemisch halbcivilisirter, theils ackerbautreibender theils nomadisirender Stämme. Hundertfältig lohnt der fruchtbare Boden die geringe Mühe, die auf seine Cultur verwandt wird. Warum sollten auch seine Besitzer nach höherem Ertrage streben? Sie arbeiten ja doch nur, die ungezügelte Habgier ihrer Bedrücker zu befriedigen, oder von raublustigen Beduinen ausgeplündert zu werden!

Lieutenant Lynch hatte einen Boten vorausgeschickt, um Chesney die Ankunft der Gäste zu melden. Der Colonel bereitete ihnen einen sehr höflichen Empfang, bedauerte, daß er ihnen wegen der vorgerückten Stunde nur ein Feldlager bereiten könne, und ließ zwei Zelte für sie aufschlagen. Er selbst wohnte mit einigen Offizieren spartanisch in einem Haus aus gestampfter Erde mit flachem Dach und Fensterlöchern. Am nächsten Tag, einem Sonntag, fand Helfer Gelegenheit, dem Obersten über die Beweggründe zu unserer Reise, über sein Verlangen, das noch ungekannte Innere Asiens zu erforschen, nähere Mittheilungen zu machen. Sei es, daß Helfer's Forschungstrieb einem gleichen Streben des Obersten begegnete, sei es, daß der feste ausdauernde Wille, mit welchem wir beide das uns gesteckte Ziel verfolgten, die Sympathie desselben erweckte und er in Helfer einen Mann erkannte, welcher der Expedition nützlich werden konnte: genug, er lud uns zum Bleiben ein, als wir uns zum Aufbruch nach Birjick rüsteten, indem er zugleich ernstlich vorschlug, wir sollten die beschwerliche Landreise nach Bassora aufgeben und uns der Fahrt mit dem Dampfboot anschließen, vorausgesetzt, Helfer sei geneigt, seine naturwissenschaftlichen Kenntnisse der Expedition während der Fahrt zugute kommen zu lassen. Unsern Afghanen wurde freigestellt, als Passagiere die Reise mitzumachen, oder allein zu Lande nach Bassora zu gehen, um dort wieder mit uns zusammenzutreffen.

Wiederum trat ein entscheidender Moment an uns heran, dessen Tragweite wir damals nicht ermessen konnten, der aber für unsere weitere Reise, ja für unsere ganze Zukunft von den eingreifendsten Folgen wurde.

Das größere Dampfboot, Euphrat, war, obwol noch unvollendet, von Stapel gelassen; man hoffte in sechs Wochen zur Abfahrt fertig zu sein. Die

Mitglieder der Expedition, eigens dazu auserlesene, gebildete, kenntnißreiche Männer, hatten uns Vertrauen und Hochachtung eingeflößt. Alle verhießen mit unbedingter Zuversicht eine interessante Fahrt. Wie hätten wir uns nicht glücklich schätzen sollen, daran theilzunehmen und den Beschwerden einer Landreise, die wir zur Genüge gekostet hatten, zu entgehen! Dankbar nahmen wir die Aufforderung des Obersten an und betrachteten uns von da an als zur Expedition gehörig.

Das ist Paulines Version. Chesney allerdings berichtet, die Helfers seien in der Absicht nach Port William gekommen, mit uns den Fluß hinabzufahren, und hätten der Expedition dafür ihre wertvollen Dienste angeboten: der Doktor seine Kenntnisse in Geologie und anderen Wissenschaften und Mrs. Helfer ihre botanischen Fähigkeiten. In jedem Betracht war dies eine sehr willkommene Bereicherung unserer Gesellschaft, und da die Damen-Kabine fast fertig war, waren wir in der Lage, die notwendige Unterkunft zur Verfügung zu stellen. Es war natürlich die für ihn selbst bestimmte Kajüte, die Chesney in der ihm eigenen Ritterlichkeit zur *ladies' cabin* umwidmete.

Wem sollen wir glauben? Wohl Chesney. Es ist sehr wahrscheinlich, daß Helfer, ehrgeizig wie er war, mit beiden Händen zugriff, als sich ihm die einmalige Chance zur Teilnahme an einem so spektakulären Unternehmen bot. Allerdings wird ihn Chesney in diesem Wunsch und Entschluß bestärkt und das in seinen Berichten lieber verschwiegen haben. Schließlich war die Anwesenheit von Ausländern bei einem militärisch motivierten Unternehmen nicht ganz unproblematisch.

Das Verhältnis zwischen Helfers und den Prinzen war mittlerweile abgekühlt. Die Afghanen hielten deutlich Distanz zu den Engländern, was sich Pauline durch das politische Verhältniß ihres Landes zu der englischen Regierung plausibel erklären konnte. Sie fand es deshalb auch natürlich, sah es vermutlich nicht ungern, daß die beiden, gelangweilt und des Wartens müde, sie fürs erste verlassen und zu einem längeren Ausflug aufbrechen wollten. Verabredungsgemäß, wie Pauline kryptisch schreibt, übergaben Helfers ihnen zum Umtausch ihr ganzes Reisegeld in türkischer Währung und nahmen dafür einen werthvollen Schmuck als Sicherheit in Empfang.

Aus Estcourts Briefen 8

Killis. 25. Oktober 1835. Montag.

Mein lieber Vater,

indem ich Dir von meiner Krankheit berichte, bin ich froh, Dir mitteilen zu können, daß es mir wieder gut geht. Mit mir ist jetzt alles wieder wie zuvor, nur meine Kräfte haben nachgelassen. Das Fieber hat mich attackiert; es packte mich, während ich eine Karawane mit unserer schwersten Ausrüstung vorbereitete, drei Kessel, jeder fast drei Tonnen Gewicht, nebst anderen schweren Dingen. Diese Anstrengung, davor ein Tag mit Hämmern, um einen zusammengebrochenen Karren zu reparieren, dann das Sitzen bis spät in die Nacht bei einer Hochzeitsfeier in dem Dorf, wo wir uns aufgehalten haben, gefolgt von einer Stunde Reiten, um eine bestimmte Quelle zu erreichen, bei der ich und meine Diener schliefen und wo es morgens bitter kalt war, all das brachte eine Disposition zur Krankheit zur Krisis. Am nächsten Tag wurde ich müde, aber ich brachte alle meine Vorbereitungen für die sichere Reise meiner Karawane nach Port William zum Abschluß; dann am nächsten Tag, nach einer weiteren ziemlich kalten Nacht draußen, fing ich an, mich unwohl zu fühlen; trotzdem reiste ich weiter in Richtung dieses Ortes, wo ich Geschäfte zu erledigen hatte; allmählich verschlechterte sich mein Zustand, die Hitze der Sonne war sehr stark und zwang mich schließlich dazu, abzusteigen und eine halbe Stunde zu schlafen. Ich ritt weiter und erreichte mit Mühe die Außenbezirke dieser Stadt; zu dieser Zeit war ich sehr schwach und zittrig; ich verbrachte die Nacht unter einem Baum; am nächsten Tag ging es mir schlechter, und ich zog in ein Haus, wo ich jetzt bin. Das Fieber hat sich nun festgesetzt, aber mein guter Gesundheitszustand vorher und Heilmittel haben mich völlig wiederhergestellt. Der Colonel schickte mir sofort einen Arzt, als ihn die Nachricht erreichte, und wäre selbst gekommen, wenn es ihm möglich gewesen wäre, aber das Fieber hatte schon nachgelassen, bevor die Gentlemen ankamen, dennoch war die Hilfe, die sie mir leisteten, sehr groß: Nach zwei Tagen war ich wiederhergestellt, und jetzt geht es mir gut. Morgen werde ich wieder zu meinem Posten aufbrechen.

James Bucknall Bucknall-Estcourt, 1855

Der ärztliche Gentleman, der zu mir geschickt wurde, ist ein Deutscher von der neuen Schule kleiner Dosen, «Harniman». Seine Apotheke ist nicht einmal so groß wie dieses Blatt Papier, ein kleiner Kasten voller kleiner Fläschchen, die die kleinsten Atome von Pillen enthalten; die Wirkung dieses Verfahrens ist höchst erstaunlich.

Nachdem ich jetzt mit meinen eigenen Krankheiten fertig bin, will ich Dir von unserer Expedition berichten. Alles ist nun entweder in Port William oder Murad Pascha; Antiochia und Suedia sind, Gott sei Dank, leergeräumt. Murad Pascha wäre auch bald geräumt, wenn wir dort nur Bullen bekommen würden. – Dennoch, wir haben schon mit größeren Schwierigkeiten kämpfen müssen. Ohne Zweifel werde ich es mit Geduld und noch ein wenig mehr Ausdauer schaffen, den Rest unserer Ausrüstung von Murad Pascha aus vorwärts zu bewegen. Die «Euphrates» ist vom Stapel gelassen worden und ist, wie ich höre, ein schönes Schiff. Wir haben schon indische Prinzen, die auf eine Passage warten, sie sind auf dem Weg in ihr Heimatland, nachdem sie einige Zeit in England verbracht haben. Außerdem ihre Gefährten, der deutsche Gentleman, der sich um mich gekümmert hat, und seine Frau, beide sehr jung und angenehm, diese sind unterwegs auf einer fünfjährigen wissenschaftlichen Reise; sie haben vor, in die fernsten Winkel vorzudringen. Kürzlich schickten wir ein paar Männer zum Besuch arabischer Stämme flußabwärts über Land, sie gingen nach unten und kehrten mit sehr günstigen Berichten zurück. Zum Glück für uns hat Ibrahim Pascha kürzlich einen Kavallerietrupp gegen die Anaza-Araber, die größten Räuber der Wüste, geschickt und sie völlig überwältigt, ganze Dörfer niedergebrannt, mit Vieh und ihrem ganzen Besitz. Das wird die Ufer des Flusses sicher und unsere Fahrt weniger beschwerlich machen.

So setzen wir unsere Bemühungen fort, unsere Boote fertigzumachen, unter vielen Schwierigkeiten und großen Anstrengungen. Das hat viel Zeit gekostet, weit über die Erwartungen der größten Pessimisten hinaus, mehr, als sicherlich der Fall gewesen wäre, wenn Ibrahim Pascha guten Willens gewesen wäre und die Behörden seinen Befehlen ehrlichen Gehorsam geleistet hätten. Trotzdem, wir werden es schaffen und haben um so mehr Grund, mit unseren Bemühungen zufrieden zu sein, und auch einigen Trost, wenn wir daran denken, daß diejenigen, die von uns genommen wurden, fünf sind es jetzt, sich für kein unbedeutendes Unternehmen geopfert haben.

Wir hatten zeitweise sehr viele Kranke, sodaß nur wenige übrigblieben, um die Arbeit fortzusetzen; ich war einer dieser wenigen Glücklichen, und niemals zeigte ich auch nur einen Moment lang Schwäche; in der Sonnenhitze war ich beständig im Sattel und schlief unter freiem Himmel und saß mit den Einheimischen zusammen, bis zu dieser unseligen Unternehmung, bei der es mich erwischte, obwohl ich auch hier wieder Glück hatte; andere leiden beständig an Wechselfieber, mit täglichen Anfällen, werden immer schwächer und kränker, sind unfähig zu arbeiten. Ich kehre morgen zu meinem Posten zurück und will und werde bald wieder stark sein. Dieses, mein lieber Vater, ist ein Leben nach meinem Geschmack, ich liebe diese Aufregungen, die Aktivität, den Unternehmungsgeist, all das Neue und Interessante, unsere Mühen haben ein wichtiges Ziel, wir sind alle auf uns selbst zurückgeworfen, dem Gedanken folgt die Tat und das um keines unbedeutenden Ergebnisses willen.

Aleppo, 5. November 1835. Donnerstag.

Der erste Teil dieses Briefes war aus Killis und wurde geschrieben, als ich gerade anfing, mich von einem Fieber zu erholen. Ich hatte zu der Zeit gehofft, ich könne sofort an meinen Posten zurückkehren, aber der Colonel bestand darauf, daß ich Ruhe bräuchte, und ließ mich nach Birecik kommen. Doch da ich annahm, daß ich hier bei den Behörden nützlich sein könnte, entschloß ich mich, vor der Rückkehr nach Port William Aleppo zu besuchen. Ich bin nun seit einer Woche hier, in der mir das Fortdauern guter Gesundheit nicht völlig beschieden war. Nach meiner ersten Wiederherstellung dachte ich, daß alles vorbei sei, aber die Stürme ließen eine große Schwäche und eine Neigung zu Schüttelfrost zurück, was durch den nun einsetzenden Regen zugenommen hat. Heute geht es mir ziemlich gut, und ich werde nach Birecik aufbrechen.

Gestern erreichte mich ein Brief von Willy, der aus Beirut datiert ist; außerdem habe ich durch unseren Konsul in Damaskus von ihm gehört. In seinem Brief sagt er, daß er mit etwa sieben Kameraden zusammen ist und daß ihr Weg nach Damaskus, Jerusalem, Kairo und dann nach Malta führt. Ich hoffe, daß er es nicht unmöglich finden wird hierherzukommen.

Ich muß feststellen, daß die Angelegenheiten im Parlament weit davon entfernt sind, Anlaß zur Zufriedenheit zu geben, und außerhalb des Parlaments ist es noch viel schlimmer. Unter der Generalität von O'Connell und anderen von seiner Sorte scheint ein Krieg gegen das Oberhaus begonnen zu haben. Auch die auswärtigen Angelegenheiten bieten viel Stoff zum Nachdenken, alles läßt erkennen, wie wenig Kontrolle die Sterblichen über die Ereignisse haben, die oben beschlossen werden und zu den Resultaten führen, die von dem Allwissenden gewollt und durch die Allmacht des göttlichen Lenkers dieser Welt bewirkt werden.

Port William, 11. November 1835. Mittwoch.
Ich bin hier vorgestern angekommen, glücklicherweise ohne Regen, den es jetzt fast täglich gibt und der uns noch größere Schwierigkeiten befürchten läßt, als wir ohnehin schon hatten.

Wir haben das große Boot fertig, ausgenommen drei Kessel und die Beplankung des Decks, die an Land gemacht wird. Ein Kessel von den dreien ist in Reichweite von acht Stunden, die andern zwei müssen auch kommen. Man wird dann überlegen müssen, ob es nicht besser ist, den Fluß mit einem Schiff abwärts zu fahren, statt zu warten. Ich darf sagen, daß diese Überlegungen bereits angestellt wurden und daß wir unsere Reise ohne Verzögerung beginnen werden, sobald die «Euphrates» fertiggestellt ist. Wir alle sehen mit der größten – was soll ich sagen, nicht Ungeduld, denn wir haben schon zu lange auf das Hauptziel unseres Unternehmens geblickt und sind zu lange daran gewöhnt, uns auf die unmittelbar wichtigen Aufgaben zu konzentrieren, um jetzt Ungeduld zu verspüren; aber wir sehen mit sehnsüchtigem Verlangen und ruhigem Ernst der schließlichen Vollendung dieses einen Schiffes «Euphrates» entgegen.

Ich muß nun dringend aufhören; dieser Morgen hat uns das siebente Mitglied unserer Gruppe geraubt; ein sehr wertvoller Mann mit sehr nützlichen Kenntnissen in der Kunst des Minenlegens. Sie wären uns erhalten geblieben, wäre unsere Regierung besser behandelt worden: Böswillig oder schlimmer! es ist das Verhalten eines prinzipienlosen, niederträchtigen, gerissenen Anführers, ärger, als man ihn unter Wilden findet, das so sehr zu unserer schwierigen Lage beigetragen hat. Ibrahim Pascha, der willige Handlanger eines verräterischen Vaters, Mehemed Ali, unterstützt von den überaus schädlichen und bösartigen Einflüsterungen *Rußlands* (als Urheber von allem), hat so gehandelt, daß, während er allem Anschein nach dem Ferman des Sultans gehorchte (für den Augenblick ein sehr verehrter Herrscher), er zugleich mit ausgesucht raffiniertem Verrat ein System des *passiven Widerstandes* ersonnen und geplant hat, das unsere größten Anstrengungen vorwärtszukommen nahezu gelähmt hat. – Möge Europa in den Besitz der Fakten kommen, die von dieser Expedition berichtet werden können, und dann überlege jede Regierung gut, bevor sie sich auf Verträge mit einem Anführer einläßt, der in dieser Weise imstande ist, seine festen Versprechen zu brechen. Zweifellos wird all das eines Tages bekannt werden, und ebenso zweifellos wird ganz Europa «Schande» rufen oder sagen: «Das ist unmöglich!» – Doch je eher es bekannt wird, desto besser, und wenn ich Zeit oder Neigung hätte, für die Öffentlichkeit zu schreiben, dann würde ich einen so beißenden Bericht schicken, daß vielleicht sogar der Oberverräter in seinem Loch in Kairo Scham empfinden würde, wenn er ihm übersetzt würde; Scham nicht wegen seines Verhaltens, sondern weil es der Welt offenbar geworden ist. –

Jetzt will ich dieses Thema verlassen und zu mir zurückkehren. So trügerisch ist hier das Wohlbefinden für die, die das Fieber gehabt haben, daß eine kleine Änderung des Wetters eine Rückkehr des Fiebers bewirken kann. So ist es mit mir. Vorgestern abend wurde ich plötzlich von Schüttelfrost befallen, weil Regen in der Luft lag; ich war nicht krank, aber ich fror; in der Nacht das gleiche; am Morgen viel schlimmer; ich ging zu Bett; den ganzen Tag unwohl; am Abend besser; in der Nacht starkes Schwitzen und am Morgen bei schönem Wetter wieder völlig wohl. Ich wage die Behauptung, es wird nicht wiederkommen. Ich kann nicht glauben, daß solches Wohlbefinden oft trügerisch sein kann.

Am Ende dieses ziemlich verzweifelten Briefes bat Estcourt den Vater um Malutensilien, Skizzenblöcke, Pinsel – und all die Farben, die er für seine stimmungsvollen Landschaften brauchte: Ultramarin, Kobalt und Indigo, Indisch Gelb, Ockergelb, Gebranntes Siena, Umbra, Braun; Krapprot, Karmesinrot, Zinnoberrot, Venezianisch Rot, Indisch Rot und Weiß.

Promenaden

Nach der Abreise von Helfer, den Chesney an Estcourts Krankenlager geschickt hatte, war Pauline allein in Port William zurückgeblieben. Sie wird sich ziemlich einsam und verlassen gefühlt haben. Tapfer versuchte sie, sich die Zeit im öden Lager mit Englischlernen, Lektüre, Schreiben und Zeichnen zu verkürzen. Zwei Bäume, die einzigen in der Umgegend, waren das Ziel meiner täglichen Promenade, und die Zuvorkommenheit und Fürsorge, welche der Oberst mir in dieser peinlichen Lage erwies, erleichterte mir dieselbe gar sehr. Immer werde ich dankbar der zarten Rücksicht eingedenk sein, mit welcher er mich fast täglich auf meinem einsamen Gang begleitete. Obwohl selbst unwohl, von Fieber geplagt und vielseitig beschäftigt, fand er zu dieser Pflicht der Courtoisie dennoch Lust und Zeit.

Aus diesen Spaziergängen ließe sich eine kleine melancholische Romanze spinnen. Man sieht sie vor sich, die hochgewachsene junge Frau in ihrem Mameluckenanzug und den kleinen dünnen kranken Oberst an ihrer Seite. Sie werden französisch miteinander gesprochen haben, Pauline sich in englischer Konversation geübt und der Oberst die verschütteten Deutschkenntnisse hervorgekramt haben, die er sich während seiner großen Tour zu Napoleons Schlachtfeldern angeeignet hatte. Wahrscheinlich hat er Pauline von diesem Unternehmen erzählt, bei dem er täglich etwa 50 Kilometer zu Fuß zurücklegte, die innere Unruhe nach seiner Art in rastlose Bewegung umsetzend und von Ort zu Ort der Post angstvoll entgegenfiebernd: Die Antwort Everilda Frasers auf seinen dritten Heiratsantrag stand damals noch aus.

Im September 1827 war er von England nach Paris aufgebrochen, mit seinen beiden Hunden, Muza, einem weißen Hühnerhund, und Rag, einem kleinen schwarzen Spaniel, die freilich viel schneller ermüdeten als er und ihn zu gelegentlichen Kutschenfahrten und sogar Ruhepausen zwangen.

Von Schlachtfeld zu Schlachtfeld eilend, durchquerte er Frankreich, dann die Schweiz, besorgte sich einen Führer und ein Maultier für sein Gepäck, nahm den Paß über den Großen St. Bernhard nach Italien.

Turin, Asti, Alessandria. Keine Post von Everilda.

Das Schlachtfeld von Marengo. Pavia, Lodi, Mailand, wo er ein Pferderennen besuchte. Der Tag war ungewöhnlich schön und die Szenerie überaus fröhlich, aber da ich in der Menge ganz allein war, sogar ohne meine Hunde, und meine Gedanken von Everilda ausgefüllt waren, fühlte ich mich ungewöhnlich traurig und stumpf, einsamer als je zuvor, und wünschte mich wieder *en route*, um ganz beschäftigt zu sein.

Como, Lugano, Bellinzona, Osonne (ein elendes Gasthaus ohne Bibel). Airolo. Ende November, alles tief verschneit, schwierige Straßen. Weiter durch die Schweizer Berge. Andermatt, Wassen, Frühstück in Altdorf, der Stadt Wilhelm Tells.

Auf dem Weg nach Luzern verirrte er sich im Dunkeln und wäre fast in einen Abgrund gestürzt, hätten ihn die Hunde nicht gewarnt. Nach einem Gewaltmarsch von neunzehn Stunden erreichte er Luzern, wo er während seines zweitägigen Aufenthalts Unterricht in Glasmalerei nahm, in der, wie er später einsah, törichten Hoffnung, mit Hilfe dieser Technik schnelle Landschaftsskizzen anfertigen zu können. Keine Post.

Schaffhausen, am Rhein entlang, ein paar Tage in Basel, vergebliches Warten auf einen Brief. Deprimiert und enttäuscht am 10. Dezember weiter nach Straßburg, Weißenburg, Landau. Schlachtfelder. Als er die Festungsanlagen von Mainz zeichnete, wurde er als vermeintlicher französischer Spion verhaftet, aber bald wieder freigelassen.

Ein hübscher Mondscheinspaziergang nach Karlsruhe, das ihm sehr gefiel. Worms, Mainz, Frankfurt. Bei Hanau inspizierte er eine militärische Stellung der Bayern, die von Napoleon erstürmt worden war. Immer noch keine Post, weder von Everilda noch von seinen Vorgesetzten, bei denen er Urlaubsverlängerung beantragt hatte. Am 31. Dezember war er entschlossen, auf jeden Fall bis Leipzig weiterzureisen. Das sei absolut notwendig, schrieb er in sein Tagebuch, damit die Tätigkeit meines Körpers mir in einer Zeit unbeschreiblicher Spannung Seelenruhe geben möge.

Darmstadt, Aschaffenburg, Fulda, Eisenach, Erfurt, Weimar. Er machte sich – aus militärgeschichtlichen Werken? – Notizen in der großherzoglichen Bibliothek (später Anna-Amalia-Bibliothek), und am Abend ging er in die Oper. Schlachtfeld von Jena und Auerstädt, von einem Führer ließ er sich die Stellungen der gegnerischen Heere zeigen. Naumburg, Roßbach. Ein Abstecher zu einem Schlachtfeld Friedrichs des Großen, ein Abstecher zum Schlachtfeld Gustav Adolfs bei Lützen, dann Leipzig, zum

Ort der Völkerschlacht, den er vor fünfzehn Jahren schon einmal besucht und dabei so unablässig an Everilda gedacht hatte wie jetzt wieder.

In Bernburg fand er einen Brief von ihr, in dem sie seinen Antrag annahm, ihm aber zugleich empfahl, noch länger in Deutschland zu bleiben. Was er dann auch tat, zumal er inzwischen erfahren hatte, daß sein Urlaub verlängert worden war. Bis April blieb er in Bernburg, nahm Unterricht in Deutsch und soll dabei so schnelle Fortschritte gemacht haben, daß er sich der Literatur in dieser Sprache erfreuen konnte.

Endlich der Rückweg, wieder über Paris, wo er von der französischen Polizei wegen seiner Schlachtfeld-Besichtigungen im vergangenen Herbst lange verhört wurde. Man hatte ihn die ganze Zeit über bespitzelt.

In England erreichte ihn ein sehr kühler Brief seiner Liebsten, die den Wunsch äußerte, ihn vor der Hochzeit möglichst wenig zu sehen. Tausendmal nahm er sich vor, ihr weder zu schreiben noch sie zu besuchen, und schrieb dann doch wieder und lief viele Stunden weit, nur um sie eventuell vorbeireiten zu sehen. Dann ließ sie ihn wissen, daß er einen ernsthaften Rivalen bekommen habe, einen bekannten Künstler, was ihn natürlich sehr kränkte. Es scheint merkwürdig, daß eine zwanzigjährige Freundschaft und Zuneigung durch eine Bekanntschaft von gestern ausgelöscht wird, und dann auch noch ein Künstler!

Endlich machte Everilda dem grausamen Spiel ein Ende und nahm ihr Jawort zurück. Sofort hatte sich Chesney wieder in hektische Aktivitäten und Reisen gestürzt, die ihm ganz unverhofft ein neues großes Ziel beschert und an den Euphrat geführt hatten, wo er nun, ungeduldig auf den Beginn der Expedition wartend und immer noch gelegentlich von Gedanken an Everilda beunruhigt, mit Madame Helfer jeden Tag zu zwei einsamen Bäumen spazierenging.

Winter

Die Regenzeit hatte eingesetzt, und schon bald gab es auch Schnee. Der Boden des Lagers verwandelte sich in Schlamm und Morast. Die festeren Häuschen waren als Lazarett für die vielen Kranken eingerichtet worden, bis auf einen Raum, der als Offiziersmesse diente. Jeder schützte sich so gut oder schlecht er konnte. Estcourt kam bei den Stauntons im Lazarett unter. Murphy und sein Gehilfe Thomson nächtigten in ihrem provisorischen Observatorium. Die Mannschaft drängte sich frierend unter einem großen umgekippten Flachboot zusammen. Noch bevor die Kabinen der «Euphrates» endlich fertig waren, wurde Pauline von einem typhösen Fieber befallen und an den Rand des Grabes gebracht. Von diesem Zustande ist mir nur in der Erinnerung geblieben, wie mein Mann des Abends, nachdem die Offiziere das Eßzimmer verlassen hatten, mich in Decken gewickelt und aus unserm mit tiefem Schnee bedeckten Zelte dorthin, als dem einzigen gegen die Witterung geschützten Raume, trug und die Nacht über bei mir wachte, um mich am Morgen, vor dem Frühstück der Herren, wieder ins Zelt zurückzutragen. Dank seiner Pflege und meiner kräftigen Natur genas ich, wenn auch sehr langsam und erst dann völlig, als wir die uns angewiesene Sterncabine im Dampfboote Euphrat bezogen hatten. Nie werde ich den Tag vergessen, an welchem ich zum ersten mal wieder bei Tische erscheinen konnte und von allen Anwesenden mit aufrichtiger Freude begrüßt wurde. Meine Rührung erreichte ihren Höhepunkt, als mir zur Stärkung ein Gläschen alten Rheinweins gereicht wurde, von welchem die Herren die letzte Flasche zu diesem Zweck aufbewahrt hatten. Der Wein war schon lange von ihrem Tische verschwunden und trübes Euphratwasser ihr einziges Getränk. Solche Augenblicke graben sich tief in das Gedächtnis ein!

Die Vorbereitungen krochen unter diesen Umständen im Schneckentempo voran; zu allem Unglück hatte der Pascha von Birecik – auf höheren Befehl? – auch noch seine Arbeiter abgezogen und jede Unterstützung eingestellt. Die Offiziere versuchten, Chesney davon zu überzeugen, daß es am vernünftigsten sein würde, den Transport einstweilen abzubrechen und auf besseres Wetter zu warten. Allein der Oberst, in dessen Wörterbuch das Wort *unmöglich* nicht existirte, bestand mit gewohnter unerschütterlicher Beharrlichkeit auf der unausgesetzten Fortführung der Arbeiten, schreibt Pauline, die uns weitere um diese Zeit spielende Anekdoten aus Chesneys Heldenleben überliefert hat:

Einst, als der Oberst die Nachricht erhielt, die 55 Centner schwere Taucherglocke sei in einem ziemlich tiefen Sumpfe, fern vom festen Boden, versunken und ihre Herausschaffung unmöglich, erhob er sich aus dem Bett während des heftigsten Fiebers, begann sich anzukleiden und verlangte sein Pferd, um selbst die Weiterschaffung der Taucherglocke zu bewerkstelligen. Er war durch keine Vorstellungen zurückzuhalten, und erst als Mr. Hector, ein ebenso energischer Charakter, das schwierige Werk zu unternehmen und auszuführen versprach, gab der Oberst nach und streckte sich wieder auf sein Krankenlager.

So war er, jede Konzession mußte ihm regelrecht abgerungen werden. Es schien, als hielte er jeden Comfort und jede Pflege für Luxus und für eine der Expedition unwürdige Verweichlichung. Als Mr. Kilby, der englische Agent in Aleppo, zur Abwechslung der Diät einen Cantar (504 Pfund) Erdäpfel um den freilich hohen Preis von 8 Pfund Sterling für die Expedition gekauft hatte, war der Oberst dieser Verschwendung wegen höchlichst entrüstet und wollte die Kartoffeln nicht zur Consumption verwenden, sondern unter die Anwohner zur Saat vertheilen lassen. Nur die Vorstellung, wie durchaus nothwendig den Kranken ein Wechsel der Nahrung sei, konnte ihn von diesem Vorhaben abbringen.

Am 1. Dezember traf Mr. Hector mit der mühsam geborgenen Taucherglocke ein, und acht Tage später wurde das letzte schwere Stück, ein Kessel, mit Hilfe von 104 Ochsen und 52 Treibern ins Lager gebracht. Pauline hat diesen Zug auf einer Zeichnung im Breitformat festgehalten. Von einem Mast wehte die britische Fahne, in den schlammigen Befestigungsgräben hatte man viele Wimpel aufgesteckt, und unter ermutigenden Zurufen für die unermüdlichen Offiziere ächzte der schwere Wagen durch das enge Tor von Port William. Kräftiger Jubel feierte dieses glückliche Ende eines äußerst schwierigen und anstrengenden Unternehmens, das bis heute in der Geschichte von Forschungsexpeditionen ohne Beispiel ist.

So William Francis Ainsworth, der mit Derwisch Ali unterwegs gewesen und eine Woche zuvor mit einem Krankentransport in Port William eingetroffen war. Bei seiner Ankunft erwartete ihn eine unangenehme Überraschung: Ich fand, daß die ursprüngliche Gesellschaft durch Dr.

Der letzte Dampfkessel erreicht Port William

Helfer, einen gebürtigen Österreicher, und seine Frau vermehrt worden war. Da er ein fähiger Naturkundiger war, hatte Oberst Chesney ihm großzügig eine Passage flußabwärts angeboten. Der gelehrte Doktor hatte viele der Eigentümlichkeiten seiner Landsleute. Er war zugleich geheimniskrämerisch und stur. Am zweiten Tag nach meiner Ankunft zeigte er mir eine Höhle in dem Kalkfelsen an den Ufern des Flusses etwas unterhalb von Port William. Ich blickte umher und rief aus: «O! Hier ist eine Gipsader im Kalkstein!» Es stellte sich dann heraus, daß man mich an diesen Ort geführt hatte, um herauszufinden, ob ich die Ader wahrnehmen würde. An einem anderen Tag, als ich mit dem Doktor und seiner Frau unterwegs war, nahm ich einige bekannte Insekten und bestimmte sie. «Tiens!» sagte Madame, anscheinend ganz erstaunt, zu ihrem Mann, «mais il s'y connaît!»

Der arme Ainsworth! Die Eifersucht auf den deutschen Kollegen und seine Frau, an deren Gesellschaft sein Idol Chesney so großes Gefallen fand, hat ihm viele Tage und Nächte der gemeinsamen Reise verbittert. Ein halbes Jahrhundert später, als er seine Erinnerungen daran niederschrieb, brannte die alte Wunde immer noch so stark, daß er jede sich bietende Gelegenheit nutzte, um sich an dem gelehrten Doktor und der hochnäsigen Madame zu reiben und an wahre oder imaginäre Kränkungen zu erinnern. Dazu gehörte auch, daß Chesney ihnen die beste Kajüte der «Euphrates» als *ladies' cabin* abgetreten hatte. An Luxus darf man dabei nicht denken.

Gegen Ende December war die Kälte in Port William außerordentlich streng; das Thermometer stand 7 Grad unter Null, und die Fenster unserer kleinen Cabine waren mit dicken Eisblumen bedeckt. Wir hatten allen Scharfsinn aufgeboten, besonders uns nachts gegen die empfindliche Kälte auf dem Flusse zwischen den eisernen Wänden, so gut es ging, zu schützen, was uns denn auch besser als andern gelungen war. Der Oberst schritt eines Tages, fröstelnd und sich schüttelnd, das Verdeck auf und ab; Helfer lud ihn in unsere Cabine ein, und er beehrte uns mit seinem Besuche, sah sich um und sagte: «Es sieht hier bei Ihnen ja recht comfortable aus.» Helfer zeigte ihm die mit Watte verstopften Fenster und unsere sonstigen Vorkehrungen; ohne ein Wort weiter zu erwidern wandte er sich um und stieg wieder aufs Verdeck.

Die afghanischen Prinzen waren mittlerweile mit der letzten Karawane des Jahres nach Bagdad und Basra weitergereist, wo sie auf Helfers warten wollten. Es blieb diesen also nichts übrig, als sich weiter in Geduld zu üben. Die Abfahrt der Dampfschiffe war nun auf das Frühjahr verschoben worden. Um die Zeit bis dahin möglichst gut zu nutzen, unternahm Chesney mit seinen wissenschaftlichen Mitarbeitern eine Forschungsreise in das Taurusgebirge. Auch Helfer begleitete ihn, obgleich eher unwillig, da für seine Zwecke bei fußhohem Schnee nichts zu hoffen war. Zitternd vor Kälte und Schwäche bestiegen die Herren die Pferde, die kaum besser dran waren. Dem Obersten mußte beim Aufsitzen geholfen werden, und Pauline konnte sich eines Lächelns doch nicht enthalten, denn der Ritter von der traurigen Gestalt schwebte mir zu lebhaft vor Augen. Ainsworth höhnt, Dr. Helfer sei höchst unzufrieden mit der ihm zugewiesenen Stute gewesen und habe sich geweigert, sie zu besteigen, worauf er ihm sein eigenes Tier angeboten habe. Und ich hatte bald Grund, über diesen Tausch zufrieden zu sein. Der würdige Doktor aber habe die Gruppe schon nach kurzer Zeit verlassen und sei nach Port William und dann in mildere Regionen zurückgekehrt, weil er (Schwächling) die strenge Kälte unterwegs nicht ausgehalten habe. Die Unmöglichkeit, in den mit tiefem Schnee bedeckten Bergen etwas zu leisten, und die Besorgniß um mich, die er in Port William allein wußte, bestimmten ihn zur Umkehr. So Pauline.

Bevor Helfers sich nach Aleppo retteten, um dort den Rest des Winters bis zum Beginn der Flußreise komfortabler zuzubringen, reisten sie noch zu einem Besuch in die tief verschneite, vorwiegend von Armeniern bewohnte Stadt Aintab. Hier fand Pauline die schönsten Frauen der ganzen Reise – die so viel gerühmten und bis dahin vergeblich gesuchten orientalischen Schönheiten, schreibt sie. Obwohl Christinnen, teilten die Armenierinnen das allgemeine Schicksal der Frauen im Orient, ja, sie waren womöglich noch schlimmer dran als die Türkinnen, arbeiteten wie Mägde, mußten ihre Eheherren bei Tisch bedienen und wurden streng unter Verschluß gehalten. Bei Gastmählern sahen sie den Männern von einer vergitterten Loge aus beim Essen zu, ihr Horizont endete an der Schwelle ihres Hauses. Welche Verschiedenheit zwischen der Stellung asiatischer und europäischer Frauen! dachte ich bei allem was ich sah und hörte.

Betrüblich schien Pauline auch die doppelte Bedrückung des armenischen Volkes, das, politisch rechtlos und der Willkür der türkischen Machthaber ausgesetzt, absolutistisch von seinen Priestern regiert werde. Ueberall aber, wo die Priester die Macht hatten, haben sie dieselbe misbraucht.

Auf den Straßen von Aintab wurden Helfers als Engliska Giaur beschimpft, denn seit die Euphrat-Expedition in der Nähe weilte, galt jeder Fremde für einen Engländer, und das beschimpfende Wort Giaur, bei zivilisirten Türken schon fast ganz außer Gebrauch, war in dem fanatischen Aintab noch ein üblicher Ausdruck.

Aus Estcourts Briefen 9

Von Bord der «Euphrates» aus, wo er vor einem unbarmherzigen Sturm Zuflucht gesucht hatte, wünschte Estcourt seinem Vater am 26. Dezember 1835 merry Christmas. Er und seine Kameraden hätten den Weihnachtsabend ganz vergnügt zugebracht – Galgenhumor: Eben unsere Mißgeschicke waren der Grund für unsere Ausgelassenheit, und irgendwann wird die Sonne sicher wieder scheinen. Zunächst aber mußten sie noch den Rest des Winters mit Schnee und strenger Kälte überstehen, es war schlimmer als in England, niemand hatte damit gerechnet. Ihm selbst gehe es gut, schrieb er am 1. Januar mit klammen Fingern. Auch Chesneys Zustand, der wieder sehr krank gewesen sei, habe sich gebessert, aber er ist, obwohl entsetzlich dünn und schwach, so halsstarrig und unlenksam und unklug wie immer. Wir haben die größten Schwierigkeiten, ihn im Bett zu halten.

Am gleichen Tag begann er einen langen Brief an Elly, in dem er unter anderem eine Heirat im Bekanntenkreis kommentierte und von den neuen Reisegenossen berichtete: Übrigens, ich habe noch gar nicht erwähnt, daß wir Passagiere haben; zumindest erinnere ich mich nicht, das getan zu haben. Zwei indische oder vielmehr afghanische Prinzen, die zu einem Ausflug aufgebrochen und noch nicht zurückgekehrt sind, vielleicht sind sie nach Bagdad, als einem angenehmeren Ort als Port William, gegangen. Zwei sind noch bei uns. Ein Mr. und eine Mrs. Helfer; er ist ein Arzt, ein junger Mann, der sich hat überreden lassen, mit den Prinzen zu naturwissenschaftlichen Forschungen nach Afghanistan zu gehen, und die Dame ist seine Frau. Sie ist sehr unglücklich hier, wie zu erwarten war und wie sie hätte erwarten müssen. Man kann nichts tun, um ihr zu helfen, und das macht sie manchmal ein wenig schlecht gelaunt, was wiederum die Neigung vermindert, ihr zu Diensten zu sein. Frauen haben bei solchen Unternehmungen nichts zu suchen, oder wenn sie dabeisind, dann haben sie kein Recht, sich über das Fehlen von jeglichem Komfort zu beklagen. Aber nun lebt unsere deutsche Dame hier, sie ist hübsch und jung, aber sie hat ihren eigenen Kopf. Sie trägt wie die meisten von uns die Männerkleider des Landes, sodaß einer unserer Kesselarbeiter aus Lancashire, der ein witziger Kerl ist, neulich, als Mr. und Mrs. Helfer zusammenstanden, zu einem der Marineoffiziere sagte: «Sir, diese beiden da, das zieht mir die Schuhe aus. Ich weiß nie, wer der Mann ist und wer die Frau.» Sie sind ein merkwürdiges Paar. Sie haben keine Bedienung, weder männlich noch weiblich. Der Himmel weiß, wie sie zurechtkommen. Ich weiß es nicht. Der Arzt allerdings ist ein prima Kerl, klug und unternehmungslustig, spricht Englisch und ist zu allem bereit. Ich bin ihm sehr zu Dank verpflichtet, denn er war es, der sich bereit erklärte, mir während meiner Krankheit zu helfen, und er kam gerade rechtzeitig, um mich vor einer äußerst angreifenden Behandlungsweise zu retten, die mir vielleicht den Rest gegeben hätte. Mein Doktor war ein gewisser Derwisch Ali, einer unserer Dolmetscher, aber er hat in den achteinhalb Jahren, die er aus England weg ist, ein höchst ungewöhnliches Leben gehabt. Er ist ein Mr. Eliot, der einst für eine kurze Zeit Medizin studierte; Umstände zwangen ihn dazu, sein Glück im Ausland zu suchen. Er ging nach Konstantinopel, landete dort mit 50 Pfund in der Tasche; wurde medizinischer Ratgeber des Captain Pascha; war bei der Belagerung von Varna; geriet in Gefangenschaft; wurde nach Sibirien geschickt, zu seinem Kummer wieder entlassen, denn es war angenehm in Sibirien; kam nach Bagdad; war einer von zweien, die entkamen, als ihre Gruppe von den Arabern ermordet wurde; kehrte zurück nach Bagdad, das er sehr eilig verlassen mußte; ging nach Bombay, hatte nicht einen Pfennig; fing an, als Derwisch zu predigen; wurde als Verrückter eingesperrt; kam durch einen Zufall wieder frei; reiste in Louristan; ging nach Trebizond und schloß sich der Expedition an. Er ist so wild und verrückt, wie man nur sein kann, hat seine Religion gewechselt und drei Frauen geheiratet, zwei in Bagdad und eine in Louristan. Aus den Klauen dieses Verrückten wurde ich von Mr. Helfer befreit, und ich bin ihm dafür dankbar.

Während der Winter langsam zu Ende ging, bekam Estcourt Besuch von seinem jüngeren Bruder William (Willy), einem Geistlichen, der die erste Etappe der Flußreise mitmachen wollte. Als am 14. März 1836 beide Estcourts Briefe an den Bruder Tom schrieben, stand die Abfahrt unmittelbar bevor. So manches blasse, abgezehrte Gesicht, das seit Monaten kaum ein Lächeln gekannt hatte, hellt sich nun auf bei der Vorstellung, die gleißenden weißen Kalkklippen von Birecik verlassen zu dürfen, schrieb Willy im Stil einer Predigt.

James Estcourt gratulierte Tom zur Wahl zum Parlamentsabgeordneten: Nun, da Du die Macht dazu hast, denk doch bitte daran, «Ja» zu sagen, wenn die Regierung Geld für die Euphrat-Expedition fordert. Der Mangel an Finanzen hat uns schwer zu schaffen gemacht. Allerdings gehen die Dinge nun glatter als zuvor: Sir John Hobhouse hat sich dazu verpflichtet, für uns Geld zu beschaffen. Mehemed Ali hat man deutlich gemacht, daß er uns zu seinem eigenen Schaden behindern würde, und Lord Ponsonby hat uns einen neuen Ferman des Sultans erwirkt, um unsere Schwierigkeiten mit den Behörden des Sultans zu beheben. Die «Euphrates» ist beinahe fertig, die «Tigris» ist noch nicht so weit. Aber wir werden – please God! – Mittwoch, also übermorgen, aufbrechen. Ein langes flaches Boot, das schon vor längerer Zeit gebaut wurde, um Kohlen zu transportieren und so unsere Schiffe zu entlasten, und das, auf den Kopf gestellt, als Zuflucht für alle diente, die während des Winters aus den anderen Gebäuden herausgespült wurden, wird nun mit drei Essen, Kohlen, Holzkohlen und Holz bestückt, wir machen uns davon, und die Arbeiten werden weitergehen, während wir den Fluß abwärts schwimmen. – Wegen der kartographischen Aufnahme des Flusses müssen wir gemächlich reisen, und in zehn Tagen, wenn wir gegenüber von Balis sind, werden beide Schiffe vermutlich fertig sein.

Wie unsicher die weitere Finanzierung der Expedition mittlerweile geworden war, wußten ihre Offiziere zu diesem Zeitpunkt womöglich noch nicht. In einem Memorandum vom 13. Januar hatte Peacock erneut mit eindringlichen Worten die russische Gefahr beschworen; sein guter Freund Sir John Hobhouse, der neue Präsident des «Board of Control», sah sich schon von Amts wegen verpflichtet, ihren Erfolg zu sichern. Aber die politischen Verhältnisse hatten sich geändert, die Beziehungen zu Rußland etwas entspannt, das nun nicht mehr als unmittelbare Bedrohung in Mesopotamien angesehen wurde. Folglich verlor das Konzept des Euphrat als einer von bewaffneten Dampfschiffen patrouillierten Grenze an Attraktivität, urteilt John S. Guest, der die Geschichte der Euphrat-Expedition nach den Akten detailliert rekonstruiert hat, und weiter: Hobhouse erkannte deutlich, daß er, um Gelder für die Expedition zu bekommen, auf ihr eingeschränktes Ziel einer wissenschaftlichen Aufnahme des Flusses abheben mußte. Trotzdem waren seine Bemühungen zunächst erfolglos. Erst am 10. August 1836 bewilligte das Parlament, gewiß mit der Stimme von Estcourts Bruder, der Expedition noch einmal 8000 Pfund, nachdem sich die «East India Company» zur Zahlung der gleichen Summe verpflichtet hatte.

AUF DEM EUPHRAT *II*

Progress is history's dirty joke.

Derek Walcott, 1979

Fehlstart

Als Helfers am 14. März 1836 in Port William ankamen, steckte ihnen der Schreck von ihrem jüngsten Abenteuer noch in den Gliedern.

Während einer archäologischen Exkursion, die sie zusammen mit den böhmischen Landsleuten von Aleppo aus unternommen hatten, waren sie mit Beduinen zusammengetroffen, deren Scheich ein gefährlich großes Gefallen an Pauline fand, obwohl ihre Lippen nicht blau geätzt waren, wie das bei den Beduinenfrauen Mode war. Aber das könne man ja noch nachholen, meinte er. Er wollte sie Helfer unbedingt abkaufen und versprach, sie zu seiner Hauptfrau zu machen. Daß Helfer das höflich ablehnte – es sei in Europa nicht Sitte, Frauen zu (ver)kaufen –, schien seine leidenschaftliche Begehrlichkeit aber nur zu steigern, und er bot immer höhere Summen. Flucht schien die einzige Rettung. Mit Hilfe einer List erreichten sie ihre Pferde und machten sich im gestreckten Galopp davon, wie Helfer erzählt. Eine unbeschreibliche Angst hatte mich ergriffen; es war mir zu Muthe, als würden wir von dem ganzen wilden Haufen verfolgt, bis wir nach zweistündiger Flucht, Menschen wie Pferde bis zum Tode erschöpft, die ersten Gärten von Aleppo erreichten und uns nun in Sicherheit fühlten.

Hier war inzwischen die Nachricht eingetroffen, daß die Vollendung der Dampfboote und die Abreise von Birecik unmittelbar bevorstünden, und so begaben sie sich unverzüglich nach Port William, wo alles in geschäftiger Unordnung war.

Ueberall sah man Türken und Christen die verschiedenartigsten Geräthschaften mit einer Eile herbeitragen, als ob die Magazine in Feuer ständen und es schleunige Rettung gälte. Ambosse, Blasbälge, Eisenstangen, Schrauben, Kanonen und Mörser, Laffetten und Wagenräder, blecherne Leuchtcylinder, Säcke mit Baumwolle, Büchsen, Koffer und Kisten, astronomische Instrumente und Zeltstangen, eine Unmasse von Bretterwerk, alles lag zerstreut umher, als ob die Anasy-Araber mitten in einer ihrer Plünderungen, auf die sie sich so meisterlich verstehen, begriffen wären. Für uns indeß ein angenehmer Anblick, denn er gibt uns die Gewißheit der baldigen Abfahrt von diesem traurigen Platze, wo wir nun schon fast fünf Monate verweilen!

Zum ersten Mal hören wir in *Helfer's Reisen* tatsächlich die Stimme Helfers. Pauline läßt ihn nicht nur die (ihr offenbar etwas heikel erscheinende) Episode mit dem lüsternen Scheich erzählen, sie hat ihm auch, in Form von Tagebuchaufzeichnungen, die Beschreibung eines großen Teils der Flußreise überlassen. Das war eine gute Entscheidung, einmal, weil Helfer auf idealtypische Weise den aufgeklärten, naiven, verblendeten, von seiner zivilisatorischen Mission zutiefst überzeugten Orientreisenden aus dem Westen verkörpert. Zum andern, weil seine lebendigen Schilderungen den Leser diese ungewöhnliche Fahrt mit ihren wechselnden Eindrücken, Abenteuern und Pannen von Tag zu Tag intensiv miterleben lassen. Auch wenn Pauline seine Aufzeichnungen vermutlich redigiert hat, sind sie doch, aus der Perspektive des Ausländers und Außenseiters, freimütiger und kritischer gehalten, als sie selbst es sich erlaubt hätte – und als Helfers eigene, für die Öffentlichkeit bestimmte Reiseberichte. Schon Anfang Dezember des Vorjahres hatte er eine erste Reportage über die Expedition an die Augsburger *Allgemeine Zeitung* geschickt, in dem er sich ausführlich mit den zu überwindenden Schwierigkeiten (dem Transport, Mehemed Ali, Ibrahim Pascha, dem Einfluß Rußlands ...) beschäftigt und die Bedeutung des Unternehmens samt seiner eigenen priviligierten Rolle als Teilnehmer herausgestrichen hatte: Besondere Umstände begünstigten mich als Naturforscher, die erste Fahrt bis nach Bassora mitmachen zu können, eine Gunst des Schiksals, um welche mich vielleicht Tausende meiner Landsleute beneiden werden, die das hohe Interesse erwägen, welches die Eröfnung einer neuen Straße nach Osten für die gesamte civilisierte Welt darbietet. Alle Hindernisse seien auf dem Punkt, durch die Beharrlichkeit und Energie des Kommandanten Obrist Chesney, die Gewandtheit des Kapitains Estcourt, und durch das eminente Talent des Lieutenants Lynch gehoben zu werden, hatte er damals behauptet und die baldige Abreise angekündigt: In drei Wochen, hoffe ich, segeln wir den Euphrat hinunter. Seit Kaiser Julians großer Expedition gegen die Parther sah der Fluß keine regelmäßigen Schiffe, und seit dem 15ten Jahrhundert ist kein Fahrzeug mehr den Fluß abwärts gefahren.

Aus den drei Wochen waren dreieinhalb Monate geworden, und eigentlich war man mit den Vorbereitungen noch längst nicht fertig, aber die Zeit lief ihnen davon. Chesney hatte deshalb beschlossen, die Fahrt mit dem größeren Schiff, der «Euphrates», zu beginnen und die «Tigris», an der noch vieles fehlte, nachfolgen zu lassen. Das roh gezimmerte Flachboot, das im Winter notdürftig Schutz geboten hatte, sollte mit seiner Ladung von Kohle, Vorräten, Waffen und anderer Ausrüstung der «Euphrates» folgen, freilich ein höchst elendes, bereits leckes Transportfahrzeug, das Helfer von Anfang an nicht geheuer war. Für Verschönerungen der «Euphrates» war keine Zeit mehr gewesen, jeder Gegenstand trage noch seine natürliche Farbe, heißt es in Helfers Tagebuch. In der *Allgemeinen Zeitung* allerdings nannte er sie eines der schmucksten Boote, die je von einer englischen Werft kamen. Links und rechts von der geräumigen Heck-Kabine, die er und Pauline der Ritterlichkeit des Kommandanten zu verdanken hatten, lagen die Quartiere von Chesney, Murphy und Ainsworth, hinter dem Maschinenraum gab es weitere Kabinen für Offiziere und Ingenieure, die Mannschaft schlief unter dem Vorderdeck. Zentrum des Schiffslebens war ein großes *Apartment*, das als Messe, Arbeitsraum und Bibliothek diente. Nach ihrer Ankunft in Port William hatte Pauline die von Peacock sorgfältig ausgewählte Bibliothek in die Regale an den Wänden eingeordnet.

Meine Frau leistet hülfreiche Hand, die Schiffsbibliothek in die dazu bestimmten Räume einzuordnen. Die Durchsicht der vorhandenen auserlesenen Werke – besonders der englischen Classiker, die ihr noch fremd sind – macht sie sehr glücklich. Es ist bewundernswerth, wie die Engländer nicht nur für die fachwissenschaftliche Literatur, sondern auch für Lektüre jeder Art gesorgt haben. Kein namhafter Schriftsteller ihrer reichen Nationalliteratur fehlt hier. Für Pauline schließt sich darin, wie sie sagt, eine neue Welt auf; sie hat sich sogleich eine Auswahl von Büchern erbeten, darunter Addison, Johnson, Shakspeare, Gibbon und einige Humoristen, die sie auf ihrem Tisch im Drawing-Room liegen hat. Sie schwelgt in dem Gedanken, so mit geistiger Nahrung ausgerüstet, sicher und bequem den herrlichen Fluß hinunterzugleiten und die classischen Ufer mit den ehrwürdigen Denkmälern vergangener Jahrhunderte an sich vorüberziehen zu lassen. Dieser Hochgenuß ist hinreichend, sie für alle gehabten Beschwerden zu entschädigen. Mich freut es sehr, sie glücklich zu sehen. Möge es immer so bleiben.

Zum letzten male hoffentlich habe er das düstere, amphitheatralisch sich aufbauende Birjick heute besucht, schrieb Helfer einen Tag später, am 15. März. Wieder einmal hielt er es dort, wo er war, kaum noch aus. Die Schikanen der örtlichen Behörden wie die öde, augenbeleidigende, unmalerische Form und weiße Farbe der mesopotamischen Hügel, die unglaubliche Einförmigkeit der Gegend ringsumher, die mir nichts Neues mehr bot, da ich bereits jeden Fuß breit Landes hier kannte, verleideten mir diesen Platz aufs äußerste.

Ganz anders Ainsworth, dem die alte Stadt in den langen Monaten, die er in ihrer Nachbarschaft verbracht hatte, ans Herz gewachsen war. Eigentlich sei sie von jedem Blickwinkel aus schön und bewundernswert, meinte er und malte seinen Lesern verschiedene Stadtansichten: den amphitheatralischen Blick vom gegenüberliegenden Ufer des Euphrat aus, das kühne Relief (wie ein bewaffneter Krieger), das Burg und Mauern von Norden boten – und ein romantisches Nachtstück: Wenn der Umriß durch das Mondlicht weicher wird und alle kontrastierenden Formen und verschiedenen Gruppierungen durch seinen blassen, beweglichen Schimmer gemildert werden, gewinnt die Szenerie in der Vorstellung, was sie in der Realität verliert. Jeder Lufthauch atmet Balsam, jeder Laut ist Musik; die hohen Minarette ragen vom Mondschein versilbert über die dunklen Wasser; der zackige Kamm von Felsen und Mauern hebt sich deutlicher vom sternübersäten Himmel ab; ferne Lichter glimmen aus kaum sichtbaren Höhlen; ab und zu erreichen Stimmen das Ohr; marmorne Grabmäler erheben sich wie Bischöfe im Ornat; Türme und Gebäude ragen über Trümmerhaufen, dunklen, überdachten Wegen und feierlichen Portalen, und über all das wirft die Burg ihren großen, unheilvoll wirkenden Schatten.

Doch auch Ainsworth sah der Reise auf dem erinnerungsträchtigen Strom natürlich mit Ungeduld entgegen. Es wäre in der Tat schwer, eine Vorstellung von den angenehmen Gefühlen zu vermitteln, mit denen wir die Fahrt flußabwärts betrachteten. Als Hauptziel der Expedition war sie stets der große Gegenstand unserer Gedanken und Hoffnungen geblieben und immer der Punkt gewesen, auf den alle Anstrengungen und Mühen gerichtet waren, schrieb er und beschwor aus dem Abstand von Jahrzehnten die feierlichen, ja frommen Empfindungen für den Strom der Patriarchen, die ihn damals bewegt hätten: «*Hinc movet Euphrates!*» Nun verweilten wir an seinem weiten Busen, der zugleich voll höchst geschäftiger, hoffnungsvoller Erwartungen und sanftester Ruhe schien.

Da war der Dampfer, stolz mit seinen eisernen Flanken, zuversichtlich in seiner unverbrauchten Dampfkraft und mit Herzen bemannt, die von Pflichteifer und zugleich von Unternehmungsgeist und Abenteuerlust erfüllt waren, voll des Ehrgeizes, der, wie der Fluß selbst, nicht zurückblicken konnte, sondern mit starker schwellender Begierde vorwärtsdrängte.

Am 16. März sollte die «Euphrates» in einem Probelauf zum ersten Mal auf dem Euphrat schwimmen. Beim ersten Versuch versagten die Maschinen, aber am nächsten Morgen wurde ein befriedigender Versuch unternommen, heißt es dazu äußerst knapp in Chesneys *Narrative of the Euphrates Expedition*. Um so ausführlicher berichtet Helfer von einem Fehlstart, der dann doch, wie geplant, in eine Demonstration technischer und militärischer Überlegenheit einmündete. Wenn er sich damit auch gern und stolz identifizierte, so blieb er doch zugleich der Deutsche und Außenseiter, der sich in der Rolle des distanzierten Beobachters gefiel. Diese merkwürdigen patriotischen und disziplinarischen Rituale der Engländer zum Beispiel …

Nach dem Frühstück wurde die Mannschaft durch die Schiffsglocke zum Gottesdienst zusammengerufen. Zu Ende desselben wurde der Ferman von König William IV. von England vorgelesen, kraft welches, um eine Communication zwischen den asiatischen Besitzungen von Großbritannien und dem Mutterlande herzustellen, Se. Majestät mit Ihrem lieben und mächtigen Alliirten, der Hohen Pforte, einen Tractat abgeschlossen haben, Dampfboote im Bereiche der asiatischen Staaten letztgenannten Reiches u.s.w. bauen zu dürfen. Dies und eine ganze Liste von Versprechungen und üblichen Erwartungen wurde verlesen, zuletzt ein besonderes Reglement für das Verhalten der Mitglieder des Unternehmens.

1. Mit Tagesanbruch soll das Lager verlassen und gefrühstückt werden, und ein jeder soll sodann an die ihm zugewiesene Arbeit gehen, die, hauptsächlich wissenschaftlicher Art, in Aufnahme des Flußbettes bis Bassora besteht.
2. Um 5 1/2 Uhr wird zu Mittag gespeist, und bald darauf folgt der Thee, damit man nachher noch die Beobachtungen und Ergebnisse des Tages aufzeichnen und zeitig zur Ruhe gehen könne.
3. Niemand soll anders als wohlbewaffnet ans Ufer gehen (frommer Wunsch!), allein nur im größten Nothfalle Gebrauch von den Waffen machen.
4. Nach 9 1/2 Uhr müssen in allen Privatcabinen die Lichter ausgelöscht sein.
5. Unter Deck ist (zu meinem Bedauern) das Rauchen nicht erlaubt.

Der Muzelim und der oberste Richter von Birjick waren zu dem feierlichen Beginn der Fahrt eingeladen. Sie kamen mit ihrem zahlreichen Gefolge viel zu früh und belästigten uns, die wir noch mit dem Einpacken emsig beschäftigt waren. Ich unternahm es, sie zu unterhalten, indem ich ihnen die Prachtausgabe von Parry's «Nordpolexpedition» vorlegte, deren Abbildungen ihnen auch wirklich Interesse abgewannen. Als sie die Eskimos sahen, lachte der Muzelim und meinte, es seien Araber im Winteranzuge.

Auch entferntere Fremde, bis von Aintab und Aleppo, waren eingetroffen, das ganze Ufer war mit Menschen besäet, die, als sie den Rauch aus dem Schlot aufsteigen sahen und das Getöse hörten, herbeigeströmt kamen. Endlich um die Mittagszeit waren die Vorbereitungen zur Abfahrt beendet. Allgemeine Begeisterung erfaßte die Mitglieder der Expedition, als die Brücke vom Lande nach dem Boote zurückgezogen und die Stricke gelöst wurden; selbst das starre Gesicht des Obersten verrieth durch ein leichtes Zucken der Muskeln die innere Bewegung, als das unvermeidliche «Hip, hip, Hurrah!» der Matrosen ertönte und das Schiff die erste Bewegung machte. Damit war aber noch nicht das letzte Hinderniß gehoben.

Es war beschlossen, den Fluß aufwärts an Birjick vorüberzufahren. Der Hauptstrom bildete aber beim Dorfe Kafrin, etwa einen Büchsenschuß von Port William entfernt, eine Art Katarakt über felsigem Grunde; diesen glaubte man vermeiden und durch einen zweiten schmälern Arm, der etwa 1000 Fuß breit in den Hauptarm einmündet, hinaufsteuern zu können. Die Strömung an seinem Ausflusse war höchst bedeutend, wir konnten ihr nicht widerstehen und mußten, um nicht fortgerissen zu werden, Anker werfen. Aber weder Anker noch Dampfmaschine genügten; der Anker brach, und wir fuhren auf eine Sandbank auf. «*Masch Alla!*» schrien die an Bord befindlichen Türken, «was wird aus uns werden!»

Mühsam machten wir uns los und suchten die Gewalt der Strömung zu überwinden; aber trotz Anspannung aller Kräfte war doch kaum auch nur spannenweise ein Fortschritt stromaufwärts zu bemerken. Da wurde mir gemeldet, die Hauptcabine stehe unter Wasser und meine Pflanzen unterm Tische seien ganz durchnäßt; die Maschinenräder wühlten das Wasser mit solcher Gewalt auf, daß es, die Kajütenfenster durchbrechend, hereinströme.

Während ich in aller Schnelligkeit die Pflanzen in trockenes Löschpapier legte, hörte ich, wie das Boot an den Kieselsteinen des Strombettes sich rieb; dann fühlte ich, wie es einen Augenblick stillstand, um plötzlich zu wenden und mit Pfeilesschnelle zurückzutreiben. Bevor ich wieder hinaufkam, waren wir schon im Hauptstrome. Eben war ein Unglück geschehen. Der Mann am Steuerruder war mit seiner rechten Hand heftig an das Bollwerk geworfen und ihm der Daumen abgequetscht worden.

Das Boot konnte trotz Anwendung der vollen Kraft seiner Maschine der Strömung nicht widerstehen und war genöthigt, etwa 20 Minuten unterhalb Port William Anker zu werfen.

Das war ein trauriges Ereigniß, welches die eben gehegten frohen Erwartungen dämpfte. Nur die Türken waren froh, mit dem Schreck davon gekommen zu sein, denn sie hatten sich in dem eisernen Ungeheuer, wie sie es nannten, keinen Augenblick sicher gefühlt, und triumphirten innerlich über das Mislingen des Unternehmens. Für den Obersten wie für alle übrigen war es ein harter Schlag. Die Tiefe ihrer Misstimmung konnte ich an meiner eigenen Niedergeschlagenheit ermessen. Schweigend stiegen wir ans Land und gingen zu Fuß nach Port William, den dort Zurückgebliebenen die Botschaft verkündend: «Das Schiff kann die Strömung nicht überwinden!»

Gegen Abend kehrten wir nach dem Ankerplatz zum Boote zurück, um mismuthig uns zur Ruhe zu begeben.

17. März. Wer aber die Beharrlichkeit des Chefs der Expedition kannte, der wußte auch, daß er es bei diesem ersten misglückten Versuche, stromaufwärts zu fahren, nicht würde bewenden lassen. In der That gab er sogleich Befehl, durch Beseitigung aller nicht unumgänglich nothwendigen Gegenstände das Schiff zu erleichtern, die Schaufelräderbedeckung zu entfernen, weil das davon zurückprallende Wasser an die Räder schlug und ihre Kraft hemmte, und noch einige Abänderungen an der Maschine zu treffen.

Früh wurde geheizt, das Boot stromaufwärts gerichtet und mit gespannter Erwartung seine Bewegung beobachtet. Siehe, es ging: kräftig arbeiteten die Räder der Strömung entgegen, daß der weiße Schaum emporspritzte; fest glitt es, dem Steuerruder gehorchend, in der gegebenen Richtung vorwärts und gelangte unter dem Zujauchzen der versammelten Menge in wenig Minuten bei Port William an. Allein mit diesem Erfolge war der Commandeur nicht zufrieden; das gestrige Fiasco mußte völlig gesühnt, der Glaube an die Unüberwindlichkeit des Schiffes wiederhergestellt werden. Man untersuchte nochmals das Wasser oberhalb Port William, setzte das Boot von neuem in Bewegung und war in wenig Minuten an der gefährlichen Stelle.

Das Wasser rollte in gewaltigen Wogen über die versteckten Felsblöcke. Es zeigte sich aber hart am rechten Ufer eine freie Passage, auf die mit ganzer Kraft der Maschine losgesteuert wurde; das Schiff, ohne auch nur einen Augenblick zurückzuweichen, glitt majestätisch über das wirbelnde Wasser. Ein lauter Schrei des Beifalls von der versammelten Menge und ein *«passed over»* verkündete den Sieg. Ohne Hinderniß bewegte sich das schöne Schiff nun aufwärts, die Stadt zu begrüßen. Der weiße Halbmond mit den Sternen im rothen Felde wurde neben der britischen Flagge entfaltet, und zu Ehren des Großherrn eine Salve von 24 Kanonenschüssen gelöst, die an den mesopotamischen Felsenufern widerhallten und sicher nicht verfehlten, den Türken eine hohe Meinung von der Wehrkraft unseres Schiffes beizubringen. Das ganze Ufer, die Dächer der amphitheatralisch gebauten Stadt, ja die Minarets waren mit Menschen besäet, und auch für die Frauen hatte man einen besonderen Raum reservirt, von wo aus sie das unglaublich Scheinende mit anschauten, daß Eisen schwimmen und sogar stromaufwärts sich bewegen könne! Als sie das Werk dennoch vor ihren Augen vollbracht sahen, wurden sie mit Entsetzen erfüllt, sie glaubten es einer übernatürlichen Zauberkraft zuschreiben zu müssen, und die schwarzen Wolken, die dem Rauchfang entquollen, bestärkten sie noch mehr in dem Wahn, daß die Engländer mit dem Teufel im Bunde seien.

Die einzige Kanone, die auf dem durch das Erdbeben von 1822 völlig zerstörten Castell vorhanden ist, wurde zur Erwiderung unserer Salutschüsse abgefeuert. Hätte die von einer Compagnie irregulärer Soldaten schlecht ausgeführte Salve dem Gouverneur, der aus einem Pavillon des Castells herauslehnte und seinen Beifall zuwinkte, zu vergleichenden Betrachtungen Anlaß gegeben, er würde genöthigt worden sein, in die Sicherheit, in der er sich bis jetzt gewiegt, ein weniger festes Vertrauen zu setzen. Wirklich hatten mehrere von den Türken schon geäußert: «Nun haben wir sie einmal hier (die Engländer); nun können wir sehen, wie wir sie wieder loswerden!»

Es habe in diesem Teil von Asien keine Vorstellung davon gegeben, daß man Eisen zum Schwimmen bringen konnte; bis er sich tatsächlich in Bewegung setzte, glaubte man deshalb, daß der Dampfer auf dem Grunde des Flusses ruhte, hören wir von Chesney. Nachdem er losgefahren war und sich der Strömung entgegenstemmte, kannte das Erstaunen [der Anwohner] keine Grenzen. «Zehn Engländer», sagten sie, «könnten unsere Stadt einnehmen!», und sie erklärten, daß die Tatsache, daß wir zwei Türken an Bord geopfert hätten, uns diese übernatürlichen Kräfte verliehen hätte. Er hatte das größte Interesse daran, den Glauben der Einheimischen an englische Zauberkünste zu nähren. Es schien uns, daß wir bei der Fahrt flußabwärts kein Risiko eingingen, solange der Ruf unserer übernatürlichen Fähigkeiten seine volle Kraft behielt.

Die Haltung der Einheimischen – freundlich oder feindlich? – war und blieb die wichtigste Frage für die Expeditionsteilnehmer. Sie wußten nicht, ob ihr Weg durch vermintes Gelände führte. Diese Unsicherheit prägte ihren Umgang mit den vermeintlichen oder wirklichen Wilden, der von gönnerhafter Überheblichkeit schnell in Aggressivität umschlagen konnte. Als gefährlicherer Gegner allerdings erwies sich zunächst ein anderer Unbekannter: der Euphrat. Zwar schickte Chesney einige seiner Offiziere gleichsam als Lotsen zu seiner Sondierung und kartographischen Aufnahme voraus, aber sie konnten nicht verhindern, daß die «Euphrates» immer wieder steckenblieb.

Aus Helfers Tagebuch:

19.März. Nach noch einigen vorbereitenden Arbeiten am Morgen wurde heute der Curs weiter nach Süden verfolgt. Wie wohl mir und meiner Frau zu Muthe war, als wir, auf dem Verdeck stehend, das Boot vom Ufer stoßen sahen und nun pfeilschnell den Fluß hinunterglitten, kann ich nicht sagen. Die Bewegung war so rasch, daß einige Herren, die uns zu Lande begleiten wollten, im vollen Galop nicht zu folgen vermochten.

Eine Viertelstunde ging es so in freudiger Erregtheit vorwärts, als wir plötzlich mit donnerähnlichem Geräusch auf eine Sandbank auffuhren und sofort völlig stillstanden. Alle Bemühungen, mit der vollen Kraft der Maschine vorwärts oder rückwärts zu kommen, waren vergeblich. Das Boot rührte sich nicht mehr. Wir saßen fest!

Es ist Abend geworden, und zu meiner großen Betrübniß muß ich niederschreiben, daß wir noch auf derselben Sandbank unbeweglich festsitzen. Alle Anstrengungen, uns flott zu machen, sind fehlgeschlagen. Unter Beihilfe des inzwischen eingetroffenen Kohlenbootes wurde ein Anker am Ufer eingegraben, das Wasser aus dem Kessel geschöpft und das Schiff dadurch um vier Zoll gehoben. Vergebens, es war und blieb unbeweglich! Unaufhörlich rollen die Kieselsteine an die eisernen Schiffswände und verursachen eine eigenthümliche, meinen Ohren wenig zusagende Musik. Sollen wir warten, bis das Wasser steigt? Heute sinkt es! Obgleich nach dem gestrigen heißen Tage das Thermometer um 35 Grad Fahrenheit gefallen ist und heftige Regengüsse herabströmten, wird der Fluß schwerlich steigen, denn im Taurus und den armenischen Gebirgen liegt der Schnee noch fest.

Lieutenant Murphey und ich ließen uns an Land setzen, und da es in meinen naturhistorischen Fächern nichts zu thun gab, half ich ihm beim Winkelaufnehmen. Die Araber kamen wie gewöhnlich und sahen mit gespannter, aber bescheidener Aufmerksamkeit unseren Manipulationen zu. Nichts erregt ihre Verwunderung so sehr wie ein Teleskop, das auf einen ihnen bekannten Gegenstand gerichtet ist, oder eine Magnetnadel, die den Bewegungen eines eisernen Instrumentes folgt. Fast täglich hören wir den Ausruf: *Frengi Kibir* (Die Franken sind groß)!

Träfen wir überall dieselbe Stimmung an wie hier, so könnte man sich kein freundschaftlicheres Volk denken. Mir ist in der untern Volksklasse nirgends religiöse Intoleranz vorgekommen, höchstens Stolz auf den Vorzug, Anhänger des großen Propheten zu sein, und Mitleiden mit uns Ungläubigen.

22. März. Nach drei Tagen vergeblichen Harrens hatte der Regen endlich den Schnee im Gebirge geschmolzen und den Fluß so angeschwellt, daß unser Schiff sich zu heben anfing. Schon gestern Abend wurde das sonst klare helle Wasser gelb und trübe, und einige leise Bewegungen des Bootes verriethen sein Steigen. Es war aber zu spät, die Heizung zu beginnen, und so mußten wir noch die Nacht zwischen Hoffnung und Furcht schwebend auf der Stelle verbleiben.

Früh um 5 Uhr dampfte der Rauchfang. Nachdem noch einige Lebensmittel an Bord gebracht waren, wurden die Stricke gelöst, und die Maschine begann zu arbeiten.

Die Landschaft hier ist pittoresk, sie wäre bei mehr Cultur und Baumwuchs reizend zu nennen. Die Formen der Berge sind weniger großartig als höchst anmuthig. An den Ufern des Flusses sahen wir viele Ruinen alter Gebäude, freilich durch Jahrhunderte des Verfalls so zernagt, daß ihre ursprüngliche Gestalt nicht mehr erkennbar ist.

Die Gegend erinnert mich an den Rhein. Oberst Chesney mag recht haben, wenn er den obern Theil des Euphrats mit dem Rhein, den mittlern mit der Donau, den untern mit dem Nil vergleicht!

Wir landeten bei dem turkomanischen Zeltdorfe Gurtuk, wo Kapitän Escourt, der mit der Aufnahme des Flusses beschäftigt vorausgegangen war, uns erwartete. Auch hier betrug sich das Volk sehr willig und bescheiden: die Männer kamen ohne Furcht an Bord, das nie gesehene Ungeheuer zu betrachten; «nur Gott», sagten sie, «kann solchen Verstand besitzen». Der Sheikh brachte als Freundschaftszeichen ein Lamm zum Geschenk.

Die staunende Bewunderung der Einheimischen war Balsam für die arg geprüften Reisenden, die an ihrem Zauberschiff sonst wenig Freude hatten. Fortwährend gab es Verzögerungen. Sturm, Regen und Gewitter verhinderten die Weiterfahrt, Kohletransporte trafen mit Verspätung ein, dann steckte das schwerfällige Flachboot fest, dann lief die «Euphrates» wieder auf Grund. Wir haben so viele kleine Unglücksfälle – wenn nur zuletzt nicht größere nachfolgen! schrieb Helfer ahnungsvoll in sein Tagebuch. Meine Ungeduld ist aber wol kaum gerechtfertigt. Bei den mannichfachen Schwierigkeiten, welche der Beschiffung dieses Flusses in der gänzlichen Unbekanntschaft mit seinem Stromlaufe, in dem plötzlichen Steigen und Sinken des Wassers, den unzähligen von der Flut verdeckten Untiefen und in dem Mangel an genügendem Brennmaterial sich entgegenstellten, kann eine schnelle Fahrt füglich nicht erwartet werden.

Er nutzte die Zwangsaufenthalte zu Erkundungsausflügen in die Umgebung, nach Vorschrift mit Dolch und Pistolen bewaffnet, die ihn freilich beim oftmaligen Bücken, zu welchem den Naturforscher seine Zwecke nöthigen, sehr genirten.

24. März. Das Wetter begann heiterer und wärmer zu werden, die Kette des schneebedeckten Taurus war in einer Entfernung von etwa 10 deutschen Meilen deutlich sichtbar. Unser Dolmetsch, ein Chaldäer aus Mossul Namens Antoni Rassam, begleitete mich. Als Zögling der Bibelgesellschaft in Malta hatte er dort mehrere Jahre in strenger, beinahe klösterlicher Abgeschiedenheit von der Welt zugebracht, bis er der Expedition als Dolmetsch beigegeben ward. Seine Erscheinung war höchst merkwürdig; die auffallend lange Gestalt, die dunkle Färbung der Haut und der kindliche, gemüthliche Ausdruck seiner Gesichtszüge bildeten ein seltsames Ganzes. Er war in der That ein Kind an Unbefangenheit und liebenswürdiger Weltunkenntniß. Mit der Naivität eines Kindes legte er seine

Freude, von dem strengen Regiment der frommen Herren in Malta befreit zu sein, an den Tag, ohne doch die erlangte Freiheit je zu misbrauchen. Er war ein vorzüglicher Schachspieler, wie kein zweiter an Bord des Schiffes. Es sei überhaupt bei dieser Gelegenheit bemerkt, wie allgemein das Schachspiel im Orient verbreitet ist, und welche Meister darin man selbst unter den wilden Arabern antrifft.

25. März. Nicht nur die Menschen wurden durch die fremdartige Erscheinung unsers Dampfbootes in Staunen gesetzt, sogar Pferde verließen ihre Weideplätze und kamen im Galop herbeigesprengt, sich das nie gesehene Ungeheuer in der Nähe zu beschauen; ja selbst ein Schakal blieb ganz verwirrt eine Weile mit gespitzten Ohren am Ufer stehen. Die Eingeborenen bedienen sich hier, in Ermangelung anderer Mittel, zur Ueberschreitung des Stromes aufgeblasener Schafs- oder Schweinshäute, die sie sich unter den Leib legen. Ihre geringen Kleidungsstücke in einem Bündel auf dem Kopfe tragend und mit den Füßen das Wasser zurückstoßend, schwimmen so Männer, Weiber und Kinder ohne Furcht über den reißenden Strom!

28. März. Der rauchende Schornstein verkündete am heutigen Morgen die sichere Weiterfahrt. Fragen und Antworten, alle Vorausbestimmungen geben keine Gewißheit, da sich die Umstände jeden Augenblick ändern können; ist aber erst der Kessel geheizt, dann steht die Abfahrt wirklich fest.

Bei unserer Abfahrt standen die Eingeborenen ängstlich harrend am Ufer; die schwarzen Rauchwolken versetzten sie in Besorgniß, und als der Dampf mit voller Kraft und gellendem Pfiff der Röhre entwich, flohen Weiber und Kinder, und die Männer riefen: «Gott befreie uns von dieser Gefahr!»

Die Landschaft hier ist in ihrer vielfachen Abwechselung sehr schön. Der herrliche Strom, bald von hohen Felsen begrenzt, bald in weiter Fläche sich ausdehnend, die grünen Inseln darin und die bläulich dämmernden Berge in der Ferne bieten die anmuthigsten Bilder. Weiterhin beginnt das Land wilder und wüster zu werden. Zu beiden Seiten des Stromes erheben sich gleich hohe Gebirgsketten von Kalksteinformation, deren Schichten gebogen und gewunden übereinanderliegen. Die Regelmäßigkeit der Lagen läßt sie wie künstliches Menschenwerk erscheinen, während ihre Großartigkeit von einer andern als menschlichen Kraft Zeugniß gibt.

Ein paar elende Nomadenzelte und die langohrigen schwarzen Ziegen, die hin und wieder zerstreut weideten, waren die einzigen Spuren von lebenden Geschöpfen, und das in einer Gegend, die bei jedem Schritt auf ehemalige hohe Blüte und Cultur schließen läßt.

Am 29. März landeten sie unterhalb der mächtigen Burgruine Kalaat-en-Nedschm (Qal'at Najm), und die ganze Gesellschaft stieg hoch, um diese Alhambra am Euphrat, wie Ainsworth sie nannte, zu erkunden. Er sah in der aus der Sarazenenzeit stammenden Ruine ein Überbleibsel der hellsten Tage des Kalifats, als die Künste und Wissenschaften an den Ufern des Euphrat in höherer Blüte standen als selbst in Europa. Chesney allerdings war vor allem an einem unterirdischen Tunnel interessiert, der der Überlieferung nach von hier aus auf die mesopotamische Seite geführt haben soll, und beauftragte Ainsworth, zusammen mit zwei Seeleuten diesbezüglich Untersuchungen zu unternehmen. Nachdem sie sich stundenlang durch Berge von bestialisch stinkendem Fledermauskot gegraben hatten, dessen pulverisierter Staub das Verließ ausfüllte und in Augen und Lungen drang, gaben sie erschöpft auf. Welch ein Schatz werthvoller Insecten liegt hier metamorphosirt, und ich kann ihn nicht heben! schrieb Helfer bedauernd in sein Tagebuch.

30. März. Ich bin heute recht unwohl und auf unsere Cabine angewiesen. Den Kopf nur mit der weißen Unterkappe und dem Tarbusch ohne Turban bedeckt, war ich ausgegangen trotz der schon ziemlich heißen Strahlen der Sonne, und so zog ich mir einen Sonnenstich zu. Mein Kopf brennt sehr, doch verliere ich heute wenig, denn nach kurzer Fahrt saßen wir schon wieder auf dem Grunde fest.

Die Eingeborenen sind hier schon viel wilder. Die Bewohner der beiden Ufer führen einen gegenseitigen Vertilgungskrieg. Ein Syrier äußerte, sein größter Wunsch sei, das Blut seiner Nachbarfeinde zu trinken. Lieutenant Murphey wurde heute bei seinen astronomischen Aufnahmen von 40 Arabern attakirt, die mit Büchsen, Schwertern, Bogen, Pfeilen und Knitteln bewaffnet waren; allein so groß ist bei ihnen die Furcht vor der Zauberkraft der Feringis, daß sie nicht wagten, die drei Engländer anzugreifen. Hört aber einmal dieses Prestige auf, dann wird es auch mit der Sicherheit zu Ende sein.

31. März. Schon wieder ein Sitzenbleiben zu verzeichnen – es scheint dies tägliches Hauptereigniß werden zu sollen!

1. April. Wir sind ohne Hoffnung, bald befreit zu werden. Der reißende Strom drängt das Boot immer höher auf die Sandbank hinauf. Auch fehlen uns die Anker, Stricke und Provisionen, die von Alexandretta täglich erwartet werden.

2. April. In den Tagen des Festsitzens beschäftigen wir uns mit Lektüre, für welche die classische Schiffsbibliothek eine reiche Auswahl bietet. Wir haben mit Nutzen Gibbon, theilweise auch Herodot und Ammianus Marcellus gelesen. Die alte Geschichte gewinnt hier um so mehr an Interesse, wo jeder Moment die großartigsten Erinnerungen erweckt.

Gegen Abend wurden wir angenehm überrascht durch den lang vermißten Anblick des Flachbootes. Das unförmliche Fahrzeug ist schwer zu lenken, und sicher hätte der mächtige Strom es an uns vorübergerissen, wäre es nicht unweit von dem Schiffe auf eine Sandbank festgefahren.

Der brave Fitzjames kam sogleich an Bord und gab uns eine humoristisch-pittoreske Beschreibung seiner ohne Steuerruder vollbrachten Argonautenfahrt.

Sechs Tage war das Boot auf einer, zwei auf einer andern Sandbank und jeden Tag wenigstens einmal sitzen geblieben; es stieß gegen Felsen, bekam klaffende Löcher, die mit Erde und Baumwolle verstopft werden mußten, und wurde zweimal von Arabern mitten im Flusse angefallen, die jedoch nicht den Muth hatten, den englischen Kugeln standzuhalten. Hunger, Hitze und Nässe hatte die Mannschaft ertragen, und nun endlich hier angelangt muß sie mit uns stecken bleiben!

3. April. Obgleich heute Ostermontag ist, hatten Mannschaft und Offiziere einen mühseligen Werktag. Mit aller Anstrengung wurde an der Flottmachung unsers Schiffes gearbeitet, aber als es sich zu bewegen anfing, riß plötzlich das Ankertau mitten entzwei, und das Fahrzeug wurde fester als zuvor auf die unheilvolle Bank geworfen. O heilige Geduld, wie hart wirst du geprüft! Ich muß mich jedoch dieses Ausrufes schämen, blicke ich auf unsere Umgebung, die neben der angestrengtesten Thätigkeit eine beispiellose Zähigkeit im Erdulden aller nicht zu beseitigenden Widerwärtigkeiten und Schwierigkeiten entwickelt, ohne zu murren, mit immer frischem Muth! Ihrem Beispiel will ich folgen und künftig nicht mehr vom Steckenbleiben schreiben, höchstens drei Kreuze machen.

Ein Vorfall ernster Art ereignete sich heute infolge der bestehenden Blutrache zwischen zwei Araberstämmen. Der Sheikh Hassan, vom Stamme der Beni Seid, konnte es nicht erwarten, das Wunder *(Merkeb*

James Fitzjames, 1845

Inglis) zu sehen, bis unser Dampfboot hinunter zu seinem Dorfe kommen würde. Er setzte daher auf einer aufgeblasenen Schafshaut über den Fluß und wurde sehr gastfreundschaftlich an Bord unsers Schiffes aufgenommen. Nachdem er sich dasselbe in allen Theilen mit großer Gravität besehen, sagte er als Compliment: «Die Engländer sind Menschen höherer Abkunft als die Araber.» Er ist eine plattnasige, braune, untersetzte, dünnbärtige, ältliche Persönlichkeit; indessen ein Mann von Gewicht in diesem Winkel der Erde. Seine Horde liebt ihn und hat schon manchen blutigen Strauß für ihn ausgefochten. Es besteht Blutrache zwischen ihm und seinen Nachbarn und Blutsverwandten, den Fachals, einem mächtigen wilden Stamme auf der mesopotamischen Seite, von dem bereits drei seiner Kinder getödtet wurden; dadurch ist die Feindschaft zwischen ihnen zu so hohem Grad gestiegen, daß sie voll Rachgier gegenseitig ihr Blut trinken.

Wir wollten mit unserm kleinen Boote an das syrische Ufer fahren, um dort jeder seinen Geschäften nachzugehen und den Sheikh dahin zurückzubringen. Da wir aber inmitten des Flusses festsaßen und auf der syrischen Seite eine Insel vor dem Festlande lag, war es angezeigt, zuerst nach dem mesopotamischen Ufer zu steuern, an demselben das Boot stromaufwärts zu ziehen, und es dann durch den Strom nach der geeigneten Landungsstelle hinübertreiben zu lassen.

Der Sheikh äußerte zwar sogleich große Besorgniß, das Ufer, wo seine Todfeinde hausten, betreten zu sollen, wurde jedoch durch die Versicherung beruhigt, er sei bei den Engländern in völliger Sicherheit und man werde ohne Aufenthalt auf das andere Ufer übersetzen.

Der Oberst und Lieutenant Murphey beabsichtigten, eine Station mit dem Meßtisch aufzunehmen, und Corporal Greenhill, Murphey's Assistent, trug die Instrumente dazu. Mr. Hektor stand im Begriffe nach Port William zurückzukehren, um den inzwischen zur Abfahrt bereit gemachten Tigris durch die Kanäle zu führen. Diese vier, Rassam, der im Dorfe Schafe, Eier u.s.w. kaufen wollte, und ich bildeten nebst den Bootsleuten die Gesellschaft; alle waren zufällig unbewaffnet. Nachdem wir gelandet, entfernten sich der Oberst und Lieutenant Murphey, während wir andern, ich mit Botanisiren beschäftigt, in der Nähe des Bootes verweilten.

Am Ufer standen fünf Männer, die, sobald sie den Scheikh erkannten, Zeichen der Feindseligkeit machten, indem sie ihre Füße in die Höhe hoben und auf die Sohlen schlugen. Er ersah daraus, daß er eilig fliehen müsse, und bat auf das dringendste, man möge ihn augenblicklich übersetzen, lud auch zugleich in größter Hast ein Gewehr, das er eben erst vom Obersten als Geschenk erhalten hatte. Ich schaute mich nach der Gefahr um, die den Mann so sichtlich ängstigte, und sah aus dem nächsten Zeltdorfe an hundert Araber in raschem Laufe sich nähern. Doch Hektor, im Vertrauen auf den mächtigen englischen Einfluß, machte noch immer keine Anstalten, den Mann übersetzen zu lassen. Mir schien nun ein ernster Kampf unvermeidlich, und ich eilte, den Obersten und Mr. Murphey zum Succurs zu holen; allein, zu spät, denn ehe wir herankommen konnten, hatten die feindlichen Araber bereits das Ufer erreicht und sogleich auf den Sheikh im Boote zu feuern begonnen. Zwei der Kühnsten sprangen ins Wasser; in demselben Augenblick aber feuerte der Sheikh sein Gewehr ab und zerschmetterte dem einen den Arm; dann kauerte er sich in das Boot nieder, dessen Seitenwände ihn gegen die Säbelhiebe schützten, die jetzt auf ihn niederfielen. Da ertönte der furchtbare Knall eines stark geladenen Neunpfünders von dem Schiffe herüber, und die erschreckte Herde stob wie Spreu auseinander. Unsere Freunde auf dem Schiffe hatten

Die Araber greifen Scheikh Hassan an

den Vorgang am Ufer wahrgenommen und rechtzeitig Hülfe geleistet. Das alles war das Werk einiger Minuten. Schnell wurde der Sheikh wieder an Bord des Schiffes gebracht. Daß ihn keine der vielen durch das Boot gedrungenen Kugeln getroffen hat, ist ein Wunder.

Wie sind diese Menschen so roh, so blutdürstig und doch wieder so kindlich naiv! Was könnte bei ihren guten natürlichen Anlagen aus ihnen gemacht werden, wenn man es auf rechte Weise anfinge!

3. April. Trotz aller Anstrengungen noch drei Kreuze zu verzeichnen!

6. April. Nichts als Kreuze zu verzeichnen! Das Wasser fällt fortwährend; wir sitzen auf trockenem Grunde. Der Oberst ist sehr angegriffen, er hat wiederholt Fieberanfälle gehabt.

15. April. Immer noch auf dem Trockenen! Freilich, es kann nicht anders sein. Wie konnte ich auch bei der Explorirung des Flusses an ein sanftes Hinuntergleiten denken! Wir müssen uns noch glücklich schätzen, daß wenigstens das britische Mutterland seine in die Welt hinausgesandten Kinder nebst den nöthigen Lebensbedürfnissen auch mit Geistesnahrung und Nachrichten aus der Heimat versorgt und sie so in beständigem Verbande mit sich erhält. Es ist unglaublich, welche Masse politischer Tagesblätter mit jedem Packetboote über Malta und Alexandretta oder mit dem Tataren von Konstantinopel ankommt, und unmöglich, sie alle zu bewäl-

tigen. Daneben erhalten wir alle hervorragenden periodischen Blätter, wie die »*Transactions of the Royal Geographical, Mineralogical, Geological and Astronomical Societies*», «*Quarterly Review*», «*Atheneum*», «*Literary Gazette*», «*Dublin's Penny Encyclopedia*», «*Edinburgh Review*», «*Sporting Magazine*», «*Asiatic Journal*», «*United Service*», «*Blackwood's Nautical Magazine*».

So sind wir immer von den Begebenheiten in Europa unterrichtet; auch lerne ich die neueste deutsche Literatur im Auszuge durch englische Uebersetzungen kennen, wobei das Urtheil der Engländer über unsere Productionen mich sehr interessirt.

Der April war schon weit fortgeschritten, und Schwalben hatten begonnen, in den Kästen der Schaufelräder Nester zu bauen, als der Fluß sie endlich freigab.

18. April. Gott sei Dank, nach neunzehntägigem Sitzen auf Einem Fleck sind wir endlich flott! Seit gestern früh begann das Wasser zu unserer unaussprechlichen Freude stündlich um einen Zoll zu steigen. Wir saßen den ganzen Tag auf dem Verdeck, den von uns selbst fabricirten Euphratometer beobachtend, und riefen es einer dem andern zu, wenn wieder ein Zoll auf der Scala im Wasser verschwand. Gegen 7 Uhr abends hörten wir das erste leise, uns jetzt höchst melodisch klingende Rasseln der Kiesel unter dem Schiffe. In demselben Moment rissen aber die starken doppelten Ankertaue. Das Schiff wendete sich mit Blitzesschnelle und trieb, da es ohne Dampf nicht gelenkt werden konnte, in einen engen Kanal eine halbe Miglie weit hinein, wo es wieder regungslos zwischen Sandbänken sitzen blieb! Zu unserm Glück stieg das Wasser die ganze Nacht ungewöhnlich hoch, und um 6 Uhr des Morgens konnten wir, mit voller Dampfkraft stromaufwärts fahrend, in den rechten Kanal gelangen, wobei das Schiff jeder leisen Bewegung des Steuers gehorchte und sich als sehr tüchtig bewährte.

Wir legten nahe am Ufer an, um die ausgeschifften Kohlen, schweren Ketten und Taue einzuladen. Herbeigeeilte Araber waren unter entsetzlichem Geschrei dabei behülflich; sie zogen die schweren Ketten, sprangen ins Wasser und arbeiteten auch später noch, nackt wie sie waren, über eine Stunde lang am Lande fort. In dem Moment der Abfahrt kam unser braver Fitzjames mit seiner Mannschaft zu Fuße an; er brachte die schlimme Botschaft, daß unser Flachboot gestrandet und gänzlich gesunken sei. Das unlenksame Fahrzeug hatte der heftigen Strömung unweit Kara Bambödsch nicht zu widerstehen vermocht. Durch dies unglückliche Ereigniß erwächst der Expedition ein großer Schaden. Funfzehn Tonnen Kohlen, der Lebensnerv für unsern Dampfer, Mehlfässer, Provisionen und allerlei Waffen, Kleidungsstücke u.s.w. verschwanden in der sieben Faden tiefen Flut, und nichts davon wird, selbst nicht mit Hülfe unserer schweren Taucherglocke, aus dem reißenden Fluß gerettet werden können. Aus dem eigenen Verlust machen sich die Herren viel weniger; Major Escourt, der einen bedeutenden Theil seiner Bagage einbüßte, äußerte lakonisch, man müsse auf derartige Vorkommnisse im voraus gefaßt sein.

Zu unserer Erheiterung meldeten bald darauf schwarze Rauchwolken die Ankunft des längsterwarteten Tigris, der mit außerordentlicher Schnelligkeit den Fluß herunterkam und in unserer Nähe Anker warf. Wir eilten an Bord, die Ankömmlinge zu begrüßen. Sie hatten unser Schicksal getheilt und ebenfalls 13 Tage auf einer Bank festgesessen.

Der Tigris wurde sogleich beordert, nach der Stelle, wo das Flachboot scheiterte, zu fahren und zu retten, was zu retten sei. Wir freuten uns des majestätischen Anblicks, als er, die Strömung besiegend und leicht wie eine Nymphe über dem Wasser schwebend, an uns vorbei stromaufwärts glitt. Ich begreife die Ehrfurcht und Scheu, mit welcher die Araber dieses Wunder betrachten. Haben wir doch vor 40 Jahren ein Gleiches gethan und freuen uns jetzt, daß es dem menschlichen Genius gelungen, die feindlichen Elemente zu bändigen und ihre Kraft sich dienstbar zu machen.

Am 19. April erreichten sie Balis. Erst 100 englische Meilen haben wir bis hierher in 34 Tagen zurückgelegt – freilich ein geringes, aber in Berücksichtigung der Schwierigkeiten und Mühen einer solchen Probefahrt immer noch zufriedenstellendes Ergebniß. Wie viel Zeit werden die noch übrigen 1400 Meilen erfordern? So Helfer in seinem Tagebuch.

In seiner auf den 16. Mai datierten Reisereportage für die *Allgemeine Zeitung* lesen wir: Trotz aller Vorsichtsmaaßregeln geschah es dennoch zweimal, daß wir auf einer Sandbank sitzen blieben.

Staatsbesuch

Die Berge am Fluß waren allmählich niedriger geworden, und kurz vor Balis (arabisch Maskanah) dehnte sich das Land zu einer offenen, sanft gewellten, grasigen Ebene aus. Beim Näherkommen sahen sie zu ihrem großen Erstaunen, daß sie kilometerweit mit Hunderten von arabischen Zelten besetzt war, und wo die Zelte aufhörten, grasten Kamele, Pferde, Büffel- und Schafherden. Es sah aus wie ein Heerlager, in das die Ankunft der Dampfer aufgeregte Bewegung brachte. Frauen und Kinder rannten herbei, um das fremde Schauspiel zu betrachten, und die Männer schwangen sich auf ihre Pferde und galoppierten Speere schüttelnd am Ufer entlang.

Es waren Beduinen vom Volk der Bani Said, die vor den Häschern Ibrahim Paschas von der syrischen auf die mesopotamische Seite des Flusses übergewechselt waren. Nun fürchteten sie, daß die Engländer gekommen waren, um sie in seinem Auftrag einzufangen. Sie bekunden uns große Freundschaft und versprechen, alles für uns zu tun und uns zu gehorchen, wenn wir ihre Kinder nicht zu Soldaten machen, schrieb Estcourt am 22. April nach Hause. Ganz wohl war ihm angesichts dieser Heerschar bewaffneter Krieger nicht. Er wisse nicht, wie viele Araber nötig sein würden, um die Schiffe einzunehmen, überlegte er, meinte aber, daß die englischen Raketen sie im Notfall schon abschrecken würden.

Estcourt hatte im letzten Monat seltener nach Hause geschrieben, und auch dieser Brief fiel ziemlich kurz aus. Mit seinem Bruder und einigen Gehilfen war er ständig unterwegs und dem Schiff voraus gewesen, um den Fluß aufzunehmen, eine ebenso gefährliche wie verantwortungsvolle Aufgabe. Dabei hatte er auch noch mit der Malaria zu kämpfen, wie Ainsworth, Fitzjames und Chesney, den es so schlimm erwischt hatte, daß Helfer fürchtete, er werde die Durchführung seines Unternehmens nicht erleben, wenn er sich nicht mehr schone. Die Männer waren erschöpft, gereizt und streitsüchtig. Chesney und Lieutenant Lynch gerieten so heftig aneinander, daß es fast zum Bruch – Lynchs Entlassung – gekommen wäre, und Chesney beschloß, zur besseren Kontrolle des Rivalen sein Hauptquartier künftig auf die «Tigris» zu verlegen. Davon erfährt man freilich nur aus

Balis

den Londoner Akten. Wahrscheinlich hat diese Affäre die Abreise aus Balis noch über die unbedingt notwendige Wartezeit hinaus verzögert.

Denn ein längerer Aufenthalt war unumgänglich, auch wenn Chesney natürlich am liebsten sofort weitergefahren wäre. Aber die Schiffe sollten repariert, gründlich gereinigt und gestrichen werden; und aus England waren zwei Ingenieure der Lairdschen Werft eingetroffen, die technische Änderungen vornehmen und nun doch noch, ziemlich verspätet, Testfahrten unternehmen wollten. Außerdem erwartete man die Lieferung neuer Vorräte aus Aleppo. So hatten die Reisenden Zeit zur Erkundung der Gegend.

Balis, eine Stadt mit Wurzeln, die ins zweite vorchristliche Jahrtausend zurückreichen, war einstmals als römische Garnisonsstadt, Verkehrsknotenpunkt und Hafen von Aleppo von großer Bedeutung gewesen. Nach den Plänen von Peacock und Chesney sollte sie nun durch die Euphrat-Linie zu neuem Glanz aufsteigen. Ihre Lage in weit ausgebreitetem, üppig bewachsenem Hügelland und ihr Reichtum an Trümmern, Scherben, Ruinen machten sie zu einem Paradies für Naturforscher und für Geschichtsfreaks wie Ainsworth. Er und Helfer hatten hier eine gute Zeit. Sie machten Exkursionen, besichtigten die Reste eines römischen Kastells und Bauten aus der Sarazenenzeit, darunter auch ein mit zierlichen Inschriften und Koransentenzen geschmücktes Minarett aus Ziegeln. Leider werde es nicht mehr lange sein Haupt in die Lüfte erheben, weil die Fundamente bereits stark untergraben seien, meinte Helfer. Doch eben dieses Minarett ist, neben Türmen der alten Befestigung, so ziemlich das einzige, was von Balis geblieben ist. Bevor die ganze Gegend 1976 geflutet wurde und im Assad-Stausee versank, wurde es abgetragen und ein paar Kilometer entfernt im neuen Maskanah wieder aufgebaut.

Helfer machte im Euphrat-Schlamm von Balis reiche Beute. Meine Pauline und ich waren gleich rührig, mit der Lupe die kleinsten, dem bloßen Auge kaum bemerkbaren Thiere aufzufinden. Niemand im Schiffe kann unser Treiben begreifen, man belächelt die Wichtigkeit, die wir diesen unscheinbaren Dingen beilegen. Er fand einige seltene, sogar neue Insektenarten und, die Krone von allen, eine *Megacephale Euphratica Oliv.*, auf die er sich schon lange gefreut hatte. Es kam ihn ziemlich hart an, daß er seine mühsam gesammelten Schätze, noch bevor er sie bearbeitet hatte, sofort ins Mutterland England schicken mußte, als Zeichen, daß seine Söhne Zeit und Geld nicht zwecklos verwenden. Auch die Jagd auf größere Tiere war erfolgreich, sie erlegten mehrere Wildschweine und viel Federwild. Es gab Landrallen und Wachteln, Tauben, Lerchen, Finken, Bienenfresser und grüne Krähen, nubische Gänse, Pelikane, Kormorane, ganze Scharen von Störchen, Falken und Eulen, die trübselig in den Ruinen hockten. Mit Ainsworth stritt Helfer sich darüber, ob es sich bei der Riesenechse, die an den Ufern des Euphrat gesehen worden war, um ein Krokodil handeln könne – er hielt das für höchst unwahrscheinlich. Dagegen kann ich die Anwesenheit des Bibers im Euphrat constatiren, da es uns glückte, ein Exemplar zu fangen; wir haben es für das Zoologische Cabinet in London bestimmt.

Chesney nutzte die Wartezeit, um bei den Kaufleuten von Aleppo für sein Unternehmen zu werben und die Beziehungen zu den als besonders wild und gefährlich geltenden Anaza-Beduinen zu verbessern, mit denen es schon einige Scharmützel gegeben hatte. Derwisch Ali und Mr. Rassam ritten in ihr Lager und luden zu einem Besuch der Dampfschiffe ein, was, so war man sicher, schon seine Wirkung tun würde. Am 28. April trafen einige ihrer Anführer mit Gefolge in Balis ein. Helfers faszinierter Bericht von diesem Staatsbesuch macht sehr deutlich, wie der Osten gewonnen – und wohl auch verloren wurde.

Als wir heute in der klaren, dünnen Luft des schimmernden Abendlichts in weiter Entfernung am Horizont eine dunkle Masse sich bewegen sahen, hofften wir, daß die von Aleppo erwarteten, uns höchst nothwendigen Provisionen endlich ankämen, die leicht auf dem Wege von herumstreifenden Beduinen geraubt werden konnten. Mit gespannter Aufmerksamkeit verfolgten unsere Blicke den dahinziehenden Streif.

Langsam, viel zu langsam für unsere Ungeduld näherte sich die Masse. Nun erkannten wir an den langen, mit Straußfedern geschmückten Lanzen, daß ein Zug von Arabern herankomme. Abgemessenen, gravitätischen Schrittes trugen die Dromedare ihre Reiter, den einen vor, den andern hinter ihrem Höcker; die Häuptlinge aber saßen auf prächtigen Pferden und ließen ihnen, als sie unser ansichtig wurden, die Zügel schießen, um ihre Behendigkeit zu zeigen.

In der Entfernung von etwa 200 Schritten stiegen die Männer ab, steckten ihre bewimpelten Lanzen in die Erde und setzten sich im Halbkreise nieder. Bald kam unser Derwisch Elliot auf einem kleinen muntern Pferde mit der geflügelten Botschaft zu uns herangesprengt, die Prinzen der Wüste seien angekommen, worauf man sofort die nöthigen Anordnungen traf, ein tüchtiges Mahl nach dem langen Marsche für sie zu besorgen. Es wurde ihnen eine Anzahl Schafe nebst der entsprechenden Quantität Reis geschickt; die für uns bereiteten Speisen würden ihrem gesteigerten Appetit schwerlich genügt haben.

Das Lager aufschlagen, die Schafe schlachten, in Stücke zerreißen und ein tüchtiges Pilaw bereiten, das alles war das Werk weniger Augenblicke. Wir schauten dem von fern zu, da die Etikette verbot, uns ihnen dabei zu nähern. Nachdem sie des Leibes Nothdurft sattsam gestillt und die Häuptlinge ihre würdevolle Haltung wieder angenommen hatten, kamen drei der angesehensten, von Elliot und Rassam geführt, zum Schiffe. Ihre Physiognomien waren sehr verschieden von denen, die wir bis jetzt gesehen, zwei von ihnen konnte man außerordentlich schön nennen. Obgleich von tiefbraunem Teint, erschienen sie mir in den gekräuselt herunterwallenden Locken, den langen, schmalen, etwas leidenden Gesichtern und den funkelnden, aber sanften Augen, wie man sich die Ritter der Kreuzzüge vorstellt. Mit möglichst feierlichem Ceremoniell empfing sie unser Oberst, umgeben von den anwesenden Offizieren, in dem großen Salon, und nachdem die üblichen Freundschaftsversicherungen gewechselt worden und die Friedenspfeife geraucht war, wurden sie in das ihnen zur

Nachtruhe errichtete Zelt geleitet. Am Ufer wartete ihrer das Schauspiel von steigenden Congreve'schen Raketen, ein Anblick, der sie in das höchste Erstaunen versetzte. Sie fragten, ob die leuchtenden Sterne über den Mond hinausgingen und da oben hängen blieben.

29. April. Gravitätisch wie gestern kamen unsere Gäste heute früh wieder an Bord des Schiffes. Obgleich voll Verlangen, die Wunderdinge näher zu betrachten, verriethen sie doch ihre Neugier mit keiner Miene.

Sie sollten die Gewalt der Schiffswaffen kennen lernen. Zuerst wurden ihnen Gewehre mit Bajonett gezeigt, das Abfeuern derselben durch Zündhütchen kam ihnen wie Zauberei vor. Kanonen hatten sie noch nie gesehen, daher die Wirkung, welche das Losbrennen unserer mit Kartätschen geladenen und aufs Wasser gerichteten zwei Neunpfünder auf sie übte, eine ungeheuere war. Sie schraken entsetzt zusammen und sprachen: «Wer kann euch widerstehen! Ihr tödtet tausend Menschen mit Einem Schuß!» Darauf wurden sie in die Waffenkammer geführt, bei deren Anblick sie ausriefen: «Wozu so viele Waffen? Ein Schuß aus dem großen Gewehr (der Kanone) vertreibt ja alle Araber!» Ihr höchstes Erstaunen erregte aber die Maschinerie, die mächtigen Hebebalken, die Pistille und die Cylinder. «Wie könnt ihr», fragten sie, «das Eisen so handhaben? Es ist ja fein wie Käse geschnitten!»

Auch die Bibliothek im Salon fiel ihnen besonders auf. «Seht», sagte einer, «daraus schöpfen sie ihre Weisheit! Wie kostbar müssen diese Bücher sein, die schon von außen Gold sind!» Dabei wies er auf die vergoldeten Lettern, Stempel und Vignetten der Einbände.

Pauline zeichnete währenddessen den einen in ihr Skizzenbuch; er bemerkte es, nahm ihr das Buch aus der Hand, und als er darin blätternd das Bild einer Türkin zu Pferde erblickte, rief er aus: «Wie können das die Feringis nur machen! Auf einem so kleinen Raume, die Frau, das Pferd, und, wahrhaftig, Sattel, Zügel und Gebiß, alles wie es sein soll!» –

Unsere Gäste waren heut bei uns zu Mittag geladen, doch stillten sie zuvor ihren Appetit im Lager an einem tüchtigen Pilaw. Sie hatten nie an einem Tische und auf einem Stuhle gesessen, nahmen aber recht geschickt die ihnen angewiesenen Plätze ein. Da sie nie Löffel, Gabel und Messer gehandhabt hatten, beobachteten sie, um ihre Unkenntniß nicht zu verrathen, den Nachbar und ahmten ihn dann mit solcher Treue nach, daß man hätte glauben sollen, sie wären schon oft Gäste an europäischer Tafel gewesen. Ungenirt theilten sie sich lachend, aber mit Würde ihre Bemerkungen mit. Sie fragten uns: «Wozu braucht ihr diese Werkzeuge?» und, auf die Gabel deutend: «hat euch Gott nicht die Finger gegeben?» Als Schweinefleisch, das für uns zur Abwechslung mit dem ewigen Schaffleisch eine Delicatesse war, auf den Tisch kam, rührten sie es nicht an, sondern machten die verständige Bemerkung: «Ein jeder thut nach seinem Gebot.» Desgleichen nahmen sie keinen Wein, fanden es aber natürlich, daß wir tranken, was ihnen verboten ist. Die Durchsichtigkeit des Glases war ihnen neu; sie wollten sich Wasser einschenken, konnten aber nicht unterscheiden, ob die Flasche gefüllt oder leer sei.

Am Nachmittage erschienen sie in feierlicher Deputation, um mit unserm großen Scheikh einen Friedenstractat für die Ewigkeit abzuschließen und einen geschriebenen Ferman darüber zu erhalten. Dies war es, was Oberst Chesney gewünscht hatte. Rassam wurde mit Anfertigung der Friedensartikel in arabischer Sprache beauftragt, die auch ohne weitere diplomatische Winkelzüge beiderseitig angenommen und besiegelt wurden. «Wir sind», sprach hierauf der Oberst, «als Freunde gekommen; wir werden euch all die Waaren bringen, die euch fehlen, und deren ihr bedürftig seid, und werden dafür von euch Wolle eintauschen.» «*Taib, Taib* (Schön!),» riefen sie mit Emphase. «Allein,» fuhr der Oberst fort, «wir wollen nicht nur mit euch, wir wollen mit allen Stämmen in Frieden und Freundschaft leben. Ihr lebt mit den Schamos in ewiger Feindschaft; macht Frieden mit ihnen! Uneinigkeit zersplittert und schwächt euch! Einigkeit wird euch mächtig machen.» Ruhig hörten sie ihn an, dann erwiderte der Aelteste: «Wohl ist Frieden gut, aber der Krieg muß auch sein, ohne ihn gibt's keine Männer. Unsere Väter und Vorväter haben mit den Schamos Krieg geführt, und so müssen und wollen auch wir es thun, so gebietet es unser Gesetz!» Dagegen ließ sich nicht mehr argumentieren.

Chesney behauptet dagegen, er habe die Gäste mit Berufung auf eine Koran-Passage doch noch zum Friedensschluß mit ihren Erzfeinden gebracht. Und von Ainsworth erfahren wir, daß sich die arabischen Gäste und Vertragspartner vor allem für Aphrodisiaka interessierten.

Am 1. Mai kehrten die zur Sondierung des Flusses vorausgeschickten Männer zurück, zu Tode ermüdet, nachdem sie in der brennenden Hitze 30 englische Meilen durch Dornen und Gestrüpp zu Fuß zurück gelegt hatten. Der liebenswürdige Estcourt litt wieder an bösen Fieberattacken, mußte sich aber zum Bedauern Helfers von den englischen Ärzten auf ihre Manier, nämlich mit hohen Dosen Quecksilber behandeln lassen.

Am 4. Mai brach die «Tigris» auf, die der «Euphrates» von nun an als Pilotschiff vorausfahren sollte, und am 6. Mai war endlich auch der große Dampfer zur Weiterfahrt bereit. *Insch allah!* die erwartete Ladung ist angekommen. Morgen verlassen wir den Ort, der als erste englische Niederlassung und als Hafenplatz von Aleppo dereinst große Bedeutung zu erlangen verspricht. Mir bietet das Land in seiner Monotonie, sowol der Anblick als die Producte desselben, kein Interesse mehr. Die durchgehends weiße Farbe des Kalksteingebirges ermüdet das Auge. Ich bin Europa und seinen Producten noch viel zu nahe. Auge und Herz sehnen sich nach der Tropenwelt!

William Estcourt hatte von den «Wilden» und von Chesney genug und verließ die Expedition mit großer Vorfreude auf sein ruhiges, friedliches Zuhause in England.

Zenobias Sommerpalast

Alles ging nun schneller. Die kleine «Tigris» dampfte voran, die «Euphrates» folgte. Der Fluß stieg immer noch, er war von Schaum bedeckt, und seine Farbe hatte sich zu einem eigentümlichen schmutzigen Rotbraun verfärbt. Im undurchdringlichen Uferdickicht aus Bäumen und Schlingpflanzen zwitscherten Tausende von Vögeln, namentlich viele Nachtigallen schmetterten und flöteten ihr Liebeslied, um dem brütenden Weibchen die Zeit zu verkürzen. Nachts heulten Wölfe und Schakale um die Wette. Die Gegend war nun bewohnter, das Land an den Ufern mit Getreide bebaut, das von den armen Bauern mit Hilfe von ziehbrunnenähnlichen Schöpfapparaten bewässert wurde. Die Schiffe blieben kaum noch stecken, doch da Kohle und Proviant im Euphrat versunken waren, mußte man nun häufig Zwischenlandungen einlegen, um Holz zu schlagen und von den Anwohnern frische Nahrungsmittel einzuhandeln. Für letzteres war Christian Rassam zuständig, mit dem sich Pauline zu einer Allianz besonderer Art zusammengefunden hatte, wie Charlewood berichtet.

Mrs. Helfers Schwäche war offenkundig ihr Magen. Unsere Kost war gewöhnlich nichts Besonderes, aber gelegentlich gelang es uns, ein Schaf von den Arabern zu kaufen, und dann traf Mrs. Helfer kleine Abmachungen mit Mr. Rassam, unserm Dolmetscher, einem famosen Kerl, der die gleiche Schwäche hatte. Diesen beiden gelang es, sich zu einem gemeinsamen Schmaus die Leber zu verschaffen. Einmal hatte Rassam eine köstliche Pastete gemacht, die er sorgfältig und, wie er glaubte, sicher in seiner Kabine verbarg; dann ging er weg, um Mrs. Helfer zu holen, die am Ufer spazierenging, wo der Dampfer lag. Zu ihrem Pech war Rassam von einem der Offiziere beobachtet worden, der schnell die in der Kabine versteckte Pastete entdeckte. Fitzjames und ich wurden gerufen, und in drei Minuten war jedes Atom der Pastete durch unsere Kehlen verschwunden, und wir verfügten uns an Orte, von denen aus wir das Resultat bequem beobachten konnten. Mrs. Helfer und Rassam waren unangenehm überrascht, als sie entdeckten, daß die Pastete verschwunden war; erstere schien sofort zu verstehen, daß man ihnen einen Streich gespielt hatte, und stahl sich still fort. Nicht so Rassam, der sehr ärgerlich wurde und, als er Fitzjames' Versteck gefunden hatte, seinem ganzen Ärger Luft machte und ihn einen Dieb und ähnliches nannte. Diese Pasteten-Geschichte sprach sich schnell herum, und die beiden wurden damit noch ziemlich lange aufgezogen.

Nach Balis war die Fahrt weit interessanter geworden, die Gegend reich an Relikten einer glanzvollen Vergangenheit. Wie Peacock geträumt hatte, zogen die Dampfschiffe vorbei an den schweigenden Ruinen der Alten Welt, und die Reisenden hielten diese Begegnungen von Vergangenheit und Zukunft als dramatischen Kontrast immer wieder auf ihren Skizzen fest.

Gleich am ersten Tag kamen sie an dem schon zu Alexanders Zeiten berühmten Castell Dschabar (Qal'at al-Jabar) vorbei, das sich hoch über dem Euphrat erhebt. Wie alles einst Schöne und Großartige an den Ufern des Vater Euphrat ist es eine verlassene Ruine, heißt es in Helfers Tagebuch. Zwei Tage später passierten sie Schutthügel, die Ainsworth als Reste des einstmals wichtigen Ortes Thapsakos identifizierte, und am Abend des 9. Mai erreichten sie eine Stadt, die dem legendären Kalifen Harun ar-Raschid als Sommeraufenthalt (und als Basis für Einfälle in byzantinisches Gebiet) gedient hatte. Die ausgebreiteten, aber zerstörten Ringmauern von Racca wurden bei unserer Annäherung von den letzten Sonnenstrahlen beleuchtet. Einen Tag später zeigte sich Helfer bitter enttäuscht. Nie habe er einen ehemals berühmten Ort auf so spärliche, elende Überreste vertilgt gesehen. Nur die in Koth und Lehm zerfallene Ringmauer gibt einen ungefähren Begriff von der Größe und Bedeutung des alten Nicephorium. Formlose Hügel bezeichnen die Stätte, wo Harun Al-Raschid, nachdem er seine Residenz Bagdad verlassen, sich einen Palast erbaute und dann sein Sohn Al-Mamun eine Sternwarte errichtete, auf welcher der Astronom Al-Bathene den ersten Meridiangrad der Erde vermessen hat. Hier und in einem später erbauten, noch aufrechtstehenden Minaret machte Lieutenant Murphey seine astronomischen Beobachtungen – wol die ersten wieder seit einem Zeitraum von 1000 Jahren!

Wie anders wieder Ainsworth, der hier glückliche Stunden verlebte. Sehr früh am nächsten Morgen stieg er zur Stadt hoch, ohne Begleitung, wie es ihm am liebsten war.

Bei einem Ausflug in wilde Gegenden geht nichts über das Alleinsein. Wenn zwei oder drei dabei sind, gibt es Lärm und Unterhaltung, und

Die Dampfschiffe passieren Thapsakos

wilde Tiere, Vögel oder Reptilien scheuen die Anwesenheit des Menschen. Aber wenn man allein ist, sind sie weniger ängstlich oder haben mehr Mut. Als Liebhaber der Natur zog ich es immer vor, für mich zu sein, wenn ich den Dschungel an den Flüssen Euphrat und Tigris erforschte. Tiere und Vögel gingen mir zwar aus dem Weg, aber sie schienen sich durch meine Anwesenheit sehr wenig gestört zu fühlen, und ich traf viele, wo ich keinen getroffen hätte, wenn andere dabeigewesen wären. Niemals wurde mir das klarer als bei meinem ersten Besuch des Palastes von Harun ar-Raschid ...

Es war wie im Märchen. Als er sich der Ringmauer näherte, fand er sie dicht gesäumt von schwarzen Ibissen; bei der kleinen geschwungenen Brücke, die über den ausgetrockneten Burggraben führte, tollten junge Füchse herum, die sich um ihn gar nicht zu kümmern schienen, und in dem von Trümmern übersäten inneren Bezirk der Stadt lebten zahllose große Eidechsen, die bei seiner Ankunft in ihre Löcher und Höhlen huschten. Die Überreste des Kalifenpalasts fand er auch in ihrer Zerstörung noch eindrucksvoll und reich dekoriert, er bewunderte die von Säulen getragenen Bögen, das auch von Helfer erwähnte Minarett, Kapitelle aus Alabaster und vieles mehr. Nachmittags besuchte er die Ruinen dann gleich noch einmal, zusammen mit Chesney und einem Mullah, der ihnen geschichtliche Erläuterungen gab und einige der Inschriften vorlas.

Aus Helfers Tagebuch:

11. Mai. Um 6 Uhr früh waren wir heute unterwegs, aber schon nach einer halben Stunde wurde bei Amran angelegt, unfern von einem Walde gleiches Namens, welcher wegen der Masse wilder Thiere, die darin hausen, bei den Arabern berüchtigt ist. Hier mußten wir abermals einen Vorrath Holz einnehmen. Mein erster Versuch, in dem Gebüsch vorzudringen, mislang; erst als die Mannschaft der Boote mit der Axt einen Weg durch das Uferdickicht gehauen, war es möglich, bis zu einem nicht mit Unterholz, nur mit Tamariskenbäumen bewachsenen Platze zu gelangen, und ich wäre auch nicht so weit gekommen, hätten nicht die Wildschweine, die in unglaublicher Menge hier hausen, den weichen Grund festgetreten; von da aus aber versperrten Brombeerhecken, rankender Asparagus, Clematis, Smilax und andere Schlingpflanzen jeden weitern Schritt.

Ungeheuere Scharen großer Mosquitos, deren wir uns durch nichts erwehren konnten, machten den Ort unerträglich. Dennoch verging mir der Tag schnell und angenehm, wie immer wenn ich ungestört der Stimme der Natur lauschen kann; sie spricht lauter und freundlicher zu mir als die der Menschen, ausgenommen die meiner Pauline.

Als zur Nacht die Schakale, angelockt von den Ueberresten der verzehrten Schafe, sich herbeischlichen und ihr Sopranconzert anstimmten, ließ ich mich von ihnen in den Schlaf heulen.

12. Mai. Nachmittags setzte ich in einem Boote auf die andere Flußseite über, eine wellenförmige, baumlose, dürre Ebene, an deren Saum eine niedrige Gebirgskette sich von Westen nach Osten zieht. Die Fläche war ganz unbebaut, doch zeigten zahlreiche künstliche Einschnitte alter Kanäle sowie rohe arabische Wasserleitungen, daß sie einst cultiviert gewesen oder noch vielleicht zeitweilig von den in einiger Entfernung wohnenden Arabern angebaut wird.

Ein heftiger Sturm, verbunden mit fast an Finsterniß grenzendem Nebel und drückender Schwere der Luft, hinderte mich, meine Forschungen fortzusetzen. Ich glaubte, diese Lufterscheinung müsse der Vorbote eines Erdbebens sein; allein es blieb ruhig, und es folgte ein schöner Abend.

13. Mai. Wir landeten nach mehr als 3 ½ stündiger Fahrt an einem baumreichen Platze der mesopotamischen Seite, da der Tigris wieder Holzvorrath einnehmen mußte.

Hier nahten sich uns drei fast nackt zu Pferde sitzende Araber, vorsichtig fragend, ob wir sie als Freunde behandeln würden; sie wollten sich gern den Feringis unterwerfen und Tribut zahlen, wenn diese sie gegen ihre Feinde schützen wollten. Nach erhaltener Friedensversicherung sprengten sie im Galop davon, erschienen aber in kurzer Zeit wieder. Sie gehören zum Stamme Afadel, sind von schöner Körperbildung, benahmen sich jedoch wie völlig Wilde. Für die Schafe, welche Rassam von ihnen kaufte, verlangten sie nichts als ein Stück Brot, das sie hastig ergriffen und unter sich vertheilten, denn es galt ihnen als Symbol der besiegelten Freundschaft, der ein jeder theilhaftig sein wollte.

14. Mai. Auch heute setzten wir unsere Fahrt auf gleiche Weise fort, indem der Tigris als Führer vorausfuhr. Der Fluß ist hier für die Schiffahrt sehr günstig, tief und bis zu 300 Yards breit. Zu unserm Erstaunen wandte sich aber sein Lauf plötzlich südwärts, der Gebirgskette zu.

Dort ruht auf einer Schicht von Kieselsteinen ein Basaltlager; schwarze Massen bilden die Gipfel, und schwarzes Geröll fällt über die nackten Abhänge herab, die den Fluß zu schließen scheinen.

Unsere Bewunderung der großartigen Scenerie stieg, je mehr wir uns dem Durchbruch des Euphrats durch die Felsenkette näherten. Es ist die dritte Felsenreihe, seit Birjick, bekannt unter dem Namen der Finstern Abgründe. Nach viertelstündiger Weiterfahrt legten wir bei den Ruinen eines Castells an – der malerischste Landungsplatz, den wir auf der ganzen Fahrt bis hierher gehabt.

An einem Hügel am rechten Ufer des Euphrat zogen (und ziehen) sich die Mauern der zerfallenen Festungsstadt Halabiyah hoch zu einer krönenden Palastruine aus Basalt und hellschimmerndem Alabaster, auf einem Hügel schräg gegenüber auf der linken Seite liegt die schlechter erhaltene «Zwillingsfeste» Zalabiyah. Beide Bauwerke sind mit dem Namen und der Geschichte der Königin Zenobia verbunden, die sie um 270 zur Verteidigung und Kontrolle des Flußtales errichten ließ. Hierhin soll sie einst nach dem Fall von Palmyra auf ihrem schnellsten Renndromedar vor den Römern geflüchtet, von nachsetzenden Reitern aber eingeholt und ergriffen worden sein. Ainsworth allerdings sah in Halabiyah den Sommersitz der fabelhaften Königin. Ganz verzaubert von der wildromantischen Schönheit der Lage, war er überzeugt davon, daß der Marmorpalast ein Lieblingsort der hohen Dame gewesen sein müsse, die sich durch Klugheit und Schönheit wie durch Charakterstärke auszeichnete; eine asiatische Prinzessin, die zugleich griechische Kultiviertheit und römische Kühnheit besaß. Vermutlich habe Zenobia sich zu bestimmten Zeiten des Jahres hierher zurückgezogen, um sich der im Tal zirkulierenden erfrischenden Winde zu erfreuen.

Am 16. Mai ankerten die Reisenden an einer Insel vor Deir ez-Zor, in der Hoffnung, so dem Ansturm neugieriger Bewohner zu entrinnen. Es half aber nichts, wie Helfer schreibt, denn bald wimmelte es in dem Flusse von Menschen. Alt und jung kam auf den luftgefüllten Häuten herangeschwommen, die Stärkern trugen die Schwächern, die Aeltern ihre Kinder auf dem Rücken. Sie befühlten mit ihren Händen die Schiffswände, und staunend rief einer dem andern zu: «Eisen, alles Eisen!»

Die ersten, noch ziemlich kümmerlichen Dattelpalmen wurden als Vorboten tropischer Vegetation von Helfer und Pauline freudig begrüßt. Zwei Tage Aufenthalt, dann Weiterfahrt nach Süden. Unterwegs machten ihnen dichte Wolken ungewöhnlich großer giftiger Moskitos schwer zu schaffen. Pauline fertigte aus Helfers Insektengaze Beutel, die, auf Draht gespannt und über den Kopf gezogen, ein Schutzmittel bieten und dabei gestatten, sich frei zu bewegen und zu sehen. Jeder war glücklich, der mit einem solchen bedacht wurde.

Am 20. Mai notierte Helfer: Wir nähern uns Bagdad jetzt schnell, dem Ziele meiner Wünsche für den Augenblick, denn dort muß ich von unsern Freunden hören; hoffentlich werde ich Briefe von ihnen vorfinden und über unsern fernern Reiseplan Näheres erfahren.

Den Lesern der *Allgemeinen Zeitung* kündigte er siegesgewiß historische Umwälzungen an.

Wenn man bedenkt, daß Raub und Plünderung bei allen Ideen vorherrscht, welche Araber sich seit ihrer ersten Jugendzeit bilden, daß Raub das ehrenhafteste Handwerk ist, das sie fortwährend gegen einander ausüben; so wird man sich über den moralischen Einfluß wundern, den das Erscheinen der Dampfboote und der Europäer auf sie äußerte. Ernsthaften Widerstand könnten sie meiner Meinung nach nie leisten, erstens weil sie von Natur aus feige und nur im Ueberfall geschikt sind, dann weil sie höchst unvollkommene Waffen besizen, nemlich Steinschleudern, Stöke, die an der Spitze eine harte Holzkugel haben, Speere, krumme Säbel und wenige höchst mangelhafte Flinten; endlich weil die Bevölkerung höchst gering und die einzelnen Stämme nie mit einander in Frieden sind. Viele haben die Engländer als ihre Befreier betrachtet, die eine neue Aera für sie eröfnen; mehrere Scheichs wollen England Tribut zahlen, und sich unter brittischen Schuz begeben, obgleich sie eigentlich gar nicht wissen, wer der Sultan Inglis ist, und wo er herrscht. Das große Problem, das Land der Wunder und Schäze dem alles dominirenden kleinen Europa um Tausende von Meilen näher zu bringen, scheint demnach seiner Lösung nahe. Indien wird mit Gewalt dem Strome europäischer Denk- und Sinnesweise nahe gebracht. Diese Verschmelzung des südlichen, ewig ruhigen, luxuriösen, genießenden Ostens, mit dem emsig bewegten, erwerbsüchtigen Westen, kan blos zum moralischen und materiellen Vortheile beider Theile ausfallen.

Samum

Blithely the Tigris leads the way,
Her chieftain's pennant streaming gay,
With flag and bannerol pride;
Threading her course with fairy ease,
Buoyant as feather on the breeze,
She skims the liquid tide.

Emblem of life and all its train
Of futile fancies, frail and vain,
Which nought we trust can sever;
At morn o'er Hope's smooth wave we sail,
Spread all our canvass to the gale,
At eve we sink for ever.

And hearts are there which fondly dwell
On feelings pure; affection's spell
Still binds where'er we roam;
Whose dreaming thoughts and visions flee
To what they ne'er again shall see –
Wifes, children, lovers, home.

For now the end of toil was nigh;
Fame was near, and hope was high;
Their onward course was plain:
When, as to cross their glory's pass,
Armed with electric fire and wrath,
It came – the Hurricane!

Henry Richardson, *The Loss of the Tigris,* 1840

HELFER

21. Mai. Wie eitel ist die menschliche Berechnung! wie nichtig das Bauen auf menschliche Kraft und Weisheit im Kampfe gegen die empörten Elemente! Wie ohnmächtig stehen wir da, wenn die zürnenden Naturkräfte gerade in diejenigen unserer Werke hemmend und zermalmend eingreifen, durch die wir sie zu fesseln und uns dienstbar zu machen wähnten. Und wie schrecklich ist es erst, in diesem ungleichen Kampfe werthe Freunde vor unsern Augen hülflos untergehen zu sehen!

Daß ich Ereignisse würde zu verzeichnen haben, wie sie der heutige Tag gebracht, hätte ich nie für möglich gehalten; schienen wir doch vollkommen berechtigt, den günstigen Ausgang der Expedition als gesichert zu betrachten.

Zwei neuerbaute, mit aller Sorgfalt ausgerüstete Dampfboote, von kenntnißreichen Führern geleitet, von einer geschickten und willfährigen Mannschaft bedient, von den wilden Uferanwohnern überall mit Ehrfurcht begrüßt, auf dem breiten, ruhigen Strome dahinfahrend – wer hätte nicht mit Zuversicht auf die glückliche Vollführung dieser ersten Euphratbeschiffung hoffen sollen! Und doch sahen wir binnen wenigen Minuten das Tigrisboot vor unsern Augen rettungslos untergehen und entrannen selbst nur durch einen glücklichen Zufall dem gleichen Schicksale!

Wir waren sehr zeitig des Morgens aufgebrochen und hatten auf einer vierstündigen, glücklichen und schnellen Fahrt unser Brennmaterial verbraucht, mußten deshalb um 11 Uhr am linken Ufer anlegen, wo eine Menge Holz aufgeschichtet war, das uns die Araber willig verkauften. Während des Einladens ging ich zu entomologischen Zwecken ans Land. Die Sonne schien ungewöhnlich klar, die Atmosphäre aber fand ich sehr schwül, obwol das Thermometer nur 23 Grad Réaumur zeigte.

Zwanzig Minuten nach 1 Uhr war alles zur Abfahrt bereit und beide Schiffe setzten ihren Weg fort. Wenige Augenblicke nachher wurde im Nordwesten das Aufsteigen einer schwarzen Wolke bemerkbar, das jedoch nichts Beunruhigendes hatte, höchstens ein starkes Gewitter erwarten ließ, wie es, dem hiesigen Klima zuwider, in dieser Jahreszeit sich fast jeden zweiten Tag in heftigem Platzregen ergoß. Auch schien es, als ziehe die Wolke nicht in der Richtung unserer Fahrt. Zugleich erhob sich ein leichter Wind, der uns veranlaßte, die aufgespannten Zelte des Verdecks abzunehmen. Indessen wurde von Minute zu Minute die Wolke größer und dunkler und verfinsterte bald den Himmel. Noch hofften wir, vor dem hereinbrechenden Sturm einen schützenden Vorsprung zu gewinnen; doch mit Blitzesschnelle zog die verhängnißvolle Wolke heran, sie hatte eine seltsame, furchtbar drohende Gestalt angenommen. Von der blauschwarzen Masse, die wie mit einem dichten Vorhang im Hintergrunde das Firmament verhüllte, erhoben sich einzelne gelbe Wölkchen, die mit jeder Secunde ihre Form wechselten und einen halbdurchsichtigen Qualm in den nach Süden zu wolkenlosen Himmel wirbelten. Die dort von der Sonne noch hell beschienene Hügelkette ließ die Finsterniß auf der andern Seite doppelt finster erscheinen.

Es war ein grausenhaftes, uns völlig fremdartiges Schauspiel, das wir bewundernd anstaunten. Daß es der Samum der Wüste sei, der oft ganze Karavanen in tiefem Sande begräbt, daß Todesgefahr über uns schwebte, ahnte ich nicht. Mit jeder Secunde wälzte sich die Masse näher, und deutlich konnten wir sie nun als in der Luft wirbelnden gelben Wüstensand erkennen.

Die Schiffe wurden, um womöglich Anker zu werfen, gegen das Ufer gewendet. Aber zu spät! Schneller, als man es sagen kann, brach der Orkan über unsern Häuptern los und versetzte der dichtfallende Sand uns in absolute Finsterniß. Mit Aufbietung aller Kraft arbeiteten die Maschinen. Doch was vermag Dampfkraft gegen die Gewalt des Orkans? Der Tigris wurde widerstandslos mit Blitzesschnelle an uns vorbeigetrieben, während unser Schiff durch einen günstigen Windstoß so stark an das vier Fuß hohe Ufer geschleudert wurde, daß sein Holzwerk erkrachte und die leichtern Sparren des Bollwerks wie Späne zersplitterten. Wir wären verloren gewesen, hätten die umsichtigen Offiziere und die brave Mannschaft diesen Moment nicht benutzt, um mit unglaublicher Kraftanstrengung die schweren Anker und Ketten ans Ufer zu schaffen und so unser Schiff in dem Sumpf zu befestigen.

CHARLEWOOD

Eine Viertelstunde nachdem wir aufgebrochen waren, hatte der Himmel im Nordwesten ein Ansehen angenommen, wie es keiner von uns jemals gesehen hatte, denn er erschien äußerst schrecklich und gefährlich. Ein dichter schwarzer Wolkenbogen lag über dem Horizont, und darunter befand sich eine Staubmasse von einem bräunlichen Orange, die herumwirbelte und sich uns zur gleichen Zeit mit furchterregender Geschwindigkeit näherte. Da Colonel Chesney an Bord der «Tigris» war, war diese natürlich unser Flaggschiff, und diejenigen, die an Bord der «Euphrates» waren, schauten mit größter Unruhe nach dem Signal zum Ankern aus; aber genau in diesem Augenblick fuhren wir über das felsige Flußbett von Is-Geria, was es schwierig, wenn nicht unmöglich machte, sie an einem der Ufer zu sichern. Mittags um viertel vor zwei gab die «Tigris» das Signal, so schnell wie möglich am Ufer festzumachen, und zur gleichen Zeit bemerkten wir, daß sie zum linken Ufer bog. Die «Euphrates» folgte ihrem Weg so genau wie möglich, und in eben dem Moment, als sich die «Tigris» zum Ufer drehte, sprang der Wind plötzlich um und kam mit einem gewaltigen Stoß von Nordwesten. In diesem Augenblick schlug die «Tigris» ans Ufer, und zwei ihrer Männer sprangen mit einem Tau an Land, um sie dort festzumachen wie gewöhnlich: Aber der Wind erfaßte das Heck auf der falschen Seite und trieb sie nicht nur mit der größten Heftigkeit fort, sondern auch auf die «Euphrates» zu, so daß beide Schiffe unweigerlich zusammengestoßen wären, wenn nicht Cleaveland mit bewundernswerter Geistesgegenwart zurückgesetzt hätte, wobei er riskierte, die Herrschaft über sein Schiff zu verlieren. Durch eine glückliche Fügung hatte die «Tigris» den Weg geräumt, bevor die «Euphrates» ihre Fahrt voraus ganz verloren hatte, sodaß sie, nachdem die Räder wieder nach vorne gerichtet worden waren, mit Mühe das Ufer erreichte.

AINSWORTH

Im Nu war Charlewood an Land, gefolgt von einigen Männern, die einen leichten Anker und Trossen trugen und nach ein paar Sekunden einen anderen Anker und eine Kette; in größter Hast wurden Löcher gegraben, um sie zu befestigen, während die Maschinen die ganze Zeit über mit voller Kraft liefen, um der Bö zu begegnen, und der Dampfer wurde so schnell gesichert.

Während das vor sich ging, stand ich die ganze Zeit auf dem Achterdeck, um die Ereignisse zu beobachten, und es erforderte meine ganze Kraft, mich am Geländer des Schiffs festzuhalten.

CHESNEY

Die kurze Laufbahn der «Tigris» war nun fast zu Ende, Lieutenant Lynch meldete, daß sie sinke, und die Order wurde ausgegeben, daß alle versuchen sollten, sich zu retten; doch in diesem Augenblick zeigte uns ein Lichtschimmer das Ufer in geringer Entfernung, und die Hoffnung, es zu erreichen, führte zur Anweisung «Stillgestanden!». Das währte nur einen Moment: Nach ein paar Sekunden herrschte wieder völlige Finsternis, und in weniger als einer weiteren Minute sank die «Tigris» auf Grund, mit jedem einzelnen an seinem Posten.

HELFER

Ich stand mit meiner Frau, die sich fest am Mastbaum angeklammert hielt, laut- und regungslos auf dem Verdeck, als von unten der Ruf ertönte: «Wasser in der Sterncabine!»

Mit Einem Satze war ich unten und gewahrte, wie das Wasser durch einen eingedrückten Fensterladen einströmte; es gelang mir, indem ich mich mit dem Rücken gegen denselben lehnte und meine Füße an die entgegengesetzte Wand stemmte, den Laden so lange zu schließen, bis ein Zimmermann ihn befestigt hatte. In einem kurzen Augenblick war dies geschehen, und ich eilte wieder aufs Verdeck, wo ich meine Frau noch an derselben Stelle angeklammert fand.

Die Wellen spritzten schäumend über unsere Köpfe weit in das Land hinein. In einem Moment, wo der Sturm den dichtfallenden Sand zertheilte, sahen wir den Tigris in der Entfernung von kaum zehn Minuten anscheinend unbeweglich, aber mit zur Seite gebogenem Schornstein. Von neuem herabströmender Qualm, aus Regen, Sand und Dunst gemischt, verhüllte ihn und uns abermals, um ihn nicht wieder erscheinen zu lassen – spurlos wurde er von den rollenden Wogen begraben! Alles das war das Werk weniger Minuten.

CHESNEY

Das Deck war schon fast ganz unter Wasser, als uns ein Lichtstrahl wieder für einen Augenblick das nahe Ufer zeigte; und was mich angeht, so wird mit Dankbarkeit daran gedacht, daß mir dies erlaubte, trotz der sofort wieder eingetretenen Dunkelheit die richtige Richtung zu nehmen. Während ich versuchte, nach oben zu kommen, spürte ich jemanden an meinem Rücken, aber wir wurden sofort durch die Heftigkeit der Wellen voneinander getrennt. Indem ich mich mehr tauchend als schwimmend vorwärtsbewegte, berührten meine Füße festen Boden auf einem Maisfeld. Bis zu diesem Augenblick war ich in völliger Dunkelheit gewesen, aber als ich die Augen zum Fluß wandte, erhaschte ich noch einen letzten Blick auf die «Tigris», die kieloben lag.

Der Untergang der «Tigris»

AINSWORTH
Die «Tigris» verharrte einen Augenblick mit dem Heckkiel nach oben, aber da sie mit dem Bug nach vorne gesunken war, schlug sie in dieser Lage auf Grund und drehte sich um, denn man fand sie später im Bett des Flusses völlig umgeschlagen.

Vermutlich war das einer der Gründe dafür, daß so schwere Verluste an Menschenleben den Verlust des Schiffes begleiteten, denn es ging nahe am Ufer unter, während der Wind alles in die gleiche Richtung trieb; und mit einer Ausnahme waren alle Männer gute Schwimmer. Sogar die Überlebenden waren völlig außerstande, sich den Verlust von zwanzig – von insgesamt vierunddreißig an Bord – unserer pflichtbewußten Männer zu erklären. Zusammengedrängt wie sie meist waren, mögen viele in der Dunkelheit einander gepackt und so am freien Gebrauch ihrer Gliedmaßen gehindert haben; es ist möglich, daß manche die falsche Richtung nahmen und in die Mitte des Flusses schwammen, und es ist auch möglich, daß wieder andere in den Strudel gerieten, der durch das plötzliche Sinken und Drehen des Schiffes entstand.

Währenddessen war die «Euphrates» am Ufer gesichert worden, aber da die Wellen noch mit großer Heftigkeit durch die Luken schlugen, fürchtete man, daß sie trotz der ergriffenen Vorsichtsmaßnahmen am Ufer sinken würde; und wenn der Sturm angehalten hätte, wäre das wahrscheinlich auch der Fall gewesen. Aber der Allmächtige bestimmte es gnädig anders; und nachdem der Wind plötzlich nachgelassen hatte, schwamm die «Euphrates» immer noch, während die Sonne mit spottendem Licht über dem Ort schien, wo ihre Gefährtin und deren Besatzung gewesen waren.

HELFER
Sobald als möglich sprangen Mr.Charlewood, Ainsworth und ich an Land; auch Pauline folgte. Wer hätte ruhig zurückbleiben wollen, wo es zu retten galt! Wir liefen in der Richtung am Ufer hin, in welcher der Tigris zuletzt von uns gesehen war.

AINSWORTH
Diejenigen, denen es gelungen war, das Ufer zu erreichen, vierzehn an der Zahl, wurden über das Ufer auf ein Feld getrieben. Colonel Chesney gehörte dazu, und der glückliche Umstand, daß uns unser tapferer Führer erhalten geblieben war, brachte uns den einzigen Freudenschimmer, der eine so melancholische Szene aufhellen konnte. Es war ein bewegender Anblick, diese halb ertrunkenen Offiziere und Männer über das Feld verstreut zu sehen, mit triefenden, an ihren Körpern klebenden Kleidern, manche halbnackt, weil sie sich ihrer überflüssigen Kleider entledigt hatten, bevor sie ins Wasser gingen, die Haare strähnig und wirr, ihre Gesichter blaß und vom Schrecken gezeichnet. Außer Lynch, der gestützt werden mußte, und Chesney, der voranstolperte, hatten sich die anderen unwillkürlich zu Paaren zusammengefunden und gingen sich an den Händen haltend, auf diese Weise eine Prozession bildend, die alle an Bord der «Euphrates» mit stillem, aber tief empfundenem Mitgefühl empfingen.

CHARLEWOOD
Charlewood. – Oh, Colonel Chesney, ich bin so glücklich zu sehen, daß Sie gerettet sind! Lassen Sie mich Ihnen ins Boot helfen.

Chesney (in sehr niedergeschlagenem Ton). – Sind Sie es, Charlewood? Es freut mich wirklich, daß Sie auch gerettet sind. Ich hoffe, Sie sind nicht verletzt?

Charlewood. – O nein, Sir, es geht mir Gott sei Dank gut.

Chesney. – Sind Sie der einzige von der «Euphrates», der gerettet ist?

Charlewood. – Ich verstehe Sie nicht ganz, Sir; wir sind alle heil und gesund.

Chesney. – Was! Wollen Sie mir damit sagen, daß die «Euphrates» nicht untergegangen ist?

Charlewood (auf den Schlot der «Euphrates» zeigend, der über dem Ufer zu sehen war). – Sehen Sie dort, Sir, da ist sie, sie liegt am Ufer.

Diese Nachricht wirkte auf den Colonel wie ein elektrischer Schlag; er fuhr verwundert zusammen, sein Gesicht hellte sich auf, und mit vor Freude und Aufregung zitternden Lippen sagte er schlicht: «Wir werden die ‹Tigris› wieder hochholen.»

Aber die «Tigris» war aus Eisen gebaut, und einmal in sechs Faden Tiefe auf dem Grund, hatten wir nicht die Vorrichtungen, sie zu heben.

CHESNEY

Mit unserer Hilfe gelang es den Lieutenants Lynch und Eden, die völlig erschöpft waren, sich vorwärts zu schleppen, und wir waren erst ein kleines Stück auf der Suche nach dem anderen Schiff und seiner Besatzung am Ufer vorwärts gegangen, mit unbeschreiblicher, zwischen Furcht und Hoffnung schwankender Erregung, als wir zu unserer unaussprechlichen Erleichterung die Herren Charlewood und Ainsworth erkannten, die sich uns mit einigen ihrer Leute näherten. Das sagte uns sofort, daß nicht alles verloren war, und bald erfuhren wir zu unserer großen Freude, daß die «Euphrates» den Sturm überstanden hatte.

Wir waren kaum imstande, die «Euphrates» zu erreichen, wo alles an Bord erkennen ließ, wie nahe auch ihr Verlust gewesen war, und da ich in diesem Augenblick noch ganz optimistisch war, was die Sicherheit derer anging, die auf der «Tigris» gewesen waren, begegnete ich Madame Helfer mit freudiger Empfindung und zitierte sogar den Vers *«Si vous voulez danser, je vous prie de le faire commencer»*, womit ich ihr den falschen Eindruck vermittelte, den ich selbst in diesem Augenblick hatte, daß alle sicher waren; an sich war das keine unvernünftige Erwartung, da mit Ausnahme von Lieutenant Cockburn alle gute Schwimmer waren und es unwahrscheinlich war, daß sie das Land nicht erreicht hatten.

AINSWORTH

Von denen, die umkamen, wurde niemand tiefer betrauert als Lieutenant Cockburn, ein höchst liebenswürdiger und vielversprechender junger Offizier der «Royal Artillery», und Lieutenant Lynch, der Bruder von Captain Lynch, der unterwegs zu seinem Regiment in Indien gewesen war.

Wir konnten uns das Ausmaß unserer Verluste oder die Realität der Katastrophe, die über uns hereingebrochen war, zunächst nicht eingestehen. Man gab sich leeren Hoffnungen hin, daß einige weiter stromabwärts getragen worden seien oder andere vielleicht auf das gegenüberliegende Ufer geschwommen sein könnten. Schilf und Dickicht an beiden Seiten des Flusses wurden genau und angstvoll durchsucht und gleichzeitig Schritte unternommen, um zu retten, was sich von der Ladung an den Ufern verstreut finden würde.

Unter anderen Gegenständen wurde auch Colonel Chesneys Bibel gefunden, die von besonderer Bedeutung war, weil sie schon einmal auf den Grund des Flusses gesunken war, als der Colonel bei seiner ersten Floßfahrt auf dem Fluß in ähnlicher Weise an Land gespült worden war.

HELFER

Wie soll ich die Empfindungen schildern, mit welchen am Abend dieses schrecklichen Tages die Gesellschaft sich im Salon des Euphratbootes zusammenfand; ich schäme mich nicht der Thränen, die ich, mit allen andern, den Verlorenen nachweinte. Der plötzliche, gewaltsame Tod so vieler uns lieb gewordener Menschen, die wir vor wenigen Stunden blühend und lebenskräftig gesehen, stellte uns die eigene Schwäche und Ohnmacht gegenüber unvorherzusehenden Fügungen des Schicksals recht eindringlich vor Augen. Ich hatte ganz besonders Ursache, die Vorsehung mit Dank zu verehren, da sie über mir und meiner Frau so augenscheinlich schützend waltete. Denn an dem heutigen Tage soll ten wir, wie es öfters geschah, auf dem Tigris zu Mittag speisen und die Fahrt mit ihm fortsetzen; eine Abwechselung, die uns ebenso erwünscht war wie den Offizieren des Tigris. Allein wegen der großen Eile beim Einladen des Holzes hatten die Leute nicht Zeit gefunden, uns in dem kleinen Boote abzuholen, und aus demselben Grunde hatte Lieutenant Cockburn die Gelegenheit versäumt, den nöthigen Urlaub zu erlangen, um die heutige Fahrt, wie er es beabsichtigte, mit dem Euphratboote zu machen. Dieser geringfügige Umstand erhielt uns das Leben und kostete ihm das seine. Er war der einzige von den Offizieren, der nicht schwimmen konnte, und hatte infolge dessen eine unüberwindliche Aversion vor dem Wasser. Vor einiger Zeit war er in einem Augenblick des Unmuths entschlossen gewesen, die Expedition zu verlassen. Pauline, der er seine Absicht mittheilte, hatte ihm das Unzeitgemäße dieses Entschlusses vorgestellt und ihn zum Bleiben bewogen; daher betrübte sie sein Tod um so tiefer.

22. Mai. Die schmerzlichen Gefühle, denen gestern jeder stumm und in sich gekehrt nachhing, machten sich heute in einzelnen Aeußerungen Luft. Staunton klagte mit kaum vernehmbarer Stimme: «Mein armer Cockburn!»; Kapitän Linch sprach vor sich hinstarrend: «Wie war es möglich, daß mein Bruder, ein so guter Schwimmer, untergehen konnte!»; Mr. Eden murmelte: «Armer Tigris, so mußtest Du Deinen Untergang finden!», und der Oberst sagte mit zum Lächeln gezwungener Miene: «War es nicht ein schönes Schiff? Doch solchem Sturme hätte auch eine Fregatte nicht widerstehen können!» –

Außer dem Verlust an Menschenleben haben wir alle, minder oder mehr, durch den Schiffbruch des Tigris bedeutende Einbuße zu beklagen. Auf ihm waren die nicht für den augenblicklichen Gebrauch bestimmten Gegenstände verwahrt und alle Lebensmittel aufgespeichert gewesen. Viele haben ihre ganze Bagage und Baarschaft verloren, und auch uns blieb nicht viel mehr, als was wir auf dem Leibe trugen.

Kapitän Linch ist von dem Unglück am schwersten betroffen worden. Seine Stellung als Commandant des Schiffes, für dessen Verlust er die Verantwortung trägt, ist höchst peinlich, sein Ehrgeiz tief verletzt, sein Herz durch den Verlust des Bruders schmerzlich verwundet, wozu noch eine empfindliche Schädigung an seinem Privateigenthum kommt.

24. Mai. Das Sprichwort «Ein Unglück kommt selten allein» bewahrheitet sich leider vollständig in unserm Falle.

Der Oberst versammelte heute alle Offiziere um sich und eröffnete ihnen, daß er schon in El Deir vom Gouvernement den Befehl erhalten habe, die Expedition am 31. Juli abzubrechen. (Als Grund waren ökonomische Rücksichten angegeben worden, aber wahrscheinlich hatten die politischen Constellationen am europäischen Himmel sich geändert, sodaß dem englischen Gouvernement die Verbindung mit Indien durch den Euphrat nicht mehr als nothwendig erschien, denn sonst würde ein Aufwand von 20000 Pfund Sterling nicht in Betracht gekommen sein.) Er habe es nicht für passend gehalten, gerade in dem Augenblick des glücklichen Fortganges diese niederschlagende Ordre den Betheiligten kundzuthun, um ihnen nicht den freudigen Muth zu rauben, und deshalb habe er bis hierher gegen sie geschwiegen. (Wie drückend muß dies Geheimniß auf ihm gelastet haben!)

Jetzt aber, fuhr er fort, nach dem Verluste des Tigris, eines großen Theils seiner Bemannung und der auf demselben befindlich gewesenen Gelder, fühle er sich verpflichtet, die Mittheilung zu machen, und die Meinung der Offiziere über die Weiterfahrt oder die sofortige Umkehr zu vernehmen.

Wie es bei so thateifrigen, von nationalem Ehrgeiz beseelten Männern nicht anders zu erwarten war, stimmten alle unbedingt für die Weiterfahrt und verzichteten sogar auf ihren Gehalt, um die Kosten der Expedition zu verringern!

Dagegen wurde bestimmt, daß die übriggebliebene Mannschaft des Tigris, damit den ökonomischen Absichten der Regierung genügt werde, sogleich nach England zurückkehren sollte.

Dieser letzte, allerdings den erhaltenen Instructionen gemäß nothwendige Beschluß hat mich empört. Die Armen sollen nun, nachdem sie Arbeit, Mühsale und Krankheiten geduldig ertragen, nachdem sie alles verloren und nichts gewonnen haben, ja mit genauer Noth dem Tode entronnen sind, vor Erreichung des Ziels in der heißen Jahreszeit, der glühendsten Sonnenhitze ausgesetzt, eine Reise voll Entbehrung und Gefahren durch die Wüste machen!

ESTCOURT

Faluja, 4. Juni 1836. Sonnabend.

Meine liebste Minnie,

Vor Deiner Zeit war dies ein glorreicher Tag, ein ganzer Ferientag in jeder Schule! Gewehre wurden in den Parks und überall sonst abgefeuert, und alle treuen Untertanen trugen eine rote Rose wie am Sankt-Georgs-Tag! Das waren die guten alten Zeiten, als ich ein guter kleiner Junge war und wir den Geburtstag des guten alten George des Dritten feierten. – Ich bin jetzt älter, die Zeiten sind jünger, welche Veränderungen bringen sie? In der Heimat den Vorabend eines Krieges, Unruhen und Elend, kaum noch Treue, was früher war, ist vergessen, und ich! – auf einem Dampfer, der gestern aus Hit ankam; ein altes zerstörtes Fort, um den Ort Faluja zu markieren; Wasser, dessen Fluten von Horizont zu Horizont eine weite, freudlose Ebene bedecken – noch 29 Meilen von Bagdad entfernt. Das Bild ist

Anah

damit noch nicht fertig. Früher kamen alle zusammen, um die Freude in ihren Herzen miteinander zu teilen; nun brechen ganze Stämme ihre Lager ab und machen sich in einem einzigen Augenblick davon, zu Tode erschreckt von dem, was sie nicht verstehen. Und das Bild ist immer noch nicht fertig. Früher ein pummeliger kleiner Junge mit keinem anderen Leiden als einer blutenden Nase; nun ein Unglücklicher, der jeden zweiten Tag am Wechselfieber leidet und abwechselnd zittert und von innen verbrannt wird! Aber ich sollte nicht davon sprechen, sondern davon, daß es mir besser geht. Heute hätte ein schlechter Tag für mich sein sollen, wären nicht die Medikamente wirksam gewesen, und wie immer bei dieser Krankheit fühlt man sich zwischen den Attacken vollkommen wohl. So ist meine Gesundheit heute nicht nur vergleichsweise gut. Ich hoffe jetzt, daß das so weitergeht, denn das völlige Darniederliegen jeder Lebenskraft ist quälend und nicht gentlemanlike. Ich habe von Anah aus meinem Vater durch Sir John Hobhouse geschrieben, und ein anderes Schreiben habe ich an Sir John selbst zu richten gewagt, in dem ich die unglücklichen, traurigen Ereignisse geschildert habe, die uns unser Begleitschiff raubten und die Hälfte derer, die sich so lange und so tüchtig abgemüht haben, uns auf dieser Reise zu helfen. Es war ein schreckliches Ereignis, das allein Nachdenken und Zeit begreiflich machen können. Das Schiff konnte untergehen und umstürzen; und doch, bei einem Fluß, dessen Schiffbarkeit wegen Wassermangels angezweifelt wurde, hatte niemand damit gerechnet; aber daß so viele von uns nur 20 Yard von der Küste entfernt ertrunken sind, ist das Entsetzlichste. Der Wind war fast vorbei, und man kann nur annehmen, daß sie alle mit der sinkenden Masse in einen Strudel gerieten, aus dem sie sich nicht befreien konnten. Es waren einige kräftig gebaute Gestalten und feste Herzen unter ihnen, die hart um ihr Leben gekämpft hätten. Sie alle vermögen nun nichts mehr und sind den Fluß hinab getrieben und wollen durch unsere Hände beerdigt werden, aber sie sind so abstoßend und entstellt, daß sie nicht zu erkennen waren. Was ist das für eine göttliche Fügung! Es ist ein fürchterlicher Ruf an uns, die wir zurückgeblieben sind, uns an unseren Schöpfer zu erinnern, solange noch Zeit dazu ist.

Anah ist ein hübscher Ort, sehr lang, mit vielen Dattelpalmen. Im Strom davor liegen auf der ganzen Länge kultivierte Inseln. Auf einer dieser Inseln befinden sich die Reste einer Burg, die von Kaiser Julian eingenommen wurde; wie wir hören, hat dieser bei Anah genauso einen Sturm erlebt wie wir.

Bagdad Blues

Hier endet Helfer's Tagebuch über die Euphrat-Fahrt, soweit es vor dem Untergange bewahrt worden, schreibt Pauline nach dem «Tigris»-Desaster. Mir bleibt die Aufgabe, den Schluß hinzuzufügen.

Wer einen Film über die Euphrat-Expedition drehen oder einen Roman über sie schreiben wollte, hätte stofflich die Qual der Wahl. Er könnte natürlich die Katastrophe ins Zentrum stellen – die «Tigris» gewissermaßen als «Titanic» en miniature –, Chesney als Bruder Fitzcarraldos in seiner ganzen verrückten Hartnäckigkeit zeichnen, Derwisch Ali zum Helden eines europäisch-orientalischen Identitätsdramas machen, die kuriose Romanze von Helfers und den afghanischen Prinzen zur Parabel idealistischer Verblendung stilisieren, psychologisch nachzeichnen, wie Estcourts Abenteuerurlaub allmählich zum Alptraum wird... Und er könnte Pauline als heimlichen Mittelpunkt des Unternehmens zeigen, in der Rolle also, die sie tatsächlich mit ziemlicher Sicherheit gespielt hat, obwohl die Quellen dazu nichts sagen. In den Berichten und Briefen ihrer englischen Reisegefährten kommt sie nur am Rande vor, doch das läßt keineswegs auf Gleichgültigkeit schließen, im Gegenteil, es handelt sich hier um das sprichwörtliche Schweigen, das Bände spricht. Es war ganz außer der Ordnung, daß eine junge, hübsche Frau auf engem Raum monatelang unter lauter Männern lebte und daß diese Frau Männerkleider trug. Es wäre seltsam, wenn sie nicht als Magnet alle Aufmerksamkeit auf sich gezogen und die verschiedensten, widersprüchlichsten Empfindungen geweckt hätte, Begierde, aber auch Verehrung, Liebe, Eifersucht, Unsicherheit, Ablehnung. Was immer sie tat und ließ, wurde bemerkt, diskutiert, bewertet. Ihre Anwesenheit wirkte zivilisierend und heizte Phantasien an, stiftete Harmonie, schürte Rivalitäten – und brachte dem armen Lieutenant Cockburn vermutlich den Tod. Er selbst habe sich ja nicht besonders viel um sie gekümmert, betont (schwindelt?) Charlewood, der sie gutherzig, liebenswürdig und ziemlich romantisch fand, but she had plenty of attention from others. Mehr sagt er dazu nicht, dafür hören wir öfter von den Begehrlichkeiten arabischer Männer – und zweimal von versuchtem Frauenraub.

Pauline selbst erzählt von der Reise so, als hätte sie von ihrer Wirkung nichts gemerkt. Und sollte ihr tatsächlich entgangen sein, daß der stets zuvorkommende Major Estcourt grundsätzlich der Meinung war, daß Frauen bei solchen Unternehmungen nichts zu schaffen hätten, und sich ärgerte, wenn sie auch noch bei den Ausflügen, die vom Lager oder Dampfer aus unternommen wurden, dabeisein wollte? Obwohl sie alle Strapazen außerordentlich gut durchstand, wie wir hören, so blieb sie doch immer eine Dame, die ein Gentleman mit besonderer Aufmerksamkeit behandeln mußte. Estcourt fand das ziemlich anstrengend. Als ob er nicht schon genug Probleme gehabt hätte!

Als wir in Faluja ankamen, beschloß Colonel Chesney, einige Leute nach Bagdad zu schicken, die mit dem britischen Residenten dieser Stadt in Verbindung treten sollten. Mrs. Helfer wollte die Exkursion mitmachen, obwohl man sie gewarnt hatte, daß die Reise über sumpfiges und deshalb sehr schwieriges Gelände führte. Die arme Frau, es war wirklich eine harte Prüfung für sie, heißt es in Charlewoods Bericht über diesen Ausflug. Doch die von ihm beschriebenen physischen Strapazen bedeuteten nichts, gemessen an dem Schock, der Helfers in Bagdad bevorstand.

Ohne Hinderniß kamen wir nach Feludscha. Hier fing die Hitze, erzeugt von den brennenden Sonnenstrahlen, an unerträglich zu werden. Weder das mit einer doppelten Leinwandlage überdachte Zelt noch sonstige Vorrichtungen schützten auf dem Verdeck vor der Glut, und in den untern Räumen hatte sich die eingeengte Luft bis zu einem Grade erhitzt, der den Schlaf dort ganz unmöglich machte.

Um so willkommener war uns die Gelegenheit, das Schiff auf einige Tage zu verlassen, indem Major Escourt, der nach Bagdad abgesandt wurde, um dort vom englischen Residenten Gelder in Empfang zu nehmen, uns einlud ihn dahin zu begleiten. Zwar wurde mir der Marsch als sehr beschwerlich geschildert, aber da der Aufenthalt auf dem Schiffe auch nichts weniger als erquicklich war, und die Neugierde, Bagdad, die Stadt so vieler Wundermärchen, zu sehen, alle Bedenken überwog, ließ ich mich gern zum Mitgehen bestimmen.

Die Gesellschaft bestand aus Major Escourt, Lieutenant Murphey, Mr. Charlewood, Fitzjames, Helfer und mir, nebst Dienerschaft und einer Escorte von Arabern. Wir machten uns, leider schlecht beritten, denn die Sättel hatten keine Steigbügel, bei Sonnenuntergang auf den Weg, um die

Kühle der Nacht zu unserer Reise zu benutzen, und hofften, mit Tagesanbruch Bagdad zu erreichen.

Nach einem mehr als siebenwöchentlichen Aufenthalt auf dem Schiffe erschien uns der Ritt in mondheller Nacht, mit so interessantem Ziele vor uns, wie eine heitere Lustpartie. Erinnerungen aus der Kindheit an all die Märchen von dienenden Geistern, Zwergen und verzauberten Prinzessinnen der alten Khalifenstadt gaben Stoff zur Unterhaltung bis tief in die Nacht hinein. Jeder freute sich darauf, die ihn besonders interessirenden Punkte aufzusuchen und die Wirklichkeit mit den phantastischen Märchengebilden zu vergleichen.

Allmählich stellte sich indeß Ermüdung ein, und schweigend zogen wir weiter, bis die anbrechende Morgenröthe uns wieder neu belebte. Nun trieb die Hoffnung, bald die goldene Kuppel der großen Moschee erglänzen zu sehen, zu größerer Eile an. Allein als endlich die aufgehende Sonne die Gegend hell beleuchtete, da waren keine goldenen Kuppeln und keine schlanken Minarets zu schauen, sondern vor uns lag ein breiter, unabsehbarer Sumpf. Durch das Austreten des Tigris aus seinen Ufern war das Land meilenweit überschwemmt worden, und die zurückgetretenen Wasser hatten den Boden in Morast verwandelt, aus dem nur eine schmale Reihe kleiner Erderhöhungen hervorragte.

Unsere hochgespannten Erwartungen wurden durch diesen Anblick nicht wenig gedämpft, und als nun auch noch die Forderungen des Magens nach dem starken Ritt sich gebieterisch geltend machten und keine Aussicht auf ein ersehntes Frühstück sich zeigte, wich selbst der englische Stoicismus einiger Ungeduld. Für mich und Helfer hatte ich durch mitgenommenen Proviant gesorgt, ohne welchen ich, durch Erfahrung gewitzigt, nie mehr eine Excursion unternahm, unbekümmert um die Glossen unserer Herren Engländer, denen übrigens schon öfters nach einem kärglichen Mahle der Schiffstafel ein österreichisches «Jausen» in meiner Cabine vortrefflich gemundet hatte.

Die Engländer sind an ihre regelmäßigen Mahlzeiten so sehr gewöhnt, daß es ihnen unziemlich erscheint, unterwegs einen Imbiß zu nehmen. Hier trat jedoch zu meiner großen Genugthuung der Fall ein, daß bald dieser, bald jener der Herren mit der kleinlauten Frage an mich herankam: «Mrs. Helfer, haben Sie nicht noch ein Ei?» Und in kurzer Zeit war der an meinem Sattel hängende wohlgefüllte Schnappsack, dessen Umfang einen Sancho Pansa lüstern gemacht hätte, durch den starken Zuspruch geleert.

Wie vorauszusehen war, ergab sich bald, daß die erschöpften Pferde uns durch den Sumpf nicht zu tragen vermochten; wir waren genöthigt, abzusteigen und unsern Weg zu Fuße fortzusetzen. Von Erdhügel zu Erdhügel mehr springend als gehend und nicht selten bis über die Knöchel in den Morast einsinkend, gelangten wir erst nachmittags in Sicht von Bagdad, das am jenseitigen Tigrisufer gelegen ist.

Wir überblickten von einer kleinen Erhöhung den Fluß und sahen, wie die Fähre, welche hier die Verbindung des rechten Ufers mit der Stadt unterhält, eben vom Lande abstieß. Vergebens gaben wir aus der Entfernung Zeichen, daß wir mit hinüber wollten; je mehr unsere Araber den Fährleuten zuschrien, desto mehr beeilten sich diese, fortzukommen, und sie ermäßigten ihre Flucht erst, als sie sich in der Mitte des Flusses befanden. Da dies für den heutigen Tag die letzte Ueberfahrt gewesen, so blieb uns nichts übrig, als für die Nacht die trockensten Plätze auf dem durchweichten Boden zu suchen und uns so gut, als es jeder vermochte, darauf einzurichten. So mußten wir, im Angesicht der Wunderstadt, die Nacht hungernd und schlaflos verbringen.

Am andern Morgen in der Frühe erschien endlich ein rettender Engel. Oberst Taylor, der englische Resident in Bagdad, hatte von einem der Fährleute gehört, man glaube in dem Trupp am jenseitigen Ufer auch Europäer gesehen zu haben, obgleich wir alle in Mamlukentracht waren, und vermuthete sogleich – denn er wußte von der Annäherung des Euphratbootes – daß es Mitglieder der Expedition seien, die Bagdad zu besuchen kämen. Es war aber bereits Abend; die Thore der Stadt werden nach Sonnenuntergang nicht mehr geöffnet; auch hätte das übliche Ceremoniell, welches Engländer zur Ehre ihrer Nation hier stets beobachten müssen, uns nicht gestattet, bei Nacht und zu Fuße in Bagdad anzukommen. Deshalb wurden wir erst morgens abgeholt. Durch einen Kawassen mit dem silbernen Stabe an der Spitze einer zahlreichen Escorte zur Stadt geleitet, bestiegen wir am Thore prächtige, schön gezäumte Zelter aus dem Consularmarstall und hielten auf ihnen unsern feierlichen Einzug in die Residenz.

Das war freilich geeignet, uns einen Vorgeschmack von den Herrlichkeiten der Khalifenstadt zu geben.

Oberst und Mrs. Taylor empfingen uns aufs freundlichste in ihrem Palaste. Nach morgenländischer Sitte ward sogleich jedem ein Bad bereitet; denn den durch Wüstenstaub und Hitze ermatteten Wanderer durch ein Bad zu erquicken, gilt hier für die erste Pflicht der Gastfreundschaft, wel-

Bagdad

che Tugend ja Homer schon mit so hohem Preise besingt. So erfrischt, wurden wir zu dem Frühstückstische geführt, der mit lange von uns entbehrten Delicatessen besetzt war. Ebenso wie der Appetit behauptete aber die Müdigkeit nach zwei schlaflosen Nächten und einem sechzehnstündigen Ritte bei mir ihr Recht. Während mein Mund sich zum Essen anschickte, senkten sich meine Augen zum Schlaf, und es kostete mir Mühe, beiden Anforderungen zugleich gerecht zu werden, bis unsere liebenswürdige Wirthin sich meiner gütig annahm und mir ein stilles, kühles Zimmer zum Ausruhen anwies.

Mein Schlaf muß lange und tief gewesen sein, denn als Helfer mich weckte, hatte die Sonne bereits die Mittagslinie passirt.

Er hingegen schien wenig oder gar nicht geruht zu haben; mit großer Trauer hefteten sich seine Augen auf mich. Beängstigt fragte ich ihn: «Was ist dir? Was gibt es, das dich so betrüben kann?» Er wandte sich von mir und antwortete mit bebender Stimme: «Ich kann es dir nicht verbergen, erfahre denn, unsere Freunde, die Afghanen, sind – – Schurken!»

Wie vom Skorpion gestochen schnellte ich in die Höhe. «Um Gottes willen, sage das nicht! Was ist geschehen?» «Höre», sagte er, «und urtheile dann selbst. Soeben hat mir Oberst Taylor folgende Mittheilung gemacht. Die beiden Afghanen haben auf ihrer Reise nach Bassora Bagdad passirt;

sie haben ihn hier um Geld angesprochen, und zwar auf eine für Prinzen von Lahore unziemliche Art; aber obgleich sie ihm kein Zutrauen eingeflößt, gab er ihnen das Gewünschte. Nun meldete ihm vor wenigen Tagen ein Bankier in Mussul, er habe den incognito reisenden Afghanenprinzen auf des Herrn Residenten Credit eine Summe vorgestreckt, um deren Rückzahlung er bitte!» «Selbst diese Mittheilung», fuhr Helfer fort, «konnte meinen Glauben an die Freunde nicht schwankend machen; das Reisegeld mochte ihnen ausgegangen sein. Da fiel mir der Schmuck ein, den sie uns als Pfand für unsere Baarschaft zurückgelassen und von dem wir ja einige Steine, zur Anschaffung nöthiger Kleidungsstücke, mit hierher genommen haben; ich holte sie schnell herbei, und Oberst Taylor, an der Echtheit derselben zweifelnd, ließ einen zuverlässigen Juwelier kommen, der sie nach genauer Prüfung für ein sehr geschicktes Falsificat erklärte, durch das selbst Kenner getäuscht werden könnten!»

Die Verpfändung dieses Schmuckes war also ein durchdachter Streich der Betrüger gewesen, um sich unsere Baarschaft anzueignen; ein längerer Zweifel war nicht möglich.

So standen wir in dem fernen Bagdad, seit dem Untergange des Tigris aller Mittel beraubt und kaum noch mit den nöthigsten Kleidungsstücken versehen.

Ich wagte nicht, in Helfer's Blicken zu forschen, was in seinem Innern vorgehe; ich kannte seine aufrichtige Zuneigung zu den beiden Männern sowie die Hoffnungen, die er auf sie gebaut hatte, und fühlte das Schmerzliche einer solchen Enttäuschung schweigend mit ihm. Doch der Augenblick war nicht geeignet, uns unthätig Empfindungen hinzugeben; unsere Lage erheischte, ohne Zaudern zu prüfen, zu wählen und zu handeln!

Wir standen abermals vor einem verhängnißvollen Wendepunkt unseres Lebens. Verrathen und im Stich gelassen von denen, auf die vertrauend wir die weite Reise unternommen hatten – sollten wir ohne irgendeinen Anhalt, nur auf die eigene Kraft gestützt, weiter nach Osten vorgehen; oder sollten wir, unserm Charakter und unserer Neigung entgegen, auf halbem Wege umkehren? Der Gedanke an Umkehr widerstand uns beiden gleich sehr; unser Muth, unser Selbstvertrauen war durch gute und böse Erfahrungen hinlänglich gestählt, und so wurde die Fortsetzung der Reise beschlossen. Helfer hielt es für das Beste, zunächst nach Persien zu gehen; von da, meinte er, werde sich zum Vordringen nach den Hochgebirgen Hinterasiens Gelegenheit finden.

Wir wollten indeß auch den Rath unserer erfahrenen Freunde einholen und verfügten uns in Mrs. Taylor's Salon, wo die Gesellschaft versammelt war. Oberst Taylor ließ sich von Helfer unsern neuen Plan mittheilen und bemerkte ihm dann, Persien könne allerdings als Durchgangsstation dienen, aber für einen europäischen Arzt nie bleibender Aufenthaltsort werden, da die Perser seine Hülfe zwar gern in Anspruch nähmen, aber ihn nicht dafür zu bezahlen pflegten. «Vor allem jedoch», setzte er hinzu, «brauchen Sie Geld; sind Ihnen 100 Pfund Sterling genügend, so wird es mir Vergnügen machen, sie zu Ihrer Disposition zu stellen.» Helfer, aufs äußerste überrascht, nahm das unerwartete, generöse Anerbieten mit wärmstem Danke an. Er empfing die Summe und wollte einen Schuldschein darüber ausfertigen; Oberst Taylor aber erklärte, daß es eines schriftlichen Anerkenntnisses nicht bedürfe. «Sind Sie ein Ehrenmann», sagte er, «so brauche ich Ihren Schein nicht; sind Sie keiner, so nützt er mir gleichfalls nichts. Ich werde Ihnen auch einen Empfehlungsbrief an Kapitän Hennel, unsern Residenten in Buscheir, mitgeben, mit welchem Sie das Weitere über Ihren Aufenthalt in Persien besprechen mögen.»

So waren die Würfel abermals gefallen, und unser Entschluß stand fest, mit dem Euphratschiff bis Bassora zu fahren, um uns von dort aus nach Buscheir in Persien zu begeben.

Nachdem der Abend unter Mittheilungen wechselvoller Erlebnisse, wozu jeder aus dem Schatze seiner Erinnerungen ein Scherflein beitrug, angenehm verbracht worden, führte man uns zur Ruhe, aber nicht in ein enges Schlafgemach, sondern hinauf auf das flache Dach des Hauses, wo durch Verschläge abgesonderte, oben offene Schlafstellen eingerichtet waren. Hier oben, bei dem Anblick der funkelnden Sterne, in der erfrischenden Nachtkühle nach des Tages Hitze von 30 Grad Réaumur und den mannichfachen Erregungen, die er mit sich gebracht hatte, schlief es sich herrlich. Getröstet über die Zukunft, überließen wir uns sorglos der wohlthuenden Ruhe.

Von der Stadt mit ihren Prachtbauten, ihren Palästen, Moscheen, Minarets, Medressen (Hochschulen), Klöstern, den unermeßlich reichen Bazars, den weitläufigen Khans, der berühmten Sternwarte, den Heiligen-Grabmälern, von der Blüte der Wissenschaft und der feinen ritterlichen Sitte zur Zeit des Khalifats ist wenig auf unsere Tage gekommen.

Seit im Jahre 1258 die Herrschaft der Khalifen in Bagdad durch Halagu Khan gestürzt wurde, ist die damals auf 1 Million geschätzte Einwohnerzahl der Stadt auf 100000 herabgesunken. Und nicht allein durch die fürchterlichen Metzeleien der wechselnden Eroberer, wie durch Timur's im Jahre 1401, der die ganze Stadt niederbrennen ließ und jedem seiner 90000 Soldaten aufgab, den Kopf eines Bewohners von Bagdad bei Gefahr seines eigenen Kopfes zu bringen, sondern auch durch Pest, Hungersnoth und die durch Vernachlässigung der Kanäle entstandenen Ueberschwemmungen ist diese Zerstörung und Entvölkerung herbeigeführt worden.

Die glückliche Lage zwischen dem Osten und Westen, der Reichthum an Producten und der lebhafte Handelsverkehr gaben zu allen Zeiten der Khalifenstadt in politischer wie mercantiler Hinsicht eine große Bedeutung und machten sie für jeden asiatischen Eroberer zu einer vielbegehrten Perle, weshalb sie sich auch nach allen Zerstörungen immer wieder erhob.

Aller Unbilden und Erpressungen ungeachtet hatte sich der Handel von Bagdad in den letzten Decennien ungemein gehoben; namentlich war die Ausfuhr über Bassora nach Indien sehr bedeutend gewesen, seit die Ostindische Compagnie ein Consulat in Bagdad errichtet hatte. Die englischen Consuln standen in dem Range eines asiatischen Fürsten und wußten sehr bald einen Einfluß zu gewinnen, welcher dem des regierenden Paschas nichts nachgab, daher ihre Meinung bei allen wichtigern Vorkommnissen so große Geltung hatte, daß es den türkischen Beamten rathsam schien, nichts ohne vorheriges Einverständniß mit ihnen zu unternehmen. Diesen Einfluß und das Ansehen der britischen Nation aufrecht zu erhalten, ließ sich die Ostindische Compagnie freilich große Summen kosten.

Die Residenz des Consuls ist aufs großartigste eingerichtet. Das weitläufige Gebäude umfaßt zwei Höfe, eine Menge prachtvoller Zimmer, massiv aufgemauerte Terrassen zum Schlafen im Freien, Serdaps (souterrainartige gewölbte Gemächer halb unter und halb über der Erde), die, mit Galerien nach der Flußseite versehen, in der heißen Jahreszeit ihrer Kühle wegen bewohnt werden, ferner die Bureaux, die Marställe und Wirthschaftsräume; es beherbergt eine zahlreiche Dienerschaft, von der nach indischer Sitte jeder nur ein ganz specielles Geschäft zu besorgen hat und die das bunteste Gemisch von Nationen und Sprachen aufweist, Secretäre, Dolmetsche, Chirurgen, auch Janitscharen und eine Compagnie Seapoys als Leibgarde, die mit militärischer Musik und Ehrenzeichen auf die Wache zieht und bei feierlichen Gelegenheiten den Residenten begleitet. Eine zierlich gebaute Jacht, mit einem Serang und seinen indischen Matrosen bemannt, liegt am Quai des Hauses stets zur Abfahrt bereit, und der Marstall ist mit den edelsten Rassepferden ausgestattet.

Diese Prachtentfaltung hat indessen, so sehr sie anfangs das Auge blendet und die Phantasie beschäftigt, etwas Drückendes für den Fremden; der Palast mit all seinem Luxus dünkt ihn ein Gefängnis, dem er je eher je lieber entrinnen möchte.

Die Würde der britischen Nation erlaubt ihren Söhnen nicht, den Staub von Bagdads Straßen mit den Füßen zu berühren und ohne angemessene Begleitung sich öffentlich zu zeigen. Ein touristenartiges Durchstreifen und Besichtigen der Stadt war dadurch unmöglich gemacht.

Nur von der obersten Zinne des Hauses konnten wir uns einen Ueberblick über die Stadt und ihre Umgebung verschaffen. Die Ausdehnung der noch stehenden Mauern und die Menge der in Trümmern liegenden Prachtgebäude gaben uns einen Begriff von ihrer einstigen Größe und Herrlichkeit.

Von den üppigen Gärten am Ufer des Tigris mit ihren Palmenhainen, Granaten-, Aprikosen-, Pfirsich- und Maulbeerbäumen, mit dem glänzenden Grün der Limonen und den vielen in den prächtigsten Farben blühenden Sträuchern, von den hundertfältig lohnenden Weizen-, Reis- und Maisfeldern, die einst Bagdad zu einem der gesegnetsten Punkte der Erde machten, ist jetzt nichts mehr vorhanden; ein versumpftes Wüstenfeld ist an ihre Stelle getreten. Das Innere der Stadt zeigt schmuzige, enge und winkelige Straßen mit hohen, fensterlosen, öde aussehenden Häusern.

Helfer war sehr glücklich, durch den Abgang eines Tatars nach Konstantinopel noch an diesem Abende in den Stand gesetzt zu sein, seinen Geschäftsfreund in Prag mit der Rückzahlung des vom Obersten Taylor ihm vorgestreckten Geldes an ein londoner Bankhaus zu beauftragen; denn mit dem frühesten Morgen mußten wir die gastliche Residenz verlassen und unsern Rückweg antreten.

Die schönen Pferde aus dem Marstall des Residenten wurden uns zur Verfügung gestellt; auch mir ward ein prächtiger Schimmel mit wallender Mähne und langem Schweif vorgeführt, der voller Ungeduld, wiehernd und sich bäumend, den Augenblick, wie es schien, nicht erwarten konnte, wo man ins Freie hinaussprengen werde. Ich fürchtete, ein so muthiges Pferd nicht bändigen zu können, und bat um ein anderes. Aber Oberst

Taylor trat selbst herzu und ermuthigte mich, nur aufzusitzen, das übrige werde sich schon finden; und wirklich, kaum saß ich im Sattel, als mein muthiges Thier fromm und geduldig wie ein Lamm dastand und dem leisesten Druck des Zügels gehorchte, sodaß es mir den weiten Marsch zu einem wahren Lustritt machte. Das ist die Eigenthümlichkeit arabischer Pferde, die mit den Menschen wie deren Gespielen aufwachsen!

Estcourt und seine Begleiter folgten auf ihrem Weg nach Babylon, wo Chesney ungeduldig auf sie wartete, zunächst der alten ruinengesäumten Pilgerstraße, die von Bagdad aus über eine karg bewachsene Ebene nach Südwesten zum etwa achtzig Kilometer entfernten Karbala führte. Je näher sie dem Euphrat kamen, den in der Ferne ein Streifen von Dattelpalmen anzeigte, desto üppiger und höher wuchs das Gras, das von großen Pferde- und Schafherden beweidet wurde. In der Nähe von Babylon überquerten sie mehrere der alten Kanäle, die einst das Land zwischen Euphrat und Tigris wie ein Netz überzogen und für seine legendäre Fruchtbarkeit gesorgt hatten. Nun waren sie fast alle ausgetrocknet, das Land versumpft und Babylon eine weite Trümmerwelt.

Nicht großartige Ruinen einstiger Prachtbauten, wie Palmyra und Ninive sie aufzuweisen haben, reißen hier den Beschauer zur Bewunderung hin; das Ungeheuerliche der völligen Zerstörung erfüllt sein Gemüth mit Grauen.

Mitten durch diese grauenhafte Verwüstung zieht der Wasserspiegel des Euphrat seinen unverändert gebliebenen Lauf. Einzelne verkümmerte Weiden, Nachkommen jener, unter deren Schatten Israel seine Klagelieder gesungen, stehen trauernd am Ufer.

Wir verweilten lange, überwältigt von dem Anblick und von der Erinnerung an vergangene Jahrtausende, auf der Stätte, wo Semiramis in den Gärten ihres Palastes lustwandelte, neue Plane ersinnend zur Erweiterung des Reiches und zur Befestigung der stolzen, immer mächtiger anwachsenden Stadt; wo Israel in Ketten schmachtete und sein hartes Schicksal beweinte; wo Alexander, nachdem er die Welt als Eroberer durchstürmt, siegestrunken und den Göttern zum Trotze den durch Feuer vom Himmel zerstörten Thurm des Belus wieder aufzubauen begann, aber kurz darauf, mit Krankheit geschlagen, dem Lose aller Sterblichen verfiel und sein Leben inmitten seiner kühnen Entwürfe aushauchte.

Dieser Boden, sagt man, ist vom zürnenden Gott zu ewiger Wüste und Unfruchtbarkeit verdammt!

Doch nein, der Herr zürnt und verflucht nicht. Nur ein natürlicher Wandel alles Irdischen hat sich hier vollzogen; Völker, welche die Stufe der Cultur erreicht, deren sie fähig waren, sind untergegangen; ihre Cultur wurde auf andere Völkerschaften übertragen, die sie zu eigenthümlicher Blüte brachten, um sie wieder an andere abzutreten.

Das Land ist nicht zur Unfruchtbarkeit verflucht; aus dem mit Schutt gedüngten Boden sprießt saftiges Gras hervor und dient zahlreichen Heerden zur Nahrung. Die Werke der Menschen zwar fielen den menschlichen Leidenschaften zum Opfer; doch was Menschen zerstörten, können Menschen wieder schaffen, besser und zeitgemäßer! So wird auch hier an den Ufern des befruchtenden Euphratstromes die Cultur zu einer neuen Blüte erstehen; kein zweites Babylon wird gebaut werden, wohl aber eine Stätte der Gesittung, des friedlichen Verkehrs und Wohlstandes. Viel zu nahe liegt dieses reiche Land dem übervölkerten Europa, viel zu gewaltig ist unter den Anhängern Mohammed's selbst das Drängen nach Umgestaltung ihres staatlichen und socialen Lebens, als daß es lange noch europäischer Civilisation verschlossen bleiben könnte!

Durften wir uns nicht zu solchen Gedanken berechtigt fühlen, indem wir eben jetzt das britische Banner über dem Flusse entfaltet sahen, das schon so manchen Völkern eine höhere Cultur gebracht hat? Durften wir nicht in diesem ersten Versuche, den Euphrat mit Anwendung von Dampfkraft zu beschiffen, die aufgehende Morgenröthe eines verheißungsvollen Tages erblicken, nicht hoffen, das Andenken an die Männer, die ihr Leben dabei zum Opfer brachten, werde von gesitteten, aus dem harten Joche der Unwissenheit befreiten Völkern einst dankbar gesegnet werden?

Vorläufig allerdings schienen die schiitischen Völker am unteren Euphrat eher geneigt, die benevolenten Zivilisatoren zu verfluchen. In ihrer Mehrzahl waren sie fanatischer, fremdenfeindlicher, wilder als die Araber im Norden, und zudem waren sie außerhalb des Machtbereichs von Ibrahim Pascha. Als die Euphrat-Expedition von ihrem Ankerplatz bei Hillah aufbrechen wollte, kam es zu einer ersten ernsthaften Konfrontation mit den Einheimischen. Von den Ufern aus richteten sich viele Gewehre auf das Schiff, deren Träger sich hinter Häusern, auf Dächern, in Büschen bedeckt hielten. Chesney gab eilends den Befehl zum Aufbruch, und während sich die «Euphrates» in Bewegung setzte, kamen die Araber aus ihren Verstecken hervor. Tausende säumten die Ufer, um den «Rückzug» der Engländer zu bejubeln und zu verspotten.

> Schilfhaus, Schilfhaus! Wand, Wand, höre Schilfhaus! Wand, vernimm! Du Mann aus Schuruppak, Utnapischtim, Sohn des Ubaru-Tutu, reiße dein Haus nieder und baue ein Schiff, verlasse deine Besitztümer und rette das Leben! Bringe den Samen aller lebenden Kreatur in das Schiff!
>
> *Gilgamesch-Epos*

Am 13. Juni erreichte die Expedition die Niederungen der babylonischen Marschlandschaft oder Lemlum-Marschen, deren amphibische Bewohner damals und lange danach noch fast genauso lebten wie ihre Vorfahren vor Tausenden von Jahren. Sie bauten die gleichen anmutigen und zweckmäßigen Schilfhütten, die so schnell aufzubauen wie abzubrechen waren; glitten mit den gleichen schmalen gondelähnlichen Booten über die Gewässer und gingen mit Speeren auf Fischfang. Pauline fühlte sich durch die Gegend lebhaft an den heimatlichen Spreewald erinnert, auch wegen der Viehherden hier wie dort, nur mit dem Unterschiede, daß in den vom Euphrat gebildeten Marschen der schmuziggraue Büffel seine plumpen Gliedmaßen aus den Sümpfen erhebt, während in den Niederungen der Spree das glattgestrichene rothe Rind in dem saftigen Grase der Wiesen sich gütlich thut.

Ainsworth nimmt uns auf den schönsten Seiten seiner Reiseerzählung mit in eine fremde, zauberische, gefährliche Wasserwelt, die erst in unseren Tagen zerstört wurde.

Der Dampfer «Euphrates» trat an einem schönen Sommernachmittag in die babylonische Marschlandschaft ein. Zwischen Babylon und den Marschen waren wir an mehreren ausgedehnten Dattelpalmen-Pflanzungen vorbeigekommen, und der Strom hatte trotz mancher Windungen eine ziemlich gleichbleibende Breite von zwei- bis dreihundert Yard gehabt; aber nun wurde er nicht nur kurvenreicher, sondern war zu Zeiten nicht breiter als zweihundert Fuß und an manchen Stellen fast ganz mit Vegetation bedeckt. Dabei waren die Marschen so niedrig, daß der Strom nur durch künstliche Uferbefestigungen in seinem Bett gehalten wurde. Vermutlich hätten sie nachgegeben, wenn der Dampfer gegen sie gestoßen wäre, Strom und Schiff wären zusammen in den Morast geschwemmt worden, und letzteres wäre nach kurzer Zeit wie ein riesiger Fisch inmitten von Schilf und Ried zurückgeblieben.

Für die Marineoffiziere und den neuen Lotsen, den wir an Bord genommen hatten, war es nicht ganz leicht, den Weg in diesem schwierigen Gelände zu finden, aber schließlich kamen wir in der schilfgebauten Stadt Lemlum an. Sie liegt auf einer schmalen Landzunge, die sich bis zu einem Punkt erstreckt, wo sich der Fluß in zwei Arme teilt und ein arabisches Fort liegt, das zugleich diesen äußersten Punkt verteidigen und die Gabel des Flusses schließen soll.

Die Stadt wird von Khazail-Arabern bewohnt, die persischer Abstammung und schiitischen Glaubens sind. Sie halten Büffel und bauen Reis an. Aber sie waren unzweifelhaft die wildesten, gerissensten und falschesten von allen sogenannten Arabern, die wir am Fluß trafen. Darwin hatte zu dieser Zeit seine Evolutionstheorie noch nicht veröffentlicht, aber uns allen fiel die ungewöhnliche sehnige Länge und Schlankheit ihrer Glieder stark auf, eine besondere Entwicklung, wie man sie im kleineren Maßstab bei den Krabbenmädchen von Boulogne sieht, die unserer Meinung nach von ihrem Leben in den Marschen herrühren mußte. Ihre Gliedmaßen bildeten oft Anlaß zur Heiterkeit, da sie denen von Störchen oder Reihern oder anderen Stelzvögeln ähnlich waren.

Den ersten Beweis ihrer Tücke gaben sie, indem sie uns einen Arm des Flusses fälschlich als schiffbar anzeigten. Wir waren ihm nicht mehr als etwa eine Meile weit gefolgt, als der Dampfer nach Überwindung vieler Hindernisse im Schlamm steckenblieb und wir gezwungen waren, die Nacht in einer Wasserwildnis zu verbringen und dazu noch eingehüllt in eine Wolke von Moskitos, die zur Dunkelheit der Nacht viel beitrugen. Einige rauchten, andere bedeckten ihre Hände und Gesichter, und die Seeleute flüchteten sich wie gewöhnlich in die Takelage, um der Plage zu entkommen. Aber es half nichts; sie waren so zahlreich und so wütend in ihren Angriffen, daß sie überallhin und durch alles hindurch drangen.

Aber doch war etwas so Neues und Faszinierendes an diesem weiten Sumpfland, daß es mich trotz der Moskitos tief beeindruckte. Jenseits des ruhigen, glasklaren und von blühenden Pflanzen bewachsenen Fahrwassers, in dem wir uns befanden, konnten wir von Deck aus erkennen, daß um uns herum nur Wasser war, aus dem Schilf, Binsen, Schwertlilienarten und hohe Gräser emporwuchsen. Inmitten dieser dichten Vegetation gab es weiße Lilien und andere schöne blühende Pflanzen, zwischen denen stattliche Pelikane herumsegelten, als wären sie stolz auf den unangefochtenen Besitz solch sicherer und ruhiger Zufluchtsorte. In der Ferne gab es grasbewachsene Stellen, an denen der eine oder andere Büffel graste oder an deren äußersten Grenzen einige dunkle Behausungen der Araber gerade noch wahrnehmbar waren, während ganz fern am Horizont die hohen Hügel der sonnengetrockneten Ziegel von Chaldäa schwach zu erkennen waren, die sich aus dem Meer von Binsen und Gras erhoben und von den Strahlen der untergehenden Sonne beleuchtet wurden.

Als Alexander der Große in Babylon war, beschloß er in dem ihm eigenen Unternehmungsgeist, die *Paludes Babyloniae* – wie sie damals genannt wurden – zu erforschen, aber das Unternehmen war nicht so leicht, wie es zunächst schien, denn bei dieser Gelegenheit verirrten sich die Galeeren, und durch eine starke Windbö – wahrscheinlich ein Samum – wurde die kaiserliche Tiara von der Stirn des Herrschers geweht und durch einen der Hügel aufgehalten, die offenbar schon damals so wie heute die Oberfläche des Marschlandes abwechslungsreicher gestalten. Diesen Vorfall betrachtete man damals, zu einer Zeit, als Vorzeichen viel Bedeutung beigemessen wurde, als warnenden Hinweis auf das Schicksal, das ihm und seinem Reich beschieden war.

Als Inseln inmitten dieser Wasserwildnis konnte man auch gelegentlich Schilfgräber von Scheichs oder anderen heiligen Männern sehen, während einige der lebenden Bewohner sich verstohlen in ihren leichten Kanus durch nur ihnen bekannte unsichtbare Kanäle bewegten, bis sie in die Nachbarschaft des Dampfers kamen. Es hatte tatsächlich den Anschein, als ob diese verwegenen Männer der Marschen dächten, daß sie das Schiff in solche Schwierigkeiten bringen könnten, daß wir nicht imstande sein würden, uns daraus zu befreien, und schließlich in ihre Hände fallen würden.

Ich habe schon die Besonderheit der langen Gliedmaßen der Khazail-Araber erwähnt. Eine solche Entwicklung ist wirklich gar nicht verwunderlich. Sie können mit ihren Büffeln nur in Verbindung treten, wenn sie bis zur Taille im Wasser stehen, und ihr Reis wird in Sümpfen angebaut. Ich habe ein Baby in einer Wiege schaukeln sehen, die von der Spitze einer Schilfhütte herabhing, während das Wasser ungehindert durch die Hütte selbst strömte. Diese Vertrautheit mit dem Wasser beginnt also in frühester

Kindheit, und da das seit Generationen so geblieben ist, muß man sich nicht wundern, daß das Ergebnis die Anpassung der Gestalt an das Verhalten war. Sie waren nicht nur wegen ihrer langen schmalen Figuren bemerkenswert – ganz Leichtigkeit und Freiheit – und wegen ihrer langen Beine; ihre Eigenarten fielen um so deutlicher auf, als sie fast völlig nackt waren, während ihre schwarzen Haare zu langen Ringellocken geflochten waren, die über ihre Schultern fielen und dazu dienten, sie wie ein arabisches Tuch vor der Sonne zu schützen.

Der Sonnenuntergang warf einen prächtigen roten Glanz über diese außergewöhnliche Szenerie. Mit langanhaltendem Kreischen setzten Vögel zu ihren majestätischen Flügen an, und die fernen Dörfer wurden schwach von frühen nächtlichen Feuern erleuchtet, die für die Khazailen zu lauter Seezeichen wurden. Sie paddelten in ihren Kanus durch die goldene Flut, sich wie Riesen aus den umgebenden Binsen und dem Ried erhebend, und vertrieben sich den Heimweg mit Liedern und Wechselgesängen, einer dem andern antwortend, bis die wilden Laute in der Ferne verklangen und alles wieder eingehüllt war in die nächtliche Stille.

Früh am folgenden Morgen wurde der Dampfer aus dem Schlamm befreit, und wir kehrten nach Lemlum zurück. Die Khazailen, die sich jetzt um uns scharten, nahmen unsere ganze Aufmerksamkeit in Anspruch. Ihr unwissendes Staunen und ihre lachende Verwunderung wurden nur durch ihren nimmermüden schadenstiftenden Mutwillen und ihre freche Gier übertroffen. Aber es waren die Leidenschaften von Wilden, unordentlich und ohne rechtes Ziel, und sie äußerten sich in einer Weise, die uns amüsierte und auch ein wenig mitleidig machte.

Einige standen in Gruppen zusammen und lachten und verhöhnten uns und schubsten einander auf das Schiff zu, das dicht am Ufer lag, von dem sie aber schnell von den Wachen wieder vertrieben wurden. Andere stellten ihr aquatisches Können zur Schau, indem sie ins Wasser sprangen, als der Koch die Abfälle der Küche über Bord kippte, die sie gierig verschlangen. Ein kleines Stück Papier, das zufällig über den Fluß geweht wurde, veranlaßte einen ganzen Trupp zur Verfolgung, und sie kämpften eifrig um seinen Besitz.

Aber da gab es andere, die uns schweigend, mit zusammengezogenen Brauen und einem Ausdruck äußerster Böswilligkeit betrachteten. Sie wogen die Chancen zu Beleidigungen und deren Risiko gegeneinander ab, unentschlossen, wie sie vorgehen sollten. Wieder andere der aktivsten und verwegensten spähten in alle Löcher und Ecken und machten Pläne für spätere Aktionen, wie wir sehen werden.

Eines vor allem zog ihre Aufmerksamkeit auf sich. Das war Mrs. Helfer, die junge und blonde Frau des gelehrten Doktors gleichen Namens. Um unverschämte Neugier zu verhindern und um sich nach europäischer Sitte frei bewegen zu können, hatte Mrs. H., wie man es häufig im Osten tut, eine ägyptische Tracht angelegt, die man als halb männlich, halb weiblich beschreiben könnte, die aber nur von Männern getragen wird. Aber die scharfsichtigen Khazailen unterschieden sie schnell von den anderen, und als sie zusammen mit den Offizieren dastand und sich an den turbulenten Vorgängen erfreute, stieß die größere Bewunderung, die dunkle und schwärzliche Völker angeblich für Frauen ihrer eigenen Farbe haben sollen, auf praktischen Widerspruch; und ihre Bewunderung wie ihre Begierde waren so groß und so wenig gezügelt, daß sie sich in Blicken und Handlungen äußerten, die keine falsche Deutung zuließen. Ich war ein wenig verärgert, als Madame im Laufe des Tages Fitzjames einen Spaziergang in den Dattelhainen vorschlug und dieser, da er erkannte, daß das nicht ratsam sei, mich bat, ihn zu begleiten. Einen solchen ausdrücklichen Wunsch konnte ich nicht ablehnen, und wir begaben uns in den schattigen Hain. Glücklicherweise aber belästigten uns die Khazailen nicht. Mein entschiedener Eindruck war, daß sie einen Versuch machen würden, sie zu verschleppen, aber wohin in diesen furchterregenden Marschen, das war schwer vorzustellen. Ihre Begierde aber scheint über ihre Bewunderung für das weibliche Geschlecht triumphiert zu haben.

Bei Einbruch der Nacht wurden Vorsichtsmaßnahmen getroffen, um Raub oder einen Überraschungsangriff zu verhindern, und ein zusätzlicher Wachtposten wurde an Deck aufgestellt.

Das Wetter war heiß und die meisten Offiziere, wie auch Dr. und Mrs. Helfer und ein Teil der Besatzung, nahmen ihr Lager an Deck. Colonel Chesney, Murphy und ich begaben uns in unsere Kabinen, da das Deck ziemlich voll war. Estcourt trug nach seiner Gewohnheit und trotz der diebischen Neigung der Eingeborenen die paar Dinge an Land, die sein Lager am Ufer bildeten. Da ein Wachtposten dort aufgestellt worden war, war seine Lage nicht so ungünstig, wie sie hätte sein können, doch er hatte noch nicht lange geschlafen, als er durch einen Ruck geweckt wurde und zu seinem Verdruß feststellte, daß seine seidene Decke verschwunden war. Er fand sich indes mit dem Verlust ab und versuchte wieder einzuschlafen, als er wieder durch einen Ruck an seinem Kissen geweckt wurde; diesen zweiten Diebeszug wollte er ahnden und zog eine Pistole, aber der Khazaile war zu schnell für ihn und im Nu in der Dunkelheit verschwunden.

Etwa um die gleiche Zeit weckte ein lauter Schrei von Mrs. Helfer fast das ganze Schiff. Colonel Chesney und ich sprangen gleichzeitig auf, ergriffen unsere Vogelflinten und trafen uns im Gang.

«Was ist los?» fragte der Colonel.

«O! Sie verschleppen Mrs. Helfer!» sagte ich noch nicht ganz wach, während die Erinnerung an die Ereignisse des Tages in meinem schläfrigen Zustand schwach aufglimmte, und in weniger als einer Minute waren wir beide an Deck.

Währenddessen hatte sich Estcourt, der des Zerrens an seinem Bettzeug überdrüssig geworden war, von seinem Lager am Ufer erhoben und, unter dem einen Arm seine Sachen, in der anderen Hand die Pistole, seinen Rückzug zum Dampfer angetreten.

In dem Moment, da er an Deck trat, erkannte er im Dunkeln undeutlich einen Khazailen, der sich durch die vielen Schlafenden zu den Öffnungen des Geländers schlängelte. Bevor dieser einen fliegenden Abgang ins Wasser machte, hatte er plötzlich nach Mrs. Helfers Kleidern gegriffen, offenbar in der Hoffnung, sie mit sich ins Wasser zu nehmen. Estcourt eilte vorwärts und feuerte auf ihn, aber erfolglos. Andere Schüsse folgten, aber da die Dunkelheit ihn verdeckte und er in beiden Elementen zu Hause war, tauchte er so lange, daß man ihn nicht wieder an die Oberfläche kommen sah und es kein Ziel für die Schützen gab, die sein Auftauchen erwarteten.

So ganz mit leeren Händen war der Besucher aber doch nicht entflohen. Bei seinem Streifzug durch das Schiff war ihm Fitzjames' Uhr in die Hände gefallen, bevor er seinen letzten verzweifelten Versuch unternahm, Mrs. Helfer in die Kunst des khazailischen Tauchens einzuweisen.

Die Bibel macht zwar konkrete Angaben zur Lage des Gartens Eden, aber weil sich nur einer der vier (als Arme eines Stromes bezeichneten) Paradiesesflüsse sicher, nämlich als Euphrat, und ein zweiter sehr wahrscheinlich als Tigris identifizieren läßt, suchen ihn die Gelehrten bis heute. Sie haben ihn im Hochland von Armenien gefunden, in Äthiopien, Persien und Chaldäa und immer wieder in Mesopotamien, im Marschgebiet von Lemlum und in den weiten Ebenen bei Babylon, wo ihn, mit dem berühmten Archäologen Sir Henry Rawlinson, auch Ainsworth vermutete. In Korna (Qurnah), wo Euphrat und Tigris zusammenfließen, sollen einer arabischen Legende nach die Pforten zum Garten Eden gewesen sein.

Bevor die Expedition hier eintraf, hatte sie noch einmal eine größtenteils selbstverschuldete gefährliche Situation überstehen müssen. Die Berichte darüber sind widersprüchlich und lassen erkennen, wie blank die Nerven mittlerweile lagen, nicht nur bei Chesney, dessen geistiger Zustand seinen Mitreisenden inzwischen sehr bedenklich schien. Offenbar waren einige Männer, die bei der Beschaffung von Brennholz zunächst von den Anwohnern unterstützt worden waren, in ein Wäldchen geraten, das als

Korna

Begräbnisort eines Propheten heilig gehalten wurde. Die Wut über dieses Sakrileg war groß und entlud sich in wilden Verwünschungen und Angriffen. Zwar konnten die Verfolgten sicher aufs Schiff gebracht werden, aber so etwas durfte man sich nicht bieten lassen. Chesney ließ das Schiff näher ans Ufer fahren, um den Arabern eine leichte Züchtigung zu verpassen. Von dort wurde auf das Schiff geschossen. Ob es tatsächlich von einem Kugelregen empfangen wurde, wie die kampfeslustige Pauline schreibt, ist zweifelhaft.

Noch zögerte man, die Feindseligkeiten zu erwidern, obgleich aller Herzen nach Vergeltung der widerfahrenen Unbill verlangten. Als aber die wilde Horde nicht nachließ zu feuern, wurde ihr eine volle Ladung der Breitseite des Schiffes gegeben, und da auch diese ihr Feuer noch nicht zum Schweigen brachte, eine zweite Salve von Kartätschen nachgesendet. Die Wirkung unserer Geschosse war furchtbar, wie ich aus dem Fenster meiner Cabine bemerken konnte, wohin mich Mr. Fitzjames auf Anordnung des Obersten beim Beginn des Kampfes in Sicherheit gebracht hatte, während Helfer auf dem Verdeck bei den Verteidigern seinen Platz behielt.

Das Abfeuern einer Congreve-Rakete und von zwei oder drei Cohorn-Granaten habe die sofortige Evakuierung des Flußufers bewirkt, meldet Chesney im verschleiernden Jargon des Militärs. Ein paar hundert Araber machten sich eilig davon, zum unendlichen Entzücken von Madame Helfer, die gegen meinen Befehl auf die Brücke gekommen war, um zu sehen, was vor sich ging.

Aber nun war auch diese Schlacht im heiligen Hain geschlagen. Vor die Bilder der Toten und Verwundeten schoben sich andere Ansichten, Korna, an den Pforten des Paradieses, lag ganz versteckt in einem Wald von Dattelpalmen, und sie dampften ihrem Zielhafen zu, allerdings aus Mangel an Heizstoff nur mit halber Kraft, obwol jedes entbehrliche Stück Holz, wie leere Kisten und dergleichen, mit verfeuert wurde.

Am 18. Juni kamen sie in Basra an. Viele Einwohner waren zum Landeplatz gekommen, um das wunderbare Gefährt zu sehen, das einen so weiten, gefährlichen Weg zurückgelegt hatte. Die Standarte von König William wurde aufgezogen und für jedes Lebensjahr des siebzigjährigen Monarchen ein Salutschuß abgegeben.

Paulines Bilanz: Das Problem der Beschiffung des Euphrat mit Dampfkraft war gelöst, das vorgesteckte Ziel erreicht! Wir hatten eine Fahrt von

Salut in Basra

1500 englischen Meilen auf einem unbekannten, von wilden Völkerstämmen umwohnten Strome, nach dreimonatigem Kampfe mit Hindernissen und Entbehrungen jeglicher Art, doch zuletzt glücklich vollendet. Wie hätten unsere Herzen nicht jubeln sollen! Wir beglückwünschten uns gegenseitig, daß wir diesen Tag erlebt, und gedachten in Trauer der verlorenen Gefährten.

Unter den vielen Menschen, die am Hafen standen, um die Ankunft der «Euphrates» in Basra zu feiern, war auch der französische Vize-Konsul Victor Fontanier, den man vermutlich vor allem ihretwegen in die durch Seuchen und Mißwirtschaft ganz heruntergekommene Stadt geschickt hatte. Die Ziele, die sich mit der Euphrat-Expedition verbanden, deuteten die Franzosen mit gutem Grund im Kontext englischer Expansionspolitik. Es habe sich eben nicht um eine einfache Entdeckungsreise aus Liebe zu Wissenschaft oder Ruhm gehandelt, sondern um eine Frage von größter Bedeutung, wie dann 1840 die Ereignisse in Afghanistan ganz klar gezeigt hätten, meint Fontanier in seiner 1844 erschienenen *Voyage dans l'Inde et dans le Golfe Persique*, das gegen das Versprechen des Titels weniger ein Reisebuch ist als ein zuweilen etwas konfuser Beitrag zur «orientalischen Frage». Mit seinen bescheidenen Mitteln versuchte er den Engländern entgegenzusteuern, was ihn nicht daran hinderte, Chesney herzlich und, wie er behauptet, sogar ehrlich zum Erfolg seines Unternehmens zu beglückwünschen: Mein Argwohn betraf die Zukunft und nicht die Gegenwart.

Fontanier war höchst verwundert, unter den Expeditionsteilnehmern eine Dame anzutreffen, die keine Angst gehabt hatte, an einem so abenteuerlichen Unternehmen teilzunehmen, und erfreut, als gelernter Pharmazeut und *naturaliste* in ihrem Mann, einem hervorragenden Naturforscher, einen Kollegen zu finden. Sie kamen ins Gespräch, Helfers erzählten von ihren Plänen, Abenteuern und den falschen afghanischen Prinzen. Mr. Brown? Der habe sich von ihm auch schon Geld «geliehen», sagte Fontanier, zum Glück sei es nicht viel gewesen.

Die beiden Männer waren schon vor Monaten durch Basra gekommen. Sie hatten ziemlichen Wind gemacht, sich Anisette in ihr Quartier bringen lassen und davon gesprochen, daß sie Briefe an Franken mit sich trügen, weshalb Fontanier, zu dieser Zeit der einzige Repräsentant eines europäischen Landes in der Stadt, sie zu sich bitten ließ. Er fand, daß sie ziemlich gut aussahen, allerdings waren sie von der Sonne einigermaßen verbrannt. Der Ältere – Monsieur Brown – gab offensichtlich den Ton an. Sie unterhielten sich auf englisch; über die Eleganz und Reinheit ihrer Sprache konnte er nicht urteilen. Wie sie ihm sagten, gehörten sie als Orientalisten zur Euphrat-Expedition, hätten sich als Mohammedaner verkleidet, um diese gefährlichen Gegenden sicherer bereisen zu können, und seien im Auftrag des Expeditionsleiters unterwegs nach Indien, wo sie übrigens auch aufgewachsen seien. Fontanier wunderte sich ein wenig darüber, daß sie kein Französisch sprachen – was in England doch zu jeder nur halbwegs anständigen Erziehung gehöre – und die Namen der berühmtesten europäischen Orientforscher nicht kannten, erklärte sich das aber durch ihre Herkunft.

Die Frage nach der wahren Identität der beiden Hochstapler scheint Fontanier danach nicht mehr losgelassen zu haben. Jahre später ließ er deswegen in Madras polizeiliche Nachforschungen anstellen. Sie führten zur schwerwiegenden Vermutung (so schreibt er in seiner *Voyage*), daß Monsieur Brown Afghane und russischer Agent war.

Das klingt aufregend, stimmt aber leider nicht. Die banale Wahrheit über ihre falschen Freunde erfuhren Helfers schon wenige Tage später.

Für sie war die Expedition zu Ende, und es fügte sich, daß bei ihrer Ankunft in Basra gerade ein *indiaman*, die «Cavendish Bentinck», zur Abfahrt bereit auf der Reede lag. Der Segler sollte eine Ladung Pferde nach

Kalkutta bringen und in Buschir zwischenlanden. In die Freude über diese schnelle Mitfahrgelegenheit nach Persien mischte sich Abschiedsschmerz. Wir mußten von den liebgewonnenen Freunden scheiden, deren Gäste wir während neun Monaten waren, die Gutes und Schlimmes redlich mit uns theilten, mir mit zartester Rücksicht über das Peinliche des Zusammenlebens in dem engen Schiffsraume hinwegzuhelfen wußten, überhaupt nie den feinen Takt des Gentleman verleugneten, sondern das Vertrauen, mit welchem Helfer und ich uns ihnen angeschlossen hatten, in vollem Maße rechtfertigten, indem sie uns eine wahrhaft brüderliche Aufmerksamkeit und Fürsorge zutheil werden ließen. Mit stummem Händedruck und einem kurzen *«Good bye»*, das bei dem einsilbigen Engländer alles sagt, wozu andere Nationen viele Worte brauchen, schieden wir von den bisherigen Genossen und gingen an Bord.

Wind und Flut waren günstig, bald schwand uns das Land aus dem Gesicht. Zugleich aber steigerte sich die Hitze zu einer Intensität, wie ich sie nie, weder vorher noch nachher, selbst nicht unter den senkrecht fallenden Strahlen der tropischen Sonne gefunden habe. Das Klima im Persischen Golf ist deshalb für Europäer in hohem Grade gefährlich. Von den jäh aufsteigenden, hohen, kahlen Felsenwänden, zwischen denen das Meer sich hindurchdrängt, prallen die heißen Sonnenstrahlen in dieser Jahreszeit mit verdoppelter Stärke zurück, sie durchglühen das Wasser, lösen seine Oberfläche in Dunst auf und verwandeln die Atmosphäre in ein Dampfbad. Vergeblich sehnt man sich nach einer abkühlenden Douche. Ich verfiel in einen an Bewußtlosigkeit grenzenden Zustand. Nur häufiges Begießen mit Meerwasser und das Einathmen von Säuren hielt mich aufrecht, doch war ich nicht im Stande, mich aus der Cabine aufs Deck zu bewegen, sondern mußte, in ein Leintuch gehüllt, durch das Skylight hinaufgetragen werden. Zum Glück dauerte die Fahrt nicht länger als 48 Stunden. Wer sie ohne krank zu werden überstanden hat, wird beglückwünscht und gilt als gefeit für alle andern Klimate.

Wir liefen in den Hafen von Buscheir ein und säumten nicht ans Land zu steigen, um uns zum englischen Residenten zu begeben. Auf dem Wege dahin, der durch einen der bevölkertsten Stadtteile führte, mußte ich sogleich in höchst unangenehmer Weise erfahren, mit welcher fanatischen Unduldsamkeit die Schiiten auf strengster Absperrung der Frauen vom Verkehr außer dem Hause bestehen. Ich war von einigen Vorübergehenden als Frau erkannt worden, und schnell rottete sich ein Haufe von Männern zusammen, die uns heftige Schimpfworte zuriefen und sogar mit Steinwürfen drohten. Glücklicherweise folgte uns der Kapitän mit etlichen seiner Matrosen auf dem Fuße, in ihrem Schutze gelangten wir unverletzt zum Consulatsgebäude.

Dies war das erste mal auf unserer ganzen Reise und nach mehr als einjährigem Aufenthalte in mohammedanischen Ländern, daß ich als Frau insultirt wurde. Unter so peinlichem Eindrucke erschienen mir die persischen Männer, lange, hagere Gestalten mit vorgebeugter Haltung, in den bis zum Knöchel reichenden Kaftan gekleidet und die hohe, spitze Pelzmütze von schwarzem Lammsfell auf dem Kopfe, sehr häßlich, obgleich ihre Gesichtsbildung, mit gebogener Adlernase und viel hellerm Teint als der der Araber, eigentlich nicht unschön genannt werden kann.

Von unserer Ankunft und unsern Absichten bereits unterrichtet, empfing uns der Resident, Kapitän Hennel, aufs freundlichste. In solch entlegenen Stationen wie Buscheir, bis wohin nur selten Europäer vordringen, sind europäische Reisende den dort wohnenden, von der civilisirten Welt abgeschiedenen Stammesgenossen immer eine willkommene Erscheinung. Waren wir auch keine Engländer, so wurden wir doch, weil wir in deren Gemeinschaft die schwierige Euphrat-Expedition mitgemacht, von dem Residenten als Landsleute betrachtet und in seiner schönen, comfortablen Wohnung gastlich aufgenommen. Für ihn war die Beschiffung des Euphrat von besonderer Wichtigkeit, da sie, wenn regelmäßig eingeführt, Buscheir zu einem Hauptstapelplatz des Handels zu machen versprach. Unsere Mittheilungen darüber nahmen daher sein Interesse sehr in Anspruch und bildeten den Hauptgegenstand unserer Unterhaltung.

«In Erwiderung Ihrer Berichte», sagte er eines Tages, «kann auch ich Ihnen eine Mittheilung machen, die Sie interessieren und Ihnen zugleich eine Art von Genugthuung geben dürfte. Jene vorgeblichen afghanischen Prinzen, von denen Sie so schmählich betrogen wurden, sind auch in Buscheir gewesen, doch ohne sich bei mir zu zeigen; sie gingen nach Bombay und den Indus hinauf, um auf diesem Wege in ihre Heimat am obern Ganges zurückzukehren, natürlich nicht ahnend, daß sie bereits steckbrieflich verfolgt wurden. Kurz nachdem sie in Lucknow angekommen, traf der Verhaftsbefehl dort ein. Sie hatten ihre Rolle als afghanische Prinzen wieder so gut zu spielen und unsern dortigen Residenten dermaßen für sich einzunehmen gewußt, daß dieser nur mit Widerstreben den Befehl vollzog und fest überzeugt war, es liege ihm irgendein zufälliges Misverständniß zu Grunde. Dieser Theil meiner Erzählung», fügte Kapitän Hennel hinzu, «wird für Sie der angenehmste sein, da er geeignet ist, Ihnen das Gefühl der Beschämung zu nehmen, dessen der Geprellte sich schwer erwehren kann; denn wenn ein so vollkommener ‹Tiger› (scherzhafte Bezeichnung für in Indien alt gewordene Engländer) wie unser Resident von ihrer Maske sich täuschen ließ, brauchen Sie nicht zu erröthen, das Opfer der schlauen Betrüger geworden zu sein.»

«Wer aber sind diese doch jedenfalls nicht gewöhnlichen Menschen?» fragten wir begierig weiter und erhielten folgende Auskunft:

Am obern Ganges geboren als Söhne eines europäischen Indigopflanzers und einer Inderin aus höherer Kaste, ward ihnen eine gute Erziehung gegeben, dennoch entwickelten sie schon früh Hang zu Verschwendung und Schwindeleien. Zuletzt spielten sie ihrem Vater und einem seiner Geschäftsfreunde den argen Streich, daß sie eine Kiste voll Goldmünzen, die ersterer ihnen zur Ablieferung an ein Bankierhaus in Calcutta übergeben hatte, erbrachen, das Geld herausnahmen, stattdessen die Kiste mit einer gleichschweren Last Steine füllten, sie wieder verschlossen und ihr als Zeichen des unverletzten Zustandes des Vaters Siegel aufdrückten, das sie sich heimlich verschafft hatten. Der Bankier schöpfte keinen Verdacht und quittirte über den richtigen Empfang der Geldsumme. Als er den Betrug gewahr wurde, hatten die Diebe bereits die Flucht nach Europa ergriffen. Lange Zeit blieb ihre Spur verloren, da sie sich unter verschiedenen Namen umhertrieben. Endlich erfuhr man ihre Rückkehr nach Asien und daß sie, nachdem das gestohlene Geld durchgebracht war, sich wieder der Heimat zuwandten; es wurden Vorkehrungen getroffen, sich ihrer zu bemächtigen, und sobald sie den indischen Boden betraten, erfolgte ihre Festnehmung.

So schwand der letzte schwache Nimbus, der die heuchlerischen Freunde noch in unsern Augen umkleidet hatte; sie waren als gemeine Betrüger entlarvt, und wir um eine herbe, schmerzliche Erfahrung reicher!

Unser Schiffskapitän hatte in Buscheir wieder Pferde einzuladen, wozu er eines Aufenthaltes von acht Tagen bedurfte. Helfer machte währenddem entomologische Excursionen. Ich wollte mir eines Tages die Zeit durch Zeichnen verkürzen und zur Erinnerung eine Skizze der Umgebung aufnehmen. Trotz der Warnung, nicht allein auszugehen, trat ich durch das gewöhnlich verschlossene, im Augenblicke zufällig offen gebliebene äußere Thor des Hauses, suchte mir einen erhöhten, weite Ueberschau bietenden Standpunkt am Ufer und begann meine Zeichnung, in der unmittelbaren Nähe des Consulatsgebäudes und mich völlig sicher fühlend. Vertieft in meine Beschäftigung, bemerkte ich nicht, wie der einsame Platz zwischen der Residenz und dem Strande sich mit Menschen gefüllt hatte, bis wüstes Geschrei an mein Ohr drang und ich, aufblickend, eine Horde Männer mit wüthenden und drohenden Geberden heranstürmen sah. Voll Schrecken erhob ich mich und lief bis an den äußersten Rand des Felsenvorsprungs. Meine Lage war verzweifelt. Mich ins Meer hinabzustürzen, oder von dem fanatisch erregten Pöbel gesteinigt zu werden – zwischen beiden schien kein Ausweg. Endlich in der höchsten Gefahr kam eine Anzahl Consulatskawasse aus dem Hause zu meiner Hülfe herbei und trieb mit wuchtigen Peitschenhieben die rohe Bande in die Flucht. Ich war befreit, aber lange, lange noch schlugen all meine Pulse und klopfte mir das Herz mit hörbaren Schlägen.

Nach dieser Erfahrung waren ihr die Lust auf einen Aufenthalt in Persien vergangen, zumal auch ihre Gastgeber dringend davon abrieten und den Helfers ein desillusionierendes Bild vom fanatischen Fremdenhasse des Volks, wie von dem perfiden, ränkesüchtigen Wesen der höhern Stände zeichneten. Wohin sollten sie sich wenden? Nach langen Beratungen beschlossen sie, mit der «Cavendish Bentinck» nach Kalkutta weiterzureisen, obwohl Helfer diese Stadt, den Stern des Ostens, welche der Zusammenfluß von europäischem und asiatischem Luxus zur theuersten der Erde macht, bisher nie als Aufenthaltsort in Erwägung gezogen hatte. Wie konnte er auf lohnende Praxis rechnen unter Engländern, die nur ihren eigenen Aerzten Vertrauen schenken? Und welche Aussicht bot sich ihm dort zur Förderung seines eigentlichen Reisezweckes? Das waren wichtige und schwerwiegende Bedenken. Auf der anderen Seite gedachten wir aller der Annehmlichkeiten, die wir in mehrmonatlicher Gemeinschaft mit den englischen Offizieren genossen, der Zuversicht, welche ihr Benehmen uns eingeflößt, sodaß der Gedanke, wieder eine Zeitlang mit ihren Landsleuten und unter deren Schutze zu leben, immer mehr Anmuthendes gewann und für die schließliche Entscheidung den Ausschlag gab.

Am Tage vor der Abreise sollte uns noch die freudige Ueberraschung zutheil werden, das Euphratboot im Hafen von Buscheir einlaufen zu sehen. Die Freude des unerwarteten Wiedersehens war groß. Wir theilten den Freunden unsern Entschluß mit, der ihre allseitige Billigung fand.

Des andern Morgens riefen wir ihnen das letzte Lebewohl zu.

Chesneys Wahn

Es ist wahr, die Expedition hatte ihr wichtigstes Ziel erreicht und war nach Basra gekommen, aber mit nur einem Schiff und um einen hohen Preis an Menschenleben und Material. Wie sollte es nun weitergehen? Chesney hatte London die Beförderung von Post versprochen. Doch die «Euphrates» war arg ramponiert, größere Reparaturen waren nötig, die in Basra nicht durchgeführt werden konnten. Es gab dort nicht einmal Farbe zum Anstrich. Offiziere und Mannschaft waren durch Malaria oder andere Krankheiten geschwächt. Zudem war aus Indien bisher keine Post angekommen, die immer wieder revidierten Meldungen der baldigen Ankunft hatten für Verwirrung gesorgt. Und ob man sie wirklich den Euphrat aufwärts bringen können würde, war nun höchst zweifelhaft. Es hatte sich gezeigt, daß die «Euphrates» zu groß für die Passage durch die babylonische Marschlandschaft war; das Flußbett weiter oben war durch die Schmelzwasser von Norden unberechenbar, die Treibstoffversorgung nicht gesichert, die Stimmung der Anwohner feindlich. Zudem konnte jeden Tag der langerwartete Krieg zwischen Mehemed Ali und dem türkischen Sultan ausbrechen. Ich meine, die Expedition sollte nun ihre Anstrengungen beenden und heimkehren, schrieb Estcourt nach Hause. Der Himmel schütze uns vor der Fahrt flußaufwärts. Colonel Chesney drängt immer vorwärts und wird zweifellos anderer Meinung sein als ich; ich bewundere seine Beharrlichkeit, aber ich möchte um alles in der Welt nicht in so einem ruhelosen und, wie ich meine, unvernünftig fiebernden Zustand sein.

Beschleunigung der Kommunikation mit Indien durch Dampfschiffe! Was zunächst eher ein Vorwand für die Expedition gewesen war, wurde für Chesney je länger je mehr zu einer Obsession. Es scheint, als habe er sich um fast jeden Preis nicht nur als Pionier, als Wegbereiter einer neuen regelmäßigen Verbindung zwischen England und Indien, in die Geschichtsbücher einschreiben wollen, sondern auch gleich als Kommandant des ersten Postboots. Vielleicht wollte er mit einem Gewaltakt all die bisherigen Verluste, Niederlagen, Pannen wettmachen. Er konnte nicht loslassen, sich nicht trennen von dem altehrwürdigen Strom, den er für sein Land gleichsam in Besitz genommen hatte.

Er beschloß also weiterzumachen und die «Euphrates» zu Reparaturen nach Buschir fahren zu lassen. Die Bedenken seiner Offiziere, sie sei als Flachboot für diese Seereise untauglich, schlug er in den Wind. Tatsächlich wäre sie unterwegs um ein Haar gesunken und hätte einen Herzenswunsch von Mehemed Ali erfüllt, der nach dem Untergang der «Tigris» gesagt haben soll: Das ist ein guter Anfang, aber für mich ist der Verlust eines Dampfers nicht genug. Am meisten wünschte ich, daß Colonel Chesney ertrunken wäre, denn er ist der einzige Grund dieser verfluchten Expedition, die mir so viel Ärger gemacht hat. Die Wellen zerschlugen die Holzverschalung der Fenster, das Wasser drang sintflutartig ins Schiff ein. Schließlich gelang es noch, den Schaden zu reparieren. Die Offiziere mußten den Kurs nach den Sternen bestimmen, weil die Meßgeräte nicht auf das eiserne Schiff justiert waren. Im Kesselraum wurde es so heiß, daß die Heizer es dort nicht mehr aushielten und die Offiziere einspringen mußten. Aber sie schafften es. Pauline Helfer sah darin bewundernd einen Triumph des Willens, aber Chesney hatte auch wieder einmal mehr Glück als Verstand gehabt.

Estcourt und Murphy waren in Basra zurückgeblieben, sie sollten ihre Messungen mit Magnet und Pendel abschließen, die Estcourt mittlerweile verfluchte, zumal er ihren praktischen Nutzen bezweifelte. Basra, das einst so bedeutende Handelszentrum, die erste Kalifenstadt, die märchenhafte Heimat Sindbads des Seefahrers, war ein ödes, heruntergekommenes, ungesundes Nest. Es gibt wenig, was malerisch ist, außer bei Sonnenuntergang, wenn das goldene Licht auch unbedeutenden Ansichten Glanz verleiht. Wie früher auf Mehemed Ali, so schimpfte Estcourt jetzt auf die Araber, die ihnen unterwegs das Leben schwer gemacht hatten, nannte sie wild und gesetzlos – eine nackte Bande – Lügner und Diebe. Er war so gereizt, daß selbst Murphy ihn irritierte.

Ich habe das alles ziemlich satt, schreibt er am 22. Juli 1836 an den Vater. Vor dem Frühstück und der Hitze irgendwohin in die Stadt zu gehen; den Tag in einem Zustand der Transpiration zu verbringen, während man sich nach der Nacht sehnt; die ganze Zeit über von einem der gutartigsten und vorzüglichsten Menschen der Welt gelangweilt zu werden – so mußt Du Dir mein Leben vorstellen. Murphy verdient alles, was ich über ihn gesagt habe, er ist in jeder Weise ein ausgezeichneter Mensch, aber mit seinem rechnenden Verstand und der streitlustigen Veranlagung seiner Landsleute langweilt er mich außerordentlich. Das Wetter (101° Fahrenheit) ist zu heiß für einen solchen Gefährten.

Wenig später wurde Murphy schwer krank. Es gab in Basra keinen europäischen Arzt, Ainsworth war mit Chesney in Buschir. Ich war sein verhängnisvoller Doktor, klagte Estcourt dem Vater am 13. August. Ich war völlig ratlos, was ich ihm geben sollte, und versuchte dann das, was ich für das Beste hielt; nichts half. Unruhige Tage, unruhige Nächte; Delirium und alle schlimmen Symptome; in einer Woche durch den Tod beendet; so hörte alles auf, unsere Pflege, Sorgen, Ängste und fruchtlosen Bemühungen, und mir blieb die melancholische Überzeugung, daß, hätten wir der Natur ihren Lauf gelassen und geduldig ihr geschickteres Wirken abgewartet, Murphy vielleicht am Leben geblieben wäre, um bei der Heimkehr nach England den Lohn für seine sorgfältigen Beobachtungen und wissenschaftlichen Bemühungen zu ernten. Daß ich solch eine Woche erleben mußte! An meiner einen Seite ein Europäer [Monsieur Fontanier], der mich zur Anwendung von starken Mitteln drängte, Aderlaß und Breiumschlägen; an meiner anderen Seite ein Armenier [Johannes Parseigh von der Ostindischen Kompanie], der mir dringend empfahl, meinen armen Kranken so zu ernähren, als ob er einen starken Magen und einen ruhigen Puls hätte. Und doch waren beide auf ihre Weise freundlich, ihre Absichten waren gut, aber ich kann gar nicht sagen, wie unruhig und besorgt sie mich machten. Ich billigte keines ihrer Systeme, war aber nicht sicher, sie bewirkten nur, daß ich mein eigenes Urteil bezweifelte und in meiner Behandlung zauderte. Meine Reflexionen darüber sind alles andere als angenehm. Jetzt erkenne ich alle falschen Schritte, die ich unternahm, sie verfolgen mich immerfort und machen mir Vorwürfe ... Ich erwarte den Dampfer aus Buschir mit Unruhe. Ich denke, meine Briefe werden den Colonel herbringen, und der heutige Tag wird gut enden, wenn die «Euphrates» vor Anbruch der Dunkelheit in der Bucht vor Anker geht.

Darauf mußte er noch mehr als vierzehn Tage warten.

Im Juli hatte es in Buschir so ausgesehen, als stünde der von fast allen ersehnte Abbruch des Unternehmens dicht bevor. Die Matrosen, deren Kontrakt befristet war, wollten den Dienst quittieren. Einige ließen sich dann doch durch Einschüchterungen zum Bleiben bewegen, die anderen wurden «unehrenhaft» entlassen und mit einiger Mühe ersetzt. Chesney schrieb optimistische Briefe nach London und nötigte seine Offiziere, Berichte ans «India Board» zu schicken, die den Dampfschiffverkehr auf dem Euphrat dringend empfahlen. Ende Juli ließ er Sir John Hobhouse wissen, er habe vor, auf jeden Fall, also auch ohne Post, flußaufwärts zu fahren, und zwar sofort, solange es der Wasserstand erlaube. Dabei waren die Reparaturarbeiten an der «Euphrates» zu dieser Zeit noch längst nicht abgeschlossen. Erst Anfang September schleppte die «Elphingstone», ein Kriegsschiff der indischen Marine, die «Euphrates» zurück über den Persischen Golf nach Basra. Die *deadline* für das Unternehmen war bis zum 31. Januar 1837 verlängert worden.

Als die erste Postsendung aus Indien am 13. September eintraf, war Chesney mittlerweile auf den Gedanken verfallen, die Route zu ändern und sie auf dem Tigris zunächst nach Bagdad zu bringen. Gleich zu Beginn der Fahrt starb der zweite der beiden Ingenieure, die die Brüder Laird geschickt hatten. Sein Kollege war beim Untergang der «Tigris» ertrunken. Glücklicherweise wurde ein Ersatz gefunden, wie gewöhnlich in solchen Fällen. So Chesney. Als Passagier fuhr Victor Fontanier mit, angeblich, weil er hoffte, daß Luftveränderung seinen schlechten Gesundheitszustand bessern würde. Ainsworth, der ihm zutiefst mißtraute, war sauer, aber Chesney fühlte sich dem Franzosen verpflichtet, weil er sich so freundlich um den armen Murphy gekümmert hatte. Er war ein unterhaltsamer Reisegefährte und ein sehr interessierter, aufmerksamer, skeptischer Zuhörer. Der Oberst glaubte, daß die Araber seine Unternehmungen bewunderten und großes Interesse an ihrem Erfolg hätten, berichtet er zum Beispiel. Er habe diese merkwürdige Ansicht schon oft bei Ausländern gefunden, die ein Land erobern und Bewohner unterwerfen wollen, deren Sprache sie nicht verstehen, deren Religion, Sitten und Gebräuche sie nicht kennen, die sich kaum Mühe geben, ihre Verachtung für seine Bewohner zu verbergen, und doch fest glauben, daß man sie verehrt.

Trotz des niedrigen Wasserstands des Tigris ging die Fahrt fast ohne Schwierigkeiten vor sich, dafür gab es wieder die größten Probleme bei der Beschaffung von Brennmaterial. Sie mußten mit frischem Holz heizen, was die Fahrt verlangsamte, und die Mannschaft mußte es selbst schlagen. Die Anwohner, erschreckt durch den Anblick des Schiffes, das sie für eine Ausgeburt der Hölle hielten, wollten sich nicht dazu anstellen lassen. Ainsworth allerdings verlebte glückliche Tage. Zusammen mit Chesney, dem großen und guten Mann, durchstreifte er die Uferwildnis. Sie schossen Haselhühner, von denen es Unmengen gab; manchmal setzten sie sich ins Gras und unterhielten sich, bis die Sonne sank und Schakale und Hyänen zu heulen begannen.

Auch Fontanier gefiel die Reise sehr gut, trotz quälender Fliegen und Moskitos. Er fand das Schiff geräumig und bequem und schätzte die Gesellschaft von gebildeten und liebenswürdigen Männern. Jeden Tag begab sich Chesney, nachdem man den Anker gelichtet hatte, mit seinen Papieren aufs Vorderdeck, wo er die Zeiten mittels einer Uhr mit Sekundenzeiger feststellte und mit dem Kompaß die Himmelsrichtung und die Erhebungen und Senkungen des Geländes und die Wassertiefen, kurz alles, was dazu dienen konnte, eine möglichst genaue Karte des Flußlaufes zu erstellen. Lieutenant Cleaveland verbrachte im Schutze eines kleinen Zeltes fast den ganzen Tag mit dem Steuern des Schiffes; jeder hatte seine Aufgaben, und ich selbst konsultierte oft die gut ausgewählte Schiffsbibliothek. Daran kann man ermessen, wie umfangreich sie ursprünglich gewesen sein muß, denn die meisten Bücher waren in Buschir ausgeladen worden, um die «Euphrates» von Gewicht zu entlasten.

Ankunft in Bagdad am 30. September, festlicher Empfang durch den Residenten Robert Taylor, Tausende von Schaulustigen, Salutschüsse etc. Übergabe der Post zur Weiterbeförderung nach England, auf der Rückfahrt wieder Schwierigkeiten mit dem Brennmaterial. Arabische Anwohner hatten die bestellten Kohletransporte nicht durchgelassen. Wir nehmen an, daß der französische Konsul dahintersteckt, schrieb Estcourt. Wir haben gehört, daß er die Leute gegen uns aufgestachelt hat, mit Geschichten, daß wir vorhätten, Festungen zu bauen und das Land einzunehmen. Ein sauberes Stück Verrat! Was ihn dazu bringt, ist vermutlich eine Bestechung durch Rußland, auf dessen Seite er eingestandenermaßen steht, aber mit der Ausrede, daß es für die Zivilisation insgesamt besser wäre, wenn die Russen und nicht die Türken dieses Land besitzen würden.

Am 16. Oktober waren sie endlich in Korna, wo die «Hugh Lindsay» schon seit dem 3. des Monats mit 16 Postkisten, einem wichtigen Paket und zwei Passagieren ungeduldig auf sie gewartet hatte. Von dem Entschluß, diese indische Post nun wirklich auf dem Euphrat nach Balis zu bringen, ließ sich Chesney nicht abbringen. Wie befürchtet, blieb die «Euphrates» unterwegs in den Lemlum-Marschen stecken. In diesem Augenblick sind wir in einer engen Flußbiegung vor Anker gegangen, über die wir nicht hinauskommen können; wir werden nun Treidler besorgen, schreibt Estcourt am 24. Oktober und fügt hinzu: The Colonel is getting exceedingly disagreable.

Mit Hilfe von 80 Männern versuchten sie das Schiff vorwärts zu ziehen, eine Sisyphusarbeit. Fitzjames' melancholische Chronik:

25. Oktober. Wir schufteten, zogen, warfen den Anker, liefen auf Grund, setzten zurück, hievten den Anker, wobei wir manchmal schrieen und kreischten. Um 12.30 Uhr, als wir ankerten, um zu Mittag zu essen, waren wir zwei Meilen vorangekommen! Wir erkannten, daß die Treidler nichts nützten. (Chesney selbst sagt, daß sie boshafterweise versucht hätten, uns zu behindern, statt uns zu helfen.) Am Abend waren wir 500 Yard weitergekommen.

Am nächsten Morgen begann die Arbeit bei Tagesanbruch. Bis Mittag hatten wir nur eine halbe Meile zurückgelegt. Am Nachmittag machten wir nur ein paar Yard und entließen die Treidler, die sehr unverschämt geworden waren.

27. Oktober. Bis zum Mittag hatten wir zwei Schiffslängen zurückgelegt.

28. Oktober. Schufteten den ganzen Tag.

29. Oktober. Beim Reinigen der Maschinen entdeckten wir, daß die Pumpe der Backbord-Maschine zerbrochen war, was gegenwärtig unser Weiterkommen unmöglich macht.

Chesney trat den so erzwungenen und in seinen Augen nur vorläufigen Rückzug an. Vorher schickte er Fitzjames samt Gepäck, Postkisten, Passagieren und zwei Trägern auf eine lange Reise, die ihn über Bagdad und Aleppo ans Mittelmeer führen sollte, wo sich hoffentlich ein englisches Schiff finden würde, dem er die Post für London übergeben konnte ... Doch alles kam dann ganz anders als geplant, die Passagiere wurden unterwegs ausgeraubt, in Bagdad fand Fitzjames nur eine Karawane nach Damaskus, der er sich notgedrungen anschloß. Während des Zwischenstops in Palmyra streifte er durch die Ruinen und ritzte seinen Namen und das Datum seines Besuchs in das berühmte Grabmal des Iamblichos ein. Dann weiter über Beirut nach Malta, wo er endlich seine Post loswurde, während ihn selbst die Quarantäne noch eine Weile dort festhielt. Erst im März 1837 kam er zurück nach England.

Chesney war mittlerweile nach Indien gereist, um für die Fortsetzung des Unternehmens zu werben. Das Kommando der «Euphrates» übertrug er für die Zeit seiner Abwesenheit Estcourt, der weitere Erkundungsfahrten unternehmen und sie dann nach Bagdad bringen sollte. Anfang Januar lief das Schiff oberhalb der Stadt auf Grund und wurde dabei wieder einmal schwer beschädigt.

Estcourt fand, es sei nun endgültig genug, zumal die von London vorgegebene *deadline* fast erreicht war. Er hatte schon alle Vorkehrungen für die Heimreise getroffen, als eine Depesche von Chesney aus Indien eintraf: Die Vermessungsarbeiten sollten auf Wunsch der dortigen Regierung fortgesetzt und die «Euphrates» dafür bereitgehalten werden. Estcourts Entscheidung war klar: Da wir die Wünsche unserer Herren in Indien nicht erfüllen konnten, blieb uns nur der Weg, die Wünsche unserer Herren in England zu erfüllen.

Er und seine Kameraden schlossen sich zunächst einer Karawane nach Damaskus an. Unterwegs in Palmyra suchte Charlewood nach einem Lebenszeichen seines Freundes Fitzjames, von dem er seit Monaten nichts mehr gehört hatte. Falls er hier durchgekommen war, hatte er sich vermutlich Englishmen-like im größten Turmgrab verewigt, mutmaßte er, und wirklich, ich fand seinen Namen in seiner mir wohl bekannten Handschrift. Darüber war ich sehr froh, denn nun konnte ich hoffen, daß er längst sicher nach England zurückgekommen war. Natürlich fügte ich meinen Namen dazu und schrieb das Datum darunter.

Estcourt selbst machte noch einen längeren Umweg. Das alte Europa! Briefe bestellte er *poste restante* nach Milano, Roma, Genua, Paris, Marseille, Munich und Vienna.

Ainsworth und Christian Rassam blieben noch zu weiteren archäologischen und geologischen Forschungen im Lande.

Chesney reiste auf seine Weise, *direttamente*. Von Basra aus durchritt er mit zwei arabischen Begleitern die Wüste, in Etappen, die ohne Pause von Mitternacht bis Sonnenuntergang gingen. Als er Damaskus erreichte, war er so verbrannt, daß seine dortigen Bekannten ihn für einen Beduinen hielten. Nach einem kurzen Frühstück mietete er frische Pferde und ritt weiter nach Beirut; auf der neuntägigen Schiffsreise nach Alexandria soll er dann fast nur geschlafen haben. Noch unterwegs erfuhr er vom Tod seines Gönners König William. Das viktorianische Zeitalter war angebrochen.

Am 8. August 1837 meldete sich Chesney in London zum Rapport. Ein kühler Wind schlug ihm entgegen. Seine lückenhaften, tendenziösen Berichte, vor allem aber die erratischen Kreuz- und Querzüge in Sachen Post hatten großes Befremden ausgelöst. Befördert wurde er trotzdem.

DANACH III

History is but a tiresome thing in itself; it becomes more agreeable the more romance is mixed up with it.

Thomas Love Peacock,
Crotchet Castle, 1831

1

Mit ihrem ganzen Hausrat waren Helfers vor gut fünfzehn Monaten in Prag aufgebrochen, nun kommen sie in Kalkutta wie zwei abgebrannte Rucksacktouristen an, in ziemlich verwitterten Mameluckenanzügen, ihre ganze Habe ein schmales Felleisen mit etwas Wäsche. Am Tag danach fängt sie die europäische Zivilisation wieder ein. Die Lady, die sie auf ein Empfehlungsschreiben des Kapitäns hin bei sich aufgenommen hatte, läßt Helfer in ein Herrengarderobemagazin, Pauline unverzüglich zur Modistin bringen, als könne sie nicht schnell genug von dem Anblick meiner Männerkleidung befreit werden. Es ist fast, als liefe der Film rückwärts, doch während Paulines Metamorphose zu einem jungen Türken spielend leicht gelang, wollte die Rückverwandlung in eine Dame nicht mehr recht glücken.

Vor allem wurde ich in ein mit dickem Fischbein gepanzertes Corset eingeschnürt, welches die englischen Damen selbst in der ärgsten Hitze nicht ablegen und das meine etwas aus den Fugen gegangene Taille wieder in eine Form bringen sollte. Es half kein Protestiren, immer fester wurde zugezogen, bis es mich zu ersticken drohte. Alles übrige ging nun rasch von statten, und bald stand ich in einem leichten himmelblauen, mit breiten Falbeln besetzten Musselingewande vor dem großen Ankleidespiegel. Nun aber mußte das Fes und der turbanartige Shawl vom Kopfe entfernt werden, worauf mein dickes, seit einiger Zeit nicht geschnittenes Haar in dichter Fülle, aber formlos nach allen Seiten herabfiel; kein Kämmen und Bürsten wollte helfen, widerspenstig sträubte es sich gegen jede von der Mode gebotene Form, als wollte es die eben erlangte Freiheit nicht aufgeben. Zum Flechten zu kurz, um es in Locken zu tragen zu starr, gab es kein anderes Mittel, das ungefügige Haar zu bändigen, als es unter die Haube zu bringen. Ein niedliches Négligé-Häubchen wurde mir demgemäß über den Kopf gestülpt; viel half aber auch das nicht, denn aus allen Maschen und Fugen drängte es sich und guckte unverschämt hervor. Mein Anblick war mir selbst höchst lächerlich. Der Modistin jedoch gefielen ihre Sachen und meine Person daneben ganz ausgezeichnet!

Ganz offensichtlich ist das keine Momentaufnahme, sondern ein existentieller Befund, der seine Gültigkeit behielt, als Paulines Haar längst wieder gefügig war und die Taille *comme il faut.*

Kalkutta, der Stern des Ostens, schien Pauline ein modernes Babel. Ausführlich erzählt sie vom alltäglichen Luxusleben der Kolonialherren, von den Schwärmen indischer Domestiken, die sie umgaben – eine Folge des Kastensystems, das zur strengen Aufgabentrennung geführt hatte –, schildert ihren Tageslauf, ihre Mahlzeiten, ihre Vergnügungen. Wegen der Hitze und um ihren Teint vor der Sonne zu schützen, verbrachten die Damen den ganzen Tag mit leichten Beschäftigungen oder ruhend in abgedunkelten Räumen, ein parasitäres Leben ohne Mutterglück und Mutterpflichten, denn die Kinder wurden meist schon in jungen Jahren zur Erziehung nach England gebracht, von wo sie als Fremde zu ihren Eltern zurückkehrten. Abends traf man sich in luftigen, gut gekühlten Speisesälen zu steifen, zeremoniellen Diners, bei denen selbst die Sitte des Zutrinkens mit Leichenbittermiene zelebriert wurde. Schneeweiße Tischdecken, viel Silber, alle Speisen, die zwei Welttheile zu liefern vermögen, eine Phalanx prächtig gekleideter, in Reih und Glied aufgestellter Diener, die Damen trotz der Hitze und gegen alle Vernunft *en grande parure*, in schweren, fest geschnürten Roben, die Herren im Frack, den sie dann zum Essen mit leichteren weißen Jacken vertauschten. Pauline fand, daß sie darin wie Täuberiche aussahen.

Wenn ihr dieses England in Indien nach Monaten des strapaziösen Reiselebens unwirklich und absurd erschien, so machte ihr das indische Indien Angst. Die hinduistische Welt mit ihren unübersehbar vielen Göttern war für die Tochter der Aufklärung ein Reich finsteren Aberglaubens, das von einer despotischen Priesterschaft beherrschte Zerrbild des Pantheismus. Wie fremd und abstoßend war das alles: die «freiwilligen» Witwenverbrennungen, die es trotz des Verbots der Engländer weiter gab, der Kult um die gräßliche Göttin Kali, die Selbstquälereien der Fakire, die Verehrung von Kühen und heiligen Affen, die im Bewußtsein ihrer Unverletzlichkeit unglaublich dreist und zudringlich waren, der Brauch, die Toten oder ihre Asche in den heiligen Fluß zu versenken.

Als wir eines Tages hart am Flußufer promenirten, wälzte die heftige Strömung des Wassers eine hohe Welle dem Ufer zu, aus welcher sich ein grauenhaft entstelltes menschliches Antlitz erhob. Die weitgeöffneten gläsernen Augen, das lange, wild um den Kopf hängende schwarze Haar, die schon mit den Spuren der Fäulniß behafteten Wangen boten einen erschreckenden Anblick. Eine zweite Welle folgte der ersten, und aus ihr streckten sich zwei menschliche Arme empor. Noch andere heranschwimmende Körpertheile ließen auf eine Anhäufung menschlicher Leichname schließen. Dadurch aufmerksam gemacht, betrachteten wir jetzt die vielen Vögel, die, wie es uns geschienen, in der Mitte des Stromes auf dem Wasser sitzend sich von ihm forttreiben ließen. Es waren meist große Geier, die auf den heruntertreibenden Leichen ihr Standquartier genommen und gefräßig von ihnen ihre Mahlzeit genossen.

Und dann, schlimmer als solche Schreckensbilder, die unbarmherzige Härte des Kastensystems mit seinen rigiden Abgrenzungen, Reinheitsphantasmen und Berührungsphobien. Daß ein Hindu einen Tonkrug mit Wasser zerschmetterte, weil sie daraus getrunken hatte, war für Pauline eine schockierende Erfahrung: Da stand ich, durch meine weiße Haut den wenigen angehörend, die über Millionen allmächtig herrschen, und doch verachtet von dem ärmsten Hüttenbewohner, der durch eine Gemeinschaft mit mir sich für verunglimpft hielt. Nachdenklich, mit gesenktem Kopfe, schlich ich von dannen.

Helfer, der in der üppigen tropischen Vegetation Kalkuttas und seiner Umgebung reiche Beute machte, suchte lange vergeblich nach einem Gehilfen. Niemand, er mochte noch so arm sein, wollte für ihn Tiere fangen und töten, bis sich schließlich doch ein Jüngling von ungewöhnlicher Schönheit dazu bereit fand.

Unsere Freude darüber war leider von kurzer Dauer. Mit Entsetzen floh die ganze Dienerschaft, als sie seiner ansichtig wurde. Keiner faßte einen von ihm berührten Gegenstand an. Sie hatten in ihm sogleich den kastenlosen Paria erkannt, dessen Atmosphäre schon Verunreinigung für sie war.

Doch nicht sie allein waren entsetzt, selbst unser vortrefflicher, wohlwollender Hausherr gestand, daß die Nähe dieses aussätzigen Menschen, so wohlansehnlich und sauber er auch vor uns stand, ihm höchst unbehaglich sei, und daß er ihn in seinem Hause nicht dulden könne.

Vorurteile stecken an wie Aussatz; dabei hatten die Kolonialherren eigentlich selbst schon genug davon. Sexuelle Vermischung mit Einheimischen war ein Tabu, dessen Verletzung zur Regel geworden war, weil es zu wenig europäische Frauen gab. Die Inderinnen, die mit Engländern im Concubinat lebten, wurden von ihren oft davon profitierenden Familien deswegen verachtet. Arm dran waren in aller Regel auch die Kinder aus diesen Beziehungen. Das Bewußtsein ihrer Herkunft, der Erniedrigung ihrer Mütter und ihrer eigenen zweifelhaften Stellung lastet als ein geistiger Druck auf ihnen und beraubt sie der Selbstachtung, des Kerns aller übrigen Tugenden, schreibt Pauline. Ein Satz, an dem man sich freuen könnte, wenn sie nicht ein paar Zeilen vorher von dem bösen mütterlichen Erbteil solcher Mischlingskinder gesprochen hätte, dem unausrottbar in ihrem Charakter wurzelnden Hang zur Lüge nämlich. Sie wird dabei an die falschen Freunde gedacht haben, denen Helfers in Kalkutta zu ihrer unangenehmen Überraschung wiederbegegneten.

Helfer wurde vor Gericht citiert, ohne Angabe des zu verhandelnden Gegenstandes. In dem Gerichtslocale wurden ihm zwei Männer in ziemlich verwildertem Zustande vorgeführt. «Kennen Sie diese Angeklagten?» Voll Entsetzen erkannte er in ihnen die vermeintlichen Prinzen, unsere Reisegefährten, die sein Vertrauen und seine Zuneigung in so hohem Grade zu gewinnen gewußt und so schändlich misbraucht hatten. Mit keckem Uebermuth bot ihm der ältere des saubern Brüderpaares die Hand, ihn anredend: «Guten Morgen, Doctor Helfer. Wie geht's in Calcutta?»

Mit Indignation wich Helfer, keiner Antwort mächtig, vor ihm zurück.

2

Das Frühjahrshochwasser 1837 hatte die «Euphrates» von ihrem Ankerplatz auf eine Sandbank etwa neunzig Kilometer unterhalb von Bagdad gespült. Dort lag sie viele Monate lang, bis es Lieutenant Lynch und seinen Männern gelang, sie wieder flottzumachen und im März 1838 nach Bagdad zurückzubringen. Ihn – ausdrücklich nicht Chesney! – bestellten die Herren vom «India Board» zum Leiter eines Nachfolgeprojektes, das regelmäßige Dampferpatrouillen auf Euphrat und Tigris und den Aufbau einer kleinen Flotte vorsah.

Diesmal ließ sich alles gut an. Bei der Fahrt flußaufwärts kam Lynch anfangs gut voran. Sogar die schwierige Durchquerung der Marschen von Lemlum gelang. Aber weiter flußaufwärts zwang ihn eine starke Gegenströmung dann doch zur Rückkehr.

Lynch gab noch nicht auf. Mittlerweile waren weitere Dampfschiffe in Auftrag gegeben worden, die Peacock stilvoll «Nimrod», «Nitocris» und «Assyria» taufte. Mit ihrem Einsatz begann eine neue Serie von Pannen und Unglücksfällen, und fast wäre es wieder zu einem Schiffbruch gekommen. Ich bedaure sehr, daß der Versuch auf dem Euphrat und eine genaue und sorgfältige Aufnahme dieses Flusses zwischen Hit und Beles mich dazu veranlassen zu melden, daß er für die Dampfschiffahrt nicht gut geeignet ist, schrieb Lynch resigniert nach England.

Im September 1842 wurde die ganze Flotte nach Bombay verschifft, zu weiterem Dienst auf den Strömen Indiens. Die politische Lage hatte sich durch den türkisch-ägyptischen Krieg geändert, in dem sich England und Rußland auf der gleichen Seite fanden. Die britische Präsenz am Euphrat schien nun nicht mehr dringend geboten.

Es waren zwei Brüder von Lieutenant Lynch, die das Projekt später wieder aufnahmen. 1861 gründeten sie die «Euphrates and Tigris Steam Navigation Company», deren Schiffe vor allem auf dem Tigris zwischen Basra und Bagdad verkehrten. Fast ein Jahrhundert lang wurde sie von Mitgliedern der Familie betrieben.

3

Nisib, Dorf im türk. Wilajet Aleppo in Syrien, westlich von Biredschik, mit einer Kirche im altbyzantinischen Stil und gegen 2000 Einw., die sich mit Seidenzucht und Erzeugung von Traubenhonig ernähren. Durch die Schlacht bei N. 24. Juni 1839 vernichteten die Ägypter unter Ibrahim Pascha das türkische Heer unter Hafis Pascha.

Meyers Konversations-Lexikon, 1890

Der preußische Leutnant Helmuth von Moltke hatte die Niederlage der Türken kommen sehen. 1835 war er als Militärberater zur Organisation und Instruktion des türkischen Heeres nach Konstantinopel geschickt worden; in den folgenden Jahren kam er viel im Land herum und fand sich immer wieder am Euphrat, dessen Geschichtsmächtigkeit seine Phantasie berauschte und ihn seine letzte, vermutlich nicht mehr ganz volle Flasche Wein kostete: In einer sternhellen Nacht stand ich unlängst auf den Trümmern des alten Römerschlosses Zeugma. Der Euphrat glitzerte tief unten in einer felsigen Schlucht, und sein Rauschen erfüllte die Stille des Abends. Da schritten Cyrus und Alexander, Xenophon, Caesar und Julian im Mondenschein vorüber. Da beschloß ich, dem Andenken des großen Römervolks die goldenen Trauben zu opfern, die sie zuerst nach Gallien gebracht und die ich von ihres weiten Reiches westlicher Grenze bis zur östlichen getragen. Ich schleuderte die Flasche von der Höhe hinab, sie tauchte, tanzte und glitt den Strom entlang, dem indischen Weltmeere zu.

Im April 1838 sah er bei Birecik die Ruinen von Port William. Die Bewohner sprächen immer noch mit Erstaunen von dem *Giaur* und seinem *Atesch-Kaik* oder Feuerschiff, schrieb er und fügte erklärend hinzu: Von hier sollte die Dampfschiffahrt ihren Anfang nehmen, die Ostindien durch den Euphrat mit Europa in Verbindung gesetzt hätte, ein großes Unternehmen, an welchem Oberst Chesney rühmlich scheiterte.

Gut ein Jahr später sammelte sich hier die Taurusarmee des Sultans. Unten im Tale des Euphrat haben wir eine Stadt gebaut aus 4000 Zelten, der gewaltig angeschwollene Strom krümmt sich um drei Seiten unseres Lagers, und jenseits erhebt sich an der weißen Felswand Biredschik mit seinen Mauern und Türmen, Moscheen und Gärten, und über alles ragt das alte Schloß empor, schrieb Moltke am 10. Juni 1839; wenig später brach er mit zwei Kolonnen zum drei Stunden entfernten Nizip auf. Wiederholt warnte er den türkischen Befehlshaber Hafis Pascha davor, den Kampf mit den inzwischen aufmarschierten Truppen Ibrahim Paschas zu suchen, und riet zum Rückzug, vergeblich. Allah werde ihm Hilfe verleihen und Rückzug sei schimpflich, erklärte der Pascha. Moltke ritt zu seinem Zelt zurück; unterwegs (so berichtet er) habe er noch den Herren A. und R. von der Geographischen Gesellschaft zu London, welche seit einigen Tagen im Hauptquartier verweilten, angeraten, ihr Gepäck bereit zu halten, da wir uns wahrscheinlich morgen in einer schlechten Stellung schlagen würden und für den Ausgang nicht mehr zu stehen sei.

William Francis Ainsworth und der Dolmetscher Christian Rassam waren zu dieser Zeit auf einer von der «Geographical Society» und der «Society for Promoting Christian Knowledge» finanzierten Reise unterwegs, um die Lage der chaldäischen Christen zu erforschen, ein Plan, der während der Euphrat-Expedition entstanden war. Ihre Absicht, im Schutz des türkischen Heeres die Grenze nach Mesopotamien zu überschreiten, war durch das Anrücken von Ibrahim Paschas Truppen vereitelt worden. In seinen 1842 erschienenen *Travels and Researches in Asia Minor, Mesopotamia, Chaldea, and Armenia* hat Ainsworth ausführlich von diesem Abenteuer berichtet, allerdings in einigen Punkten anders als Moltke. Als wir die Lage erkannten, wurde es nötig, Schritte zur Sicherung unseres Gepäcks zu unternehmen … In seiner Version der Ereignisse war es Christian Rassam, der die entscheidende Unterredung zwischen Moltke und Hafis Pascha übersetzte, und er selbst sei als Zeuge anwesend gewesen, habe sogar vergebens versucht, den Pascha im Sinne Moltkes zu beeinflussen. Er schlug sich an die Brust und seine Augen waren von Tränen überströmt. «Ein Rückzug ist nicht möglich», sagte er. «Ein Rückzug wäre für mich eine Schande.»

Wahrscheinlich sähen unsere Landkarten heute anders aus, wenn die europäischen Mächte dem Osmanischen Reich nicht auch diesmal gegen den despotischen Reformer Mehemed Ali helfend zur Seite gesprungen wären. Großbritannien, Österreich, Rußland und Preußen (aber nicht Frankreich) intervenierten zugunsten der Türken und zwangen die Ägypter 1840, Syrien zu verlassen. 1841 wurde Mehemed Ali zum Erbverwalter Syriens ernannt.

Charlewood und Fitzjames nahmen in diesem Krieg auf verschiedenen Schiffen an Operationen der britischen Flotte teil. Beide zeichneten sich dabei rühmlich aus.

4

Als Chesneys Tochter aus erster Ehe, Jane O'Donnell, und seine dritte Frau Louisa 1885 ihr gemeinsam verfaßtes *Life of the Late General F.R. Chesney* veröffentlichten, widmeten sie diese Erinnerungen an einen geschätzten Freund den beiden noch lebenden Offizieren der Euphrat-Expedition, Admiral E.P. Charlewood, dessen Sohn mit einer Tochter Chesneys und Louisas verheiratet war, und Mr. W.F. Ainsworth. Diese Biographie, die doch eigentlich ein Heldenleben schildern sollte, ist – trotz der Eingriffe und Kürzungen eines strengen Herausgebers – sonder- und wunderbar familiär geraten, ein Werk kritischer Liebe, durchsetzt von subversiver Komik. Die beiden Frauen kannten ihren Kandidaten eben nur zu genau. Besonders gut ist ihnen die Geschichte von Chesneys zweiter Eheschließung gelungen.

Der Leser wird sich an seine frühe und langandauernde Verehrung für Everilda Fraser erinnern. Obwohl er sie nie vergessen hatte, dachte er zu dieser Zeit an sie mehr wie an eine Verschiedene als an einen möglichen Teil seines zukünftigen Lebens. Wirklich wußte er nach seiner Rückkehr vom Euphrat nicht, ob Miss Fraser noch am Leben war. Durch eine zufällige Begegnung mit einem Freund erfuhr er, daß sie in Brighton wohnte und schon seit langem ans Bett gefesselt war. Allmählich wurde der Umgang mit der Familie Fraser wieder aufgenommen. Im September [1838] schrieb Sir John Fraser an Chesney, daß er eine Nachricht für ihn habe, und obwohl diese Nachricht nicht mehr als Sympathie und Wohlwollen zum Ausdruck brachte, war sie doch die Ursache, daß sich Chesneys Gedanken wieder «ganz leicht», wie er sagt, in die alte Richtung wendeten. Auf die Botschaft folgte ein Briefwechsel, bis wir ihn zu Beginn des Jahres

1839 wieder beständig mit Gedanken an seine frühe Liebe beschäftigt sehen, mit Überlegungen, ihr einen Besuch abzustatten, und mit unruhigen Vorbereitungen auf das, was er zutreffend als die «außergewöhnliche Aussprache» bezeichnet, die vor ihm lag.

«Ich bin (so sagt er) fast fünfzig, sie ist sechsundvierzig und eine verhärmte, abgezehrte Kranke; und doch kommt es mir so vor, als liebte ich sie noch ebenso wie zu der Zeit, als ich sie im anziehenden Alter von 16 Jahren zum ersten Mal sah. Es ist deshalb ganz klar, daß ich mich hinreißen lassen werde, wenn sie nicht vorsichtiger oder gleichgültiger ist.»

Die Kranke war in einem abgedunkelten Raum, denn ihre Krankheit hatte ihr seit langem anderes als gedämpftes Licht unerträglich gemacht. «Ihre Hand», sagt Chesney, «war in meiner, und ich dankte Gott, daß es wieder so war. Wir unterhielten uns einige Zeit, aber ich weiß nicht mehr, über was.» Nachdem sie zunächst familiäre Angelegenheiten berührt hatten, kamen sie allmählich auf Persönlicheres zu sprechen, und nach einiger Zeit «wurde ein süßer Kuß vollkommener Vergebung auf ihre welken Lippen gedrückt und von ihnen empfangen; und es gab zuweilen», so fügt er hinzu, «eine verspielte Freundlichkeit, die mich an die Vergangenheit erinnerte, aber mit mehr Zuneigung, als je zuvor gezeigt worden war». Nach der Rückkehr in sein Hotel notierte er in sein Tagebuch: «Meine Aufgabe ist es, ihr Ruhe zu geben und noch mehr zu ihrem Glück beizutragen, wenn sie es mir erlaubt. Denn wenn sie auch verblüht sein mag, so ist Evé meinem Herzen doch teurer als alles andere.»

Als sie selbst einer der Verfasserinnen von diesem Gespräch erzählte, sagte sie: «Er kam nur als Freund, offenbarte aber sehr schnell, daß er mich noch liebe; und als ich ihm vom schlechten Zustand meiner Gesundheit sprach, war seine einzige Antwort: ‹Everilda, wenn Du morgen sterben müßtest, dann würde ich dich heute heiraten wollen›.»

Nach vielen besorgten Beratungen mit ihren Freunden verlobten sie sich am 14. Februar 1839 und heirateten am 30. April. Die Hochzeit war so einzigartig, daß von ihr mit Chesneys eigenen Worten berichtet werden muß, besonders deshalb, weil daraus eine seiner charakteristischen Eigentümlichkeiten deutlich wird, nämlich seine starken Gefühle, was das Tragen von Kleidungsstücken bei besonderen Gelegenheiten angeht. Bis zu seinem Lebensende hob er solche Dinge sorgfältig auf und verfügte eines Tages, daß sie mit ihm begraben werden sollten.

An dem ereignisreichen Tag begab er sich nach Brighton und besuchte erst Sir John und Lady Fraser und seine anderen zukünftigen Verwandten, und dann, wie er schreibt:

«Zurück ins Hotel, wo ich den alten einreihigen Uniformrock und die goldpaspelierten blauen Hosen anlegte, die zum ersten Mal am 11.Mai 1822 getragen worden waren, als ich mit meiner liebevollen G. vereinigt wurde, und die dann, zur Uniform umgearbeitet, zu meinem offiziellen Anzug wurden, solange sie lebte. In ihnen begleitete ich sie mit der zu diesem Anlaß angelegten Schärpe ans Grab. Ich hatte sie ausdrücklich für diese Verbindung aufbewahrt, und mein Anzug wurde durch die alten Schuhe vervollständigt, die ich trug, als die ‹Tigris› unterging. Ich hatte die Feldmütze auf, die wie diese Kleidungsstücke die Euphrat-Reise mitgemacht hatte und auch bei meiner ersten Reise dabeigewesen war. Ich trug auch die Brosche mit dem Haar der armen G. und eines der beiden Hochzeitshemden, die sie genäht hatte, das andere umhüllt sie, die arme Seele.

Wir versammelten uns im Empfangszimmer unten. Ich stand zur Rechten von E., die sich an ihren Vater lehnte, hübsch und einfach gekleidet, ohne Schmuck, und mich an 1809 erinnerte. Sie kniete nieder und überstand alles mit Ruhe und vollkommener Haltung. Als alles vorüber war, küßte der General sie und ich auch, und dann folgten die anderen.

[Während die anderen zum Diner fuhren,] blieb ich noch ein wenig bei meiner Braut. Sie war sogar fröhlich und scherzte über die Falle, in der sie gefangen war, bis es Zeit war, daß sie sich ausruhte. Ich fand meine Mütze nicht und kehrte deshalb etwa sechsmal zu meiner Frau zurück, um von ihr vorläufig Abschied zu nehmen, was sie ziemlich belustigte und erfreute.

Nachdem ich mich umgezogen hatte, ausgenommen die ‹Tigris›-Schuhe, beendete ich mein einsames, aber friedliches Abendessen und kehrte, nach einem Blick in die Zeitung, zu E. zurück. Ich ließ Boots [den Diener] das Schreibpult und einige andere Dinge bringen, denn ich hatte ihr schon die Bibel meiner Knabenzeit gegeben, die mir nun doppelt wertvoll war, weil sie zweimal aus dem Euphrat gerettet worden war, wie ich in meiner ersten Eintragung als Ehemann bemerkte. Den Abend verbrachten wir in friedlicher heiterer Ruhe. Wie sprachen von meiner Rückkehr, die, wie ich sagte, am nächsten Dienstag sein würde, wenn es ihre Verfassung erlaubte, und es war deutlich, daß ihr das nicht unangenehm war. Das war der ruhige Verlauf einer Hochzeit, die wenigstens von einer Seite seit dreißig Jahren erhofft worden war und die begleitet war von demütigen, aber inbrünstigen Gebeten, daß Gott mir die Kraft geben möge, meine Pflichten gegen sie zu erfüllen, und von Dank an Ihn für den Segen, den Er geschenkt hat, denn Er hat endlich meine Gebete erhört.»

Die so lang ersehnte Frau lebte nur noch 18 Monate, während deren sie, unnötig zu sagen, Gegenstand zärtlichster Sorge war. Ein Fieber, das zu all ihren anderen Leiden noch hinzukam, raffte sie im November 1840 dahin; aber es wäre für einen Außenseiter unmöglich sich vorzustellen, was Chesney in diesen anderthalb Jahren durch ihre nervöse Reizbarkeit zu erdulden hatte. Niemand anders konnte sie auch nur im geringsten beruhigen, und unzählige Nächte und Tage wurden so geopfert, obwohl er während der ganzen Zeit seine literarischen Arbeiten voranzubringen trachtete. Keine Konstitution hätte einer so harten körperlichen und seelischen Anstrengung lange standhalten können; doch niemals entschlüpfte ihm auch nur ein Laut der Klage, und auch die ihm nächsten und liebsten Menschen erfuhren nie von ihm selbst, was er zu erleiden hatte. Bis zum Ende seines Lebens behielt er seine verehrungsvolle Zuneigung für die Geliebte seiner frühen Tage und hütete Gegenstände, die ihr gehört hatten, als teuren Besitz.

5

Was die unruhige Heftigkeit des Wünschens angeht, war Johann Wilhelm Helfer ein Bruder Chesneys. Bei der Ankunft in Kalkutta hatte er sich seinem Ziel ganz nahe gefühlt. Nie werde sie den freudestrahlenden Blick ihres Mannes vergessen, so Pauline, als sein Fuß den indischen Boden nun wirklich betrat und sein Auge die lang ersehnten Formen exotischer Vegetation überschaute, in der er noch verborgene Schätze nun bald zu entdecken hoffte. Wie berauscht streifte sein Blick nach oben und unten, nach allen Seiten, als wolle er den ganzen Reichthum mit einem male in sich aufnehmen. Ich glaube, er hätte seine Knie gebeugt und der innern Erregtheit Worte des Dankes verliehen, wenn nicht so viele menschliche Gestalten uns mit neugierigen Blicken umschwärmt hätten.

Doch schon bald hatte sich das Glück von Helfer wieder zurückgezogen in die noch unerforschten Gegenden Indiens. Um sie erkunden zu können, brauchte er Geld. Er versuchte, einflußreiche Männer vom Nutzen der geplanten Expeditionen zu überzeugen, er hielt öffentliche Vorträge über Profit versprechende Untersuchungen, warb für die Kultur von Seidenraupen in Indien und stieß mit seinen Vorschlägen auch auf Interesse.

Doch daß ihn die «East India Company» dann tatsächlich als Forscher in ihre Dienste nahm, hatte er nicht seinen eigenen Fähigkeiten zu verdanken, sondern der vornehmen Abstammung seiner Frau. So war es, so ist es und so wird es bleiben in der Welt trotz fortschreitender Gleichheit und Gleichberechtigung der Menschen!

Nach zwei abenteuerlichen Forschungsreisen in unwegsames Bergland siedeln sich Helfers bei Mergui am Bengalischen Meer (im heutigen Burma) an. Hier fand Pauline ihren Beruf und ihr Paradies: Am Abhange eines 200 Fuß hohen Bergrückens, der vom Meeresgestade sanft emporsteigt, breitet sich die Stadt Mergui in amphitheatralischer Lage aus. Reihen auf Pfählen stehender Bambushäuser bilden breite Straßen. Zierliche Bangolos, von chinesischen Kaufleuten und amerikanischen Missionaren bewohnt, stehen im Schatten hoher Cocospalmen, die hier zu voller Schönheit und üppigem Wachsthum gedeihen. Ueber zwanzig Fuß lange Bananenblätter verbergen den Blicken der Vorübergehenden die Veranden, und die Eingänge der Häuser sind umwunden von den graziösen Gehängen der Betelranke. Hoch über diesem Labyrinth von Grün und den daraus hervorguckenden Dächern erhebt sich inmitten der Stadt die große vergoldete Pagode und ihr zu Seite der Regierungsbangolo, von dem an hoher Fahnenstange die britische Flagge herabwehte.

Balsamische Wohlgerüche, den herrlich duftenden Blüten und Früchten der Gewürzbäume und Sträucher aller Art entströmend, erfüllen die Luft, deren Einathmung, verbunden mit der erquickenden Kühle, einen Genuß gewährt, der nicht mit Worten zu schildern ist. Durch alle Poren schlürft der Mensch ein unnennbares Wohlgefühl ein.

Sie lassen sich einen bequemen Bangolo bauen; die Möbel werden in Kalkutta gekauft. Sogar den Luxus eines schönen Flügels hatten wir uns erlaubt, dessen Klänge unsere Mußestunden erheitern sollten. In den angrenzenden Wäldern stecken sie sich Land ab, das in ihren Augen niemandem gehört. Während Helfer weitere Expeditionen unternimmt, leitet Pauline in rastloser, unermüdlicher Tätigkeit die Anlage einer Plantage von Kokospalmen, Ananas, Kaffeesträuchern, Gewürzpflanzen. Hunderte von Arbeitern roden und pflanzen unter ihrer Aufsicht, nebenbei versorgt sie auch noch eine ganze Büffelherde. Es war eine Art Heimkehr für die Tochter eines preußischen Gutsherrn, dessen Passion die Baumzucht gewesen war. Die Pflanzung sollte ein Familienunternehmen werden – ihr jüngster Bruder reiste an, um sie bei ihrer Arbeit zu unterstützen – und sich vielleicht dereinst zu einer Kolonie deutscher Landsleute ausweiten, Paulines Lieblingsphantasie: Lebhafter als je entstand in mir der Wunsch, meine armen lausitzer Landsleute aus ihrem unfruchtbaren Sande in dieses paradiesische Land versetzen zu können.

Eine Laune des Zufalls wollte es, daß die zu Arrest verurteilten falschen Prinzen in die Gegend von Mergui deportiert worden waren und Helfers von den Behörden, wie es Brauch war, als Arbeiter oder Diener angeboten wurden. Man denke sich, wir hätten die Männer, die unser Mahl mit uns getheilt, die mit Helfer Philosophie, Geschichte und Nationalökonomie studirt, die eine so bedeutende Wendung unsers Geschicks herbeigeführt hatten, jetzt als Sweeper in unserm Hause anstellen sollen! Schrecklicher Gedanke! Wir lehnten natürlich ihre Dienste ab und fanden nun endlich Ruhe vor den gespenstischen Gestalten, von denen wir so lange verfolgt wurden.

Für Helfer wohnte das Glück längst wieder anderswo. Hatte es überhaupt noch einen Ort? Er fühlte sich krank, unzufrieden, deprimiert, als er am 13. Januar 1840 mit einigen Begleitern zu einer Expedition nach den Andamanen-Inseln aufbrach, deren Bewohner als besonders wild und gefährlich galten. Die erste Begegnung verlief aber friedlich, und als die Forscher einen weiteren Annäherungsversuch unternehmen wollten, zogen sich die Eingeborenen scheu in die Wälder zurück. Das also sind die so gefürchteten Wilden! Sie sind furchtsame Kinder der Natur, froh, wenn *ihnen* nichts Böses zugefügt wird. Mit diesen Menschen wird bei einiger Geduld leicht Freundschaft zu schließen sein, schreibt Helfer am 29. Januar in sein Tagebuch.

Es war seine letzte Eintragung. Am nächsten Tag wurden er und seine Leute bei einem Landgang überfallen. Alle konnten sich unter dem Pfeilhagel der Verfolger schwimmend auf ihr Schiff zurück retten, nur Helfer wurde getroffen. Ein vergifteter Pfeil durchbohrte ihm den Kopf, er sank unter und kam nicht wieder an die Oberfläche. Auch alle Bemühungen der Leute, seine Leiche aufzusuchen, blieben erfolglos. Sie konnte nicht gefunden, der Erde nicht zurückgegeben werden. Kein Grabhügel bezeichnet seine letzte Ruhestätte.

6

Anfang 1842 reiste Pauline zurück nach Deutschland, über London, wo sie Geschäfte zu erledigen hatte. Sie beantragte bei der «East India

Company» eine Witwenpension (erfolgreich) und bemühte sich (erfolglos) um eine Schenkungsurkunde für ihre Plantage in Mergui. Während ihres Aufenthaltes lebte sie als Gast in der luxuriösen Residenz des preußischen Botschafters, des Freiherrn von Bunsen. Seine Frau Francis schrieb am 8.April 1842 an ihre Mutter: Der Name unseres gegenwärtigen Gastes ist Madame Helfer (geb. Baronesse des Granges) aus der preußischen Provinz Sachsen; wir wurden sie einzuladen veranlaßt durch eine dringende Empfehlung der Prinzessin Wilhelm von Preußen, welche wünschte, daß ihr hier Hülfe und Fürsprache zutheil würde als einer aus Indien zurückkehrenden Witwe, die an die Directoren der Ostindischen Gesellschaft ein Gesuch zu richten hat. Sie ist schön und angenehm und gefällt Jedermann; sie ist in Tenasserim gewesen und hat viel von ihren Reisen zu erzählen – da sie ihren Gatten (der ein Naturforscher war) vor einigen Jahren auf der großen Expedition begleitet hat, die den Lauf des Euphrat zu untersuchen hatte.

Charlewood, der in seinen Erinnerungen diese Briefstelle zitiert, hat Pauline während ihres Londoner Aufenthalts bei Bunsens besucht.

Als Pauline im Juni 1842 nach fast siebenjähriger Abwesenheit von Deutschland in Berlin eintraf, wurde sie auf Wunsch ihrer hohen Freundin, der Prinzessin Wilhelm, sofort und noch im schwarzwollenen Reiseanzuge zur königlichen Teegesellschaft nach Potsdam aufs Schloß bestellt.

Ich hatte nicht Zeit, meine Gedanken zu sammeln und mich zurecht zu finden, denn schon rief der König dem an einem Tische sitzenden Hofrath Tieck, der aus einem Buche seiner Novellen vorlas, zu: «Hören Sie jetzt nur auf, Tieck, wir wollen nun etwas anderes hören!»

Worauf dieser, sein Buch schließend, sich bald entfernte. Mir einen Stuhl reichend, fuhr der König fort: «Setzen Sie sich und erzählen Sie von Ihren Reisen, die mich sehr interessiren».

Während meines mehrtägigen Aufenthalts in Potsdam wurde mir die große Auszeichnung zutheil, öfter zu den Spazierfahrten der Herrschaften zugezogen und dann zum Thee und Souper befohlen zu werden. Bei diesen Gelegenheiten war ich so glücklich, Alexander von Humboldt zu begegnen, dessen Bekanntschaft ich so sehr zu machen gewünscht hatte, und der mich durch den Fluß seiner Beredsamkeit und durch die Fülle seines Wissens in das höchste Erstaunen versetzte.

In große Verlegenheit gerieth ich, als eines Abends das Souper, dem außer Humboldt und mir nur wenige Personen beiwohnten, an einer schmalen Tafel servirt war, an deren einer Seite die königlichen Herrschaften Platz nahmen, während, wie der König anordnete, an der andern leer gebliebenen Seite Humboldt und ich ihm *vis-à-vis* sitzen sollten. Freundlich nickend, forderte er uns zum Erzählen auf. Ich schämte mich, mit dem großen Gelehrten so in eine Kategorie geworfen zu werden, und hätte ihm gern Abbitte dafür gethan, wäre Zeit dazu gewesen, aber Humboldt begann sogleich die Conversation. Er sprach, wie gewöhnlich, viel und gut, und lauschte ich seinen Worten mit gespannter Aufmerksamkeit. Da wurde er in dem Flusse seiner Rede plötzlich vom König unterbrochen, der ihm zurief: «Na, Humboldt, hören Sie mal auf und lassen Sie Ihre Nachbarin erzählen, die bringt was Neues!»

In den Jahren nach ihrer Rückkehr nutzte Pauline ihre guten Beziehungen zum Hof für die Beförderung ihrer wichtigsten Projekte:

Um den Fortbestand ihrer Plantage in Mergui sichern zu können, brauchte sie einen finanzkräftigen Teilhaber, den der König ihr verschaffen wollte. «Sein Sie außer Sorge! Die Pflanzung soll erhalten bleiben», versprach er und ließ ihrem Bruder für die nötigsten Ausgaben eine nicht unbedeutende Summe Geldes nach Mergui überweisen.

Auch für den Vorschlag, preußische Kolonisten nach Hinterindien zu schicken, zeigte er sich sehr empfänglich: «Schon längst gehe ich mit dem Plane um, in jenen Gegenden eine deutsche Niederlassung zu gründen!»

Die Rückversetzung in den Adel, den sie durch die Heirat mit Helfer verloren hatte, erreichte Pauline durch Fürsprache von Prinzessin Wilhelm.

Am 28. Januar 1844 schreibt Varnhagen von Ense ungnädig in sein Tagebuch: Der König hat der Doktorin Helfer – gebornen Fräulein von Lagrange, früher hier Erzieherin, dann in Ostindien verheirathet und verwittwet – die große Pflanzungen in Ostindien besitzen will, viel von dortigen Handelsverbindungen, aber auch von dortigen Heidenbekehrungen vorspiegelt, zu ihrer persönlichen und zu allgemeiner christlicher Unterstützung eine Summe von sechzehntausend Thalern geschenkt, zugleich ihren bürgerlichen Namen zu einem adlichen erhoben.

Daß sie Geld zur persönlichen Verwendung erhalten habe, hat Pauline dementiert.

Der König hat dann doch keine Kolonisten und auch keine Missionare in den fernen Osten geschickt, und Pauline konnte ihre Plantage nicht halten. Helfers naturkundliche Sammlungen gab sie an das böhmische Museum (das heutige «Národní Muzeum») seiner Heimatstadt Prag: 49164 Insekten in etwa 1858 Arten, darunter 47833 Käfer in 1700 Arten, davon 600 für die Wissenschaft neue; 600 Vogelbälge und 14 Häute von Säugethieren, theilweise aber schon etwas schadhaft; 508 Schmetterlinge, ebenfalls schadhaft; 6086 Pflanzen in 574 Arten …

Man kann sie sich dort zeigen lassen, wie mir der Leiter der entomologischen Abteilung des Museums in einem liebenwürdigen Brief schrieb:

Seine Sammlung befindet sich noch immer in unserer Sammlung und besteht aus zwei Teilen.

Wegen Alter und kleiner Größe meister Käfer ist kein Teil der Sammlung nicht ausgestellt, ist aber dem Spezialisten zugänglich.

Bei den Übergabeverhandlungen mit der Museumsleitung lernte Pauline den Grafen Joseph Nostitz kennen, einen menschenscheuen Einzelgänger, der als Frauenfeind galt. Doch schon bei ihrer ersten Begegnung schenkte er Pauline ein Lächeln (ich glaube, es war der erste freundliche Blick, den ein weibliches Wesen sich rühmen kann von Graf Joseph erhalten zu haben), und am folgenden Tag vertraute er sich ihr mit überraschender Offenherzigkeit an. Sichtlich ergriffen und mit bewegter Stimme schilderte er sein inniges Verhältniß zu seiner gestorbenen, über alles geliebten Mutter: wie sie das Band zwischen ihm und den übrigen Menschen gewesen sei, und wie er nach ihrem Hinscheiden sich von jedem geselligen Verkehr zurückgezogen habe, nur für seine wissenschaftlichen Studien und seinen alten Vater lebend, dem er einen großen Theil seiner Zeit widme. Seine Ansichten über Politik, Humanität, Gleichheit und Gleichberechtigung der Menschen fänden unter seinen Standesgenossen heftigen Widerspruch, weshalb er ihre Geselligkeit meide und nun ganz isolirt lebe.

Pauline hatte wieder jemanden gefunden, der sie brauchte. Am 5. Juli 1844 wurde sie in Dresden mit dem Grafen getraut. Diesmal heiratet sie nach oben, was ohne den zurückgewonnenen Adel kaum gelungen wäre. Seinem standesbewußten, stockkonservativen, streng katholischen Vater war die Verbindung mit der verwitweten Dr. Helfer, noch dazu einer Protestantin, alles andere als willkommen. Wenn man in Prag die prächtigen

Nostitzschen Stadtpaläste sieht, bekommt man eine Ahnung davon, wie heftig der Widerstand gewesen sein muß.

7

Im Juli 1844 wurde in Bombay ein Mädchen geboren, das auf die Namen Alice Harriett getauft wurde und zu einer leidenschaftlichen, willensstarken, künstlerisch begabten Frau von ganz außergewöhnlicher Schönheit heranwuchs. Auf der Kurpromenade von Bad Ems seien die Leute auf Stühle und Tische gestiegen, um sie vorbeigehen oder -fahren zu sehen, erzählt ihr Sohn, der heute vor allem als Tagebuchschreiber berühmte Publizist und Diplomat Harry Graf Kessler. Ihr Porträt steht am Anfang seines Erinnerungsbuches *Gesichter und Zeiten*, in dem er von ihrer romantischen Herkunft als seinem Erbteil berichtet: väterlicherseits uralter anglo-irischer Adel (keltische Mystik und ein Schuß Rebellenblut), mütterlicherseits sogar von königlichem Geblüt ...

Mein Großvater Lynch war anglo-indischer Marineoffizier und hatte als junger Kommandant einer Kanonenbootflottille auf dem Tigris meine Großmutter [Caroline] kennengelernt, eine Tochter des englischen Generalkonsuls in Bagdad, des Obersten Taylor, der nicht nur in den Erzählungen meiner Mutter, sondern auch bis in die Zeit des Weltkrieges unter den Arabern und Beduinen des Irak eine legendäre Figur war. Taylor war von allen Gestalten, die in den Geschichten meiner Mutter auftauchten, die, die mich am meisten fesselte, obwohl sie immer etwas verschleiert und offenbar auch für meine Mutter geheimnisvoll blieb. Er mußte zwischen 1800 und 1815 nach Bagdad entsandt worden sein, als die Drohung Napoleons mit einem Alexanderzug die Aufmerksamkeit der englischen Regierung auf die Wichtigkeit Mesopotamiens als Flankendeckung Indiens lenkte. In den nachfolgenden Jahrzehnten errichtete er, gestützt auf anglo-indische Kanonenboote und einige Bataillone indischer Sepoys, vermutlich auch auf reiche Bestechungen, in dieser entlegenen, für England lebenswichtigen Provinz des zerfallenden türkischen Weltreichs, ungefähr zur gleichen Zeit wie Mehemet Ali sein Vizekönigtum Ägypten, ein verschleiertes Protektorat, eine Art von anglo-indischem Vizekönigtum Babylonien, dem erst der Aufstand in Indien und die dadurch erzwungene Zurückziehung der indischen Streitkräfte ein vorläufiges Ende bereitete; das aber später im Araberaufstand während des Weltkrieges und nachher unter einem englischen Völkerbundmandat als Königreich «Irak» wieder auflebte. Er beherrschte nach der Familienüberlieferung einige Dutzend Sprachen und Dialekte; und daß er auch literarisch hochbegabt war, habe ich später aus seinen Berichten ersehen, die Jakob Wassermann teilweise wörtlich in seinen Roman «Alexander in Babylon» übernommen hat. Sein Porträt, von Lawrence, oder einem Lawrenceschüler, hing bei meiner Urgroßmutter, ein schönes, strenges, auffallend jugendliches Gesicht mit schwarzem Haar und blauen Augen, dessen regelmäßige, energische Züge sich bei fast allen seinen zahlreichen Nachkommen wiederfanden und den Grund zum Familientypus gelegt haben. Er muß seinen Posten zur Zufriedenheit der Bewohner ausgefüllt haben; denn ein Vetter von mir, der das Land vor etwa dreißig Jahren bereiste, wurde überall als Nachkomme dieses «gerechten und weisen Mannes» mit besonderen Ehren aufgenommen. Nebenbei hatte er als erster Ausgrabungen im alten biblischen Zweistromland teils selber unternommen, teils veranlaßt, was ihn für mich mit einem Nimbus umgab, weil er die Heimat Abrahams, Ur, gefunden und allen bösen Geistern und arabischen Dschinns der Wüste zum Trotz die Gräber und Tempel der alten Könige aufgedeckt hatte.

Am romantischsten aber war seine Ehe. Er hatte ein hochstehendes persisches Mädchen von erstaunlicher Schönheit, eine Verwandte des persischen Herrscherhauses, entführt und gegen den Willen seiner Familie geheiratet. Dieses war meine Urgroßmutter. Als er ein paar Jahrzehnte später heimkehrte und sein Lebenswerk in Mesopotamien scheinbar zusammenbrach, zog er sich still zurück, ohne je den Versuch zu machen, seine Verdienste irgendwie ins Licht zu rücken; bald darauf ist er gestorben. Meine Urgroßmutter lebte hochbetagt noch bis 1877. Als Schah Nazzr Eddin 1873 nach London kam, machte er ihr als Verwandten einen Staatsbesuch.

Diese persischen Beziehungen haben offenbar auch Spuren im Leben von Kesslers Großvater Henry Blosse Lynch hinterlassen, der seit 1856 in Paris lebte. Im Auftrag der englischen Regierung führte er wichtige Verhandlungen mit Persien, und der Schah zeichnete ihn für seine Verdienste mit dem hohen Orden «des Löwen und der Sonne» aus.

8

Was für ein Aufstieg! James Fitzjames war erst 33 Jahre alt, als man ihn als Oberbefehlshaber einer prestigeträchtigen Expedition vorschlug. Nach mehreren gescheiterten Unternehmungen sollte sie erneut versuchen, die legendäre Nordwestpassage zwischen Pazifik und Atlantik zu finden. Zwar

war Fitzjames nie in der Arktis gewesen, aber er hatte glänzende Zeugnisse vorzuweisen (fünf Belobigungen allein in Englands jüngst vergangenem Opiumkrieg mit China) und, durch die Euphrat-Expedition, Erfahrung in der Führung von Dampfschiffen. Das war deshalb wichtig, weil die Segelschiffe für dieses Unternehmen zusätzlich mit Dampfmaschinen und neuentwickelten Propellerantrieben ausgestattet werden sollten.

Fitzjames mußte dann doch zurückstehen (viel zu jung!), wurde aber immerhin unter dem altgedienten, in früheren Unternehmen glücklosen Polarforscher Sir John Franklin mit der Führung des Flaggschiffes «Erebus» betraut. Der Kapitän des zweiten Schiffes mit dem ebenso ominösen Namen «Terror» wurde Francis Rawdon Moira Crozier. Der erfahrene Seemann aus dem County Down hatte mit Chesney nicht nur die irische Herkunft, sondern auch den Taufpaten und Gönner – Lord Francis Rawdon – gemeinsam. Fast wäre Charlewood an seiner Stelle mitgefahren.

Wenn ich mir vor Augen stelle, wie oft ich auf wunderbare Weise um Haaresbreite gerettet worden bin, kommt mir manchmal der Gedanke: Zu welchem Zweck bin ich in so auffälliger Weise vor dem Tod bewahrt worden? Ich führe ein weiteres Beispiel dafür an. Mein Freund Fitzjames war zum Kommandanten von Sir John Franklins Schiff «H.M.S. Erebus» ernannt worden. Ich wollte unbedingt das Kommando des zweiten Schiffes «H.M.S. Terror» erhalten, und da kein namhafter Polarkenner Interesse dafür gezeigt hatte, ließ mich die Admiralität unter der Hand wissen, daß ich ernannt werden würde. In letzter Minute erfuhr Captain Crozier, ein erfahrener Polaroffizier, der sich zu dieser Zeit in Neapel aufhielt, aus den Zeitungen von den Vorbereitungen zu dieser Expedition, reiste sofort nach Hause, sprach bei der Admiralität vor und reklamierte auf Grund seiner Erfahrungen das Recht auf Anstellung. Die Admiralität erkannte die Berechtigung seines Anspruchs, und an dem Tag, an dem ich meine Ernennung erwartete, erhielt ich die Mitteilung, daß Captain Crozier seine Dienste angeboten habe und die Admiralität sich verpflichtet fühle, ihn zu ernennen. Der arme Kerl! Er, Sir John Franklin, Fitzjames und alle Seeleute von beiden Schiffen sind in diesen traurigen Gegenden umgekommen; und ich, der ich das Schicksal wegen der mir entgangenen Ernennung hart angeklagt hatte, bin immer noch am Leben, rund 23 Jahre nachdem diese Schiffe die Küsten des alten England verließen.

Von unterwegs schrieb Fitzjames an Charlewood noch einen vergnügten, optimistischen Brief:

Ich muß nicht sagen, daß wir alle sehr glücklich sind und voll Vertrauen auf den Erfolg. Sir John ist sehr angenehm und voller Energie. Ich habe seit unserer Abreise jeden Tag mit ihm gespeist.

Ich hoffe, meiner Patentochter und Deinen anderen Vögeln geht es gut. Herzliche Grüße an Mrs.Charlewood. Ich bleibe in herzlicher Verbundenheit Dein Freund

Erebus, 4.Juni 1845 James Fitzjames

Am 26.Juli wurden die Schiffe zum letzten Mal von Walfängern gesehen, dann verliert sich ihre Spur im ewigen Eis, wo sie seit September 1846 feststeckten. Das wissen wir durch das letzte, von Fitzjames und Crozier unterschriebene Lebenszeichen der Expedition vom 25.April 1848. Es wurde 1859 mit anderen Relikten gefunden.

Wie kam es zu dieser Katastrophe, der größten in der Geschichte der Polarforschung, der vermutlich 129 Menschen zum Opfer fielen (wenn sich nicht einige von ihnen zu Eskimostämmen retten konnten, wie vermutet worden ist)?

Ein Mörder war an Bord. Opportunistisch. Gefräßig. Er zeigte sich erst, nachdem er seine Opfer gefordert hatte. Ironischerweise wuchs und gedieh er in der einzigen Sache, die der Expedition unentbehrlich war: Nahrung. Es sei fast wie im Science-fiction-Thriller *Alien* gewesen, meint Scott Cookman, der in seinem Buch *Ice Blink* die Geschichte der Franklin-Expedition rekonstruiert und effektvoll nacherzählt hat. Dieser Mörder war ein geruch- und geschmackloses Pilzgift namens *Clostridium botulinum*, das Ende des letzten Jahrhunderts im Körper eines der Toten nachgewiesen werden konnte. Er hatte es wie seine Kameraden aus der Büchse gelöffelt. Der Genuß von Dosennahrung war damals in jedem Fall ein Risiko, weil die Konservierungstechniken noch unausgereift waren; lebensgefährlich wurde es, wenn dazu noch Gier und Schlamperei kamen, verdorbenes Fleisch eingeweckt und beim Sterilisieren nachlässig gearbeitet wurde – wie bei dem skrupellosen Fabrikanten, der die Franklin-Expedition mit seinen Produkten beliefert hatte, Peacocks Aperçu bestätigend, wonach die meisten sogenannten Unfälle in Wahrheit Verbrechen sind. Die Sparsamkeit der Verantwortlichen, denen das konkurrenzlos billige Angebot ihres Lieferanten hätte verdächtig sein müssen, leistete Beihilfe.

Dennoch hätte es nach Meinung von Scott Cookman nicht zur Katastrophe kommen müssen, wenn die Organisatoren in der Admiralität nicht in ihrem Forschrittsglauben bei den Planungen so stark auf neue, noch unerprobte Technologien gesetzt hätten. Dazu gehörte vor allem die Ausrüstung mit Dampfmaschinen, die sich für die schweren Schiffe als viel zu schwach erwiesen und riesige Mengen an Kohle fraßen, die zum Erhitzen der Dosennahrung dann fehlte: Kochen hätte den Mörder unschädlich gemacht.

Parallelen zur Euphrat-Expedition drängen sich auf. Fitzjames wird während der entsetzlich langen Zeit, die sie im Eis feststeckten, sicher oft daran zurückgedacht haben. Ich habe mich auf der Fluß-Expedition in Mesopotamien sehr isoliert und allein gefühlt, aber das war nichts im Vergleich zu hier, läßt ihn der kanadische Schriftsteller John Wilson in seinem Roman *North with Franklin. The Lost Journals of James Fitzjames* von 1999 notieren, und weiter: Dort hatte ich immer das Gefühl, daß es eine große Anzahl vergangener Generationen gab, von Nebukadnezar bis zu den Wüstenbewohnern von heute, die mich von den staubigen Hügeln an den Flußufern anstarrten, die einst ganz von Grün bedeckt gewesen waren und vom Lärm des Handels und der Schlachten widerhallten. Aber hier ist es anders, hier gibt es keine Echos aus der Vergangenheit, nur eine stille Fremdheit.

9

Er müsse auf jeden Fall ein Buch über die Euphrat-Expedition schreiben, drängten hochgestellte Persönlichkeiten Chesney, schon kurz nachdem er wieder zurück war, und er konnte sich diesem Wunsch nicht entziehen. Seine lebensklugen Biographinnen wissen genau, was für ein Buch das hätte sein sollen. Wenn er zunächst einfach einen allgemein verständlichen Bericht von der Expedition gegeben hätte, mit einer klaren Darlegung der gewonnenen Ergebnisse und den Vorteilen, die England von der Route zu erwarten hatte, für die er plädierte, dann würde er die Aufmerksamkeit des Publikums darauf gelenkt und vielleicht die Euphratsache für sich entschieden haben. Aber wie in allen anderen Dingen hatte Chesney auch hier seine eigenen Vorstellungen, und die trugen den Sieg davon. Er wollte nur auf dem aufbauen, was er für ein solides Fundament hielt, und während er es legte, irgendwo bei der Sintflut, verging die Zeit, neue Themen rückten in den Vordergrund, und der Euphrat war vergessen.

Man hört sie seufzen, die beiden Damen Louisa und Jane, die dann doch nicht umhinkonnten, einmal mehr die Beharrlichkeit zu bewundern, mit der Chesney viele Jahre an seinem historisch-landeskundlichen *opus magnum* über das Land an Euphrat und Tigris arbeitete. Zeitweise beschäftigt er zwei Artilleristen zum Kartenzeichnen und Kopieren, ein Bekannter muß im Britischen Museum nach den abgelegensten Belegen (abstruse references) für ihn suchen, Freunde exzerpieren Lesefrüchte, Teilnehmer der Expedition stellen ihre Tagebücher und Skizzen zur Verfügung, und auch seine nächsten Angehörigen blieben nicht verschont: Ein umfangreicher Index war für lange Zeit das *bête noire* seiner Tochter und anderer jüngerer Familienmitglieder, denen die Erlaubnis, sich den Kopf über etwas zu zerbrechen, was keine nennenswerten Ergebnisse hervorbrachte, als besondere Gunst gewährt wurde.

Immer wieder gab es lange Unterbrechungen, erst Everildas Pflege, dann einen mehrjährigen Aufenthalt in China. 1843, nach dem Ende des Opium-Krieges, schickte man Chesney als Artilleriekommandanten nach Hongkong, was wegen des höchst ungesunden Klimas als eine Art Himmelfahrtskommando galt. Betroffene quittierten oft lieber den Dienst. Aber Chesney folgte dem Befehl und überlebte, euphratfiebergestählt wie er war. China war ein Land nach seinem Herzen, die Chinesen erschienen ihm als das glücklichste Volk der Erde, weil sie immer fleißig waren und schon die kleinen Kinder mit nützlichen Tätigkeiten beschäftigt wurden. Wenn sie doch auch noch Christen wären, meinte er bedauernd und hielt Jane brieflich eine kleine Predigt zum Thema «Reisen bildet». Wer viel gesehen habe, erkenne, daß andere Nationen nicht die Barbaren seien, für die man sie halte, wenn man, verblendet durch Patriotismus und die bornierten Vorurteile einer begrenzten Erziehung, auf sie herabsehe.

1847 kam er zurück, wurde nach Irland versetzt, nahm dort seinen Wohnsitz, heiratete Louisa Fletcher und arbeitete weiter an seinem Buch. Als er den ersten Teil zu seinem Londoner Verleger bringen wollte und in der Stadt einen kurzen Zwischenbesuch einlegte, machte sich der Droschkenkutscher mit seinem ganzen Gepäck und dem sauber abgeschriebenen Manuskript davon. Sofort reiste er zurück nach Hause, raste ins Arbeitszimmer zum Papierkorb, der zu seinem Entzücken noch mit den weggeworfenen Entwürfen und Vorlagen gefüllt war. Es war seine unausgesprochene Angst gewesen, daß die Magd mit diesen nun kostbaren Relikten das Feuer angezündet hatte, das ihn bei der Rückkehr begrüßte.

Im Juli 1850 überreichte Chesney der Königin Victoria die beiden ersten Bände seines auf vier Bände angelegten Werkes. Kleidete mich an und zum Lever. Traf Estcourt und seinen Vater. Wir stellten uns an den Eingang.

Chesneys Widmung seines Buches an Königin Victoria

To the Queen.

Madam,

I most gratefully avail myself of Your Majesty's gracious permission to bring under Your Majesty's consideration the geographical and historical results of the Expedition which His Majesty, the late King William the Fourth, was pleased to intrust to my command, and which was ordered to explore the Euphrates and Tigris, with the countries adjacent to those great rivers.

The Two Volumes now humbly presented to Your Majesty contain, with a detailed account of the state of the Rivers Euphrates and Tigris, some geographical and historical notices of the countries which were the cradle of the human race, and the theatre of the most important events in the Jewish, Pagan, and early Christian histories; countries extending from the River Nile to the eastern extremity of the empire of Alexander the Great, where the many glorious achievements of Your Majesty's arms have recently terminated with the brilliant victory of Goojerat.

Gespräch über den Tod von Sir Robert Peel und die Ausstellung im Hyde Park. Überreichte kniend mein Buch und ging weiter, wobei ich mich vor Prinz Albert verbeugte, notierte er, und militärisch: Long expected operation of presenting my book to the Sovereign, which I did tolerably well, they told me.

Von alters her hat man sich auf die Geschichte berufen, um Macht(ansprüche) zu legitimieren. So auch Chesney in seiner Widmung an die Königin: Die beiden Bände, die Ihrer Majestät hiermit untertänigst vorgestellt werden, enthalten, neben einem detaillierten Bericht über die beiden Flüsse Euphrat und Tigris, einige geographische und historische Notizen vi

Many disappointments in the execution of the maps and plates, and an absence of four years on Your Majesty's service in a distant land, joined to the loss of my manuscripts after my return home, are the reasons now humbly offered in excuse for the delay which has occurred in the publication of this portion of my Work.

I have the honour to be,

Madam,

With profound respect,

Your Majesty's most humble

and devoted Servant,

F. R. Chesney,

Lieut.-Colonel commanding Royal Artillery,
Cork District.

Ballincollig, February 5, 1850.

über die Länder, die die Wiege des Menschengeschlechts waren und die Bühne der wichtigsten Ereignisse der jüdischen, heidnischen und frühchristlichen Geschichte; Länder, die sich vom Nil bis zu den östlichsten Grenzen des Reiches von Alexander dem Großen erstreckten, wo die vielen glorreichen Erfolge der Waffen Ihrer Majestät kürzlich mit dem brillanten Sieg von Goojerat endeten.

Wenn Chesney hier von einigen geographischen und historischen Notizen spricht, ist das eine maßlose Untertreibung. Die schwergewichtigen Bände der *Expedition for the Survey of the Rivers Euphrates and Tigris,* die zusammen gut 1500 Seiten umfassen, sind so etwas wie eine geistige Besitzergreifung des Gebietes, die der politischen Eroberung den Weg bereiten sollte. Der erste Band ist ein Werk selbstverleugnender Pflichterfüllung, vollgestopft mit geographischen und landeskundlichen Informationen, Tabellen, Wirtschaftsstatistiken, Listen von Beduinenstämmen, Genealogien; Wetterbeobachtungen aus Port William von Juni 1835 bis März 1836 (dieser schreckliche nasse November, much rain, rain all day, cloudy, with rain); Helfers und Ainsworth's Mitteilungen zu Naturgeschichte, Arten und lokalen Namen von Fischen, Shabbut, Rashshash, Bizz, Yahudiyah und all den anderen, Wildtieren, Vögeln und natürlich Insekten, allein hundert Arten von *Coleoptera*. Dazu viele Illustrationen nach den Skizzen der Expeditionsteilnehmer und als Krönung vierzehn große Karten von Euphrat und Tigris. Sie sind Wunderwerke an Sorgfalt, voller Details, erfahrungs- und geschichtsgesättigt, alles handvermessen und selbstgesehen: Ruinen eines römischen Bogens – weiße Klippen – ein bemerkenswerter Hügel – Ankerplatz der Schiffe – ein Dorf mit Lehmhütten: Chesneys bedeutendste, ergreifendste Hinterlassenschaft.

Der zweite Band ist ein Werk der Liebe und behandelt die Geschichte der Länder um Euphrat und Tigris, vom Paradies bis zum russischen Krieg von 1828/29, mit dem Schwerpunkt auf den Schlachten und Feldzügen der antiken Eroberer. Dazu ein historischer Abriß der europäisch-asiatischen Beziehungen, Kapitel über Literatur und Kunst des Ostens, über Handel, Architektur und, wofür sich Chesney besonders interessierte, über Schiffe und hydraulische Anlagen im Osten. Für all das sind 700 Seiten dann wieder sehr wenig.

Ob das Ganze jemals irgend jemand gelesen hat? Chesneys Biographinnen berichten, daß ein um eine Rezension gebetener Gelehrter entsetzt ablehnte: I'll be hanged if I review Johnson's Dictionary! Gelobt wurde es sehr, unter anderem von Alexander von Humboldt, der einen überaus höflichen französischen Brief schrieb: Möge dieses aufrichtige und freundschaftliche Zeugnis eines Mannes, der den Orinoco und die Steppen des nördlichen Asien bereist hat, von Monsieur le Colonel Chesney mit wohlwollender Nachsicht aufgenommen werden; möchte es Ihnen, verehrter Herr, gelingen, mit Ihrem bedeutsamen Werk fortzufahren und bald die Veröffentlichung einer Expedition zu vollenden, deren Früchte Sie in einer so immensen und unerwarteten Weise vergrößert haben. Verdient hat Chesney nichts an dieser Arbeit, im Gegenteil, er hat in das Projekt nach seiner Rechnung genau 5652 Pfund aus dem eigenen Vermögen investiert.

Erst 1858 wurden sie ihm zurückerstattet, nachdem sich Prinz Albert persönlich dafür eingesetzt hatte.

Die beiden letzten Bände wurden nicht geschrieben. Dafür verfaßte Chesney Jahre später eher unlustig den Expeditionsbericht, den man eigentlich sofort von ihm erwartet hatte – oder doch so etwas Ähnliches, denn auch die 1868 erschienene *Narrative of the Euphrates Expedition* ist nicht gerade ein Reißer.

10

Wer interessiert sich heute noch für die Schlachten von vorgestern? Es gibt vermutlich auch in England nicht mehr sehr viele Menschen, die wissen, wo und wann und gegen wen die Schlacht von Goojerat gewonnen wurde (in Nordwestindien, am 21.Oktober 1849, im zweiten Krieg gegen aufständische Sikhs). Und selbst beim Namen Balaclava denken jedenfalls die Jüngeren wohl zunächst an die für Bankräuber und Alaskareisende unentbehrliche helmartige Vermummung mit Augenschlitz – das jedenfalls läßt das Riesenangebot im Internet vermuten, das vom *highly practical piece of kit* aus bester Wolle bis zur *erotic gag leather mask* reicht und Handarbeitsanleitungen für Räuberbräute einschließt – und nicht an den Schlachtenort in der Krim, wo dieses Kleidungsstück angeblich für frierende englische Soldaten erfunden wurde. Auch der *Cardigan* und die *Raglan*-Ärmel (eines Mantels) erinnern mit den Namen zweier Kommandanten an den Krimkrieg und die Härte des russischen Winters.

Balaclava war seinerzeit berühmt durch ein Desaster, das die «Leichte Brigade» der Engländer am 25.Oktober 1854 ereilte, und dann durch ein Gedicht von Alfred Tennyson *(The Charge of the Light Brigade)*, das früher in keiner Anthologie englischer Lyrik fehlen durfte:

«Forward, the Light Brigade!»
Was there a man dismay'd?
Not tho' the soldier knew
Some one had blunder'd:
Their's not to make reply,
Their's not to reason why,
Their's but to do & die:
Into the valley of Death
Rode the six hundred.

Woran hatte es gelegen? Sicher ist, daß ein unklarer, falsch verstandener und über mehrere Stationen weitergegebener Befehl des Oberbefehlshabers Lord Raglan und der Übereifer eines Offiziers die Leichte Brigade ins Unglück (das feindliche Feuer) trieben. Eine unheilvolle Verkettung von Mißverständnissen, die Schuld untergeordneter Offiziere – so die traditionelle patriotische Lesart –? Oder eines der größten *military blunders* aller Zeiten, für das der unfähige Kommandant die Verantwortung trägt? Das meint Saul Davids in einem unlängst erschienenen Buch. Er stellt Lord Raglan an die Seite von «Versagern» wie dem Generalmajor William Elphinstone, der 1842 den Rückzug der Engländer aus Kabul befehligte. Mehr als zehntausend Menschen kamen dabei um. Für Elphinstone spreche nur (so Davids), daß er selbst vor seiner Ernennung erklärt habe, er sei der ihm zugewiesenen Aufgabe nicht gewachsen, und nur auf Druck eines gewissen Lord Somerset dann doch ernannt worden sei. Dieser Somerset erhielt später den Titel Baron Raglan.

Der Schatten von Balaclava fiel auch auf Raglans fast sämtlich völlig unerfahrene Divisionskommandanten und Stabsoffiziere. Einer von ihnen war sein Generaladjutant James Bucknall Bucknall-Estcourt, der an diesem 25. Oktober neben seinem Förderer und Freund Raglan von einer Anhöhe aus die Schlacht verfolgte. Es war sein erster Einsatz im Feld überhaupt, nachdem er 1843 auf halben Sold gesetzt worden war und den aktiven Dienst verlassen hatte. Später war er einige Zeit mit einer Grenzziehungskommission in Amerika, von 1848 bis 1852 Parlamentsabgeordneter.

So glanzlos hatte sich Estcourt sein Leben sicher nicht vorgestellt, als er von Euphrat und Tigris zurückkam. Der Krimkrieg mag seine letzte Hoffnung auf Ruhm gewesen sein. Tatsächlich bescherte er ihm zunächst einen bemerkenswert schnellen Aufstieg bis zum *Major General*. Dann kamen die Vorwürfe gegen Lord Raglan und seinen Stab, die im Winter 1854/55 in der englischen Öffentlichkeit heftig diskutiert wurden.

Man war über die Ereignisse gut informiert, denn erstmals in einem Krieg war die Presse vor Ort, vertreten durch den *Times*-Korrespondenten William Howard Russell, der den Engländern und der Welt das Elend der britischen Soldaten und die Unfähigkeit der kriegführenden Mächte – Türkei, England und Frankreich gegen Rußland – eloquent vor Augen stellte. Ein verdienstvolles und doch auch sehr problematisches Unterfangen, wie wir heute besser wissen denn je.

Journalismus ist eine merkwürdige Kunst, reflektiert A.N. Wilson 2002 in seinem Geschichtspanorama über die *Victorians.* Russell wollte die Wahrheit verkaufen, aber er wollte auch eine Geschichte erzählen, und eine Geschichte, in der es ums Kämpfen geht, braucht Helden. Das Publikum verlangte es. Seit den Anfängen der europäischen Literatur konnten Rückschläge und Niederlagen ebenso wie Siege Heldenstatus verschaffen. Großbritannien war seit 40 Jahren in keinem europäischen Krieg mehr gewesen, und in der *Times* fanden die Leser jeden Morgen eine moderne Iliade. Anders als die Napoleonischen Kriege spielte sie sich in sicherer Entfernung ab. Jeder war davon gefesselt. Wenn auch eine von Seuchen heimgesuchte Armee, die von Whiskey trinkenden, flaschennasigen alten Lüstlingen angeführt wurde, kein geeigneter Stoff für heroische Literatur war – das Publikum war bereit, das, was er bot, anzuhören.

Historiker meinen, es sei vermutlich auch die Presse gewesen, die durch das Anheizen von patriotischem Kampfeseifer und paranoider *Russophobia* einen Krieg mit erzeugt hatte, für den es eigentlich keinen vernünftigen, keinen einsichtigen Grund gab. Habe noch nie einen solchen Enthusiasmus bei der Masse erlebt, notiert damals Thomas Carlyle in sein Tagebuch. Ich stehe dem allen kalt wie ein Stein gegenüber. Es ist das faule Volk der Verleger etc., dem England das zu verdanken hat.

Einen miserabel vorbereiteten Krieg nämlich, in dem schlecht ausgerüstete Soldaten in den russischen Winter geschickt wurden und Tausende an Seuchen und Krankheiten starben. Zunächst hatte es nicht einmal Lazarette gegeben. Florence Nightingale und ihre Helferinnen sind die wahren Heldinnen des Krimkrieges. Der liebenswürdige, allseits beliebte Offizier James Estcourt fiel im Juni 1855 der Cholera zum Opfer. Seine Frau Caroline war bei ihm, als er starb.

II

Are these/Your modern triumphs? Jove preserve me from them! 1861, in seinem 76. Lebensjahr, veröffentlicht Thomas Love Peacock mit *Gryll Grange* noch einmal einen «Roman». Es ist seine mit wunderlichen Altmännerphantasien verwobene Abschiedsvorstellung als Kabarettist, in der er, einst der Vater einer Dampferflotte eiserner Hühnchen, abrechnet mit seiner Zeit, ihrer steam-nursed, steam-borne, steam-killed, / And gas-enlightened race und ihrem verblendeten Wissenschafts- und Fortschrittsglauben:

Wissenschaft ist eine Sache und Weisheit eine andere. Wissenschaft ist eine scharfe Waffe, mit der Männer spielen wie Kinder und sich dabei in die Finger schneiden. Schauen Sie sich an, was uns die Wissenschaft gebracht hat! Sie werden erkennen, daß sie fast zur Gänze aus unheilstiftenden Bestandteilen besteht. Wieviel davon steckt allein im Wort Explosion, von dem die Alten nichts wußten. Explosionen von Pulvermühlen und Pulvermagazinen; von Kohlegas in Minen und Häusern; von Hochdruckmaschinen in Schiffen und Fabriken. Betrachten Sie die komplizierten Verbesserungen bei den Vernichtungsmitteln, Revolvern und Gewehren und Granaten und Raketen und Kanonen. Betrachten Sie die Zusammenstöße und die Schiffbrüche und alle Arten von Katastrophen, zu Wasser und zu Lande, an denen hauptsächlich die wahnwitzige Sucht nach Geschwindigkeit schuld ist. Betrachten Sie unsere wissenschaftlichen Abwasseranlagen, die Abfall in Gift verwandeln. Betrachten Sie die Londoner Erde, die durch ausgetretenes Gas in eine schwarze, verseuchte Masse verwandelt wird, in der nichts wächst und gedeiht und auf der kein Lebewesen mehr ungestraft atmen können wird. Der Tag wäre zu kurz, wollte ich all die Übel aufzählen, die die Wissenschaft der Menschheit angetan hat. Ich glaube fast, daß es das Schicksal der Wissenschaft sein wird, das Menschengeschlecht zu zerstören.

Nachdem er aus dem Dienst bei der «East India Company» ausgeschieden war, lebte Peacock als Witwer zurückgezogen auf seinem Landsitz bei London. Das Foto zeigt einen kräftigen alten Herrn mit schlohweißer Haarmähne und trotzig-skeptischem Gesichtsausdruck, gewappnet gegen alle Störenfriede dieser Welt. Den Tag verbrachte er in seiner Bibliothek oder draußen im Park und am Fluß. Er liebte es, wenn seine Töchter bei ihm waren – the great blessing of old age is a daughter, heißt es in *Gryll Grange* –, freute sich an seinen Enkeln, kümmerte sich um seine Tiere, Katzen, Hunde, die Vögel im Park, and no gun was ever allowed to be fired about the place. Besucher wies er fast immer ab, sein einziger Freund war bis zuletzt Sir John Hobhouse, mit dem er einen gelehrten Briefwechsel führte. Ärger jeglicher Art wurde ihm zunehmend unerträglich, er ließ ihn nicht an sich herankommen, wendete ihm den Rücken zu, flüchtete sich zu den geliebten «Alten» nach Griechenland und Rom und nostalgisch in die Vergangenheit von *merry old England*, dessen Traditionen von ihm hochgehalten wurden.

May-day beging er immer nach alter englischer Sitte, erinnert sich eine Enkelin. Alle Kinder des Dorfes kamen mit ihren Blumengirlanden, und jedes Kind bekam einen neuen Penny oder ein silbernes Threepenny- oder

Fourpenny-Stück, entsprechend der Schönheit seiner Girlanden. Das Geld teilte die Maikönigin aus, immer eine seiner erwachsenen Töchter, die weißgekleidet und mit Blumenkrone und Blumenszepter in der Hand neben ihm saß.

Mit großer Heiterkeit beteiligte er sich bei unseren Spielen im Garten; im Haus waren wir oft zu laut, und er haßte Lärm. Gegen Ende seines Lebens wurde er sehr niedergeschlagen. Der Tod zweier Töchter war ein entsetzlicher Schmerz für ihn, und kurz vor seinem eigenen Tod erschütterte ihn ein Feuer, das im Dach über seinem Schlafzimmer ausbrach. Man brachte ihn in die Bibliothek, die von der Gefahr und vom Wasser entfernt lag. Eine Zeit lang befürchtete man, daß das Feuer sich ausbreiten würde und man ihn in eines der Häuser in der Nachbarschaft bringen müsse, aber er lehnte es strikt ab, sich von der Stelle zu bewegen. Der Geistliche, der freundlicherweise kam, um meinen Großvater zu bitten, in seinem Hause Schutz zu suchen, wurde unerwartet grob empfangen, denn als Antwort auf die Einladung rief mein Großvater mit großer Heftigkeit aus: «Bei den unsterblichen Göttern, ich werde mich nicht fortbewegen!»

Er wollte seine Bücher nicht verlassen, und glücklicherweise ging die Gefahr vorbei. Von diesem Feuer erholte er sich nicht mehr; er war den ganzen Winter über schwach und leidend, und seitdem verließ er das Bett kaum noch; er starb nach ein paar Wochen, in seinem 81.Jahr.

Das war am 23.Januar 1866.

12

Ich fürchte, wir leben in einer Welt falscher Bezeichnungen, stellt Peacocks Mr.Gryll gleich zu Beginn des nach ihm benannten Romans fest. Daß Jerusalem-Artischocken weder etwas mit Artischocken noch mit Jerusalem zu tun haben, ist ja noch harmlos. Seine anderen Beispiele für misnomers aber erinnern an die Sprachregelungen in Orwells *1984*. Eine Bande betrügerischer Bankiers ist eine «angesehene alte Firma», Männer, die ihre Stimmen dem Meistbietenden verkaufen, sind ein «freier, unabhängiger Wahlkreis», ein Mann, der fortwährend jeden verrät, der ihm vertraut, und all seine erklärten Prinzipien aufgibt, ist ein «großer Staatsmann», das Verschlingen (und nicht das Verdauen) heißt «intellektuelle Fähigkeit», die Kunst, alles zu lehren, nur nicht das, was dem Lernenden nützt, heißt «nationale Erziehung», und eine Änderung zum Schlimmeren bezeichnet man als «Reform».

Was Reformen anlangt, wäre Gräfin Pauline Nostitz sicher nicht ganz so pessimistisch gewesen wie Peacock. Den revolutionären Geist von 1848 aber nannte sie eine Seuche, die Länder Europas mit giftigem Hauche überziehend. Ihr Mann war deswegen ganz verbittert, und das Ehepaar zog sich aufs Land zurück. Graf Nostitz kaufte ein Gut im ungarischen Banat, das Pauline verwaltete, während er las und die Sterne betrachtete. Ihr ehrgeiziges Bemühen, das Vertrauen ihres Mannes durch glänzende Erfolge zu rechtfertigen und überdies zum Aufschwung der ungarischen Landwirtschaft beizutragen, trug ihr einen Staatspreis sowie Medaillen und Diplome für ihren vorzüglichen Tabak ein. In den Wintermonaten schrieb sie an *Helfer's Reisen.*

Nach dem Tod des Grafen im Jahre 1871 kehrte Pauline nach Deutschland zurück, besuchte ihre Geschwister und bereitete die Veröffentlichung ihres Buches vor. Sie habe ihrem ersten Mann damit ein ehrendes Denkmal setzen wollen, sagt sie im Vorwort, aber die eigentliche Heldin der Erzählung ist sie selbst: Pauline reist.

Das Interesse des zeitgenössischen Lesepublikums an ihr und ihren weiteren Schicksalen war so groß, daß sie sich veranlaßt sah, ihre Zurückhaltung aufzugeben und einen Anhang über ihre *Erlebnisse und Erinnerungen nach Helfer's Tode* nachzuschicken.

Doch Reiseliteratur wurde und wird in Deutschland, anders als in England mit seiner großen kolonialen Vergangenheit, geringgeschätzt, und Paulines Buch war bald vergessen. Der wohl einzige Versuch, die *Erlebnisse der Freiin Pauline Desgranges* später noch einmal in Deutschland bekannt zu machen, erschien 1928, zusammen mit einer anderen Erzählung, unter dem Titel *Deutsche Frauen über Meer* in «Thienemanns illustrierten Zwei-Mark-Büchern» für Mädchen.

Das Buch stammte von der Journalistin und Schriftstellerin Helene Raff, der 1865 geborenen einzigen Tochter des Komponisten Joachim Raff, dem sie eine vorzügliche Biographie gewidmet hat. Ihre Nacherzählung von *Helfer's Reisen,* die Paulines rund 700 Seiten zu 60 verkürzt und verdünnt, wäre allerdings kaum der Erwähnung wert, wenn Helene Raff sie nicht mit persönlichen Erinnerungen an die Gräfin Nostitz gerahmt hätte, die sie uns lebendig vor Augen stellen:

Als Kind in meinem Elternhaus zu Wiesbaden sah ich eines Tages bei meiner Mutter im Besuchszimmer eine hochgewachsene Frauengestalt, alt aber ungebeugt, junge Feueraugen in einem klugen, scharfgeschnittenen, ehemals wohl sehr schön gewesenen Gesicht. Ich hörte, daß man sie Frau Gräfin anredete. Als sie gegangen war und ich nach ihr fragte, sagte mir meine Mutter, daß ich mir die Frau Gräfin Nostitz nur gut ansehen und merken sollte, denn das sei eine ganz außergewöhnliche Frau, die um die ganze Welt gesegelt sei. Das umgab mir die alte Dame mit einer Art von abenteuerlichem Reiz. Ich hörte gesprächsweise, daß meine Eltern ihre Bekanntschaft im Hause des Naturforschers Schleiden gemacht hatten, und sie nach einer Weile der Unterhaltung beiden kurzweg erklärt hatte: «Hören Sie, Sie gefallen mir, ich werde Sie besuchen.» So drollig das klang, es paßte zu dem Herrscherhaften, das sich im ganzen Wesen dieser kühn blickenden, innerlich jung gebliebenen Frau ausprägte.

Heute, wo die Grenzen weiblicher Wirksamkeit und Beweglichkeit so sehr erweitert sind, hätte eine Erscheinung wie die der Gräfin Nostitz nichts gar zu Seltsames. Für die damalige Zeit, denn sie war am 31. Mai des Jahres 1802 geboren, war sie eine große Merkwürdigkeit.

Die letzten Jahre ihres Lebens verbrachte Pauline in Meran-Obermais, wo sie 1878 eine ziemlich verfallene Villa kaufte, nach eigenen Plänen umbauen ließ und nicht sonderlich fantasievoll «Abendheim» nannte, auf Vorschlag eines Altersfreundes und Nachbarn, des morphiumsüchtigen Schriftstellers Oskar v. Redwitz. Jeden Donnerstag abend empfing sie dort, was in Meran und seiner Nähe gerade an geistigen und künstlerischen Capazitäten sich zusammengefunden hatte. Als Helene Raff und ihre Mutter kurz nach Paulines Tod, dem 9. Juli 1881, ihre letzte Wohnstätte besuchten, wurde ihnen berichtet, daß sie in der Zeit vor ihrem Ende von einer furchtbaren Unrast befallen worden sei; vielleicht war es das Leben, das dem herannahenden Tod zu entfliehen suchte, vielleicht ein letztes Aufflackern des alten mächtigen Wandertriebes. Sie hatte schwer zu kämpfen, bis der prachtvoll gebaute Körper erlag und das starke Herz für immer stillestand. Auf dem alten protestantischen Friedhof hinter der Obermaiser Kirche schläft die Weltfahrerin, Pauline Desgranges, ihren letzten Schlaf.

13

Let plachého čaroděje – Der Flug des scheuen (schüchternen) Zauberers nannte der Prager Journalist und Filmemacher Otto Janka eine 1989 erschienene Erzählung, die sich ebenfalls an junge Leser wendet und nun wirklich Dr. Jan Vilém Helfer in den Mittelpunkt rückt.

Janka, der 1973 und 1977 mit Forschern des Prager Nationalmuseums an zwei großen wissenschaftlichen Expeditionen in den Iran teilnahm, war bei vorbereitenden Recherchen in der entomologischen Abteilung des Museums auf eine Publikation über Helfer gestoßen und verschaffte sich danach, neugierig geworden, diese zwei alten, in Fraktur gedruckten, hoffnungslos in Vergessenheit geratenen Bücher von dessen Witwe. Als er sich dann in den heißen Wüsten und Gebirgen des Iran befand, sei Helfer die ganze Zeit über in seinen Gedanken gewesen, sagt er, und er habe angefangen, ihn zu bewundern und gern zu haben.

Ständig tauchte Helfers Geschichte vor meinem geistigen Auge auf. Die Lebensbedingungen auf den Expeditionen waren wirklich hart. Wie hart müssen sie 150 Jahre früher gewesen sein! Wochenlang herrschte eine Wahnsinnshitze, und wir tranken nur widerliches lauwarmes, trübes, bitteres Wasser, aber dann kamen wir in eine Oase, und dort stand ein Kühlschrank. Oder sogar in eine Gastwirtschaft, wo man Suppe verkaufte, auf der Eisstücke schwammen. Zwar waren wir auch auf Kamelen in den Bergen unterwegs, hatten aber meist einen Geländewagen zur Verfügung, mit dem man fast überallhin gelangen konnte. Später besuchte ich noch Indien und hatte dort auch die Möglichkeit, jene Gegenden kennenzulernen, in denen Helfer gewesen war. Mir kam es seltsam vor, daß uns sein Name heute fast nichts mehr sagt.

Daran hat natürlich auch Jankas *hommage* an Helfer nichts geändert, der bei ihm die Heldenrolle spielen darf, um die ihn Pauline gewissermaßen betrogen hatte. Zum Inhalt des Kapitels *Der Dolch für die Reise* beispielsweise notierte Jan-Peter Abraham, der Jankas Erzählung für mich gelesen und zum Teil übersetzt hat: «Gerechtigkeitssinn und kriminalistisches Talent Helfers; tritt für zwei Besatzungsmitglieder ein, die wegen angeblichen Diebstahls ausgepeitscht werden sollen, überführt dann noch den tatsächlichen Dieb, welcher zuvor bereits die Hühner geklaut hatte, die eigentlich als Proviant für Helfer und Pauline gedacht waren.» Und zum Kapitel *Vier Kamele für eine Frau*: «Helfer und Pauline sammeln, präparieren nötige Gerätschaften, auf einem Rundgang Bekanntschaft mit Scheich Mohammed Nabiga, der lockt sie in seinen Palast, möchte Pauline als Frau kaufen, Flucht Helfer und Pauline, werden vom Scheich verfolgt, der aber im bekifften Zustand, stürzt in Schlucht, überlebt verletzt, Helfer gehorcht nichtsdestoweniger seinem ärztlichen Eid» – er war Arzt und hatte vor sechs Jahren geschworen, unter jeglichen Umständen das zu tun, wozu er sich nun anschickte. Dort unten auf dem Grund der Schlucht lag jetzt nicht mehr ein Scheich, der ihn verfolgt hatte, sondern ein Mensch, der seine Hilfe brauchte.

Bei Janka opfert sich Helfer der Wissenschaft auf, die seine Berufung ist, und seine treue Pauline (Pavla) opfert sich für ihn auf. Sie nennt ihn immer nur «Fin», also Finne, eine Anspielung auf abergläubische Vorstellungen von Seeleuten, nach denen Finnen rätselhaft und mit übernatürlichen Fähigkeiten begabt waren. So wird selbst das Präparieren von Insekten zum magischen Akt:

Antonio beobachtete Fin wie verzaubert. Dieser hatte im Garten aus Holzkohle ein kleines Feuer entfacht, und in dem Rauch betäubte er die gesammelten Käfer und Wanzen. Mit dem Turban auf dem Kopf und dem in das Feuer vertieften Blick sah er aus wie ein Zauberer. Er schwieg. Das, was er gelegentlich sagte, war für Antonio ohnehin unverständlich.

«Blaps mortisaga.»

Oder: «Laemostemus piciornis.»

Und wieder schwieg Fin. Der dünne Rauch umkräuselte ihn.

Dann schrieb er mit unwahrscheinlich kleinen Buchstaben auf rechteckige Zettel die «Lokalität», also den Ort, wo er das jeweilige Insekt gefangen hatte.

Und wieder zauberte er am Feuer, über dem ein alter Topf hing, in dem er weißes Harz, Wachs, Talk und Terpentin auflöste. Dieser seltsame Brei, den er da zubereitete, durfte nicht überkochen, aber alles, was er hineingab – zehn Teile Harz, sechs Teile Wachs, zwei Teile Talk und ein Teil Terpentin –, mußte sich gänzlich in ihm auflösen …

14

Das Schönste an Chesneys schlichtem Familiensitz Packolet bei Kilkeel im irischen County Down war (und ist) seine Lage. Nach Westen, vom Salon aus, ein wunderbarer Blick über den Lough Carlingford, einen Meeresarm, zum Berg Slieve Foy, und im Osten das Naturtheater der Mourne Mountains: Ihre verschiedenen Gipfel und Kämme und die fortwährend wechselnden Wirkungen von Licht und Schatten, Sonnenschein und Sturm, Nebel und Schnee waren eine unerschöpfliche Quelle des Entzückens, schreibt die tapfere Louisa Chesney, die ihrem im Alter schon ziemlich vorgerückten Ehemann fünf Kinder gebar und sogar zuließ, daß die einzige Tochter Everilda getauft wurde. Sie nannte das Leben in ihrem großen Haushalt, zu dem viele Hunde, außerdem Pferde, Ziegen, Esel und eine Katze gehörten, glücklich, doch natürlich gab es Wermutstropfen, Chesneys Glauben an die heilsamen Wirkungen der Prügelstrafe zum Beispiel und daß er eben so war, wie er war, starrsinnig, hitzig und geschlagen mit einem skrupulösen Gewissen. Das verbot ihm zum Beispiel, am heilig gehaltenen Sonntag vor der Kirche die Zeitungen mit den neuesten Berichten vom Krimkrieg zu lesen, an dem man ihn nicht hatte teilnehmen lassen. Aber die Neugier war dann doch zu groß, und im Tagebuch ging er deswegen mit sich ins Gericht.

Seine Rastlosigkeit trieb ihn zu immer neuen Aktivitäten und zu dem Projekt, das seine späten Jahre dominierte: die Wiederbelebung der Euphrat-Frage unter neuem Vorzeichen. Wenn es mit Dampfschiffen nicht geklappt hatte, dann vielleicht mit Eisenbahnen? Jede Woche wurden irgendwo neue Strecken eröffnet, warum sollte es nicht auch eine Euphrat-Bahn geben? Für diesen Plan gab es viele Mitstreiter, unter ihnen auch Ainsworth und Lieutenant Lynch. Eine «Euphrates Railway Company» wurde gegründet. Chesney arbeitete mit an der Planung der Streckenführung – vom Mittelmeer bis zum Persischen Golf –, verfaßte Denkschriften, warb um die Unterstützung der Regierung, unternahm eine lange Erkundungsreise. In der entscheidenden Parlamentsdebatte aber wurde das Projekt abgeschmettert (französische Intrigen?), ein paar Jahre später erneut aufgenommen, dann wieder fallengelassen. Das letzte Kapitel von Chesneys Biographie protokolliert: Foreign influences still bar the project. – Declining strength. – The everlasting gates are opened. Letzteres geschah am 30. Januar 1872. Chesney mußte nicht viel leiden während seiner letzten Krankheit. Kaum Schmerzen, nur große Schwäche und bisweilen Unruhe.

15

Das Projekt der Euphrat-Bahn hat ihn überlebt. Fast drei Jahrzehnte später wurde es in modifizierter Form ausgerechnet von Deutschland konkret in Angriff genommen. Der Vertrag über den Bau einer «Bagdadlinie» zwischen der türkischen Regierung und der «Anatolischen Eisenbahngesellschaft», hinter der die Deutsche Bank stand, ist auf den 16. Januar 1902 datiert. Im Vorfeld waren hohe Bestechungsgelder in die Türkei geflossen. Für eine Weltmachtspolitik, den «Platz an der Sonne» anstrebend, kam das Schlagwort ‹Berlin – Bagdad› gerade recht, kommentiert Till Bastian in einem 100 Jahre nach dem Vertragsabschluß erschienenen Gedenkartikel und zitiert aus den *Alldeutschen Blättern:* Also Volldampf vorwärts nach dem Euphrat und Tigris und nach dem Persischen Meer und damit der Landweg nach Persien wieder in die Hände, in die er allein gehört, in die kampf- und arbeitsfreudigen deutschen Hände.

Die Engländer waren da natürlich anderer Meinung. Der Herausgeber des *Life of the Late General Chesney* wies in seinem Vorwort verbittert darauf hin, wie ungemein wichtig und nützlich der Bau der Euphrat-Bahn für England gewesen wäre (English supremacy ... a gradual process of civilization ... extended commerce) und wie leicht zu realisieren, wenn sich nicht fremde Mächte dagegengestellt hätten.

Widerstand kam auch von der «Euphrates and Tigris Steam Navigation Company». Harry Graf Kessler traf mit ihrem Leiter, seinem entfernten Cousin Henry Finnis Blosse Lynch, im August 1905 in London zu einem Gespräch zusammen, um ihn für eine deutsch-britische Zusammenarbeit am Bahn-Projekt zu gewinnen. In seinem Tagebuch vermerkte er danach, Lynch sei geneigt, ein Übereinkommen mit Deutschland und der Deutschen Bank zu befürworten, wenn in Mesopotamien von Aintab an das Englische Kapital in der Majorität ist; dagegen solle England Kleinasien ganz wirtschaftlich und politisch Deutschland überlassen. Wenn Deutschland ohne englisches Kapital die Bahn durch Mesopotamien baue, dann komme es unfehlbar zum Kriege, selbst wenn das Foreign Office dem zunächst zustimme. Denn hier seien vitale Interessen Englands im Spiel, die sich früher oder später durch Waffengewalt Geltung verschaffen müßten.

Deutschland hat dann doch ohne englische Beteiligung mit dem Bau der Bagdad-Bahn begonnen; zu den Gründen für den Ersten Weltkrieg gehörte das nicht. Das Land an Euphrat und Tigris sah wieder einmal blutige Schlachten, und seine Wüsten wurden zum Hauptschauplatz des türkischen Völkermordes an den Armeniern. Nach dem Zusammenbruch des Osmanischen Reiches agierte Großbritannien als Mandatsmacht im neu geschaffenen Staat Irak und gab ihm einen König, Faisal, dessen Vater die Engländer im Kampf gegen die Türken unterstützt hatte. We have had a terrific week, but we've got our king crowned, schrieb im August 1921 Gertrud Bell, die bei der sogenannten Neuordnung des Mittleren Ostens neben dem berühmten Lawrence of Arabia eine maßgebende Rolle gespielt hat. Dabei sah sie sich, wie seinerzeit Lady Hester Stanhope, auch in der

Nachfolge der Königin Zenobia. Eine ihr gewidmete Biographie trägt den Titel *Desert Queen.*

16

Ich entdeckte das Buch auf einem der «orientalischen Tische», wie sie in vielen Buchhandlungen nach dem 11.September eingerichtet worden waren. Afghanistan und Bin Laden, der Koran, Geschichten des Islam, Naipauls *Among Believers,* Saids *Orientalism,* immer noch und wieder Konzelmann und Scholl-Latour und Schimmel. Vermutlich hatte es als unerwünschte Gabe viele Monate im Keller gelegen und war nun aus aktuellem Anlaß ans Licht geholt worden. Es hieß *Zenobia. The Queen of Palmyra,* der Verfasser war ein syrischer General namens Moustafa Tlass.

Eine alte Geschichte ... Eine alte Geschichte? Geschichte? Für General Tlass war sie taufrisch. Seine Vorstellungen vom Gang der Geschichte faßt er in die einer Übersetzung widerstrebende Formulierung: History ruminates its experiences in frequent advanced circles in one way or another. Und in seiner Einleitung kommt er schwungvoll, in krauser Logik und gewagter Metaphorik umstandslos zur Sache: Palmyra lebte lange Zeit im Busen der syrischen Wüste. Ihr Stern erschien und leuchtete in den zwei Jahrzehnten nach der Mitte des dritten Jahrhunderts. Das verband sich mit Odonait und seinen Blutsverwandten und mit der Königin Zenobia. Dann kamen die Legionen der barbarischen römischen Invasionen und zerstörten die Hauptstadt der Wüste und nahmen seine Königin gefangen.

Rom dachte, daß die Geschichte sein abscheuliches Verbrechen hinter einem Vorhang der Geheimhaltung verbergen würde, aber die Geschichte ist in ihrer Weisheit und Würde bereit, sich jedem wahrheitsdurstigen Forscher zu erschließen. So fielen die Schleier von ihr ab und offenbarten sie, und der Vorhang fiel vom hohen Turm in den Sand der Wüste, und die Fäden der Katastrophe, die Palmyra und ihre Königin in ihren letzten Tagen erlitten, sind enthüllt.

Das Römische Reich erschien nun unverschleiert und ohne rhetorischen Schmuck, der die Schrecken römischer Kolonisierung und ihrer Verbrechen gegen Zivilisationen und gegen die ganze Menschheit verdeckt hätte.

General Tlass versichert, daß die Erinnerung an Zenobia im syrischen Volk über die Jahrhunderte hinweg lebendig geblieben sei. Dazu tragen heute auch die 500-Pfund-Banknoten bei, die mit dem Porträt der fabelhaften Königin bedruckt sind.

17

Die für 2003 geplante Reise war wegen des Irak-Krieges abgesagt worden, aber im Frühjahr 2004 bin ich dann nach Syrien gefahren, eine ganz normale, wenig abenteuerliche, gut organisierte Gruppenreise, die zu den allerberühmtesten Städten und Sehenswürdigkeiten dieses an Altertümern so reichen Landes führte, Palmyra, Damaskus, Kreuzritterburgen, Ausgrabungsstätten. Für mich lebte es durch die Erzählungen der Euphrat-Reisenden, mit denen ich schon so viel Zeit verbracht hatte.

In Latakia gab es wieder Franziskanermönche, wenn auch in einem neuen Kloster, das alte Gemäuer, in dem Padre Antonio die Helfers gastlich aufgenommen hatte, war abgerissen worden.

Der moderne Ibrahim Pascha hieß Assad und war als *big brother* in wechselnden Posen auf Denkmälern, Mosaiken, Bildern, Plakaten allgegenwärtig.

Wir kurvten mit dem Bus durch die Karstlandschaft der «toten Städte», aber sonst schien alles wie vor 130 Jahren, als Ainsworth hier unterwegs war. Rote Erde, grauer Stein, windschiefe Bäume, in den Ruinen manchmal Hirten mit ihren Ziegen. In der grauen Stadt Aleppo streiften wir durch den labyrinthischen Bazar mit seinem bunten Warenangebot, Teppiche, Schmuck, Gewürze, Seifen, Bauchtanzkostüme, orientalische Reizwäsche (rot, mit goldenem Herzchenmuster), Büstenhalter wie Panzer, fliegenbesetzte Hammelkadaver, die rot oder schwarz gemusterten Kopftücher der Männer. Wir stiegen zur mächtigen, mit Gräben, Toren, Verteidigungsringen, Schießscharten, Pechnasen etc. «bis zum geht nicht mehr» (ein Lieblingsausdruck unseres Führers) gesicherten Zitadelle hoch. Fuhren stundenlang durch eine öde, von schwarzen Plastiktüten durchwehte Wüstenlandschaft. Es gab ziemlich viele schwarz verschleierte Frauen, ihre Zahl nehme zu, hörten wir. Beduinen spielten für Touristen Beduinen und servierten in einem großen Zelt ein Abendessen mit saurer Milch, gebratenem Hammel und Pilaw, allerdings gab es Messer und Gabel. Es war empfindlich kalt, und wir flüchteten bald nach draußen, wo ein großes Feuer brannte.

Am Spätnachmittag des vierten oder fünften Tages stiegen wir hoch zu den Ruinen von Zenobias «Sommerpalast», ihrer Festung Halabiyah, und am Abend übernachteten wir bei Deir ez-Zor am Euphrat, also nicht sehr weit entfernt von dem Ort, wo die Tigris unterging, in einem ziemlich luxuriös tuenden Hotel, where you can rub shoulders with foreign oil-company employees, wie mein *Lonely Planet Guide* versprach oder warnte. Zum ersten und einzigen Mal auf unserer syrischen Reise war das Essen schlecht, aber das war an diesem Tag unwichtig, ich hatte ein Zimmer mit Blick auf den breiten Fluß, der in klarem Grünblau unter mir lag. Nachts kam mir selbst das laute Quaken der Euphratfrösche romantisch vor, und früh am nächsten Morgen stand ich dann wieder am Fenster und sah zu, wie der Fluß immer heller wurde und im Licht der Morgensonne rosig schimmerte. *Hinc movet Euphrates!* Die Phantasie des Reisenden ist dem Euphrat eben tributpflichtig, wie Gertrude Bell es ausgedrückt hat.

18

Wenn sich Fitzjames und Charlewood später trafen, wärmten sie stundenlang Erinnerungen auf.

«Weißt du noch, wie wir den Kessel über den Hügel der Schwierigkeiten ...»

«Hügel!!! Schwierigkeiten!!!»

«Die anmutige Madame Helfer?»

«Ich fürchte, ich habe mich ziemlich wenig um sie gekümmert», sagt Charlewood, «aber es gab ja genügend andere, die ihr den Hof gemacht haben.»

«Meinst du den Araber, der sie uns fast davongeschleppt hätte?»

«Ich hör sie noch schreien ...»

«Ein Löwe!!!»

«Komisch, immerfort hatte sie Hunger.»

«Anders als der Chef!»

«Warst du eigentlich dabei, wie er mit dem Kopf durch die Wand ...»

«... mit dem Schiff durch die Mauer wollte ...»

«Ich vermisse den Sternenhimmel.»

«Datteln.»

«Kamele?»

ANHANG IV

Vorwort, nachgestellt

Im Frühjahr 1836 fuhren zwei englische Raddampfer, «Euphrates» und «Tigris», den Euphrat hinab, durch die älteste Kulturlandschaft der Menschheit, vorbei an den melancholischen Ruinen der Vergangenheit, mißtrauisch bestaunt von der einheimischen Bevölkerung an den Ufern ...

Ich arbeitete schon längere Zeit an der Geschichte dieser einzigartigen Expedition, als Amerika, Großbritannien und ihre Verbündeten im Frühjahr 2003 dem Irak den Krieg erklärten. Dramatischer hätte mir ihre Aktualität kaum deutlich werden können; dies ist in meine Erzählung mit eingegangen, auch wenn ich in der Regel nicht eigens darauf hingewiesen habe. Daß wir hier wie in vielen anderen Dingen mit den Problemen und in der Welt von gestern leben, springt ins Auge, ob es um den Status der Kurden geht oder um die immer noch ziemlich wilden Bewohner der Andamanen.

Das Vergangene ist nicht tot; es ist nicht einmal vergangen, hat William Faulkner gesagt. Chesneys Euphrat-Expedition zeigt – bei allen zeit- und situationsbedingten Unterschieden – in der Nußschale jene Verschränkung von imperialer Expansionspolitik und zivilisatorischer Mission, von Sendungsbewußtsein und Gewinnstreben, die den Irakfeldzug des Imperium Americanum prägte. Im Brennpunkt der politischen Diskussionen stand auch zu Chesneys Zeiten die «orientalische Frage»; damals wie heute hatten Bücher über «den Orient» – natürlich eine verkürzende Fiktion – Konjunktur. Anders als heute war dieser Orient aber auch noch ein Reich der Märchen, Wunder, Verlockungen.

Es zog einmal eine große Karawane durch die Wüste. Auf der ungeheuren Ebene, wo man nichts als Sand und Himmel sieht, hörte man schon in weiter Ferne die Glocken der Kamele und die silbernen Röllchen der Pferde; eine dichte Staubwolke, die ihr vorherging, verkündete ihre Nähe, und wenn ein Luftzug die Wolke teilte, blendeten funkelnde Waffen und helleuchtende Gewänder das Auge, dichtete Hauff – und der Leser war erst einmal für den deutschen Alltag verloren.

Goethe warb für die Herrlichkeit orientalischer Poesie und ließ sich von ihr im *West-östlichen Divan* zu einem ganz neuen poetischen Programm und Sound inspirieren:

Mag der Grieche seinen Thon
Zu Gestalten drücken,
An der eignen Hände Sohn
Steigern sein Entzücken;

Aber uns ist wonnereich
In den Euphrat greifen,
Und im flüß'gen Element
Hin und wieder schweifen.

Lösch' ich so der Seele Brand,
Lied es wird erschallen;
Schöpft des Dichters reine Hand,
Wasser wird sich ballen.

Reisende Maler wie Delacroix stimulierten die Phantasien des Publikums mit exotischen Bildern, die von raffiniertem Sinnengenuß, wilden Ausschweifungen, trägem Wohlleben in Prunk und Luxus, aber auch unvorstellbarer Grausamkeit erzählten.

Orientalisches faszinierte, doch die Überlegenheit des Westens war dabei in der öffentlichen Meinung so gut wie unstrittig, und das wiederum ist immer noch so. Auch an der Begründung dafür hat sich im Kern nichts geändert: Die islamische Welt habe die Moderne gewissermaßen verschlafen, sei unaufgeklärt und deshalb unfrei geblieben. Kein Boden für kritische Geister, stattdessen Stagnation, geistige Dürre, Aberglauben, Fanatismus. Orient und Despotismus waren Synonyme, und das galt gleich doppelt, für den Staat und die Familie. Ich deine Sklavin? Mädchen sind keine Ware zum Verschenken. Ich bin eine Engländerin und trotze jedem, der mich zu etwas zwingen will, belehrt Blonde in Mozarts *Entführung aus dem Serail* den grimmigen Palastwächter Osmin.

In der Zeitung fanden die Zeitgenossen unserer Expeditionsteilnehmer fast täglich Korrespondentenberichte aus dem Osmanischen Reich, die von byzantinischen Hofzeremoniellen und Beförderungen zu sonderbaren Ehrenposten berichteten oder von paranoiden Erlassen des Sultans, dem es im sehr kalten Winter 1835 gefiel, seinen Untertanen das Tragen von Schals zu verbieten. Wenn Fortschritte gemeldet wurden, klang das zum Beispiel so:

Der 4te September [1836] wird mit goldenen Buchstaben in die Annalen des Serails eingeschrieben werden. Am Morgen dieses Tages beschied der

Sultan die vornehmsten unter den Cadies und die Favorit-Odalisken vor sein Angesicht, weil er ihnen etwas Hochwichtiges zu verkündigen habe. Nachdem er die verschiedenen Reformen, die er an seinem Hofe und in seinem Reiche eingeführt, flüchtig erwähnt hatte, versicherte er den Damen, schon seit vielen Jahren fühle er lebhaft die Nothwendigkeit, auch das weibliche Geschlecht von den Fesseln zu befreien, worin eine barbarische Sitte, gegründet auf lächerliche Vorstellungen und veraltete Vorurtheile, sie bis jezt gehalten habe. Verschiedene Beweggründe, hauptsächlich politischer Natur, hätten ihn jedoch bisher an der Ausführung seiner Wünsche gehindert. Zwar habe er sie von der despotischen Gewalt des Anführers der Beschnittenen befreit, ihnen gestattet Gesellschaft zu empfangen, ja, der öffentlichen Meynung so weit getrozt, daß er ihnen erlaubt habe, bei Tag und in offenen Booten und ganz leicht verschleiert von der Winter- nach der Sommerresidenz überzufahren, an welcher Neuerung sich mancher sonst Freisinnige unter den Rechtgläubigen gestoßen habe. Nun aber sey er entschlossen, sie von der beständigen Einsperrung in den Pallastmauern, wozu sie bisher ihr Leben lang verurtheilt gewesen, zu befreien, und ihnen dann und wann eine Erholung außer dem Hause zu bewilligen. Künftig dürften sie, so oft sie Lust fühlten, einen der öffentlichen Spaziergänge am Bosporus zu besuchen, ihren Wunsch ihm ungescheut eröffnen, denn es werde ihm Vergnügen machen, ihnen denselben zu erfüllen. Die freudige Sensation, welche diese Worte des Sultans bei seinem schönen Auditorium erregten, war unbeschreiblich; die Damen warfen sich ihm zu Füßen, und benezten sie mit Thränen herzlicher Dankbarkeit. Diese Neuerung im Harem könne als wichtiger Umstand betrachtet werden, kommentiert der Berichterstatter, da die Ausschließung der Frauen vom gesellschaftlichen Leben eines der größten Hindernisse sei, das den Fortschritten der Zivilisation in der Levante entgegenstehe.

Colonel Chesneys Euphrat-Expedition ist heute vergessen. Seinerzeit, in den dreißiger Jahren des 19. Jahrhunderts, erregte sie Aufsehen, die Presse berichtete regelmäßig, und man maß ihr allergrößte, ja welthistorische Bedeutung zu. Kein Wunder also, daß sie gut dokumentiert ist und die Teilnehmer schon unterwegs dauernd über sie schrieben, Berichte an die Auftraggeber, Reportagen, Briefe, Tagebücher… Wenn sie nicht schrieben, dann zeichneten sie. Und als die Expedition vorbei war, kamen weitere Abhandlungen und Bücher dazu, in denen sie verarbeiteten, was sie gelernt und erlebt hatten. Natürlich haben sie (wie wir alle) ihre Erinnerungen retuschiert und zensiert. Und weil das Unternehmen politisch motiviert und staatlich finanziert war und weil man damals noch sehr viel diskreter war als heute, würde seine ungeschriebene Geschichte, also alles das, was verschwiegen oder nicht publiziert wurde, weitere Bände füllen. Trotzdem, was die Teilnehmer davon erzählen konnten und wollten, öffentlich und im privaten Kreis von Freunden und Bekannten, reichte für ein Leben. Wie viele Gespräche werden sie damit bestritten, wie viele Tischgesellschaften mit ihren Abenteuern unterhalten haben!

Besonders gern tauschten sie ihre Erinnerungen untereinander aus. Sie waren eine Schicksalsgemeinschaft geworden. Chesneys *little band* traf sich, wie sich Veteranen treffen. Familiäre Verbindungen wurden geknüpft, Feindschaften begraben – aber auch über Jahrzehnte gehütet und gepflegt.

Wir sehen, was wir wissen oder zu wissen glauben; so auch die Euphrat-Reisenden. Westliche Überheblichkeit machte sie für manches blind, doch sahen sie, ihre Vorurteile unterminierend, oft genauer und differenzierter, als sie wußten. Sie berichteten, wie schon gesagt, von bis heute ungelösten Konflikten, beschrieben Landschaften, die unverändert geblieben sind, Gebräuche und Sitten, die sich erhalten haben. Aber sie sahen eben auch weniger, mehr, anderes und anders, als gewöhnliche Reisende heute sehen können oder könnten. Die großen archäologischen Entdeckungen und Ausgrabungen kamen im späten 19. und dann vor allem im 20. Jahrhundert, man arbeitete damals noch an der Entzifferung der Keilschrift, und das *Gilgamesch-Epos* war noch nicht gefunden. Dafür kannten sie sich – nicht alle, aber doch einige – sehr gut in alter Geschichte und Literatur aus, die für sie viel lebendiger waren als für uns. Sie hatten Herodot gelesen und Gibbon und viele Autoren, nach deren Namen man heute zumindest in keiner Quiz-Show mehr fragen könnte. Sie waren optimistisch und fortschrittsgläubig. Und sie durchreisten eine Welt, die sicher nicht besser war als die heutige, aber gewiß schöner, bunter, vielfältiger. Liest man ihre Schilderungen, bekommt man Sehnsucht danach. Das Vergangene ist eben doch vergangen, wie die farbige Vielvölkerstadt Smyrna/Izmir, die in Haß und Flammen unterging. Auch das ist ein Grund davon zu erzählen, in einer Zeit, da Orientreisen immer öfter in apokalyptische Szenerien führen.

Im Herbst 2005

Quellen, Literatur

Um der besseren Lesbarkeit willen sind Kürzungen in den Zitaten in der Regel nicht markiert.
Die Briefe von James Bucknall Bucknall-Estcourt an seine Familie werden im Gloucestershire County Record Office aufbewahrt (D 1571 / F 457). Ich danke dem Archiv für die Genehmigung zum Abdruck.

Veröffentlichungen von Expeditionsteilnehmern:

Ainsworth, William Francis: Letters to thee. In: The Literary Gazette and Journal of Belles Lettres, Arts, Sciences, etc. London 1836 (S. 443f., 522f., 713f.) und 1837 (S. 95f., 288f.).

Ders.: Researches in Assyria, Babylonia, and Chaldaea: Forming part of the Labours of the Euphrates Expedition. London 1838.

Ders.: Travels and Researches in Asia Minor, Mesopotamia, Chaldaea and Armenia. 2 Bde. London 1842.

Ders.: The Euphrates Valley Railway. London 1872.

Ders.: A Personal Narrative of the Euphrates Expedition. 2 Bde. London 1888.

Charlewood, Edward Philips: Passages from the Life of a Naval Officer. Printed for Family Circulation. Manchester 1869.

Chesney, Francis Rawdon: The Expedition for the Survey of the Rivers Euphrates and Tigris, Carried on by Order of the British Government, in the Years 1835, 1836, and 1837. 2 Bde. London 1850. [Im Anhang weitere Berichte von Expeditionsteilnehmern.]

Ders.: Narrative of the Euphrates Expedition. London 1868. [Im Anhang weitere Dokumente von Expeditionsteilnehmern.]

Elliot, William: [Bericht über die Araber am Euphrat]. In: J. Baillie Fraser: Mesopotamia and Assyria, from the Earliest Ages to the Present Time. Edinburgh 1842. S. 304–318.

Helfer, Johann Wilhelm: [Briefe an den Herausgeber]. In: Allgemeine Zeitung. Augsburg 1836 (Außerordentliche Beilage, S. 210–212; 1662f.; 1670–1672).

Ders.: Gedruckte und ungedruckte Schriften über die Tenasserim Provinzen, den Mergui Archipel und die Andamanen-Inseln. Hrsg. von Fr. Aug. Graf von Marschall. Wien 1860.

Lynch, Henry Blosse: Memoir, in Three Parts, of the River Euphrates. In: Transactions of the Bombay Geographical Society 6 (1844) S. 169–186.

Nostitz, Gräfin Pauline: Johann Wilhelm Helfer's Reisen in Vorderasien und Indien. Zwei Theile. Leipzig 1873.

Dies.: Johann Wilhelm Helfer's Reisen in Vorderasien und Indien. Anhang: Meine Erlebnisse und Erinnerungen nach Helfer's Tode. Leipzig 1877.
[Reprint:] Berlin 2004. (Zwei Teile und Anhang, mit Nachwort von Brigitte und

Bärbel Frank und Zeichnungen und Aquarellen von Pauline Helfer, Johann Wilhelm Helfer und James Bucknall Bucknall-Estcourt.)

Dies.: Travels of Doctor and Madame Helfer in Syria, Mesopotamia, Burmah and other Lands. Übers. v. George Sturge. 2 Bde. London 1878.

[Dies.:] Das Recht der Frauen auf bürgerliche Gleichstellung mit dem männlichen Geschlecht. Berlin 1874.

Dies.: Ein deutsches Real-Gymnasium für Mädchen. Berlin 1875.

Literarische Bearbeitungen von *Helfer's Reisen*:

Janka, Otto: Let plachého čaroděje [Der Flug des scheuen Zauberers]. Prag 1989.

Raff, Helene: Erlebnisse der Freiin Pauline Desgranges. In: Deutsche Frauen über Meer. Stuttgart [1928].

Unentbehrliche Grundlage für die *Euphrat Queen* waren:

[Chesney, Louisa/O'Donnell, Jane]: The Life of the Late General F. R. Chesney. Hrsg. v. Stanley Lane-Poole. London 1885.

Guest, John S.: The Euphrates Expedition. London, New York 1992.

Weitere Literatur (Auswahl):

Ali, Tariq: The Clash of Fundamentalisms. Crusades, Jihads and Modernity. London, New York 2002.

Barker, William Burkhardt: Lares and Penates, or, Cilicia and its Governors. Hrsg. v. William Francis Ainsworth. London 1853.

Bell, Gertrude: The Desert and the Sown. The Syrian Adventures of the Female Lawrence of Arabia. New York 2001 (zuerst 1907).

Dies.: The Arab of Mesopotamia. Basrah 1916; unter dem Titel Arab War Lords, Iraqi Star Gazers hrsg. u. eingel. v. Paul Rich. San José u.a. 1992.

Bernstein, Henry T.: Steamboats on the Ganges. Calcutta 1960.

[Bunsen, Frances:] Christian Carl Josias Freiherr von Bunsen. Aus seinen Briefen und nach eigener Erinnerung geschildert. Deutsche Ausgabe, durch neue Mittheilungen vermehrt von Friedrich Nippold. Bd. 2: Schweiz und England. Leipzig 1869.

Burckhardt, Johann Ludwig: Reisen in Syrien und dem Gelobten Lande. Jena 1823.

Ders.: Reisen in Syrien, Palästina und den Gegenden des Berges Sinai. Hrsg. von Wilhelm Gesenius. Weimar 1823–1824.

Ders.: Bemerkungen über die Beduinen und Wahaby. Weimar 1831.

Scheik Ibrahim [Johann Ludwig Burckhardt]: Briefe an Eltern und Geschwister. Hrsg. v. Carl Burckhardt-Sarasin u. Hansrudolf Schwabe-Burckhardt. Basel 1956.

Burton, Richard: Personal Narrative of a Pilgrimage to Al-Madinah & Meccah. 2 Bde. New York 1964 (Reprint der 1893).

Dodwell, Henry: The Founder of Modern Egypt. Cambridge 1931.

Fontanier, Victor: Voyage dans l'Inde et dans le Golfe Persique par l'Égypte et la Mer Rouge. 2 Bde. Paris 1844–1846.

Franzke, Jürgen/DB Museum Nürnberg (Hrsg.): Bagdad- und Hejazbahn. Deutsche Eisenbahngeschichte im Vorderen Orient. Nürnberg 2003.

Gibbon, Edward: Verfall und Untergang des römischen Imperiums. Übers. v. Michael Walter. 6 Bde. München 2003 (engl. zuerst London 1776–1788).

Haslip, Joan: Lady Hester Stanhope. A Biography. London 1987 (zuerst 1934).

Ingram, Edward: The Beginning of the Great Game in Asia. 1828–1834. Oxford 1979.

Lawrence, T. E.: Seven Pillars of Wisdom. A Triumph. London 1935 (zuerst Privatdruck 1926).

Lewis, Bernard: What Went Wrong? The Clash Between Islam and Modernity in the Middle East. New York 2002.

Longringg, Stephen Hewsley: Four Centuries of Modern Iraq. Oxford 1925.

Meryon, Charles: Travels of Lady Hester Stanhope. 3 Bde. London 1846.

Moltke, Helmuth von: Unter dem Halbmond. Erlebnisse in der alten Türkei. 1835–1839. Hrsg. v. Helmut Arndt. Zweite, rev. Auflage. Tübingen 1981.

Mulvihill, James: Thomas Love Peacock. Boston 1987.

Niebuhr, Carsten: Reisebeschreibung nach Arabien und den umliegenden Ländern. 3 Bde. Mit einem Vorwort von Dietmar Henze. Graz 1998 (zuerst 1774–1778 und 1837).

Palmer, Alan: The Banner of the Battle. The Story of the Crimean War. New York 1987.

Peacock, Thomas Love: Works. 10 Bde. New York 1967.

Ders.: Letters. Hrsg. v. Nicolas A. Joukovsky. 2 Bde. Oxford 2001.

Pückler-Muskau, Hermann: Aus Mehemed Ali's Reich. 3 Theile. Stuttgart 1844.

Rauwolff, Leonhart: Aigentliche beschreibung der Raiß/so er vor dieser zeit gegen Auffgang inn die Morgenlaender/fürnehmlich Syriam, Assyriam, Armeniam ec. Nicht ohne geringe mühe und grosse gefahr selbs volbracht [...] Einleitung v. Dietmar Henze. Graz 1971 (zuerst 1582).

Richardson, Henry: The Loss of the Tigris. London 1840.

Robinson, George: Travels in Palastine and Syria. 2 Bde. London 1837.

Stark, Freya: The Valleys of the Assassins and other Persian Travels. New York, Toronto 2001 (zuerst 1934).

Stoneman, Richard: Palmyra and Its Empire. Zenobia's Revolt against Rome. Ann Arbor 1992.

Wallach, Jane: Desert Queen. The Extraordinary Life of Gertrude Bell, Adventurer, Advisor to Kings, Ally of Lawrence of Arabia. New York 1996.

Wilson, John: North with Franklin. The Lost Journals of James Fitzjames. Ontario 1999.

Wirth, Eugen: Syrien. Darmstadt 1971.

Übersetzungen der Gedichte und Motti

Seite 16
Nicht schöne Jugend, nicht hilfloses Alter
Nicht weibliche Reize, von wilden Herzen angebetet,
Konnten dem barbarischen Wüten der Römer Einhalt gebieten.

Seite 17
Vom Strahl des frühesten Zwielichts,
Der den Geburtstag der Schöpfung anzeigte,
Bis zum untergehenden Feuer des gestrigen Tages
Sind sie so vorwärts gerollt in verworrenem Streit,
Die (vielfach) gegeneinander schlagenden, rasselnden Räder der Zeit.

Seite 71
«Das Schlingern des Schiffes bereitet mir Übelkeit.»
«Stewart, begleiten Sie die Dame bitte an Deck, sie fühlt sich sehr unwohl.»
«Riechen Sie am Kölnisch Wasser, das wird Ihnen guttun.»
«Ich fühle das dringende Bedürfnis, mich zu übergeben.»

Seite 94
Den Hügel, sei er auch hoch, begehre ich zu besteigen.
Die Schwierigkeit wird mich nicht straucheln lassen,
Denn ich erkenne, daß hier der Weg zum Leben liegt.
Fasse Mut, mein Herz, wir wollen nicht zagen und bangen!
Es ist besser, den rechten Weg zu gehen, sei er auch schwierig,
Als den falschen, sei er auch leicht, der ins Elend führt.

Seite 173
Fortschritt ist der schmutzige Witz der Geschichte.

Seite 208
Fröhlich weist die Tigris den Weg,
Lustig flattert der Stander ihres Anführers
Mit Fahne und Wimpel stolz;
Sie verfolgt ihren Kurs mit zauberischer Mühelosigkeit,
Leicht wie eine Feder im Wind
Durchzieht sie den glänzenden Strom.

Sinnbild des Lebens mit seinem Gefolge
Nichtiger Illusionen, vergänglich und eitel,

An deren Unzerstörbarkeit wir glauben.
Am Morgen segeln wir über die glatte Woge der Hoffnung,
Setzen all unsere Segel gegen den Sturm,
Am Abend sinken wir auf immer.

Und Herzen sind da, die sich zärtlich
Unschuldigen Empfindungen hingeben; der Zauber der Liebe
Bindet uns, wo immer wir umherstreifen,
Deren Gedanken und Visionen träumend zu dem fliehen,
Was sie niemals wieder sehen werden,
Frauen, Kinder, Geliebte, Zuhause.

Denn jetzt stand das Ende aller Mühen bevor,
Der Ruhm war nahe und die Hoffnung groß;
Ihr Kurs ging vorwärts ohne Schwierigkeiten,
Als, wie um ihren Weg zum Ruhm zu durchkreuzen,
Mit elektrischem Feuer und Zorn bewaffnet,
Er kam – der Hurrikan!

Seite 255
Geschichte allein ist eine ziemlich ermüdende Angelegenheit;
je mehr Romanhaftes eingemischt ist, desto angenehmer.

Seite 281
«Vorwärts, Leichte Brigade!»
War da ein Mann, der zauderte?
Keiner, obwohl der Soldat wußte:
Jemand hatte einen schweren Fehler gemacht.
Sie haben nicht zu antworten,
Sie haben nicht nach Gründen zu fragen,
Sie haben nur auszuführen und zu sterben:
In das Tal des Todes
Ritten die Sechshundert.

Glossar

Afadel (evtl. von «'afdal», pl. «afadil», Steigerungsform von «vortrefflich, vorzüglich»), Beduinenstamm.

Aga, türk. («groß»), im Osmanischen Reich Titel für Militärs und ranggleiche Zivilbeamte; persische Anrede «Herr».

Akkader, Volk, das im 3. Jahrtausend v. Chr. im Gebiet des heutigen Irak siedelte.

Alawiten, Aleviten, Alaouiten; auch Ansarier, Nassairier, Nussairier u. a., islamische Religionsgemeinschaft in Vorderasien (nach Ali, dem Schwiegersohn des Propheten Mohammed). Sowohl bei Schiiten wie bei Sunniten gelten sie als Ketzer. Traditionell lebten sie in den Küstengebirgen Syriens und des Libanon. 1920 gestanden ihnen die französischen Kolonialherren einen eigenen Staat zu, der bis 1936 bestand. Von daher rührt ihr immer noch sehr großer politischer Einfluß in Syrien, obwohl sie eine Minderheit bilden.

Aleppobeule (Orientbeule), medizinisch «kutane Leishmaniose», die durch Parasiten, die Leishmanien, verursacht wird. Diese werden durch den Stich der weiblichen Sandmücke übertragen. Es entstehen erst flache Hautknötchen, später Geschwüre.

Anaza, Beduinenvolk.

Anisette, gr.-lat.-franz., süßer Likör aus Anis.

Apostasie, griech., der Abfall, die Abtrünnigkeit, besonders von der christlichen Kirche.

Arianismus, die christologische Lehre des Arius (Areios), die in der ersten Hälfte des 4. Jahrhunderts zum ersten großen Lehrstreit der christlichen Kirchen führte.

Assassinen, arab.-ital., 1. eine im Mittelalter als Terrororganisation berüchtigte politisch-religiöse Bruderschaft, daher Synonym für Meuchelmörder; 2. schiitische Religionsgemeinschaft (auch Ismaeliten).

Assyrer, die Bewohner eines antiken Staates, dessen Kerngebiet im Norden des heutigen Irak lag. Vom 8. bis zum Ende des 7. Jahrhunderts v. Chr. war Assyrien die führende Macht im Nahen Osten.

Bagage, franz., Gepäck.

Bakschisch, pers., Almosen, Trinkgeld, Bestechungsgeld.

Bani (Beni) Said, Beduinenföderation.

Bey, Bei, Beg, türk. («Herr»), im Osmanischen Reich Titel für Militärs und Zivilbeamte mittlerer Rangstufe.

Biwak, niederd.-franz., behelfsmäßiges Nachtlager im Freien.

Cadie = Kadi, arab., Richter in islamischen Ländern.

Calme, luxe, volupté, franz., Ruhe, Luxus, Wollust.

Cantar(o), lat.-mgr.-arab., früheres Handelsgewicht in Nordafrika, der Türkei und Italien, von verschiedener Schwere.

Chaldäer, assyr., Volk im Altertum, das etwa im Gebiet des heutigen Kuwait ansässig war; später auch ein anderer Name für die christliche Glaubensgemeinschaft der Nestorianer.

Co(e)horn-Granaten, nach dem holländischen Ingenieur Baron Menno von Coehorn (1641–1704).

Congrevesche Raketen, Brandraketen, die 1804 von dem englischen Ingenieur und Artilleristen Sir William Congreve (1782–1828) erfunden wurden.

Derwisch, türk.-pers. («Bettler»), Mitglied eines islamischen Ordens, Wanderheiliger.

Dragoman, arab.-gr.-it., einheimischer (oft griechischer) Dolmetscher und Fremdenführer im Nahen Osten.

Drusen, arab., nach dem Gründer Ad Darasi, 1017 n. Chr., Glaubensgemeinschaft und Bergvolk im Küstengebirge von Syrien und dem Libanon.

Dschinn, arab., Dämon, böser Geist.

Effendi, gr.-türk., Herr, Anrede und Titel für höhere Beamte in der Türkei.

En grande parure, franz., in großem Staat.

Entrechat, franz., beim Ballett Sprung in die Höhe, bei dem die Fersen mehrmals gekreuzt werden.

Expektoration, lat., das Sichaussprechen, Erklärung von Gefühlen.

Faden, Längenmaß, meist für Tiefenmessungen benutzt. 1 engl. Faden (fathom) = 1,8288 m; 1 preuß. Faden = 1,883 m.

Fahrenheit, Temperaturskala, nach der Wasser bei 32° friert und bei 212° kocht, nach dem deutschen Physiker Gabriel Daniel Fahrenheit (1686–1736). (°F - 32) x 5/9 = °C.)

Fering(h)is, Frangis, von «Franken», Name der Europäer im Morgenland.

Ferman, pers.-türk., amtliches Dokument, Genehmigung, Paß, Befehl, Erlaß des Sultans oder eines Würdenträgers.

Fes, dunkelrote Filzkappe mit blauer Quaste (nach der marokkanischen Stadt Fez).

Foot, engl. Maß (Fuß), 0,3048 m.

Française, französischer Tanz im Sechsachteltakt.

Frengi kibir = frangi kabir, ein großer Europäer.

Fustanella, griech., faltenreicher Rock, Teil der Nationaltracht der griechischen Männer.

Garçon, franz., Junge, Kellner.

Giaur, pers.-türk., Ungläubiger (Bezeichnung für Nicht-Muslime).

H.M.S., Abkürzung für engl. «His (Her) Majesty's Ship (Steamer)».

Hebe, griechische Göttin der «Jugendblüte», Tochter des Zeus und der Hera.

Hinc movet Euphrates, lat., hier fließt der Euphrat.

Howdah, urdu, Sitz mit Baldachin, der von einem Elephanten getragen wird.

Huka, arab., Wasserpfeife.

Il faut absolument les moustaches, franz., Schnurrbart muß unbedingt sein (ist Pflicht).

Inch, engl. Maß (Zoll), 2,54 cm.

Inch allah = in scha'allah, wörtl. «wenn Gott so wollte», wird bei allen Aussagen, die die Zukunft betreffen, benutzt.

Ismaeliten siehe Assassinen.

Janitscharen, türk. («neue Streitmacht»), das Fußvolk im Osmanischen Reich; Kriegerkaste, die zeitweise große Macht im Staat ausübte.

Kalif, arab. («Nachfolger, Stellvertreter», so nannten sich die Nachfolger des Propheten Mohammed als Oberhaupt der muslimischen Gemeinschaft; Titel.

Kawass(e), arab.-türk., türkischer Polizeidiener; die Ehrenwache, die der Sultan europäischen Diplomaten stellte.

Khan (Chan), pers. («Haus»), Karawansereien und Gasthöfe im Orient.

Khan, Tatarenfürst.

(Al-)Khazail, Volk am Euphrat.

Lafetten, lat.-franz., fahrbares Untergestell eines Geschützes.

Laudetur Jesus Christus, lat., gelobt sei Jesus Christus.

Leben = laban, arab., gesäuerte Milch.

Lever, franz., Morgenaudienz bei einem Fürsten; in Großbritannien früher ein Nachmittagsempfang nur für Herren beim Monarchen oder dessen Repräsentanten.

Linguister, engl., Dolmetscher.

Locanda, ital., Herberge, Schenke.

Mais il s'y connaît, franz., aber er versteht (ja) etwas davon.

Makkabäer, jüdisches Herrschergeschlecht.

Mamelucken (auch Mamluk(k)en), arab.-it. («Sklaven»), 1. Leibwache orientalischer Herrscher. 2. Angehöriger eines ägyptischen Herrschergeschlechts. 3. Söldner islamischer Herrscher; mächtige Kriegerkaste. In Ägypten wurde letztere durch Mehemed Ali endgültig entmachtet, der etwa 400 Anführer zu einem Gelage einlud und ermorden ließ.

Martello-Türme, nach einem Turm am Kap Mortella in Korsika, assoziiert mit ital. Mastello (Hammer), kleine runde Befestigungen (insbesondere die, welche in den Napoleonischen Kriegen zur Verteidigung an der englischen Küste errichtet wurden).

Masch allah = ma scha'allah, Formel, die Erstaunen (wie «was du nicht sagst») oder Bewunderung («wie herrlich») ausdrückt.

Medresse (Medrese), arab.-türk., islamische theologisch-juristische Hochschule; Koranschule einer Moschee.

Meile (ursprünglich römisches Wegmaß: milia passuum = tausend Doppelschritte), die alte englische Meile (oder *London mile*) betrug 1523 m, die 1824 festgelegte *statute mile* (oder *British mile*) entspricht 1609 m; 1 britische Seemeile = 1854 m; 1 deutsche geographische Meile = 7420 m.

Merkeb Inglis, arab. (korrekt: markab ingliz), ein Schiff von Engländern.

Mufti, arab. («der Entscheidende»), islamischer Rechtsgelehrter.

Muzelim = muzalim, arab., daraus osman.-türk. «müsellim», die Bezeichnung eines administrativen Rangs (unter dem Gouverneur einer Provinz).

Narguile(h), pers., orientalische Wasserpfeife.

Nestorianer, Anhänger der Lehren des Nestorius, der im 5. Jahrhundert als Ketzer verfemt wurde.

Nussa(i)rier siehe Alawiten.

Opiumkrieg, Krieg zwischen Großbritannien und China (1839–1842). Anlaß waren Chinas Verbot des für England sehr lukrativen Imports von Opium aus Indien nach China sowie chinesische Handelsrestriktionen. Nach ihrer Niederlage mußten die Chinesen Hongkong an Großbritannien abtreten.

Palankin, ind., Tragsessel, Sänfte.

Pannonischer Soldat, gemeint ist der römische Kaiser Aurelian.

Parther, im Altertum ein Nomadenvolk, das im Gebiet des heutigen Iran siedelte.

Pascha, türk. («Fuß des Schahs»), Titel für hohe türkische Militärs, der mit Zivilämtern verbunden war. Er wurde in drei Rangstufen («Roßschweifen») verliehen.
Phönizier, semitisches Handels- und Seefahrervolk, das im 2. und 1. Jahrtausend v. Chr. im Küstengebiet des heutigen Libanon und Syrien lebte.
Pilaw (Pilau), pers. und türk., Reisgericht mit Hammel- oder Hühnerfleisch.
Pistill(e), lat., Stößel, Stampfer.
Quand vous avez tout cela à Bir, franz., wenn Sie das alles in Bir haben werden.
Quart, engl. Flüssigkeitsmaß (1,14 l).
Réaumur, Einheit zum Messen von Temperaturen, nach René Antoine Ferchault de Réaumur. 5/4 °R = °C.
Salam, arab., Frieden; Teil der Grußformel «as-salamu 'alay-kum» = der Frieden sei auf euch.
Samum, m., arab., heißer, trockener Wüstenwind, der Sand mit sich führt.
Sarazenen, seit dem Mittelalter Name für Araber (Muslime).
Schamos, Beduinenvolk.
Scheich (Sheikh), arab. («Graubart»), Ältester, Vorgesetzter, Häuptling eines Stammes, auch religiöses Oberhaupt.
Scherbet (Sorbet), erfrischendes Getränk, Absud aus Rosinen.
Scherif (Scharif), arab. («erhaben»), Titel der Nachkommen des Propheten Mohammed.
Schiiten, Anhänger der Schia; Muslime, welche im Gegensatz zu den Sunniten den Schwiegersohn des Propheten, Ali, als seinen rechtmäßigen Nachfolger betrachten. Auch in der Auslegung des Koran unterscheiden sich Schiiten und Sunniten voneinander.
Seapoy (Sepoys), pers.-Hindi-port.-engl., einheimischer Soldat des englisch-ostindischen Heeres.
Serang, anglo.-ind., Anführer (bes. von indischen Seeleuten).
Serdab, arab., Keller, unterirdisches Gewölbe.
Si vous voulez danser, je vous prie de le faire commencer, franz., wenn Sie tanzen wollen, bitte ich Sie, damit anzufangen.
Sikh, hind. («Jünger»), Anhänger des Sikhismus, einer monotheistischen indischen Religionsgemeinschaft.
Sumerer, Volk im Gebiet des südlichen Mesopotamien (dem späteren Babylonien). Die Sumerer erfanden im 4. vorchristlichen Jahrhundert die Schrift, Grundlage einer der ersten Zivilisationen der Menschheitsgeschichte. Um 2000 v. Chr. war sie als eigenständige Kultur erloschen.
Taib, arab. (korrekt: tayyib), gut.
Tarbusch, pers. arab., orientalische Kopfbedeckung (Fes).
Tatar, Bote. Die im Osmanischen Reich lebenden Tataren aus den kaukasischen und turkestanischen Berggegenden wurden gern als Postboten eingesetzt, weil sie als besonders ehrlich galten.
Thyrsusstab, gr.-lat., mit Efeu und Weinlaub umwundener, von einem Pinienzapfen gekrönter Stab des Dionysos.
Tout s'arrangera, franz., alles wird gut werden.
Tscherkessen, Volk im Kaukasus und den angrenzenden Ebenen.

Tschibuk, türk. («Rohr»), türkische Pfeife.
Turkomanen, Turkmenen, kriegerisches Bergvolk, dessen Stämme auch als Nomaden in Syrien und Mesopotamien umherzogen.
Union Jack, engl., Nationalflagge Großbritanniens.
Wahhabiten, Anhänger einer fundamentalistischen islamischen Religionsgemeinschaft, nach ihrem Begründer Ibn Abdul Wahhab.
Wilajet, türk., Bezeichnung der Generalgouvernements, in die das Osmanische Reich um 1866 eingeteilt wurde.
Yard, engl. Längenmaß, 0,914 m.
Zibda, arab., Butter.
Zoll siehe Inch.

Bildnachweis

Francis Rawdon Chesney, The Expedition for the Survey of the Rivers Euphrates and Tigris, Bd. 1, London 1850 78, 93, 143, 278 f., 311
Francis Rawdon Chesney, Narrative of the Euphrates Expedition, London 1868 25, 61, 94, 95, 97, 113, 115, 122, 146, 151, 167, 191, 195, 213, 219, 225, 239, 241
[Louisa Chesney/Jane O'Donell], The Life of the Late General F. R. Chesney, hrsg. v. Stanley Lane-Poole, London 1885 59
James Dawkins/Robert Wood, The Ruins of Palmyra, Otherwise Tedmore, in the Desart, London 1753 16
Gloucestershire County Record Office 46
John S. Guest, The Euphrates Expedition, London, New York 1992 189, 203
National Portrait Gallery, London 12, 157
Staatliche Museen zu Berlin, Kupferstichkabinett 111

Expeditionsteilnehmer

EUPHRATES STEAMER.	TIGRIS STEAMER.
103 feet long, 19 feet beam, 50 horse power.	70 feet long, 16 feet beam, 20 horse power.

The Commanding Officer alternately in each vessel.

Euphrates Steamer:

Capt. J. B. B. Estcourt, 43rd Light Infantry.
Lieut. R. F. Cleaveland, R.N.
Lieut. H. F. Murphy, R.E.
Mr. E. P. Charlewood, R.N.
Mr. J. Fitzjames, R.N.
Mr. W. Ainsworth, Surgeon and Geologist.
Mr. C. Rassam, } Interpreters.
Mr. Saïd 'Alí, }
Mr. T. Hurst, Engineer.
Dr. Helfer, } Passengers.
Mrs. Helfer, }
Serjeant-Major Wm. Quin, R. A., Storekeeper and Master-at-Arms.
6 Gunners of the Royal Artillery.
3 Sappers and Miners.
1 Carpenter.
13 Seamen.

Tigris Steamer:

Lieut. H. B. Lynch, R.N.
Mr. H. Eden, R.N.
Lieut. R. Cockburn, R.A.
Dr. Staunton, R.A.
Mr. A. Staunton.
Mr. W. T. Thompson.
Mr. A. Hector.
Mr. W. Elliot, } Interpreters.
Mr. Yusuf Sader, }
Mr. A. Clegg, Engineer.
Lieut. R. B. Lynch, 21st Bengal N.I., on his way to India.
1 Non-commissioned Officer and
6 Gunners of the Royal Artillery.
1 Non-commissioned Officer of the Sappers and Miners.
1 Carpenter.
12 Seamen.

Mr. John Bell left in charge at Port William.

Nach Chesneys Reisebericht

Personenverzeichnis

Addison, Joseph (1672–1719), englischer Schriftsteller, zusammen mit Sir Richard Steele Herausgeber der Zeitschrift *Spectator.*

Ainsworth, William Francis (1807–1896), Chirurg, Geologe, Naturforscher, Historiker, Teilnehmer der Euphrat-Expedition.

Ainsworth, William Harrison (1805–1882), dessen Cousin, Schriftsteller.

Al Bathene = Al-Batani (850–918/29), Astronom.

Al Manun = Al-Mamum (813–833), Abassidenkalif, Sohn Harun ar-Raschids.

Albert, Prinz (1819–1861), Prinz von Sachsen-Coburg-Gotha, Gemahl der englischen Königin Victoria.

Alexander («der Große») (356–323 v. Chr.), König von Makedonien; führte einen Eroberungsfeldzug gegen die Perser, die er in Ägypten, Syrien und Mesopotamien besiegte. Er starb in Babylon an einem Fieber; nach seinem Tod zerfiel sein Reich.

Ammianus Marcellinus (um 330–390), römischer Historiker. In Antiochia geboren, zeichnete er sich als Soldat auf mehreren Feldzügen unter den römischen Kaisern Constantius und Julian aus, bevor er sich der Wissenschaft zuwandte. Für das Leben von Kaiser Julian ist sein Werk die wichtigste Quelle. Er starb in Rom.

Antiochus, Name mehrerer Könige von Syrien aus dem Herrschergeschlecht der Seleukiden.

Antonio, Padre, Franziskaner in Latakia.

August, Friedrich Wilhelm Heinrich, Prinz von Preußen (1779–1843), Offizier, Reorganisator der preußischen Artillerie. Als er starb, war er General und bekleidete zahlreiche hohe Posten beim Heer.

Aurelianus, Lucius Domitius (um 215–275), römischer Kaiser seit 270. Wegen seiner siegreichen Feldzüge, u. a. gegen die syrische Königin Zenobia, gilt er als «Wiederhersteller» des Römischen Reiches.

Baber (Babur, Babar) Khan, Sahired-din-Mohammed (1483–1530), Eroberer, Herrscher, Dichter; Nachkomme von Timur und Dschingis Khan; Begründer des Mogulreiches in Indien. 1504 eroberte er Kabul.

Balbi, Gasparo (1550–1621), venezianischer Hofjuwelier und Reisender. Er veröffentlichte 1590 in Venedig das Reisebuch *Viaggio dell'Indie orientali.*

Barker, John (1771–1849), erst britischer Konsul und Agent der «East India Company» in Aleppo, seit 1826 britischer Generalkonsul in Ägypten. Ab 1834 betrieb er in Suedia am Orontes eine Plantage, wo die erlesensten Obstsorten Europas und Asiens gezüchtet wurden.

Beaufort, Sir Francis (1774–1857), englischer Marineoffizier und Hydrograph, von dem die heute noch gebräuchliche Windstärkenskala stammt. 1812, als er sich zu Vermessungsarbeiten an der östlichen Mittelmeerküste aufhielt, kam es zu einem Kampf mit Einheimischen. Dabei wurde er schwer verwundet und kehrte nach England zurück.

BELL, GERTRUDE (1868–1926), Orientforscherin, Archäologin, Schriftstellerin. Seit 1916 gehörte sie als «Oriental Secretary» zum Stab des britischen «High Commissioners» für den Irak und übte in dieser Position großen Einfluß aus.

BELL, JOHN (gest. 1860), Übersetzer bei der Euphrat-Expedition. 1843 kam er mit einer britischen Expedition nach Äthiopien, wo er zum Leibwächter und Ratgeber des Kaisers Theodore wurde. 1860 fiel er einem Mordanschlag von Rebellen zum Opfer, nachdem es ihm zuvor noch gelungen war, das Leben seines Herrn zu retten.

BÜLOW, FRIEDRICH WILHELM FREIHERR VON, Graf von Dennewitz (1755–1816), preußischer General. Er war nicht nur in seinem Beruf tüchtig und glücklich, sondern auch, wie es heißt, «von tiefer, edler Geistesbildung» und musikalisch sehr begabt.

BUNSEN, CHRISTIAN CARL JOSIAS FREIHERR VON (1791–1858), Diplomat und Gelehrter (archäologische, biblische, kirchengeschichtliche, liturgische Studien); von 1842–1854 preußischer Gesandter in London. «Für Angehörige deutscher Länder war er stets ein treuer Berater und hilfreicher Gönner, und sein gastfreundliches Haus bildete einen offenen Mittelpunkt für ihren geselligen Verkehr» (*Meyers Konversations-Lexikon*, 1890).

BUNSEN, FRANCES FREIFRAU VON, geb. Waddington (1791–1878), dessen Frau.

BUNYAN, JOHN (1628–1688), englischer Schriftsteller. Sein Hauptwerk ist die allegorische Erzählung *The Pilgrim's Progress*.

BURCKHARDT, JOHANN LUDWIG (1784–1817), Orientforscher im Dienste der «East India Company», Reiseschriftsteller. Er reiste im orientalischen Kostüm unter dem Namen Ibrahim ibn Abdallah (Scheik Ibrahim) und war längere Zeit Gast im Hause des englischen Konsuls Barker in Aleppo.

BURTON, SIR RICHARD FRANCIS (1821–1890), Entdecker, Anthropologe, Schriftsteller und Übersetzer, der in Verkleidung unter anderem in die für Ungläubige verbotenen Städte von Mekka und Medina gelangte.

CAESAR, GAIUS JULIUS (100–44 v. Chr.), römischer Feldherr und Staatsmann.

CARDIGAN, JAMES THOMAS BRUDENELL, 7th Earl of (1797–1868), englischer Offizier; Generalmajor und Kommandant der «Leichten Brigade» im Krimkrieg.

CARLYLE, THOMAS (1795–1881), schottischer Schriftsteller, Historiker, Übersetzer.

CHARLEWOOD, EDWARD PHILIPS (1814–1894), englischer Marineoffizier. Nach der Euphrat-Expedition diente er u. a. im «syrischen Krieg» Englands gegen Mehemed Ali und brachte als Kommandant das von der Lairdschen Werft für die mexikanische Marine gebaute Kriegsschiff «Guadaloupe» über den Atlantik. Von 1848 bis zum Beginn seines Ruhestands 1861 diente er bei der Küstenwache. Sein Sohn Edward heiratete Chesneys Tochter Everilda.

CHESNEY, ALEXANDER (1755–1843), Offizier bei der Küstenwache in Nordirland. Als junger Mann war er mit seiner Familie nach South Carolina ausgewandert und hatte sich dort am Packolet River niedergelassen. Im amerikanischen Unabhängigkeitskrieg kämpfte er unter dem Kommandanten Lord Rawdon auf der Seite der Loyalisten und kehrte nach deren Niederlage nach Irland zurück.

CHESNEY, EVERILDA, geb. Fraser, Francis Rawdon Chesneys zweite Ehefrau. Sie starb im November 1840.

CHESNEY, FRANCIS RAWDON (1789–1872), dessen Sohn, aus der zweiten Ehe mit Jane Wilson. Seine militärische Laufbahn führte ihn von der «Royal Military Academy» in Woolwich über Stationierungen in Portsmouth, Guernsey und Gibraltar mit der von ihm angeführten Expedition an den Euphrat. Von 1843 bis 1845 war er Artilleriekommandant in der neuen britischen Kolonie Hongkong, von 1847 bis 1852 Militärkommandant im irischen Distrikt Cork, danach zog er sich auf den Familiensitz Packolet by Kilkeel im County Down zurück. In seinen späteren Jahren engagierte er sich für das Projekt einer Eisenbahnlinie durch das Euphrattal. Weil er schon früh an die Möglichkeit eines Suezkanals geglaubt hatte, feierte ihn dessen Erbauer Ferdinand de Lesseps bei der Eröffnung als «Le Père du Canal». Er starb als General.

Chesney, Georgette, geb. Forster (gest. 1825), Chesneys erste Frau.

Chesney, Louisa, geb. Fletcher, Chesneys dritte Ehefrau (Heirat im März 1848).

Chorinsky, Gustav Ignaz Graf (1808–1873), österreichischer Beamter.

Cleaveland, Richard Francis (gest. 1842), englischer Marineoffizier, Teilnehmer der Euphrat-Expedition, die seine Gesundheit ruinierte.

Cockburn, Robert (gest. 1836), Artillerieoffizier, Teilnehmer der Euphrat-Expedition, der beim Untergang der «Tigris» ums Leben kam.

Crozier, Francis Rawdon Moira (1796–1848?), englischer Marineoffizier, Kommandant der «HMS Terror» bei der von Sir John Franklin angeführten Polarexpedition von 1845.

Cyrus siehe Kyros.

Darwin, Charles Robert (1809–1882).

Dawkins, James (1722–1757), Archäologe, Reisender, der gemeinsam mit Robert Wood Palmyra für Europa entdeckte.

des Granges, Karl Eduard (1798–1869), Paulines Bruder.

des Granges, Ludwig Philipp Karl (gest. 1830), Paulines Vater; Königl.-Preußischer Hauptmann, seit 1794 Erb-, Lehn- und Gerichtsherr auf Zinnitz.

des Granges, Philipp Siegesmund Laudron Bouton, dessen Vater; Königl.-Preußischer Generalmajor, seit 1786 Erb-, Lehns- und Gerichtsherr auf Zinnitz.

des Granges, Sophie Juliane Freiin von, geb. Bülow auf Falkenberg, Paulines Mutter.

Dickson, Alexander Sir (1777–1840), Generalmajor in britischen Diensten.

Disraeli, Benjamin, 1st Earl of Beaconsfield (1804–1881), englischer Schriftsteller und Politiker.

Dutil, Herr, österreichischer Konsul in Smyrna.

Eden, Henry (gest. 1880), englischer Marineoffizier, Teilnehmer der Euphrat-Expedition.

Elisabeth I. (1533–1603), von 1558 bis zu ihrem Tod Königin von England und Irland.

Ellenborough, Edward Law, 1st Earl of (1790–1871), englischer Politiker; Präsident des «Board of the Commissioners for the Affairs of India» (1828–1830; 1834–1835).

Elliot, William (alias Derwisch Ali) (gest. 1837), Arzt, Dolmetscher bei der Euphrat-Expedition.

Elphinstone, William (1782–1842), Generalmajor im ersten Afghanisch-Britischen Krieg.

Eskeles, Cäcilie Freifrau von, geb. Itzig, gesch. Wulff (1760–1836), lebte in Wien.

Estcourt, Edward Dugdale Bucknall (1818–1864), Bruder von James Estcourt.

Estcourt, Eleanor Anne (Elly) Bucknall (1806–1878), dessen Schwester.

Estcourt, James Bucknall Bucknall (1802–1855), Teilnehmer der Euphrat-Expedition, englischer Infanterieoffizier, zuletzt Generalmajor im Krimkrieg.

Estcourt, Marianne (Minnie) Bucknall (1814–1885), dessen Schwester.

Estcourt, Thomas Grimstone Bucknall (1775–1853), Vater von James Estcourt, Politiker.

Estcourt, Thomas Henry Sutton (1801–1876), Politiker, älterer Bruder von James Estcourt.

Estcourt, William John Bucknall (1813–1884), dessen Bruder, Reverend, zeitweise Teilnehmer an der Euphrat-Expedition.

Faisal ibn Hussein (1883–1933), Emir von Mekka, ab 1920 König von Syrien, wird 1921 mit englischer Hilfe erster König des neuen Staates Irak.

Fitzcarraldo, Titelheld eines Films von Werner Herzog (1982), dem die Biographie des irischstämmigen Gummibarons und Opernfans Brian Sweeney Fitzgerald zugrunde liegt.

Fitzjames, James (1814–1848?), Marineoffizier, Mitglied der Euphrat-Expedition. Zum Lieutenant befördert, diente er im Krieg gegen Mehemed Ali (Einsatz an der syrischen Küste); danach zeichnete er sich im «Opium-Krieg» gegen China aus und schlug als Kommandant eines Kriegsschiffes eine Meuterei auf Handelsschiffen vor der Küste Westafrikas nieder. Sein letzter Einsatz führte ihn mit Sir John Franklins Arktis-Expedition in den Tod.

Fontanier, Victor (1796–1857), Naturforscher, Reisender, Diplomat; französischer Vizekonsul in Basra.

Franklin, Sir John (1786–1847), englischer Marineoffizier, Entdecker, Polarforscher.

Fraser, Everilda siehe Chesney.

Friedrich II. (1712–1786), seit 1740 König von Preußen.

Friedrich Wilhelm IV. (1795–1861), ab 1840 König von Preußen.

Fulton, Robert (1765–1815), amerikanischer Ingenieur und Erfinder, der das erste funktionsfähige Dampfboot baute.

George III. (1738–1820), ab 1760 König von Großbritannien und Irland.

Gibbon, Edward (1737–1794), englischer Historiker. Sein Hauptwerk ist die *History of the Decline and Fall of the Roman Empire* (London 1782–1786).

Gordon, Sir Robert (1791–1847), britischer Botschafter in der Türkei.

Greenhill, Corporal, Teilnehmer an der Euphrat-Expedition.

Halagu Khan, Mongolenherrscher, Enkel von Dschingis Khan, der 1258 mit seiner «goldenen Horde» Bagdad einnahm und damit der Herrschaft der Abbassiden ein Ende setzte.

Harniman = Hahnemann, Samuel (1755–1843), Begründer der Homöopathie.

Harun ar-Raschid [der Gerechte] (766–809), fünfter Abbasidenherrscher (ab 786), der berühmteste aller Kalifen und legendärer Held der Märchen aus *Tausendundeiner Nacht*.

Hector, Alexander, Zahl- und Proviantmeister der Euphrat-Expedition. Er hatte MacGregor Laird 1832/33 auf seiner Niger-Expedition begleitet.

Helfer, Johann Wilhelm (1810–1840), Arzt, Naturforscher, Entomologe aus Prag, «weiland des Josef Helfers in der Altstadt Prag hinterlassener ältester Sohn», wie es in den Kirchenbüchern heißt. Sein Vater handelte mit religiösen Antiquitäten aus säkularisierten Kirchen und Klöstern.

HELFER, PAULINE siehe Nostitz.

HENNEL, SAMUEL, Captain, Konsul der «East India Company» in Buschir.

HERODES AGRIPPA I. (um 10 v. Chr.–44), König von Judäa.

HERODOT(OS) (um 484–425 v. Chr.), aus Halikarnassos, griechischer Historiker, der als Vater der wissenschaftlichen Historiographie gilt. In seinen *Historien* behandelt er die Kriege zwischen den Staaten Asiens und den griechischen Staaten, die in den Perserkriegen gipfelten.

HOBHOUSE, SIR JOHN CAM, 1st Baron Broughton, 2nd Baronet (1786–1869), britischer Politiker, 1835–1841 Präsident des «Board of Control for India», Freund Peacocks.

HOCHSTETTER, FERDINAND VON (1829–1884), Geograph und Geologe, der ein Vorwort zu *Helfer's Reisen* schrieb. 1860 wurde er Professor für Mineralogie und Geologie am Polytechnischen Institut in Wien, 1867 Präsident der dortigen Geographischen Gesellschaft. Weitere wichtige Funktionen und Ehrenposten folgten.

HUMBOLDT, ALEXANDER FREIHERR VON (1769–1859), Naturforscher.

IBRAHIM PASCHA (1789–1848), Adoptivsohn des ägyptischen Vizekönigs Mehemed Ali, General, von 1833 bis 1840 Statthalter von Syrien.

IMMERMANN, KARL (1796–1840), Schriftsteller.

JANKA, OTTO (geb. 1930), Filmemacher und Autor in Prag.

JOHNSON, SAMUEL (1709–1784), englischer Schriftsteller, Kritiker, Lexikograph.

JULIAN (Flavius Claudius Julianus, «der Apostat») (332–363), Neffe des Kaisers Constantinus, der während seiner Regierungszeit (360–363) dessen Einführung des Christentums im Römischen Reich rückgängig machte. Nach seinem Tod (während eines Feldzugs gegen die Perser) wurde diese Entscheidung wiederum revidiert.

KESSLER, ALICE HARRIETT, geb. Blosse Lynch (1844–1919), Tochter von Henry Blosse Lynch.

KESSLER, HARRY GRAF (1868–1937), deren Sohn, Schriftsteller, Publizist, Diplomat.

KINGLAKE, ALEXANDER (1809–1891), Jurist und Schriftsteller. Er war vor allem berühmt durch sein orientalisches Reisebuch *Eothen* (1844) und eine umfangreiche Darstellung des Krimkriegs (*Invasion of the Crimea,* 1863–1887).

KLINGER, Herr, Kapellmeister im Dienste von Ibrahim Pascha.

KYROS, 559 bis 529 v. Chr. König von Persien. Er eroberte Kleinasien, Babylonien, Syrien, Palästina und einen Großteil der iranischen Hochebene.

LAIRD, JOHN (1805–1874), Sohn von William Laird, Schiffsbauer, Politiker.

LAIRD, MACGREGOR (1808–1861), dessen Bruder, Schiffsbauer.

LAIRD, WILLIAM, Gründer einer Schiffswerft in Birkenhead (bei Liverpool).

LAWRENCE, SIR THOMAS (1769–1830), englischer Maler.

LAWRENCE, T(HOMAS) E(DWARD) (1888–1935), britischer Archäologe, Gelehrter, Abenteurer; bekannt vor allem wegen seiner Aktivitäten während des 1. Weltkriegs (Lawrence of Arabia).

LENNEP, HERR VAN, holländischer Konsul in Smyrna. Die Familie war schon seit dem 18. Jahrhundert in Smyrna ansässig, brachte es zu Wohlstand und stellte eine ganze Dynastie von Konsuln.

Levy, Sarah, geb. Itzig (1761–1854), verheiratet mit dem Bankier Samuel Salomon Levy, eine mütterliche Freundin von Pauline Helfer. Die Schriftstellerin Fanny Lewald hat ihre beeindruckende Persönlichkeit im dritten Band ihrer *Lebensgeschichte* geschildert.

Lotty (Charlotte), Dienerin von Pauline Helfer.

Lynch, Alice Harriett Blosse siehe Kessler.

Lynch, Henry Blosse (1807–1873), Offizier der India Navy, Teilnehmer der Euphrat-Expedition (geboren in Partry House, Ballinrobe, im irischen County Mayo). Seit seinem Ruhestand (1856) lebte er in Paris.

Lynch, Henry Finnis Blosse, Cousin von Harry Graf Kessler, Mitinhaber der «Euphrates and Tigris Steam Navigation Company».

Lynch, Robert Blosse (gest. 1836), Bruder von Henry Blosse Lynch, Infanterieoffizier in Indien, nahm als Passagier an der Euphrat-Expedition teil und kam beim Untergang der «Tigris» ums Leben.

Mahmud II. (1785–1839), Sultan des Osmanischen Reiches.

Mahomet Khan, Dost, Herrscher von Afghanistan, 1840 von den Engländern zur Abdankung gezwungen.

Marianne Prinzessin von Preussen, geb. Prinzessin von Hessen-Homburg (1785–1846), Frau von Wilhelm Prinz von Preußen.

Mehemed Ali (1769–1849), Vizekönig (türkischer Statthalter) von Ägypten.

Melbourne, William Lamb, Viscount (1779–1848), 1835–1841 britischer Premierminister.

Meryon, Charles Lewis (1783–1877), Arzt und Biograph von Lady Hester Stanhope.

Moltke, Helmuth Graf von (1800–1891), Militärberater von Sultan Mahmud II., später preußischer General, Verfasser meist militärgeschichtlicher Werke.

Murphy, Hastings Fitz-Edward (1798–1836), irischer Offizier bei den «Royal Engineers», Astronom, Teilnehmer an der Euphrat-Expedition.

Nestorius (gest. um 430), Presbyter von Antiochia und Patriarch von Konstantinopel, dessen christologische Lehren auf dem Konzil zu Ephesos verdammt wurden.

Newcomen, Thomas (1663–1729), englischer Ingenieur, dem die Erfindung der ersten in der Praxis einsetzbaren Dampfmaschine zugeschrieben wird.

Newton, Sir Isaac (1642–1726), Mathematiker und Physiker.

Niebuhr, Carsten (1733–1815), dänischer Ingenieurleutnant, Orientreisender, Schriftsteller.

Nightingale, Florence (1820–1910), die «Dame mit der Lampe», machte sich um die Reformierung der Krankenpflege verdient, zuerst im Krimkrieg .

Nikolaus I. (1796–1855), ab 1825 Zar von Rußland.

Nimrod, nach dem 1. Buch Moses Gründer des Babylonischen Reiches.

Nisard, Désiré (1806–1888), französischer Journalist, Kritiker, Professor für Rhetorik, Politiker.

Nitocris, sagenhafte ägyptische Königin im 13. Jahrhundert v. Chr.

Nostitz-Rokitnitz, Joseph Dittmar Graf von (1794–1871).

Nostitz, Pauline Mathilde Gräfin von, verw. Helfer (1802–1881), dessen Frau, Gutsherrin, Reiseschriftstellerin.

O'CONNELL, DANIEL (1775–1847), irischer Politiker.

ODAENATHUS (Septimius O.) (ermordet 267 oder 268), Herrscher der römischen Kolonie Palmyra, verheiratet mit Zenobia, von den Römern als «corrector totius Orientis» mit dem Schutz der Ostgrenze des Römischen Reiches betraut.

O'DONNELL, JANE, geb. Chesney (geb. 1824), Tochter von Colonel Chesney aus dessen erster Ehe.

PALMERSTON, HENRY JOHN TEMPLE, 3rd Viscount (1784–1865), britischer Staatsmann, 1830–1834 und 1835–1841 Außenminister.

PAPIN, DENIS (1647–1712), französischer Physiker, Pionier der Dampfmaschinentechnik.

PARRY, SIR WILLIAM EDWARD (1790–1855), Polarforscher. Seine *Four Voyages to the North Pole* (5 Bde) waren 1833 in London erschienen.

PARSEIGH, JOHANNES, ein Agent der «East India Company» in Basra.

PEACOCK, THOMAS LOVE (1785–1866), Schriftsteller, Angestellter im Dienste der «East India Company».

PITT, WILLIAM (der Jüngere) (1759–1806), britischer Staatsmann.

PONSONBY, SIR FREDERICK CAVENDISH (1783–1837), Generalmajor, Gouverneur von Malta.

PONSONBY, JOHN WILLIAM, 4th Earl of Bessborough (1781–1847), britischer Botschafter in Konstantinopel, Politiker.

PÜCKLER-MUSKAU, HERMANN FÜRST VON (1785–1871), Schriftsteller, Gartenbauarchitekt.

RAFF, HELENE (1865–1925), Schriftstellerin, Malerin.

RAGLAN, LORD FITZROY JAMES HENRY SOMERSET (1788–1855), britischer Offizier, Oberbefehlshaber der Krimarmee.

RAIMUND, FERDINAND (1790–1836), Dramatiker und Schauspieler in Wien.

RASSAM, CHRISTIAN (gest. 1872), aus Mosul gebürtiger Dolmetscher bei der Euphrat-Expedition, von 1839–1872 britischer Vizekonsul in seiner Heimatstadt, wo er ein reicher Mann wurde.

RAWDON-HASTINGS, FRANCIS, 1st Marquess of Hastings, Earl of Moira (1754–1826), englischer Offizier. Der aus dem irischen County Down gebürtige Gönner von Vater und Sohn Chesney diente mit Auszeichnung im amerikanischen Unabhängigkeitskrieg. Von 1812 bis 1821 war er Generalgouverneur von Indien, danach Gouverneur von Malta.

RAWLINSON, SIR HENRY CRESWICKE (1810–1895), englischer Assyriologe, Offizier, Diplomat. Er arbeitete u. a. in Ninive und Babylon und war an der Entzifferung der Keilschrift maßgeblich beteiligt.

REDWITZ, OSKAR FREIHERR VON (1823–1891), aus Franken gebürtiger Jurist und Schriftsteller. Der Altersfreund von Gräfin Pauline Nostitz lebte seit 1872 im «Schillerhof» in Meran-Obermais.

RESCHID PASCHA, MUSTAFA (1800–1858), türkischer Staatsmann.

RITTER, KARL (1779–1859), Geograph. Er gilt als Begründer der Geographie als wissenschaftlicher Disziplin; in seiner *Erdkunde* (die seit 1817 in vielen Bänden erschien) verarbeitete er auch Aufzeichnungen des Ehepaars Helfer.

ROBINSON, GEORGE, englischer Reiseschriftsteller.

RUSSELL, WILLIAM HOWARD, Journalist, Korrespondent für die *Times* im Krimkrieg.

SAVERY, THOMAS (1650–1715), englischer Ingenieur.

SCHLEIDEN, MATTHIAS JAKOB (1804–1881), Jurist, Naturwissenschaftler, Botaniker.

SELIM KHAN alias Mr. Hunter, einer der falschen afghanischen Prinzen.

SEMIRAMIS, griechischer Name einer assyrischen Königin, die im 9. und 8. Jahrhundert v. Chr. lebte. Eine sagenhafte Überlieferung sah sie als Schöpferin der «Hängenden Gärten» von Babylon, einem der Sieben Weltwunder.

STANHOPE, LADY HESTER (1776–1839), englische Abenteurerin im nahen Osten.

STAUNTON, ANDREW, Zeichner, Präparator, Sanitäter bei der Euphrat-Expedition.

STAUNTON, CHARLES FREDERICK (gest. 1884), dessen Bruder, Chirurg bei der Royal Artillery, Mitglied der Euphrat-Expedition.

STRABO(N) (etwa 64/63 v. Chr.), griechischer Reisender und Geograph. Seine *Geographica* sind neben dem Werk des Ptolemäus eine Hauptquelle der antiken Geographie.

SYMS, Sergeant (gest. 1836), Mitglied der Euphrat-Expedition.

TAYLOR, ROBERT, Offizier, Resident der «East India Company» in Bagdad.

TENNYSON, ALFRED (1809–1892), englischer Dichter.

THOMSON, WILLIAM TAYLOUR (1813–1883), Zeichner, Assistent von Lieutenant Murphy bei der Euphrat-Expedition; später als Diplomat u.a. in Teheran, Bagdad und Chile.

TIECK, LUDWIG (1773–1853), Schriftsteller. 1841 berief ihn König Friedrich Wilhelm IV. nach Berlin.

TRAIANUS, MARCUS ULPIUS (ca. 56–117), seit 98 römischer Kaiser. Bei seinem letzten großen Feldzug nach Osten (ab 113, hauptsächlich gegen die Parther) machte er Armenien und Mesopotamien zu römischen Provinzen.

TRAULIETTE, HERR VON, Attaché beim holländischen Konsul in Smyrna.

UHLI KHAN alias Mr. Brown, der ältere der beiden vorgeblichen afghanischen Prinzen.

VABALLATHUS, LUCIUS AURELIUS SEPTIMIUS V. (Wahballat, griech. Athenodorus), minderjähriger Sohn der Königin Zenobia von Palmyra, für den sie ab 267 oder 268 die Regentschaft führte. Über sein Schicksal nach dem Sieg der Römer über die Truppen Zenobias ist nichts bekannt.

VARNHAGEN VON ENSE, KARL AUGUST (1785–1858), Diplomat, politischer und historischer Schriftsteller, lebte seit 1819 meist in Berlin.

VICTORIA I. (1819–1901), ab 1837 Königin von Großbritannien und Irland.

VOLNEY, CONSTANTIN FRANÇOIS DE CHASSEBOEUF, Comte de (1757–1820), französischer Schriftsteller, Reisender, Politiker. 1787 veröffentlichte er seine *Voyage en Syrie et en Égypte*. Berühmt machte ihn seinerzeit das Werk *Les ruines, ou méditations sur les révolutions des empires* (Paris 1791).

WAHHAB, MUHAMMAD IBN ABDUL (1703–1792), arabischer Begründer des Wahhabismus, einer fundamentalistischen Bewegung innerhalb des Islam.

WASSERMANN, JAKOB (1873–1934), Schriftsteller. Sein Roman *Alexander in Babylon* (Berlin 1905) handelt von den letzten Lebensmonaten des Eroberers.

WEBER, CARL MARIA VON (1786–1826), Komponist.

WILHELM PRINZ VON PREUSSEN (1783–1853).

WILLIAM IV. (1765–1837), ab 1830 König von England.

Wood, Robert (1717–1771), englischer Archäologe und Politiker, zusammen mit James Dawkins Verfasser des Werks *The Ruins of Palmyra* (1753).

Xenophon (um 427–ca. 354 v. Chr.), griechischer Soldat, Geschichtsschreiber. Er nahm am Feldzug des Perserkönigs Kyros II. gegen Artaxerxes (401–399 v. Chr.) teil und war Anführer der griechischen Söldner auf ihrem Rückzug ans Schwarze Meer. Davon berichtet sein Werk *Anabasis.*

Zabdas, Feldherr der Königin Zenobia.

Zenobia (Septimia Z.) (aram. Znwbya Bat Zabbai) (gest. nach 274), von 267 oder 268–272 Königin der römischen Kolonie Palmyra. Nach der Ermordung ihres Mannes Odaenathus und seines ältesten Sohnes (von einer früheren Frau) regierte sie für ihren Sohn Vaballathus, eroberte Ägypten, große Teile von Kleinasien und proklamierte ihre Unabhängigkeit von Rom, doch ihre Truppen wurden in zwei Schlachten von den Soldaten des römischen Kaisers Aurelian geschlagen.